STUDIES ON VOLTAIRE AND
THE EIGHTEENTH CENTURY

240

General editor

PROFESSOR H. T. MASON

Department of French
University of Bristol
Bristol BS8 1TE

PAUL SADRIN

Nicolas-Antoine Boulanger
(1722-1759)

ou avant nous le déluge

THE VOLTAIRE FOUNDATION

AT THE TAYLOR INSTITUTION, OXFORD

1986

ISSN 0435-2866

ISBN 0 7294 0335 1

Printed in England at The Alden Press, Oxford

pour Anny

Ἆρ᾽ οὖν ὑμῖν οἱ παλαιοὶ λόγοι ἀλήθειαν ἔχειν τινὰ
δοκοῦσιν;

Platon, *Les Lois*, III, 677a

Comment vous tirerez-vous à présent du déluge [...]?

Sade, *La Nouvelle Justine*

Table des matières

1. Introduction

i. La vie de Nicolas-Antoine Boulanger

NICOLAS-Antoine Boulanger n'est plus connu que des spécialistes du dix-huitième siècle. C'est un éloge un peu mince pour un écrivain qui fut admiré ou redouté par certains de ses contemporains les plus illustres. Son œuvre a bien suscité quelques travaux critiques, mais jusqu'ici aucune étude d'ensemble ne lui a été consacrée, et seul son ouvrage majeur, *L'Antiquité dévoilée*, a été réédité au vingtième siècle.[1]

Boulanger était à l'évidence un homme timide et secret. Il n'a laissé ni mémoires ni correspondance et ses traités philosophiques ne font aucune place à la confidence. On est réduit, pour reconstituer l'histoire de sa vie, à quelques rares documents officiels et aux témoignages.[2]

De sa famille, on ne sait rien, sinon qu'elle était 'honnête'.[3] L'absence quasi totale de documents ne prouve qu'une chose, c'est que Boulanger était d'origine modeste. On ignore jusqu'au nom de sa mère. La première personnne dont on trouve la trace est son père, Nicolas Boulanger. John Hampton fait état de deux documents qui le concernent.[4] Ils nous révèlent qu'il habitait rue Saint-Denis et qu'il fut deux fois en procès à propos de rames de papier. La première fois il avait fraudé le fisc, la deuxième il n'avait pas été payé. Bref, nous savons qu'il était marchand de papier.

Pour deviner quelque chose des relations de Nicolas-Antoine Boulanger avec sa famille, nous sommes contraints de gloser sur un membre de phrase tiré de la lettre qui sert de préface à *L'Antiquité dévoilée*: 'Au milieu d'une persécution domestique qui a commencé avec sa vie & qui n'a cessé qu'avec elle [...]' (*Extrait*, p.vii). John Hampton lui fait un sort particulier: il affirme, en se fondant sur cette seule assertion, que 'sa famille lui était peu sympathique' (p.12). C'est

---

1. Voir ci-dessous p.136. La dernière édition des *Œuvres* de Boulanger date de 1794: voir Jeroom Vercruysse, *Bibliographie descriptive des écrits du baron d'Holbach* [ci-après *Bibliographie d'Holbach*] (Paris 1971), à la cote 1794 F3. Outre l'édition de *L'Antiquité dévoilée* décrite plus loin, seules ont paru depuis 1794 une édition partielle – et inédite – des *Anecdotes de la nature* par les soins de John Hampton dans sa thèse d'Université intitulée *Nicolas-Antoine Boulanger et la science de son temps* [ci-après Hampton] (Genève, Lille 1955, pp.161-98) et des reproductions en microfiches de *L'Antiquité dévoilée* (édition in-4° de 1766), des *Recherches sur l'origine du despotisme oriental* (édition de 1761) et de la *Dissertation sur Saint Pierre* (édition de 1770) (Paris 1972).

2. Notre information est si pauvre et si fragmentaire que j'ai cru devoir, selon une méthode bien archaïque et en général bien condamnable, séparer résolument la vie de l'œuvre. Il aurait été bien difficile, en effet, d'égrener quelques maigres renseignements au long de cette étude sans que le lecteur le plus attentif y perde le fil de la destinée de Nicolas-Antoine Boulanger.

3. Le mot est de Diderot dans l'*Extrait d'une Lettre écrite à l'Editeur sur la vie & les ouvrages de Mr. Boulanger* [ci-après *Extrait*] qui sert de préface à toutes les éditions de *L'Antiquité dévoilée*. A propos de cet opuscule, sans lequel nous serions presque parfaitement démunis pour connaître la vie du philosophe, voir ci-dessous, pp.138ss. Dans l'édition de *L'Antiquité dévoilée* qui nous servira constamment de référence (1766, 3 vols in-12), le mot de Diderot figure à la page iii.

4. Hampton, pp.11-12. John Hampton se fonde sur deux manuscrits conservés à la Bibliothèque nationale: ms. f.fr.22082, pièce 38, ff.126-127 et ms.f.fr.22068, pièces 53-57, ff.153-201. Voir Annexe no 1.

là une extrapolation téméraire. On peut imaginer, bien sûr, que Boulanger avait conçu quelque aversion pour un père à la fois fraudeur et très dur en affaires,[5] mais nous n'en avons aucune preuve. Il est bien clair, en revanche, que l'affirmation de Diderot est destinée à mettre en valeur le mérite du philosophe qui, malgré ses tracas domestiques perpétuels, 'parcourut une carriere immense' (*Extrait*, p.viii).

Si nous connaissons la date de naissance de Boulanger – il vit le jour à Paris le 11 novembre 1722 (voir *Extrait*, p.iii) – nous ne savons rien de son enfance. Il faut attendre son entrée au collège de Beauvais pour retrouver trace de sa vie. Dans cet établissement d'excellente réputation et d'esprit janséniste,[6] Boulanger fit de bien mauvaises études. Diderot l'affirme, il le faut croire (*Extrait*, p.iii):

il montra si peu d'aptitude pour les Lettres, que Mr. l'Abbé Crevier son Professeur de Rhétorique avoit peine à croire que cet homme qui se distingua ensuite par sa pénétration & ses connoissances sous le nom de Boulanger, fût le même que celui qu'il avoit eu pour disciple. Ces exemples d'enfans rendus ineptes entre les mains des Pédans qui les abrutissent en dépit de la nature la plus heureuse, ne sont pas rares; cependant ils surprennent toujours.

Cette dernière phrase suscite toutefois quelques réserves: elle fait davantage songer à une attaque ou à un ressentiment de Diderot contre l'éducation de son temps qu'à un témoignage objectif sur les capacités intellectuelles du jeune Boulanger. L'acrimonie du philosophe est d'autant plus probable que l'abbé Crevier[7] était mal en cour depuis qu'il avait publié ses *Observations* – peu amènes – *sur le livre de 'l'Esprit des loix'*.[8]

A partir de l'âge de dix-sept ans, Boulanger 's'appliqua aux mathématiques & à l'architecture, & ce ne fut pas sans succès' (*Extrait*, p.iii). Diderot, malheureusement, ne nous dit pas dans quelle école et sous la conduite de quels maîtres Boulanger put enfin s'adonner à des études selon son cœur. On ne peut, là encore, que conjecturer. John Hampton suggère (p.14) qu'il a étudié ces disciplines au Collège même de Beauvais dans la classe de Dominique-François Rivard qui y enseignait alors les mathématiques. C'est, tout au plus, une probabilité.

En 1743, les connaissances de Boulanger sont assez étendues pour que le baron de Thiers puisse le choisir comme son ingénieur particulier dans une tâche

---

5. Lors du second procès que nous lui connaissons, nous voyons un Nicolas Boulanger acharné à la perte d'un jeune libraire-imprimeur dont la faillite n'a rien de frauduleux. Le marchand de papier refuse tous les compromis et exige – comme la loi le lui permet – que son débiteur vende ses biens aux enchères, pour pouvoir, en sous-main, les acquérir à vil prix.

6. Voir Marie-Dominique Chapotin, *Une page de l'histoire du vieux Paris. Le Collège de Dormans-Beauvais et la chapelle de saint Jean l'Evangéliste* (Paris 1870).

7. Jean-Baptiste-Louis Crevier (1693-1765). Il fut, pendant plus de vingt ans, professeur de rhétorique au Collège de Beauvais. On lui doit plusieurs ouvrages d'érudition (en particulier, une édition savante de l'*Histoire* de Tite-Live et une *Rhétorique françoise*), où, dit-on, le labeur l'emporte de bien loin sur l'élégance.

8. Ce livre a été publié à Paris en 1764. Voltaire s'est montré particulièrement sarcastique à l'endroit du 'terrible ouvrage du lourd Crevier contre Montesquieu' (*Correspondence and related documents* [ci-après Best.D], ed. Th. Besterman, in *The Complete works of Voltaire* 85-135, Genève, Banbury, Oxford 1968-1977, Best.D11683). Dans une autre lettre, adressée à Etienne Noël Damilaville et datée du 15 février 1764, il écrit 'Ah! Mons. Crévier, ah pédant! ah cuistre! vous aurez sur les oreilles; vous l'avez bien mérité, et nous travaillons actuellement à vôtre procez. Vous entendrez parler de nous avant qu'il soit peu, Mons. Crevier' (Best.D11699).

difficile: diriger des travaux de terrassement pendant la guerre de Succession d'Autriche. Boulanger accompagne son protecteur jusqu'au siège de Fribourg en Brisgau (voir *Extrait*, pp.iii-iv), siège qui se termine le 7 novembre 1744 par la capitulation de la ville. Les historiens et les chroniqueurs[9] nous apprennent que le siège a été long, qu'il a été rendu particulièrement pénible par des pluies torrentielles et que plusieurs ingénieurs même moururent. Cette expérience fut probablement si cruelle pour un homme de santé fragile et de grande sensibilité que Boulanger abandonna les travaux guerriers pour ceux, un peu moins rudes, des Ponts et chaussées, où il entra en 1745 (voir *Extrait*, p.iv).

Il est employé en Champagne, en Lorraine et en Bourgogne à des ouvrages importants. C'est lui qui construit le pont de Vaucouleurs, et sans une grave maladie il aurait achevé celui de Foulain près de Langres (*Extrait*, p.iv). Mais les maux dont il souffre sont si sérieux qu'ils le retiennent à Châlons-sur-Marne 'une saison entière' (p.iv) et qu'il doit assurer sa guérison à Paris 'dans le sein de sa famille' (p.v), avec laquelle décidément il n'est pas aussi brouillé qu'on a bien voulu le dire.

Son métier de bâtisseur lui a fait découvrir l'une des plus pénibles réalités de son temps: la cruauté de la corvée. Diderot nous dit qu'il a vu maintes fois son âme 'pénétrée de compassion pour le sort de ces malheureux qu'on arrache à leur chaume & qu'on appelle de plusieurs lieues à la ronde [...], sans leur fournir seulement le pain dont ils manquent, & sans donner du foin & de la paille à leurs animaux dont on dispose' (*Extrait*, p.iv). Et l'on comprend pour quelles raisons c'est précisément à Boulanger que Diderot emprunta un mémoire pour constituer l'article 'Corvée' de l'*Encyclopédie* (voir ci-dessous p.16): celui-ci avait à la fois la connaissance précise de cet usage et la tournure d'esprit qui convenait au maître d'œuvre de la grande entreprise. Mais avant même d'avoir eu l'occasion de dire sa pensée sur le sujet, Boulanger mit ses convictions en pratique, dans la mesure où les lois et les règlements le lui permettaient: 'Partout il fit voir qu'il étoit possible de concilier les intérêts particuliers avec ceux de la chose publique: il étoit bien loin de servir les petites haines d'un homme puissant, en coupant les jardins d'un pauvre paysan par un grand chemin qui pouvoit être conduit sans causer de dommage.'[10]

Ayant retrouvé un semblant de santé, Boulanger reprend sa carrière. Il obtient le grade officiel de sous-ingénieur en 1749 (voir *Extrait*, p.v) sans être passé par l'Ecole des Ponts et chaussées qui n'avait été ouverte qu'en 1747[11] et qu'il n'avait pas eu, évidemment, le loisir de fréquenter.

A partir de là les faits manquent de clarté. La préface de Diderot n'est pas très précise. Si l'on s'en tient à ce document majeur, Boulanger fut dès la fin de sa convalescence envoyé en Touraine, il entra dans la généralité de Paris en 1751 et en 1755 il fut employé 'sur la route d'Orléans' (*Extrait*, p.v). L'expression

9. Voir, en particulier, Charles-Jacques-Victor-Albert, duc de Broglie, *Marie-Thérèse impératrice, 1744-1746* (Paris 1888); Charles-Philippe d'Albert, duc de Luynes, *Mémoires sur la Cour de Louis XV* (Paris 1860-1865); Charles de Mathei de Valfons, *Dix-huitième siècle. Souvenirs, 1710-1786* (Paris 1860).

10. *Extrait*, p.v. Il est probable qu'il convient d'apporter quelques retouches au portrait que fait ici Diderot. Voir ci-dessous pp.18, 140.

11. Voir Léon Aucoc, *Conférences sur l'administration* [...], *faites à l'Ecole impériale des Ponts et chaussées* (Paris 1869-1876).

'la route d'Orléans' est bien vague et ne dit pas à quelle généralité le sous-ingénieur était affecté. Or, il se trouve que, pour une fois, nous possédons trois autres documents. Premièrement l'*Almanach historique de Touraine*,[12] qui chaque année donne scrupuleusement la liste des dignitaires et des fonctionnaires de la province; cet opuscule n'indique le nom de 'Boullanger' dans la rubrique consacrée aux ingénieurs et aux sous-ingénieurs des Ponts et chaussées que dans ses éditions de 1754 et de 1755,[13] ce qui prouve ou bien que Diderot est dans l'erreur quand il place le séjour du philosophe à Tours juste après sa convalescence, ou bien que Boulanger a servi par deux fois dans cette région. Deuxièmement le livre d'Eugène-Jean-Marie Vignon, *Etudes historiques sur l'administration des voies publiques en France aux dix-septième et dix-huitième siècles*[14] qui fait état d'un manuscrit sur la corvée envoyé par Boulanger à Perronet (voir ci-dessous, p.16) le 26 septembre 1753 et signé avec mention du titre de sous-ingénieur de la généralité de Tours. Le manuscrit est aujourd'hui perdu (voir ci-dessous, p.16), mais Vignon affirme l'avoir eu entre les mains et rien ne permet de mettre en doute son témoignage. Troisièmement enfin une lettre de Boulanger – la seule que nous possédions de lui – qui prouve que le 8 octobre 1757 celui-ci travaillait sur la route de Rambouillet.[15] Ces deux derniers documents nous obligent donc à corriger la chronologie de Diderot sans nous permettre pour autant d'établir la vérité avec exactitude.

Boulanger, épuisé par son métier et plus encore sans doute par ses études et ses travaux d'écrivain, 'fut obligé de solliciter sa retraite des Ponts & Chaussées en 1758: on la lui accorda avec un brevet d'Ingénieur, distinction qu'il méritoit bien & qui [...] n'avoit point encore été accordée' (*Extrait*, pp.v-vi). Diderot veut très vraisemblablement dire qu'il n'était pas dans l'usage de donner un tel titre à un homme sorti du rang, du moins depuis que l'Ecole existait. Il passa 'quelque temps à la campagne chez un honnête & célèbre philosophe alors persécuté',[16] mais la maladie dont il était atteint et 'qui se portoit sur toutes les parties de son corps, à la tête, aux yeux, à la poitrine, à l'estomac, aux entrailles' (*Extrait*, p.xii) ne cessa d'empirer. Il 'se hâta de revenir à Paris dans la maison paternelle où il mourut peu de semaines après son retour' (p.xii). Il expira le 16 septembre 1759 (voir p.vi). Il n'avait pas trente-sept ans.

L'abbé Gérard affirme que sa fin fut celle d'un homme repenti et qu'il reçut avec ferveur les derniers sacrements.[17] Que Boulanger ait reçu l'extrême onction,

12. Cet *Almanach*, publié à Tours 'chez François Lambert' à partir de 1753, contient un article de Boulanger. Voir ci-dessous, p.13.

13. Voir [p.61] dans l'*Almanach* de 1754 et [p.80] dans celui de 1755.

14. Ouvrage publié à Paris en 1862.

15. L'original est conservé à la Bibliothèque municipale de Lille, mss, 854, f.370. Voir Annexe no II.

16. *Extrait*, p.xii. Ce philosophe persécuté est très probablement Helvétius.

17. Philippe-Louis Gérard, *Le Comte de Valmont, ou les égaremens de la raison* (Paris 1774). L'auteur, qui a entrepris de parler de la mort édifiante des esprits forts, vient de prendre l'exemple de Montesquieu. Il ajoute (ii.226-27): 'Le second exemple est celui de M. Boulanger, l'Auteur du *Christianisme dévoilé*, du *Despotisme Oriental*, &c. Il tombe malade, &, malgré les témoignages si sensibles de sa haine pour la Religion & de son acharnement à la combattre, il permet qu'on aille chercher le Vicaire de la Paroisse [...]. Il confere avec lui à plusieurs reprises; il s'instruit, il s'éclaire; il avoue qu'il n'a jamais eu que des doutes, des nuages, plutôt qu'une véritable incrédulité, & que les pompeux éloges donnés à ses productions manuscrites, dans ses sociétés philosophiques, l'ont plus enivré, plus séduit que tout le reste. Il se confesse avec les témoignages du plus vif repentir,

cela est bien possible; quant à la ferveur, elle est pour le moins sujette à caution. Le récit de la mort édifiante des mécréants n'est que trop banal et que trop intéressé pour qu'on soit tenu de lui accorder foi. Toute l'œuvre de Boulanger s'inscrit en faux contre cette piété de dernière minute. De plus le témoignage de l'abbé Gérard est tardif – il vient quinze ans après la mort de Boulanger – indirect – le saint homme tiendrait sa vérité d'un certain abbé Lambert[18] – et enfin il est unique, car les thuriféraires qui font chorus avec l'abbé Gérard se contentent de le répéter. C'est le cas de l'abbé Charles-François Legros,[19] de l'abbé Antoine Sabatier de Castres,[20] de l'abbé Augustin Barruel,[21] de La Harpe enfin.[22] Le seul mot juste est celui de Sylvain Maréchal: 'Après avoir vécu en philosophe, on le fait mourir en homme crédule. Cela peut être; et nous répéterons ici qu'on n'en doit rien conclure.'[23]

ii. Esquisse d'un portrait de Nicolas-Antoine Boulanger

Pour connaître la 'figure' de Nicolas-Antoine Boulanger, nous n'avons qu'un portrait gravé par Massard,[24] d'après un dessin de Quentin de La Tour.[25] Il nous offre du philosophe une image apprêtée et convenue. Monsieur l'Inspecteur des Ponts et chaussées y est montré en habit d'apparat, collet monté et jabot

fait, en recevant les derniers Sacremens, une réparation authentique des scandales de son irréligion, & exprime de la maniere la plus touchante & la plus persuasive ses remords, ainsi que l'unique regret qu'il ressent en mourant de ne pouvoir assez réparer tout le mal qu'il a pu faire.'

18. Voir Hampton, p.44, et l'abbé Legros, *Analyse et examen de l'Antiquité dévoilée, du Despotisme oriental, & du Christianisme dévoilé, ouvrages posthumes de Boullanger*, par un Solitaire [l'abbé Charles-François Legros] (Genève-Paris 1788), p.17.

19. L'auteur avoue clairement sa dette (*Analyse et examen*, pp.17-18):

'J'ignore absolument ce qui seroit arrivé, si Boullanger avoit vécu plus longtemps; mais je sçais une anecdote qui fait honneur à sa mémoire [...]. Je la tiens[1] d'une personne respectable [...] & qui en a été le témoin; elle est d'ailleurs consignée dans un excellent Ouvrage intitulé: Le Comte de Valmont [...]. On y lit, que ce jeune homme [...] se confessa, fit [...] une réparation authentique des scandales de son irréligion, & exprima [...] ses remords, ainsi que l'unique regret [...] de ne pouvoir assez réparer le mal qu'il avoit pû faire.'

[1] M. l'Abbé Lambert, alors Vicaire de Saint Severin, actuellement Chanoine de St. Honoré.'

(Sur l'abbé Legros, voir ci-dessous p.225).

20. Antoine Sabatier, dit Sabatier de Castres, *Les Trois siècles de la littérature françoise, ou Tableau de l'esprit de nos écrivains, depuis François I, jusqu'en 1773* (Amsterdam 1774). L'auteur, particulièrement venimeux, écrit (i.188-89): 'Boulanger [...] auroit beaucoup mieux fait de suivre le conseil de Despréaux "Soyez plutôt Maçon, si c'est votre talent," que d'infecter le Public de plusieurs Ouvrages entrepris pour décrier la Religion [...]. Il est mort, dit-on, en reconnoissant ses erreurs. Il eût été plus heureux de ne les avoir pas mises au jour.'

21. Augustin Barruel, *Mémoires pour servir à l'histoire du Jacobinisme* (Hambourg 1798) i.318: 'Boulanger [...] donna aussi dans les extravagances de l'athéisme qu'il rétracta pourtant dans ses derniers jours, en détestant la secte qui l'avoit égaré.' (Sur l'abbé Barruel, voir ci-dessous, p.207).

22. Jean-François de La Harpe, *Lycée, ou Cours de littérature ancienne et moderne* (Paris an VII – an XIII), xvi.314: 'Boullanger fut un des plus grands ennemis du christianisme, et s'en repentit amèrement à sa mort, qui fut prématurée.'

23. *Dictionnaire des athées anciens et modernes* (Paris an VIII), p.49.

24. S'il s'agit bien de Jean Massard – ce qui est probable – la gravure doit être tardive, et dans tous les cas bien postérieure à la mort de Boulanger, puisque Massard, né en 1740, n'avait que dix-neuf ans quand le philosophe mourut et qu'il n'avait pas encore à ce moment-là commencé sa carrière.

25. Un exemplaire de cette gravure est conservé à la Bibliothèque municipale de Lille. Ms, 854, f.370. Voir Annexe no III.

empesé; la perruque est rigoureusement coiffée. Le visage sans mobilité n'exprime que l'attention et la rigueur. Telle qu'elle est, la gravure peut paraître décevante. Elle traduit assez bien pourtant quelques aspects que l'on retrouve dans la vie et dans l'œuvre de l'écrivain: le goût du convenable, de l'ordre, de la méthode, le rigorisme des mœurs,[26] la fierté aussi d'un petit bourgeois qui a dépassé sa condition et l'orgueil d'un parvenu de l'intelligence qui n'a ni les moyens ni l'envie d'afficher originalité ou esprit de subversion.

Portrait d'apparat, portrait flatté aussi, du moins si on le compare à celui que Diderot a laissé de Boulanger dans sa préface à *L'Antiquité dévoilée*. Avec les précautions qu'imposent l'amitié et le respect, Diderot nous le dit clairement: Nicolas-Antoine était laid:

Il étoit d'une figure peu avantageuse; sa tête applatie, plus large que longue, sa bouche très-ouverte, son nez court & écrasé, le bas de son menton étroit & saillant, lui donnoient avec Socrate, tel que les pierres antiques nous le montrent, une ressemblance qui me frappe encore. Il étoit maigre, ses jambes grêles le faisoient paroître plus grand qu'il ne l'étoit en effet [...].[27]

On tient là sans doute l'une des causes de sa réserve, de sa timidité et aussi de son besoin de parvenir. S'il attachait du prix à sa valeur intellectuelle, l'homme toutefois n'était à l'aise que dans le cercle étroit de l'amitié, quand la conversation était à la fois simple et érudite. Il est tout le contraire d'un petit-maître. Ce qui frappe le plus à la lecture du portrait de Diderot, c'est cette étonnante faculté qu'avait Boulanger de se concentrer en un instant: 'Je n'ai guere vu d'homme qui rentrât plus subitement en lui-même lorsqu'il étoit frappé de quelque idée nouvelle, soit qu'elle lui vint [*sic*], ou qu'un autre la lui offrît: le changement qui se faisoit alors dans ses yeux étoit si marqué qu'on eût dit que son ame le quittoit pour se cacher en un repli de son cerveau' (*Extrait*, pp.vi-vii).

A cette merveilleuse capacité de se replier sur lui-même, Boulanger ajoutait l'imagination et la subtilité. Il était capable d'entrevoir 'des liaisons fines & des points d'analogie entre les objets les plus éloignés' (*Extrait*, p.vii). Son *Antiquité dévoilée* en est, nous le verrons, la preuve évidente. Comme Diderot l'a exprimé en une image audacieuse – celle de l'araignée qui tisse sa toile[28] – l'ambition de Boulanger est l'ambition d'un esprit systématique pour qui toute réalité est explicable et liée à une autre réalité, d'un esprit qui veut exclure le hasard pour ne reconnaître que la nécessité.

Il faut à ce genre d'homme la passion du travail. Boulanger la possédait à un degré presque maniaque. Lui qui remplissait avec zèle et scrupule ses fonctions d'ingénieur, qui était apprécié de ses supérieurs, qui progressait dans la carrière

26. On ne connaît pas à Boulanger la moindre aventure sentimentale. Diderot parle de ses 'mœurs très-innocentes' (*Extrait*, p.vi).

27. *Extrait*, p.vi. On sait l'importance que la figure de Socrate occupe dans la mythologie personnelle de Diderot (voir, à ce propos, Jean Seznec, *Essais sur Diderot et l'Antiquité* (Oxford 1957) et Raymond Trousson, *Socrate devant Voltaire, Diderot et Rousseau* (Paris 1967). La comparaison va donc bien au-delà de la simple ressemblance formelle.

28. *Extrait*, p.vii: 'Quelquefois je le comparois à cet insecte solitaire & couvert d'yeux qui tire de ses intestins une soie qu'il parvient à attacher d'un point du plus vaste appartement à un autre point éloigné, & qui se servant de ce premier fil pour base de son merveilleux & subtil ouvrage, jette à droite & à gauche une infinité d'autres fils & finit par occuper tout l'espace environnant de sa toile.' A propos de l'image de l'araignée dans l'œuvre de Diderot, voir ci-dessous, p.140, n.27.

et qui aurait pu s'en tenir là, découvrit un jour qu'il ne savait rien, et cet homme à qui la maladie rappelle sans cesse que le temps presse, se mit à l'ouvrage. En quelques années, il apprend, non en dilettante, mais parce qu'il en a besoin pour mener à bien ses travaux scientifiques et philosophiques, le latin, le grec, l'hébreu, le syriaque, le chaldéen, l'arabe (voir *Extrait*, pp.x-xi). Cela ne signifie pas, évidemment, qu'il est passé maître dans toutes ces langues, mais son œuvre atteste qu'il en a acquis plus qu'une teinture. S'étant enfin donné les moyens de la réflexion, Boulanger accumule les lectures. La seule *Antiquité dévoilée* suppose la connaissance de centaines d'ouvrages. Dès lors il entasse les documents, les groupe, les ordonne[29] pour leur faire dire sa vérité, pour qu'ils soient la preuve irréfutable de l'intuition qui a guidé sa vie. Ce travail monstrueux n'est pas animé par l'espoir d'une gloire immédiate. Boulanger retarde constamment le moment de la publication et à sa mort il n'aura pour ainsi dire rien imprimé. Mais la première édition collective de ses œuvres comptera quelque quatre mille pages! 'Quand on feuillette ses ouvrages on croiroit qu'il a vécu plus d'un siecle; cependant il n'a vu, lu, regardé, réfléchi, médité, écrit, vécu qu'un moment: c'est qu'on peut dire de lui ce qu'Homere a dit des chevaux des Dieux: autant l'œil découvre au loin d'espace dans les cieux, autant les célestes coursiers en franchissent d'un saut' (*Extrait*, p.viii).

iii. La lettre au *Mercure de France*

Par une étrange ironie du sort, Boulanger, cet homme discret, modeste, timide, est entré dans l'histoire des lettres par la voie du scandale.

L'aventure commence avec la publication en mai 1753 dans le *Mercure de France* d'une lettre[30] de Mussard,[31] l'ami de Jean-Jacques Rousseau.[32] Mussard était atteint de 'conchyliomanie'[33] et sa lettre traite de l'importance des coquillages fossiles dans la constitution du sol. Une phrase suffit pour résumer clairement la thèse qui y est défendue: 'Toutes ces couches & ces pierres, dans lesquelles on découvre un si prodigieux nombre de vestiges de productions de mer, [...] me persuadent que le regne minéral doit infiniment plus qu'on ne croit au regne animal; d'autant plus qu'on trouve de même nombreuse quantité de pareils vestiges, dans les couches des lieux les plus profonds qu'on ait creusés en terre' (pp.91-92).

Boulanger qui, comme presque tous les esprits éclairés de son époque, lisait le *Mercure de France* fut apparemment surpris de trouver sous la signature de Mussard une idée dont il se croyait l'inventeur. Il écrivit aussitôt au *Mercure* qui publia sa lettre dans sa livraison du mois de juin 1753 (pp.89-97). Et c'est ainsi que le nom de Boulanger apparut pour la première fois au grand jour.

29. On ne sait rien sur la façon dont Boulanger travaillait. Faisait-il des fiches, ou, comme c'était l'usage le plus fréquent au dix-huitième siècle, des 'extraits'? Cette seconde hypothèse est la plus probable, mais le résultat des travaux du philosophe ne permet pas de trancher à coup sûr.

30. pp.86-93. Cette lettre est, pour sa partie scientifique, la reproduction de quelques pages – légèrement remaniées – du manuscrit des *Anecdotes de la nature*. Voir ci-dessous, p.210.

31. François Mussard (1691-1755), joaillier genevois, s'était, après fortune faite, retiré à Passy, où il partageait son temps entre l'étude des fossiles et la conversation des philosophes.

32. Voir *Les Confessions*, édition B. Gagnebin et M. Raymond (Paris 1959), pp.373-74.

33. Le mot est de Rousseau, *Les Confessions*, p.374.

La lettre du philosophe mêle avec beaucoup d'habileté la courtoisie, l'amertume et le venin (p.89):

Mon Libraire vient [...] de m'apporter tout à l'heure le Mercure de ce mois, je suis tombé d'abord sur l'extrait d'une Lettre de M. F. Mussard de Genève [...]. L'observation dont il est question sur les semences & embryons de coquilles de mer, dont presque toutes les grandes coquilles sont remplies, & la plûpart même des pierres formées, est si belle & si intéressante, sans doute, pour l'histoire naturelle de la terre, que je ne peux résister à la tentation de vous faire part des observations que j'ai été à portée de faire sur cette matiere en Champagne. Je ne ferai que transcrire ce qui le concerne, d'après les Mémoires que j'ai rédigés dès 1745 & 46, & que je n'ai conservés jusqu'à ce jour, que pour les augmenter, & ne rien hazarder un jour devant le Public, qui ne soit bien vû & bien refléchi.

Après un assez long développement où Boulanger fait avec volupté montre d'une érudition, d'une logique et d'une clarté qui sont autant de camouflets infligés au malheureux Mussard, il en revient à son droit de priorité, qui est évidemment le sujet essentiel de sa lettre (pp.92-94):

Etant de retour à Paris les années suivantes, un ami me procura le précieux avantage de la connoissance de M. Bernard de Jussieu.[34] Je fus le premier qui sur la fin de 1751, ou au commencement de 1752, lui parlai de ce bousin[35] & qui lui montrai même, quand il me fit l'honneur de visiter mon cabinet, de ce bousin des carrieres de Savonieres.[36] Sur ce que je lui en dis, il en fit chercher par un de ses éleves dans les environs de Paris, afin de vérifier mon observation qu'il trouva véritable à Paris comme en Champagne. M. Mussard me fit aussi dans le tems l'honneur de me venir voir avec son illustre ami. Il le prenoit pour guide dans une carriere où il ne faisoit encore que d'entrer, ainsi qu'il me le dit lui-même; il avoit déja fait néanmoins des progrès rapides, & je fus en état d'en juger moi-même, quand il me fit la grace de me montrer son cabinet de Passy. Il y avoit dès-lors ramassé beaucoup de morceaux précieux, presque tous trouvés dans les roches & les fouilles de son jardin; car il n'avoit point encore fait aucun des voyages de Chaumont en Vexin, de Mari[37] en Brie, & de Courtagnon en Champagne,[38] où il se proposoit de faire des incursions Physiques. J'admirai surtout une tabatiere dans laquelle il avoit formé un coquillier très nombreux, uniquement composé des mêmes coquillages & autres petits fossiles [...]; mais il n'étoit point encore parvenu à cette observation genérale sur les pierres que les voyages qu'il a fait depuis, lui ont fait faire. Je ne prétends point, en m'exprimant ainsi, lui ôter le mérite d'avoir fait cette observation par lui-même, il en est infiniment capable; je ne cherche qu'à me conserver le plaisir qui m'est sensible d'en avoir le premier parlé à M. Bernard de Jussieu.

L'intérêt de cette lettre n'est pas seulement anecdotique. Elle a d'abord le mérite de jeter un jour nouveau sur le caractère de Boulanger. On y découvre

34. Mussard avait eu dans sa lettre (pp.86-87) l'audace de se recommander du grand botaniste.

35. Le bousin est une terre dont sont recouvertes certaines pierres quand on les extrait de la carrière, et dont il faut débarrasser celles-ci avant de les utiliser pour la construction.

36. Comme le contexte l'indique, il s'agit de Savonières en Champagne. Cette paroisse est aujourd'hui la commune de Savonnières-en-Perthois (arrondissement de Bar-le-Duc, canton d'Ancerville). Ses carrières étaient célèbres encore au début du vingtième siècle (voir Paul Joanne, *Dictionnaire géographique et administratif de la France* (Paris 1902)) et leur exploitation continue de nos jours.

37. Boulanger fait remarquer en note qu'il s'agit bien de Mari et non de 'Meru', comme l'indiquait, par erreur ou par ignorance, la lettre de Mussard (p.88).

38. Avec une autorité toute professorale, Boulanger rappelle en note que 'c'est en Touraine & non en Champagne, que sont les faluns'. Il corrige ainsi une bévue que Mussard avait commise dans sa lettre (p.89).

que cet homme modeste était capable de susceptibilité et qu'il savait à l'occasion se défendre avec perfidie. Dans un style apparemment neutre et parfaitement mesuré, il a l'art de glisser le détail qui humilie l'adversaire: sous prétexte de donner une précision innocente, il fait savoir à tous les lecteurs du *Mercure de France* que les fouilles de Monsieur Mussard n'avaient pas dépassé l'enclos de son potager et que les joyaux de sa collection tenaient aisément dans une tabatière!

La lettre nous apprend aussi que Boulanger s'était dès 1751[39] intéressé à l'étude des sciences naturelles, qu'il était, à cette époque déjà, tenu dans les milieux compétents pour un amateur éclairé et que Jussieu lui-même prenait en considération ses hypothèses de travail. Elle nous confirme enfin – comme l'a bien vu John Hampton (p.23) – que la passion de Boulanger pour la philosophie de l'histoire est une passion seconde et que celle-ci est le fruit de ses recherches géologiques.

La petite querelle du *Mercure de France* eut une suite. Si Mussard se garda bien de répondre à Boulanger, un certain Clozier se chargea de défendre le joaillier genevois dans une lettre publiée par le même périodique en janvier 1754 (pp.209-13). Clozier ne doute pas des capacités de Boulanger, ce 'Naturaliste curieux, qui ne met au jour ses observations [...] qu'après les avoir longtems & scrupuleusement examinées' (p.209); il lui reproche simplement – et avec une certaine justesse – de n'avoir pas publié à leur heure les résultats de ses recherches, s'il les tenait pour assurés, ou d'accuser Mussard dans le cas où ses observations n'auraient donné lieu encore qu'à des conjectures (p.210):

C'est en vain que M. Boulanger voudroit dérober à M. M. l'honneur de cette découverte: quand il seroit vrai que M. B. l'eût fait aussi-tôt que lui, & que M. M. n'eût que l'avantage de l'avoir donné le premier au Public, l'honneur lui en seroit toujours bien dû, & M. B. seroit justement puni d'avoir gardé pour lui seul une découverte qu'il devoit au reste des Physiciens.

Mais il y a plus; la Lettre de M. B. donne à M. M. l'honneur de la découverte: ce premier s'excuse de n'avoir pas donné au Public des Mémoires rédigés dès 1745, & son prétexte est de n'avoir rien voulu publier dont il ne fût lui-même certain; dès lors, puisqu'avant la Lettre de M. M., M. B. n'étoit pas encore certain de sa découverte, l'on a droit de conclure que ce qu'il appelloit de ce nom, n'étoit chez lui qu'une simple conjecture, & qu'au contraire, elle avoit atteint le dernier dégré d'évidence dans les mains de M. M. qui étoit parvenu au but de la carriere dans laquelle M. B. n'avoit fait qu'hazarder les premiers pas.

Mussard se contenta alors de remercier Clozier qui avait si élégamment embrassé sa cause.[40]

C'est ainsi que se termina cette médiocre aventure qui ne servit pas même de leçon à Boulanger. Comme nous le verrons, le philosophe n'apprit jamais à

---

39. La passion de Boulanger pour les sciences naturelles s'est même déclarée avant cette date. Nous savons, en effet, qu'en 1750 il avait écrit à Buffon pour lui faire part de ses observations sur le cours de la Marne. Voir Buffon, *Correspondance inédite à laquelle ont été réunies les lettres publiées jusqu'à ce jour*, par H. Nadault de Buffon (Paris 1860), lettre CCXXXIII du 8 août 1779 à l'abbé Bexon, ii.67.

40. *Mercure de France* (mai 1754), p.141: 'Je vous aurois eu une bien plus grande obligation d'avoir si vivement & si justement pris ma défense, si vous aviez, Monsieur, été moins prodigue de louanges sur mon sujet.'

publier à temps les conclusions de ses travaux, et à sa mort les neuf dixièmes de son œuvre étaient encore inédits.

iv. Trois premières œuvres, mineures et significatives

De Montesquieu à Diderot, les philosophes du dix-huitième siècle ont souvent débuté dans la carrière d'écrivain par des œuvres purement scientifiques. Boulanger ne manque pas à cette tradition et son premier ouvrage est une *Nouvelle Mappemonde, dédiée au progrès de nos connoissances*.[41] Elle a été éditée en 1753 'à Paris chés R. J. Julien, à l'Hotel de Soubise; et à Nuremberg, au Bureau des héritiers d'Homann'. La gravure en a été assurée par Guillaume de La Haye et les ornements ont été dessinés par Choffard. Elle est accompagnée d'un texte explicatif[42] imprimé au-dessous de la représentation des deux hémisphères. Diderot fait mention de cette carte et en souligne avec justesse les caractéristiques: '[Boulanger] a aussi fait graver une Mappemonde relative aux sinuosités des continens, aux angles alternatifs des montagnes & des rivieres. Le globe terrestre y est divisé en deux hémispheres: les eaux occupent l'un en entier; les continens occupent tout l'autre; & par une singularité remarquable il se trouve que le méridien du continent général passe par Paris' (*Extrait*, p.xiv).

Nous passerons discrètement sur ce trait de patriotisme qui fait de Paris la capitale prédestinée des Lumières,[43] pour nous attacher à l'intention scientifique de Boulanger. Son but n'est pas de donner au public une mappemonde plus exacte que les précédentes, mais bien de présenter la physionomie de notre globe sous un jour nouveau et révélateur. Le dessin des terres émergées est en effet conforme à celui de toutes les cartes de l'époque, mais la disposition singulière choisie par Boulanger est destinée à soutenir une thèse géologique – celle de la plasticité des continents – qui n'est sans doute encore qu'esquissée dans la pensée du philosophe, mais dont il pressent l'importance: 'La regularité où [*sic*] même l'espece d'affectation avec laquelle les grands continens de l'Amérique et de l'Asie cotoyent le cercle qui les sépare des mers de l'Hemisphere opposé, est telle que l'on ne peut gueres la regarder comme un pur effet du hazard, mais plustot comme une disposition conséquente de quelque loy Physique [...]. C'est

41. Le département des Cartes et plans de la Bibliothèque nationale en possède un exemplaire (Ge DD 2987 no 104) qui fait partie de la prestigieuse collection d'Anville. Voir Annexe no IV. La mappemonde a été rééditée en 1760 (et non en 1762, comme l'indique par erreur John Hampton, p.24), et elle porte, cette fois, le nom de son auteur: 'M. Boullanger Ingénieur du Roy'. La Bibliothèque nationale possède également un exemplaire – rehaussé de couleurs au lavis – de cette réédition (Ge DD 2987 no 105).

42. Voir notre édition de *L'Antiquité dévoilée*, ii.43, où nous donnons le texte intégral de la note explicative, dans l'orthographe originale.

43. Boulanger dit lui-même: 'C'est [...] une singularité fort Grande que ce ne soit que sous le seul Méridien de Paris, et par un plan moyen entre l'Equateur et l'Axe de la terre, que nôtre Globe puisse nous donner des spectacles aussi différens que ceux de ces deux Planispheres, et que ce Méridien [...] soit le seul de tous qui les divise chacun en deux parties égales et qui puisse y être tracé à la fois comme Meridien et comme Diamètre par une même ligne droite, lorsque tous les autres n'y forment que des courbes toujours variées, sans pouvoir prendre n'y [*sic*] donner une pareille situation. Cette propriété est une sorte de prééminence qui doit à l'avenir le faire regarder comme le Prémier Méridien, son titre n'est point dans nôtre imagination, il est pour ainsi dire dans la Nature.'

ainsi un nouveau Problême dans la Théorie de la Terre que cette Mappemonde offre aux Physiciens de nos jours, dont la solution ne peut être que fort interessante.'

Cette *Nouvelle Mappemonde* et son bref commentaire sont doublés d'un *Mémoire sur une Nouvelle Mappemonde*. Cet opuscule de 16 pages a été publié lui aussi en 1753, sans lieu d'édition. Le nom de l'auteur est réduit à un énigmatique 'Mr. B' qui a donné aux bibliographes l'occasion d'exercer leurs talents. L'exemplaire de ce *Mémoire* conservé à la Bibliothèque nationale (Cote: Ge FF9078) porte une note écrite au crayon d'une main anonyme; à la suite de 'Mr. B' on lit: '(Buache?)'.[44] Une autre main également anonyme a, sur l'exemplaire de la Bibliothèque municipale de Rennes (Cote: O.2084), complété le 'B' tentateur pour former le nom de 'B uffon'. Il y a pourtant une telle similitude et une telle complémentarité entre la *Mappemonde* et le *Mémoire* que son attribution à Boulanger ne fait aucun doute.[45] Si besoin était, le texte du *Mémoire* serait authentifié par une expression que nous avons déjà trouvée, à quelques variantes près, dans la note explicative de la *Mappemonde*: 'L'éxactitude & même l'affectation avec laquelle les Côtes Orientales de l'Asie & les Occidentales de l'Amérique [...] suivent le Cercle qui partage le Globe en deux Hémispheres égaux [...] ne permettent pas de croire que ce ne soit que l'effet du hazard, & non la suite de quelque Loi constante' (pp.14-15).

Le développement de Boulanger est consacré, pour l'essentiel, à la théorie de la fluidité ou plutôt de l'élasticité de la sphère terrestre (p.5):

je la regarderois, non comme ayant été réellement fluide [...], mais comme ayant été dès son origine & étant pour jamais une Masse souple & flexible dans son tout, soit parce que ses bancs superficiels ne couvriroient que des Bourbiers immenses, des Espaces vuides, & des Cavernes énormes dont les voûtes auroient quelque ressort; soit encore parce que son noyau [...] ne seroit revêtu que de couches élastiques capables de céder & de résister [...] à la pression des forces intérieures & extérieures qui agissent sur elles.

Cette théorie expliquerait, aux yeux de Boulanger, certains phénomènes banals dont la cause était alors controversée. Chacun sait que la ligne de certains rivages se modifie au cours des siècles et il était usuel d'attribuer ces variations 'à différens changemens de la Mer qui hausse dans des endroits & baisse dans d'autres' (p.6). Boulanger réfute avec bon sens cette fragile hypothèse de travail: 'n'a-t'on pas dû sentir que la Mer, ne pouvant rien abandonner en Flandres sans abandonner à proportion sur les autres Côtes de la France & de l'Allemagne, envahir certains rivages au-dessus de son niveau sans envahir uniformément par tout ceux qui leur sont continus & contigus, ces apparitions & disparitions de Côtes & de rivages n'ont pû être les suites de quelque mouvement local de la Mer [...]?' (pp.6-7). La théorie de l'élasticité de la croûte terrestre permet, en revanche, de rendre logiquement raison de ces phénomènes, qui sont 'plutôt les effets du travail incessant des Continens mêmes à qui leur souplesse permettroit de céder quelquefois en s'affaissant dans un endroit & en s'élevant conséquemment dans un autre' (p.7).

44. Philippe Buache, géographe français (1700-1773) qui s'est, comme Boulanger, intéressé aux bassins des rivières et des mers.
45. C'est ce qu'admet implicitement John Hampton. Voir, en particulier, les pages 23-24.

Cette même théorie apporte une solution satisfaisante au problème que posait encore aux savants du dix-huitième siècle la présence de coquillages fossiles au sommet des montagnes. Si l'on admet la thèse de Boulanger (p.11),

il ne faudra plus recourir à une plus grande quantité & à une plus grande élévation des eaux de nos Mers, à leur supposer une diminution que l'Histoire ne peut justifier, ou à leur prêter la vertu de ronger les Continens peu à peu, & la puissance de former au-dessus de leur niveau ordinaire des Montagnes de deux & trois mille toises de hauteur. Il ne sera plus nécessaire d'imaginer que [...] les eaux de la Mer ont reflué sur les Continens & y ont jetté & abandonné leurs vases, leurs limons, leurs sables, leurs greves, & toutes les dépouilles des corps marins que la Terre habitable contient aujourd'hui.

De telles considérations – qui font sans doute honneur à la pénétration scientifique de Boulanger – n'intéressent plus guère que les historiens de la géologie. Mais le *Mémoire sur une Nouvelle Mappemonde* présente pour nous un attrait bien plus considérable, puisque c'est là que l'apprenti philosophe manifeste pour la première fois un certain nombre des préoccupations et des attitudes qui animeront ses œuvres majeures et tout particulièrement *L'Antiquité dévoilée*.

a – La passion pour l'examen rigoureux des faits, qui seul permettra de triompher des préjugés et de l'obscurantisme. Le *Mémoire* se termine par ces mots de néophyte un peu ridicule (p.16):

Quoiqu'il en soit des Observations précédentes, je les ai dédiées au progrès de nos connoissances; c'est le sujet de l'Emblême que j'ai fait graver sur la Carte où l'on voit le Génie des Sciences lever les mains vers un Soleil couvert de nuages, & témoigner par son attitude & par l'exclamation *fiat lux*, le grand désir qu'il a de voir ces nuages se dissiper.

b – La foi en son époque. Boulanger a le sentiment d'appartenir à un monde nouveau et la fierté éclate presque tout au long de son opuscule (p.3):

Lorsqu'on commença à combiner des Principes, pour en déduire une Théorie de la Terre, & à joindre des connoissances Physiques à l'étude trop séche & trop bornée de la Géographie [...] la Nature cessa d'être aussi mystérieuse qu'elle le paroissoit; l'expérience apprit que ses ouvrages n'étoient point tout-à-fait muets ou inintelligibles; le succès des premieres Observations encouragea à la considerer davantage; & répondant enfin pleinement aux avances qu'elle nous faisoit en se présentant par tout à nos yeux, notre siécle acquit des connoissances dont les âges antérieurs avoient été privés soit par préjugé, soit par inattention.

c – L'intérêt enfin pour l'événement qui le fascinera jusqu'à sa mort, qui emplira son œuvre, et qui est pour lui le principe même de l'histoire de l'humanité, c'est-à-dire le déluge (p.8):

A la simple inspection de la superficie de la Terre & à juger du Globe par les contours bizarres des Mers & des Continens, la seule idée qu'on puisse s'en former est celle d'une terre ou en partie inondée, ou en partie sortie des eaux. Toutes les Mappemondes & toutes les Cartes maritimes semblent nous avertir [...] que nous n'habitons plus que les restes d'une terre échappée à une grande submersion & dont les sinuosités des Continens expriment les arrachemens [...].

Etonnamment se trouvent fixés dès les premières œuvres l'attitude, le sujet et l'obsession qui seront l'attitude, le sujet et l'obsession de toute une vie.

La chance a voulu qu'à ces deux ouvrages bien connus nous puissions en ajouter un troisième qui avait, jusqu'ici, échappé à tous les critiques. En feuilletant les *Mémoires de l'Académie royale des sciences* de 1760, notre regard a été attiré par le nom de Boulanger. Dans un article intitulé 'Mémoire sur le rapport qu'il y a entre les Coraux et les Tuyaux marins, appelés communément vermiculaires; et entre ceux-ci et les Coquilles'[46] le géologue Guettard[47] fait en ces termes l'éloge de celui qu'il tient pour son digne confrère (pp.116-17):

j'ai cru pouvoir développer dans ce Mémoire l'idée que j'ai eue de l'analogie qu'il y a entre les tuyaux marins & les coraux, les madrépores & même les coquilles: cette idée est si naturelle, qu'elle s'est aussi présentée à feu M. Boulanger, Ingénieur pour les ponts & chaussées; il y avoit été conduit par la découverte qu'il avoit faite d'un grand nombre de tuyaux semblables, mais fossiles. M. Boulanger, que j'avois engagé il y a deux ou trois ans à communiquer ses idées à l'Académie, ne l'ayant jamais voulu faire & ne voulant pas, comme il s'énonçoit, m'enlever une idée que j'avois eue comme lui; étant mort sans changer de résolution, je me suis enfin déterminé à entreprendre ce que certainement il auroit mieux exécuté que moi: si le Public perd en ne lisant pas ce que M. Boulanger auroit écrit en ce genre, il ne perdra pas du moins entièrement les observations qu'il avoit faites sur les tuyaux fossiles, puisque ce sera au moyen de ces corps [...] que j'ai tâché de prouver l'idée que je me propose dans ce Mémoire.

Un peu plus loin, Guettard, qui parle alors des entales fossiles, ajoute: 'Tous ces entales ont été trouvés par M. Boulanger dans les pierres des environs de Tours; [...] voici comme M. Boulanger en parle dans un petit ouvrage de la nature de ceux qui paroissent tous les premiers jours de chaque année' (pp.122-23). Suit une longue citation accompagnée de cette note infiniment précieuse: 'Voy. l'Alman. Historique de Touraine pour l'an. 1755' (p.123, en marge).

Cet *Almanach historique de Touraine pour l'année 1755*[48] attribue en effet clairement à Boulanger un article intitulé 'Antiquités et curiosités naturelles': 'A ces objets[49], nous avons joint celui des Antiquités et Curiosités naturelles de cette contrée. C'est à la sagacité de l'Auteur de la nouvelle Mappe-monde qu'est dû ce morceau, si bien digéré.'[50]

Sous ce titre prometteur paraîtra toute une série de feuilletons d'inégales longueurs. On trouve encore la présence de cet article dans l'*Almanach* de 1773. Mais il est très probable que seule la livraison de 1755 a été rédigée par Boulanger. Deux raisons nous inclinent à le croire. Tout d'abord la publication est étrangement interrompue pendant les deux années qui suivent et le rédacteur de l'Avertissement qui figure dans l'édition de 1756 s'en excuse auprès de ses lecteurs en des termes qui manquent pour le moins de force convaincante: 'Qu'on ne s'étonne [...] pas de ne point trouver la suite des Curiosités naturelles. Les bornes que nous nous sommes prescrites, ne nous permettent pas de l'insérer aujourd'hui dans ce petit labeur. Elle paroîtra une autre année' [p.3]. Il est très vraisemblable que Boulanger a tout simplement quitté la ville de Tours[51] en

46. *Histoire de l'Académie royale des sciences* (Paris 1760), in *Mémoires de l'Académie royale*, pp.114-46.
47. Jean-Etienne Guettard (1715-1786).
48. 'A Tours, chez François Lambert'. L'*Almanach* n'est pas paginé.
49. Ces 'objets' sont l'histoire de la province et la description des villes principales.
50. p.[4], dans le *Nouvel avertissement*.
51. L'*Almanach historique de Touraine* qui en 1754 p.[61] et en 1755 p.[80] avait imprimé le nom de Boulanger dans la liste des sous-ingénieurs des Ponts et chaussées pour la généralité de Tours supprime cette mention à partir de 1756.

oubliant de fournir la suite de sa contribution. L'honneur d'être imprimé dans l'*Almanach historique de Touraine* devait paraître bien fade à un homme qui écrivait désormais pour l'*Encyclopédie* (voir ci-dessous, pp.16ss.)!

La deuxième raison qui nous pousse à n'attribuer à Boulanger que la première livraison est l'inimaginable faiblesse de ce qui suit. L'article paru en 1755 traduisait l'ambition et la rigueur d'un véritable savant; le reste est un fatras où l'on trouve, pêle-mêle, des remarques sur le rôle des fontaines pétrifiantes dans la maladie de la gravelle, sur le tombeau du légendaire Turnus ou sur d'étranges inscriptions funéraires!

Ce qui nous intéresse aujourd'hui dans le texte qui a été rédigé par Boulanger n'est plus, évidemment, ce qui faisait l'admiration de l'Académicien Guettard. Si nous avions quelque passion pour les huîtres à râteau, les madrépores, les fungites ou les griffites, ce n'est pas à Boulanger que nous irions demander des éclaircissements. En revanche les principes que le philosophe énonce au début de son article nous sont toujours précieux, en ce qu'ils définissent un certain esprit des Lumières.

Comme il le fera dans toutes ses œuvres majeures, Boulanger commence par un constat: 'La Touraine est une des Provinces de France, qui ait conservé en plus grand nombre les monumens des anciennes opérations de la nature. On les voit écrits en caractéres qui n'ont point été sujets à l'altération dans les lits & les couches des carrieres, & dans tous les escarpemens des côteaux de la Loire & des autres rivieres de cette Province' [p.28]. Et c'est en s'appuyant sur ce constat, ou mieux sur cette lecture, que Boulanger entre dans la querelle qui oppose les savants de l'époque à propos de l'origine des fossiles marins. Pour lui la chose est claire: 'le progrès des observations, de l'art de voir, & de nos connoissances' [pp.28-29] a contraint même les esprits les plus orthodoxes à expliquer la présence de ces animaux pétrifiés dans les terres émergées par l'immersion prolongée des continents actuels: 'M. Peluche [*sic*] & une multitude d'autres personnes aussi peu suspectes de nouveauté que ce respectable Auteur, sont forcés par le témoignage de tous ces monumens de reconnoître un ancien & long séjour des Mers sur les continens que nous habitons cependant depuis tant de siécles' [p.28]. Ce qu'il convient sans doute de relever ici, c'est l'importance primordiale aux yeux de Boulanger de cette notion de 'témoignage'. Pour lui la nature est – et restera tout au long de sa vie – un grand livre d'histoire où les esprits clairs doivent apprendre à lire et duquel ils ne doivent tirer des enseignements que lorsque l'évidence des 'monumens' les y aura 'forcés'.

La suite du développement offre une lumineuse illustration de ce principe. Si les fossiles marins témoignent à l'évidence de l'immersion des continents, ils ne nous apprennent rien sur la date de ce grand phénomène géologique, et Boulanger tire argument de cette ignorance même pour donner aux lecteurs de son petit ouvrage de vulgarisation une leçon de philosophie positiviste [p.29]:

Si nous pouvions assigner une époque aux monumens naturels particuliers à la Touraine, nous résoudrions par là les difficultés qui partagent encore les Sçavans sur l'époque & sur l'âge de tous les monumens semblables dont la terre entiere est couverte. Est-ce au tems du Déluge [...] que les Mers nous ont cédés leurs anciens lits pour en envahir d'autres? Est-ce au tems où la Genese [...] nous apprend que se fit l'apparition de l'aride hors du sein des eaux [...]? C'est ce que nul Historien, nul Chronologiste, & même nul

Physicien n'a encore osé fermement décider; & c'est ce qui ne le sera peut-être jamais.

Il est bien évident que Boulanger a voulu saisir l'occasion qui lui était offerte pour lutter contre la crédulité[52] et que sa leçon d'ignorance a autant d'importance que sa leçon de savoir.

Les trois œuvres que nous venons de mentionner sont assurément d'importance modeste, et personne n'aurait songé à les arracher à l'oubli si leur auteur s'en était tenu là. Elles présentent au contraire un intérêt certain si on les considère comme un travail préparatoire à une réflexion de grande envergure. Rien sans doute n'y est très remarquable, mais l'esprit qui anime ces opuscules relève déjà de la philosophie nouvelle, dans laquelle Boulanger va s'illustrer de façon beaucoup plus éclatante en collaborant à l'*Encyclopédie*.

52. L'attitude de Boulanger est légitimée par l'*Almanach historique de Touraine* qui offrait à ses lecteurs une Chronologie de l'histoire du monde depuis sa création jusqu'au règne de Louis le quinzième!

2. La participation de Boulanger à l'*Encyclopédie*

LA participation de Boulanger à l'*Encyclopédie* pose plus de questions qu'elle n'apporte de réponses.

Nous aimerions savoir quand, comment et par qui Boulanger a été convié à fournir une contribution à l'œuvre collective, et nous ne le savons guère;[1] quels rapports il a entretenus avec Diderot, et la réponse est incertaine, contradictoire, ambiguë.[2] Nous aimerions connaître la date de composition de ses articles et nous en sommes réduits aux vagues conjectures.[3] Plus prosaïquement encore – et plus impérieusement aussi – nous voudrions pouvoir décider de l'attribution des sept articles à propos desquels il est aujourd'hui loisible de prononcer le nom de Boulanger, et certaines ombres ne sont pas encore tout à fait dissipées.

Ce que l'étude de ces articles nous apprend en revanche, c'est leur importance véritablement organique dans la philosophie de Boulanger. Rien ne serait plus faux que de les tenir pour des ouvrages de complément, de commande ou de circonstance. Ce ne sont ni des esquisses, ni des abrégés, ni des ballons d'essai. Les articles que Boulanger a donnés à l'*Encyclopédie* ont avec le reste de son œuvre des rapports d'une intimité cohérente et dialectique. C'est ce qui en rend l'examen à la fois plus nécessaire et plus fécond.

i. 'Corvée, (*Ponts & Chaussées*)'[4]

Avant d'être un article de l'*Encyclopédie*, cette étude a été un mémoire envoyé à Perronet.[5] Eugène-Jean-Marie Vignon qui semble avoir eu entre les mains le manuscrit de Boulanger[6] écrit à son propos: 'Ce mémoire ressemble beaucoup

1. Nous savons que le corps des ingénieurs des Ponts et chaussées est dans l'*Encyclopédie* représenté par Boulanger, Delacroix, Vialet et Perronet (voir Jacques Proust, *Diderot et l'Encyclopédie* (Paris 1962, p.26). On peut imaginer que c'est ce dernier qui, séduit par un mémoire de Boulanger consacré à la corvée (voir ci-dessous, p.16), a eu l'idée de le présenter à Diderot.

2. Dans l'*Extrait* qui sert de préface à *L'Antiquité dévoilée*, Diderot affirme avoir été 'intimement lié avec lui' (p.vi). Il donne sur sa physionomie, sur ses réactions, sur ses attitudes des détails précis qui supposent une connaissance profonde et une amitié de longue main. En revanche, les indications que Diderot nous procure sur la carrière de Boulanger sont d'une assez grande incertitude et la liste des articles qu'il lui attribue: 'Il a fourni à l'Encyclopédie les articles *Déluge, Corvée & Société*' (p.xiv) est à la fois incomplète et erronée!

3. C'est la raison pour laquelle nous avons pris le parti d'étudier les articles de Boulanger dans leur ordre de publication. Nous avons opté pour la méthode la plus paresseuse, mais c'est la seule qui offre un élément de certitude!

4. *Encyclopédie* (1754), iv.283a-288b.

5. Jean-Rodolphe Perronet, né à Suresnes en 1708, mort à Paris en 1791. En 1753, date de l'envoi du mémoire de Boulanger, il était directeur de l'Ecole des Ponts et chaussées et inspecteur général de ce corps.

6. Ce manuscrit est aujourd'hui perdu. Il a sans doute été détruit, comme beaucoup d'autres documents déposés aux Archives du Ministère des Travaux publics, lors des inondations de Paris en 1910. La Bibliothèque nationale possède en revanche une copie manuscrite de l'ouvrage de Boulanger (22105, iii – entièrement consacré aux corvées – des Papiers Lefevre d'Amecourt. Ff.164-196. Voir *Catalogue général des manuscrits français*, Bibliothèque nationale, n.a.f. iv.356). Le texte ne diffère en rien de la version qui est publiée dans l'*Encyclopédie*. Comme il est peu vraisemblable que l'on se soit donné la peine de recopier à la main un article déjà imprimé, tout laisse penser qu'il s'agit de la copie destinée à l'imprimeur.

à l'article *corvée* de l'encyclopédie du 18è siècle, qui est du même auteur.'[7] Voilà qui explique les phrases un peu surprenantes par lesquelles se termine l'article de l'*Encyclopédie* (article 'Corvée', p.288b): 'Ce mémoire[8] est de *M. Boullanger*, sous-ingénieur des ponts & chaussées dans la généralité de Tours. S'il lui fait honneur par la vérité de ses vûes, il n'en fait pas moins au supérieur auquel il a été présenté, par la bonté avec laquelle il l'a reçu.'

L'article 'Corvée' eut moins de succès auprès des autorités des Ponts et chaussées, réunies en corps constitué, que n'en avait eu le mémoire auprès de Perronet. Dans le *Journal des assemblées* de cette administration on trouve la note suivante relative à la séance du 15 mai 1757: 'l'on a parlé de l'article du mot *corvée* fait par M. Boulanger [...] dans le *Dictionnaire encyclopédique*. M. Bayeux[9] a dit que le mémoire ne lui en avait pas été communiqué, qu'il le désapprouve: et M. Trudaine[10] le trouve fait contre ses principes.'[11]

L'article avait de quoi déplaire aux autorités puisqu'il dénonçait l'inutilité de leurs efforts et de leur méthode et qu'il réclamait une refonte totale de l'organisation pratique des corvées. Son audace cependant nous paraît aujourd'hui bien limitée. Sans doute Boulanger met-il parfois l'accent sur le caractère pénible et injuste de cette institution, ainsi que sur la misère 'des peuples' (article 'Corvée', pp.283b, 286a, 286b):

On n'a déjà que trop éprouvé en plusieurs provinces, qu'une *corvée* languissante étoit un fardeau immense sur les particuliers [...] qui [...] fatiguoit sans cesse les peuples, & gênoit pendant un grand nombre d'années la liberté civile des citoyens. Il suffit, pour en être convaincu, de joindre à un peu d'expérience, quelques sentimens de commisération pour les peuples.

[...] il faut que ces ouvrages soient exécutés dans le moins de tems possible, pour n'en point tenir le fardeau sur les peuples pendant un grand nombre d'années.

Ou je me trompe, ou quand on multiplie [...] aux yeux des peuples que l'on fait travailler sans salaire tous les différens objets de la *corvée*, on doit encore par-là la leur rendre plus à charge & plus insupportable.

Mais l'indignation de Boulanger ne va pas au-delà. L. S. Gordon ne voit dans

---

7. *Etudes historiques sur l'administration des voies publiques*, tome iii, pièces justificatives, p.19, no 28.

8. Les responsables de l'*Encyclopédie* n'ont pas cherché à effacer le caractère de remontrance et de rancœur personnelles que présente le mémoire et qui convient mal au ton d'un article de dictionnaire. Ainsi reste visible l'aigreur d'un homme qui s'est épuisé en pure perte à courir les grands chemins et qui savait d'avance la vanité de ses efforts:

'Je peux dire que je n'ai point encore été sur cette route* avec un but ou un objet déterminé [...]. Dans le printems dernier, par exemple, où je n'ai point laissé passer de semaine sans y aller, je ne me suis toûjours mis en marche qu'à l'avanture, & parce qu'il étoit du devoir de mon état d'y aller; situation où je ne me suis jamais trouvé dans mes autres travaux, pour lesquels je ne montois jamais à cheval sans avoir auparavant un sujet médité, & sans avoir un objet fixe & un but réfléchi qui m'y appelloit' (p.284b).

'J'ai eu par-devers moi plusieurs exemples des singuliers écarts où l'on a donné dans ces bureaux,† quand on y a voulu, la plume à la main & le cœur plein de sentimens équitables, régler les punitions & les frais de garnison § que l'on avoit envoyé dans les paroisses' (p.288a).

* Il s'agit de la route de Tours au Château-du-Loir (voir p.283b).

† Il s'agit des bureaux d'où l'on dirige de loin les corvéables.

§ Il s'agit d'une disposition juridique, aux termes de laquelle un agent spécial, le garnisaire, se rendait chez le corvéable qui n'avait pas payé ses amendes et s'y installait aux frais du débiteur.

9. Inspecteur général pour la généralité de Tours.

10. Fondateur de l'Ecole des Ponts et chaussées.

11. Cité par John Hampton, p.34.

'la prudence des formules' de Boulanger que la crainte qu'aurait eue celui-ci 'd'entrer en conflit avec le gouvernement et avec le clergé'.[12] Louis Ducros explique la timidité de l'article par la date à laquelle il a été écrit et publié: 'si *corvée* [...] est bien plus timide que *maîtrises*, c'est tout simplement parce que le *c*, qui est de 1754, demandait plus de courage ou, si l'on veut, plus de témérité que l'*m*, qui est de 1765.'[13]

John Hampton reprend à son compte cette argumentation (p.34). Je veux bien que le temps fasse quelque chose à l'affaire: onze ans plus tard l'audace serait devenue plus facile, et plus grande l'espérance d'aboutir à l'abolition des privilèges et des injustices. C'est oublier toutefois que certains n'ont pas attendu si longtemps pour protester contre l'existence même de l'institution. Dès 1756, le Parlement de Toulouse, dans ses remontrances au roi, osait, en des termes d'une belle violence, demander l'abolition de la corvée: '[Les corvéables] traités plus impitoyablement que des forçats [...] n'ont même pas la nourriture que l'on accorde à ceux-ci. [...] les gémissements excités par les corvées retentissent de toutes parts; ils seraient parvenus jusqu'au trône, si des voix barbares ne les eussent étouffés. Nos remontrances n'auront pas ce sort; [...] vous saurez, sire, qu'il y a des corvées, et bientôt il n'y en aura plus.'[14]

Faire du temps la seule cause de la timidité apparente de Boulanger, c'est méconnaître surtout les impératifs de sa philosophie sociale. La corvée ne lui paraît scandaleuse que parce qu'elle est mal conduite. On a même en lisant son article quelque peine à reconnaître l'homme qu'évoque Diderot dans la préface qu'il a écrite pour *L'Antiquité dévoilée*.[15] La dominante n'est pas la sensibilité, mais le goût passionné de l'efficacité et le sens de l'Etat.[16] Le malheur fondamental n'est pas à ses yeux la souffrance des corvéables, mais l'inutilité de leur souffrance. Son article pourrait s'intituler 'Supplique pour un bon usage des corvées' et ce qu'on y entend n'est pas la voix d'un abolitionniste ou d'un révolutionnaire, mais celle d'un administrateur, d'un grand commis, miséricor-

---

12. L. S. Gordon, 'Nicolas-Antoine Boulanger et le cercle des Encyclopédistes' [ci-après Gordon], *Novaia i noviéichaia istoriia* 1 (1962), pp.125-34.

13. Louis Ducros, *Les Encyclopédistes* (Paris 1900), p.141.

14. Cité par Vignon, *Etudes historiques*, iii.33-34. Le Parlement de Toulouse ajoutait: 'Des travaux ordonnés sans examen, conduits sans règle, changés, recommencés vingt fois dans le temps des semailles, de la culture des vignes et de la moisson; les meilleurs fonds envahis, les arbres arrachés, les jardins détruits, les maison abattues [...]; des brigades de maréchaussée répandues dans les chaumières délabrées des paysans, comme des housards en pays ennemi; tel est en abrégé le détail des vexations horribles qu'on exerce.'

15. *Extrait*, pp.iv-v: 'combien de fois n'ai-je pas vu [son âme] pénétrée de compassion pour le sort de ces malheureux qu'on arrache à leur chaume & qu'on appelle de plusieurs lieues à la ronde à la construction des routes, sans leur fournir seulement le pain dont ils manquent, & sans donner du foin & de la paille à leurs animaux dont on dispose! Il ne paroît jamais de cette inhumanité, si contraire au caractère d'un Gouvernement doux & d'une nation bienfaisante, sans déceler une indignation amere & profonde.'

16. Cette prééminence accordée à la 'société', au point d'étouffer parfois la voix de la sensibilité, se retrouve tout au long du dix-huitième siècle dans le parti des Philosophes. Il s'agit là d'une des 'contradictions' majeures de l'esprit des Lumières. L'abbé Raynal, dont l'*Histoire des deux Indes* fut brûlée par la main du bourreau et que ses audaces libertaires contraignirent à l'exil, écrivait cependant: 'celui qui préfère la condition abjecte de mendiant à un asile où il trouverait le vêtement et la nourriture à côté du travail, est un vicieux qu'il faut y conduire par la force' (*Histoire philosophique et politique des établissements et du commerce des Européens dans les deux Indes* (1781), vi.209, cité par H. Wolpe, *Raynal et sa machine de guerre*, Paris 1957, p.87).

dieux pour les peuples sans doute, mais attaché avant tout à la bonne marche des travaux (article 'Corvée', pp.283b et 288b):

la perfection de la conduite des *corvées* doit consister à faire le plus d'ouvrage possible dans le moins de tems possible.

Le peuple est misérable, dit-on: je conviens à la vérité de sa misère; mais je ne conviens point que pour cette raison la police puisse jamais fléchir, & qu'elle doive être dans des tems plus ou moins exacte que dans d'autres; elle ne peut être sujette à aucune souplesse sans se détruire pour jamais. Ainsi ce ne doit point être quant à l'exactitude & à la précision du service, qu'il faut modérer la *corvée*; c'est seulement quant à sa durée. [...] mais pour la discipline elle doit être la même, aussi suivie pour quinze jours que pour quatre mois de travail.

L'usage déplorable que Boulanger dénonce ici et dont il avait eu à pâtir dans l'exercice quotidien de son métier consistait à poster tout au long de la route que l'on voulait tracer une multitude d'ouvriers isolés à qui l'on confiait une tâche aussi précise que limitée ('Corvée, p.285a):

l'un fait son trou d'un côté, un autre va faire sa petite butte ailleurs, ce qui rend tout le corps de l'ouvrage d'une difformité monstrueuse: c'est surtout un coup d'œil des plus singuliers, de voir [...] cette multitude de petites cases séparées ou isolées les unes des autres, que chaque corvoyeur a été faire [...] dans les champs & dans les prairies, pour en tirer la toise ou la demi-toise de remblai dont il étoit tenu par le rôle général.

A cette 'difformité', qui heurte en Boulanger son sens de l'esthétique, s'ajoutent bien d'autres inconvénients. Il est impossible d'assurer une saine police des travailleurs: on ne saurait ni les diriger, à moins de multiplier à l'infini le nombre des inspecteurs, ni les punir efficacement dans le besoin.[17] Il est impossible de mesurer la force de chacun, non plus que la difficulté de la tâche qui lui est assignée. On exige autant du faible que du fort, et c'est là une injustice: 'Soient supposés dix particuliers ayant [...] égalité de tâches; ont-ils aussi tous les dix égalité de force dans les bras? C'est sans doute ce qui ne se rencontre guere; ainsi [...] on commet une injustice, qui fait faire à l'un plus du double ou du triple [...] qu'à un autre' ('Corvée', p.285a-b). Tel corvoyeur travaille sans trop d'effort dans un terrain meuble, tel autre s'échine dans une partie rocailleuse, et l'équité s'en trouve bafouée: 'Si l'on admet pour un moment que les forces de tous ces particuliers soient au même degré, [...] le terrein qui leur est distribué par égale portion, est-il lui-même d'une nature assez uniforme pour ne présenter sous volume égal qu'une égale résistance à tous? Cette homogénéité de la terre ne se rencontrant nulle part, il naît donc de-là encore cette injustice dans les répartitions que l'on vouloit éviter avec tant de soin' ('Corvée', p.285b). Et tout ira pour le pire: personne n'y trouvera son compte, ni les particuliers, ni l'Etat.

Pour Boulanger tout découle d'un vice véritablement essentiel. Comme l'expression 'une difformité monstrueuse' nous le laissait déjà entendre, les pouvoirs publics sont coupables, au sens le plus strict – et quasi métaphysique – d'une perversion, d'une dénaturation du service: 'Il semble au premier coup d'œil que le défaut le plus considérable, & celui dont tous les autres sont dérivés, est d'avoir totalement *fait changer de nature* à un ouvrage public, en le décomposant à

17. Boulanger ne fait *a priori* aucune confiance aux ouvriers 'qui ne font rien en [l'] absence [du chef], ou qui ne font rien de bien' (p.286a).

l'infini, pour n'en faire qu'une multitude sans nombre d'ouvrages particuliers.'[18] L'absentéisme chronique des corvoyeurs s'explique de la même façon: 'le principe d'une telle désertion ne pouvoit être que dans la division *contre nature* d'une action publique en une infinité d'actions particulieres, qui n'étoient unies ni par le lieu, ni par le tems ni par l'intérêt commun.'[19] Dès lors il s'agit pour Boulanger de mettre en œuvre un nouveau règlement pour le bon usage des corvées, règlement aux termes duquel il convient de faire travailler les ouvriers en groupe et de front à une tâche unique. Là où tous les inconvénients s'accumulaient, tous les avantages se trouvent réunis. Les corvoyeurs s'adonnent à un ouvrage dont ils comprennent le bien-fondé, l'esprit d'émulation les pousse à en finir au plus vite et à se contrôler les uns les autres: 'comme chacun d'eux cherche à finir promptement la quantité qui lui est prescrite pour le jour & pour la semaine, chaque voiturier devient un piqueur[20] qui presse le manouvrier, & chaque manouvrier en est un aussi vis-à-vis de tous les voituriers' ('Corvée', p.286b). Enfin, et c'est là aux yeux de Boulanger une vertu majeure, avec la méthode qu'il préconise 'une seule ame fait remuer cent mille bras' ('Corvée', p.285a). Cette image spiritualiste est bien traditionnelle. Elle n'en exprime pas moins la croyance de Boulanger en l'importance du chef et en la supériorité de l'esprit sur la matière. Toutefois les puissances d'en-haut ne sont pas révérées pour elles-mêmes. Il ne s'agit évidemment pas de dire la grandeur d'une substance par rapport à l'autre, mais plus prosaïquement, d'en vanter l'utilité dans le service public. Si cet article de foi est absolu, il n'est ni fondamental, ni final. Le *Credo* de Boulanger repose sur la primauté du bien de l'Etat, auquel se trouve nécessairement subordonné le bien des particuliers.

L'article 'Corvée', qui n'aurait pu être qu'un article technique et impersonnel, se révèle être tout nourri d'expérience quotidienne, et infiniment significatif d'une personnalité. On sent bien que la maxime, impérative et impérieuse, qui sous-tend tout le mémoire: 'le plus d'ouvrage possible dans le moins de tems possible' est celle qui a guidé toute sa vie – et il se l'est imposée sans faiblir jamais. On y découvre aussi que ce penseur subversif aux yeux de ses supérieurs ne l'est pas en esprit, que ce qui l'anime n'est pas l'envie de bouleverser l'ordre établi, mais de trouver une harmonie en respectant la nature des choses, et en assurant, pour le bien de tous, la préséance de l'Etat sur l'individu. Ce sont là des dominantes de sa philosophie qui jamais ne se démentiront.

ii. 'Déluge, (*Hist. sacrée, profane, & natur.*)'[21]

Cet article n'est pas entièrement de la main de Boulanger. L'*Encyclopédie* nous en avertit honnêtement: '*Article où tout ce qui est en guillemets est de M. BOULANGER*'

18. Article 'Corvée', p.284a. C'est nous qui soulignons.

19. Article 'Corvée', p.284b. C'est nous qui soulignons.

20. Voir Littré, *Dictionnaire de la langue française, verbo* 'piqueur': 'Celui qui prend soin de piquer ou de marquer les ouvriers absents ou présents, et qui les surveille. Dans le service des ponts et chaussées, employés chargés de seconder les conducteurs partout où le nombre de ces derniers est insuffisant.'

21. *Encyclopédie* (1754), iv.795b-803a.

('Déluge', p.803a). Henri Lion[22] émet l'hypothèse – raisonnable – que Diderot a travaillé avec notre auteur et que les paragraphes qui ne sont pas 'en guillemets' sont de lui. Il n'a que le tort d'oublier brusquement au cours de son développement qu'il s'agit là d'une probabilité et de continuer son étude comme si c'était chose prouvée. Ce que l'on peut affirmer, c'est que les lignes qui n'ont pas été rédigées par Boulanger ressemblent à un résumé,[23] et il est vraisemblable que l'article primitif a paru trop long aux dirigeants de l'*Encyclopédie* et qu'ils ont abrégé – sans trahir l'esprit de l'auteur, car il y a unité et continuité de la pensée – ce qui leur a semblé un peu diffus ou un peu prolixe. Il ne me paraît pas possible d'affirmer plus avant.

Le déluge était un sujet à la mode. Il était même en ce dix-huitième siècle l'eau régale qui permet de classer les esprits, les spiritualistes béats, pour qui un verset de la *Genèse* est une vérité d'Evangile et qui sont prêts à sonder les océans de notre machine ronde pour prouver que les eaux pouvaient bel et bien s'élever à quinze coudées au-dessus du mont Ararat, les spiritualistes scientifiques qui essayent de concilier les découvertes de leur temps et la lettre des textes sacrés, les esprits forts enfin, pour qui la Vérité est un obstacle à la vérité.

Si le déluge en ce temps-là a fait couler beaucoup d'encre, il a fait faire aussi beaucoup de pas. John Woodward[24] n'a pas quitté son Angleterre natale pour étudier les fossiles, et Louis Bourguet[25] n'a pas poussé ses investigations au-delà de la Suisse et de l'Italie pour y chercher la pierre bélemnite. En revanche, Joseph Pitton de Tournefort[26] est allé, 'par ordre du Roy' porter sa boîte d'herboriste jusqu'aux frontières de la Perse pour observer les plantes pétrifiées, ces monuments du déluge, et voir de près le mont Ararat, tandis que Sir George Wheler[27] a dû affronter bandits et tremblements de terre pour contrôler sur

22. 'N.-A. Boulanger (1722-1759). Contribution à l'histoire du mouvement philosophique au XVIIIe siècle' [ci-après Lion], *Annales révolutionnaires* (1914), pp.477ss.

23. Il subsiste dans l'article quelques traces de raccords maladroits. Boulanger écrit par exemple (p.801a): 'On peut juger par cet extrait, que l'auteur [Woodward] a recours pour expliquer les effets du *déluge* à un second chaos.' Cette phrase implique nécessairement que Boulanger venait de citer Woodward. Or, on ne trouve dans les paragraphes précédents qu'un résumé de la pensée du naturaliste anglais.

24. John Woodward, médecin et naturaliste anglais (1665-1722). Son ouvrage majeur a pour titre *An essay toward a natural history of the earth and terrestrial bodies, especially minerals; as also of the sea, rivers and springs, with an account of the universal deluge and of the effects that it had upon the earth* (London 1695). Ce livre a été traduit en français en 1735 par M. Noguez, et c'est donc dans sa langue maternelle que Boulanger a pu le consulter.

25. Louis Bourguet, né à Nîmes en 1678, mort à Neuchâtel en 1742. Les résultats de ses recherches sont consignés dans ses *Lettres philosophiques sur la formation des sels et des crystaux et sur la génération et le mécanisme organique des plantes et des animaux, à l'occasion de la pierre bélemnite et de la pierre lenticulaire, avec un mémoire sur la théorie de la terre* (Amsterdam 1729).

26. C'est au retour de son long périple qu'il a écrit sa *Relation d'un voyage du Levant fait par ordre du Roy, contenant l'histoire ancienne et moderne de plusieurs isles de l'Archipel, de Constantinople, des côtes de la Mer noire, de l'Arménie, de la Géorgie, des frontières de Perse et de l'Asie mineure, avec les plans des villes [...] enrichie de descriptions [...] de plantes rares [...] et de plusieurs observations touchant l'histoire naturelle* (Paris 1717).

27. Sir George Wheler, voyageur d'origine anglaise, né à Breda, Hollande, en 1650, mort à Houghton-le-Spring en 1724. Il a raconté son voyage dans *A journey into Greece* [...] (London 1682), *in-folio*. Cet ouvrage a été traduit en français en 1689, sous le titre de *Voyage de Dalmatie, de Grèce et du Levant, enrichi de médailles et de figures des principales antiquitez qui se trouvent en tous ces lieux* (Amsterdam 1689).

place que le fleuve Pénée avait bien, comme l'a dit Hérodote, séparé par ses débords diluviens le mont Ossa du mont Olympe.

Dans cette immense querelle qui pousse les savants à courir le monde et qui agite tous les esprits, il revenait légitimement à Nicolas-Antoine Boulanger, à cet homme qui devait consacrer sa vie entière aux conséquences morales, religieuses et politiques du déluge, d'écrire pour l'*Encyclopédie* l'article consacré au plus fameux des cataclysmes naturels.

Sa longue dissertation se ressent de cette querelle, et avant d'être un développement personnel elle est un résumé, une analyse, une discussion, une approbation ou une réfutation des théories de ses devanciers et de ses contemporains. [28]

Quand Boulanger se sent enfin la liberté d'affirmer sa doctrine personnelle, c'est pour prendre le parti – et cela ne nous étonne guère chez un encyclopédiste – de l'histoire et de la physique: 'l'on ne peut douter, après les observations des voyageurs qui les ont examinés en historiens & en physiciens, que les effets de ces *déluges* n'ayent été tels que les traditions du pays le portent' ('Déluge', p.797b); c'est pour insister sur l'importance de la géologie en son ensemble et sur le problème des 'angles alternatifs' en particulier: 'Cette admirable disposition des détroits, des vallées & des montagnes, est propre à tous les lieux de la terre sans aucune exception. C'est même un problème des plus intéressans & des plus nouveaux que les observateurs de ce siecle se soient proposés';[29] c'est pour dire enfin, sur le ton de l'ironie, sa défiance à l'égard de la foi aveugle qui n'est qu'une cécité fidèle:

'A ces autorités tirées des expressions positives de la Genese, toutes extrèmement dignes de notre foi, nous en ajoûterons encore quelques-unes, quoique nous pensions bien qu'elles ne sont pas nécessaires au véritable fidèle: mais tout le monde n'a pas le bonheur de l'être. Nous tirerons ces autorités de nos connoissances historiques & physiques; & si elles ne convainquent pas avec la même évidence que celles puisées dans l'Ecriture-sainte, on doit être assez éclairé pour sentir l'extrème supériorité de celles-ci, sur tout ce que notre propre fond peut nous fournir.'[30]

Ces dernières formules sont séduisantes, mais elles n'ont rien, au fond, d'original. Ce tour d'esprit imposé primitivement par la crainte de la censure est devenu un code qui ne surprend plus personne, ni les thuriféraires de la foi, ni les lecteurs 'philosophes'. Mais cette ironie convenue n'est pas la marque dominante de l'article. Et c'est précisément en cela que réside l'originalité féconde de Boulanger. Si son esprit sarcastique s'exerce aux dépens de la foi – ce qui est traditionnel – il ne s'exerce jamais aux dépens de la Bible – ce qui est nouveau. Boulanger ne croit pas à l'Ecriture comme à un texte sacré; mais pour n'être pas révélée la Vérité n'en est pas moins révélatrice. A l'encontre de

28. Dans le cours de l'article se trouvent cités les noms de Wheler, Tournefort, Burnet, Stenon, Woodward, Scheuchzer, Descartes, Whiston, Bourguet et Pluche. Nous nous intéresserons aux doctrines de certains de ces écrivains lorsque nous étudierons les sources scientifiques de la philosophie de Boulanger. Voir ci-dessous pp.162ss.

29. Article 'Déluge', p.797b. Cette phrase, tirée de la même page du même article, éclaire cette notion d'angles alternatifs: 'N'est-ce [...] que dans le détroit de Constantinople que se remarquent ces côtes roides, escarpées & déchirées, toûjours & constamment opposées à la chûte des eaux des contrées supérieures & placées dans les angles alternatifs & correspondans que forme ce détroit?'

30. Article 'Déluge', p.796b. Boulanger dit encore sur le même ton: 'dans les questions où la foi est mêlée, quel besoin de tout expliquer?' (p.798b).

beaucoup de ses contemporains adeptes des Lumières, Boulanger ne prend pas le Livre pour un tissu d'inepties; il est pour lui un témoignage majeur que l'on doit consulter comme un monument de l'homme, qu'il faut interpréter, sans doute, dans lequel il faut faire la part du langage imagé,[31] mais qui reste un de nos grands livres d'histoire. L'esprit de Dieu ne souffle pas à la surface des eaux, mais l'esprit de l'homme respire dans le souvenir du déluge.

Boulanger découvre d'abord une singulière unité entre la Bible et les textes profanes. Jusque dans les détails les plus précis de nos diverses traditions, l'histoire des déluges y est racontée de la même manière. De là à conclure, contre les chronologistes, que tous les déluges 'particuliers' et locaux de l'histoire ne sont qu'une seule et même inondation, il n'y a qu'un pas, et Boulanger le franchit avec audace ('Déluge', p.796b):

il n'y a pas un de ces *déluges*, quoique donnés comme particuliers par les anciens, où l'on ne reconnoisse au premier coup d'œil les anecdotes & les détails qui sont propres à la Genese. On y voit la même cause de ce terrible châtiment, une famille unique sauvée, une arche, des animaux, & cette colombe que Noé envoya à la découverte, messager qui n'est autre chose que la chaloupe ou le radeau dont parlent quelques autres traditions profanes. [...] tous ces *déluges* particuliers rentrent donc dans le récit & dans l'époque de celui de la Genese. Deucalion dans la famille duquel on trouve un Japet, Promethée, Xisuthrus, tous ces personnages se réduisent au seul Noé.

Il est juste de dire que Boulanger envisage les objections que l'on peut formuler contre cette universalité du déluge selon la Genèse: les multiples traditions locales, comme celles de Béotie et de Thessalie, prouvent que le souvenir du déluge s'est maintenu dans différentes contrées et que par conséquent il y a eu en chacune de ces régions des témoins du cataclysme, ce qui est évidemment contraire au texte de l'Ecriture sacrée.[32] Mais c'est pour conclure que Noé n'avait pas le don d'ubiquité[33] et que si le déluge a bien été universel, 'on ne pourra pas dire de même que la destruction de l'espece humaine ait été universelle' ('Déluge', p.797b).

Dès lors l'intention de Boulanger n'est pas d'opposer la science et l'Ecriture, l'histoire et la foi, mais de les unir pour une même quête de la vérité. Alors qu'un abbé Pluche essaie de sauver les Saintes Ecritures malgré la science en respectant la science, Boulanger fait de la Bible un élément, entre autres, de la recherche scientifique. Dieu est absent, mais l'homme n'a pas menti, et s'il parle du déluge, c'est que celui-ci a eu lieu. L'esprit de Boulanger n'est pas l'esprit du blasphème, non plus que celui de la révérence, c'est celui de la juste cohérence. Son originalité la plus profonde est d'oser, lorsque les faits l'exigent et pourvu que la vérité y trouve son compte, réconcilier le théologien et le physicien ('Déluge' pp.798a, 800a, 802b):

c'est une raison toute naturelle de s'en tenir pour l'époque [du déluge] au parti des

31. Voir article 'Déluge', p.800a. Boulanger y parle des 'allégories sous lesquelles l'Ecriture & le style figuré des premiers peuples rendoient les grands évenemens de la nature'.
32. Voir p.797a et b: 'ces détails propres & particuliers aux contrées où les traditions d'un déluge sont restées, & qui, prouvant [...] d'une manière évidente qu'en chacune de ces contrées il y a eu des témoins qui y ont survêcu, seroient par conséquent très-contraires au texte formel de la Genese sur l'universalité du déluge'.
33. Voir p.797a: 'Noé réclu & enfermé dans une arche, [...] pouvoit-il être instruit de ce qui se passoit alors aux quatre coins du monde.'

théologiens qui trouvent ici les physiciens d'accord avec eux.

Le physicien ne doit concevoir rien d'impossible dans une telle opération, & le théologien rien de contraire au texte de la Genese; il n'aura point fallu d'autres eaux que celles de notre globe, & aucun homme n'aura pû échapper à ces marées universelles.

Tout se lie [...], la physique & l'histoire profane se confirment mutuellement, & celles-ci ensemble se concilient merveilleusement avec l'histoire sacrée.

Boulanger est en cela bien plus novateur que Voltaire, qui refuse *a priori* les textes bibliques et qui sépare absolument la raison et l'Ecriture. Voltaire en arriverait presque à cet aphorisme: puisque la Bible le dit, il ne le faut pas croire: 'l'histoire du déluge étant la chose la plus miraculeuse dont on ait jamais entendu parler, il serait insensé de l'expliquer: ce sont de ces mystères qu'on croit par la foi; et la foi consiste à croire ce que la raison ne croit pas, ce qui est encore un autre miracle'.[34] Et c'est Voltaire qui, inconsciemment, affirme à rebours le caractère exceptionnel de l'Ecriture, puisqu'elle est en dehors de toute vérité!

Ce qui donne ici à Boulanger cette hauteur de vue toute nouvelle, c'est le détachement, c'est l'absence d'esprit polémique de l'homme qui vit seul loin de toutes les coteries et de leurs disputes intestines, de l'homme qui appartient à la science plutôt qu'à une philosophie. Les textes sacrés ou profanes peuvent être erronés, mais ils sont des faits, des objets parmi nous, ils méritent examen, et l'erreur même peut être révélatrice de la vérité.

L'article 'Déluge', qui traite du sujet central, obsessionnel, et en définitive unique de la philosophie de Boulanger, l'article 'Déluge' intercalé entre ses premières œuvres, les *Anecdotes de la nature* et le *Mémoire sur une Nouvelle Mappemonde*, auquel il fait allusion,[35] et son ouvrage majeur, *L'Antiquité dévoilée*, qu'il annonce,[36] est sans doute le lieu géométrique de la pensée de Boulanger.

iii. 'Guèbres (*Hist. anc. & mod.*)'[37]

Rien apparemment ne destinait ce 'peuple errant & répandu dans plusieurs des contrées de la Perse & des Indes' ('Guèbres', p.979a) à tant de célébrité. Mais le dix-huitième siècle en a fait un mythe, et les philosophes – de Montesquieu à Voltaire[38] – se sont fait un point d'honneur de dire sur lui leurs sentiments.

34. Voltaire, *Dictionnaire philosophique*, édition Etiemble, Naves, Benda (Paris 1973); article 'Inondation', p.251.

35. Voir article 'Déluge', p.800a: Boulanger qui vient de parler de 'la souplesse qu'on a lieu de soupçonner dans les continens de la terre', ajoute: 'souplesse dont l'auteur d'une mappemonde nouvelle vient d'expliquer les phénomenes & les effets dans les grandes révolutions'.

36. On trouve par deux fois dans l'article 'Déluge' ce beau mot d''anecdote' appliqué à l'histoire de la terre. Boulanger y parle des 'anecdotes physiques qui [...] ont été conservées en plusieurs contrées particulieres' (p.797b), et des 'anecdotes du déluge' (p.799a). Le regret que Boulanger exprime (pp.799b et 800a): 'On n'a point encore assez réfléchi sur cette terreur [...] & l'on n'a point, comme on auroit dû faire, fondé sur cette matiere intéressante les anciennes traditions', à propos de la peur qu'engendre l'apparition des comètes, ressemble étrangement à un appel à lui-même et annonce l'un des plus longs développements de *L'Antiquité dévoilée*.

37. *Encyclopédie* (1757), vii.979a-81a.

38. Les Guèbres sont toujours présentés comme des modèles de tolérance et d'innocente sagesse. Montesquieu, dans les *Lettres persanes*, fournit un bel exemple de ce jugement convenu: 'Il y a ici un Guèbre qui [...] a, je crois, la première place dans mon cœur: c'est l'âme de la probité même. Des raisons particulières l'ont obligé de se retirer dans cette ville où il vit tranquillement du produit

Ce peuple élu avait pourtant de quoi déplaire. Il était ignorant et superstitieux. Les voyageurs l'attestent, les philosophes le savent, le croient et le disent. Mais c'est toujours dans une proposition subordonnée concessive: 'Quoiqu'il y ait beaucoup de superstition & encore plus d'ignorance parmi les *Guebres*, les voyageurs sont assez d'accord pour nous en donner une idée qui nous intéresse à leur sort' ('Guèbres', p.979a). La proposition principale, en revanche, leur prête toutes les vertus: la tolérance, la charité, l'amour du travail, le sens de l'hospitalité, la sagesse des mœurs.[39] Les Guèbres ont échappé à la corruption générale et sont philosophes sans avoir lu l'*Encyclopédie*. Leur religion, fondée sur 'la loi de Zoroastre, la doctrine des Mages, & le culte du feu' ('Guèbres', p.979a), a su éviter tout fanatisme: 'Ils sont prévenans envers les étrangers de quelque nation qu'ils soient; ils ne parlent point devant eux de leur religion, mais ils ne condamnent personne, leur maxime étant de bien vivre avec tout le monde, & de n'offenser qui que ce soit' ('Guèbres', p.979a).

Leur foi est utile à la société: 'C'est le prier [Dieu], disent-ils, que de labourer; & leur créance met au nombre des actions vertueuses de planter un arbre, de défricher un champ, & d'engendrer des enfans.'[40]

d'un trafic honnête, avec une femme qu'il aime. Sa vie est toute marquée d'actions généreuses, et, quoiqu'il cherche la vie obscure, il y a plus d'héroïsme dans son cœur que dans celui des plus grands monarques' (lettre LXVII, d'Ibben à Usbek). L'*Histoire d'Apheridon et d'Astarté* par laquelle cette lettre se termine et qui est donnée comme l'autobiographie du susdit Guèbre tirerait les larmes du cœur le plus endurci! Il est significatif que la tragédie de Voltaire intitulée *Les Guèbres* ait pour sous-titre *La Tolérance* et que le dramaturge en ait fait, de son aveu même, à la fois un plaidoyer pour les vertus civiques: 'Il [l'auteur] a seulement voulu [...] inspirer [...] le respect pour les lois, la charité universelle, l'humanité, l'indulgence, la tolérance' (*Discours historique et critique à l'occasion de la Tragédie des Guèbres*), et une machine de guerre contre 'l'infâme': 'A l'égard des adoucissements sur la prêtraille, c'est là véritablement la chose impossible qui est au dessus des talents du diable. La pièce n'est fondée que sur l'horreur que la prêtraille inspire' (lettre à d'Argental du 18 novembre 1768, Best.D15321). Plus avant dans le siècle, Delisle de Sales prouve que le mythe n'a rien perdu de sa vigueur. Démarquant d'ailleurs l'article de Boulanger, il écrit à propos de ceux 'qu'on ne connoît en Asie que sous le nom infame de Guèbres': 'Les ennemis même de ces hommes pacifiques, rendent justice à la pureté de leur morale: ils entretiennent le feu sacré [...] mais ils ne l'adorent pas; amis de la liberté, mais ennemis des dissentions civiles, partout où ils sont tolérés, ils obéissent à la loi des princes; [...] ils ont les mœurs de la nature, au milieu des peuples qui la font oublier' (*Philosophie de la nature*, Londres 1777, vi.369-70). Voir la thèse de Pierre Malandain, *Delisle de Sales, philosophe de la nature (1741-1816)*, Studies on Voltaire 203-204 (Oxford 1982).

39. Article 'Guèbres', p.979a: 'Pauvres & simples dans leurs habits, doux & humbles dans leurs manieres, tolérans, charitables, & laborieux; ils n'ont point de mendians parmi eux, mais ils sont tous artisans, ouvriers, & grands agriculteurs. Il semble même qu'un des dogmes de leur ancienne religion ait été que l'homme est sur la terre pour la cultiver & pour l'embellir, ainsi que pour la peupler.'

40. Article 'Guèbres', p.979a. L'importance qu'ils attachent à la fécondité se traduit dans leur droit civil par une disposition aussi sage que délicate: 'en cas de stérilité, il leur est permis de prendre une seconde femme au bout de neuf années, en gardant cependant la premiere' (p.979b). Cette disposition était bien propre à séduire les philosophes qui avaient une véritable hantise de la dépopulation. On faisait aux prêtres un grief majeur de leur vœu de chasteté. Voir, en particulier, Montesquieu, *Lettres persanes*, lettre CXVII: 'Je parle des prêtres [...] qui se vouent à une continence éternelle: c'est chez les chrétiens la vertu par excellence; en quoi je ne les comprends pas, ne sachant ce que c'est qu'une vertu dont il ne résulte rien. [...] Ce métier de continence a anéanti plus d'hommes que les pestes et les guerres les plus sanglantes n'ont jamais fait. On voit dans chaque maison religieuse une famille éternelle, où il ne naît personne, et qui s'entretient aux dépens de toutes les autres. Ces maisons sont toujours ouvertes comme autant de gouffres où s'ensevelissent les races futures.' Voir aussi Raynal, *Histoire philosophique et politique des établissements et du commerce des Européens dans les deux Indes* (1780), iv.631: 'Un des moyens de favoriser la population, faut-il le

Leur superstition même est rachetée par son efficacité: 'Ils se font [...] un religieux devoir de tuer les insectes & tous les animaux malfaisans; & c'est par l'exercice de ce dernier précepte, qu'ils croyent expier leurs péchés; pénitence singuliere, mais utile' ('Guèbres', p.979a). Les Guèbres enfin ont un mérite suprême: ils ont été les victimes du despotisme des Musulmans: '[Ils sont] le triste reste de l'ancienne monarchie persane que les caliphes arabes armés par la religion ont détruite dans le vij. siecle, pour faire regner le dieu de Mahomet à la place du dieu de Zoroastre.'[41]

Boulanger, on le voit, n'est guère original, et son article mériterait seulement d'être mentionné s'il ne contenait la première formulation de plusieurs de ses hypothèses de travail.

Boulanger part d'une constatation: les fables de toutes les religions se ressemblent étrangement. Leurs zélateurs se méprisent, se haïssent, se persécutent et s'entre-tuent aux accents d'un même *Te Deum*: 'Plusieurs savans ont crû reconnoître dans les fables que les *Guebres* débitent de Zoroastre, quelques traits de ressemblance avec Cham, Abraham & Moyse; on pourroit ajoûter aussi avec Osiris, Minos, & Romulus' ('Guèbres', p.979b). Les rivalités religieuses ne sont que des querelles de mots: on croit se battre pour la vérité et l'on se déchire pour un nom: 'le mal est que les hommes n'ont fait que trop consister l'essentiel de la religion dans un nom. Si les nations asiatiques vouloient cependant s'entendre entre elles, & oublier ces noms divers de Confucius, de Brahma, de Zoroastre, & de Mahomet, il arriveroit qu'elles n'auroient presque toutes qu'une même créance, & qu'elles seroient par-là d'autant plus proches de la véritable' ('Guèbres', p.979b). Boulanger déplore, évidemment, ces querelles vaines et sanglantes, mais ce n'est pas là l'essentiel de son propos. Il est bien davantage touché par les ressemblances que par les discordes qui, paradoxalement, en découlent. Ce qui l'intéresse ce sont les structures communes à toutes les religions et la cause unique qui explique leurs similitudes.

Cette cause unique c'est le grand cataclysme géologique qui en des temps très anciens a bouleversé la terre et tué la plupart des hommes. Les tristes survivants ont vu dans ce désastre la conséquence de leurs péchés et la juste colère d'une divinité courroucée. Dès lors ils ont vécu dans la terreur d'une nouvelle destruction. Leurs dogmes ne sont 'qu'une suite de l'impression que fit sur les hommes le spectacle affreux des anciens malheurs du monde, & la conséquence des premiers raisonnemens qu'on a crû religieusement devoir faire pour ne point en accuser un dieu créateur & conservateur' ('Guèbres', p.980a), leur morale est destinée à empêcher le retour d'un châtiment si terrible, leurs fêtes enfin sont des 'mémoriaux',[42] des 'commémorations de la ruine & du renouvellement du monde' ('Guèbres', p.979b).

Par milliers les années se sont écoulées. Le souvenir conscient du monstrueux

dire, c'est supprimer le célibat du clergé séculier et régulier.'

41. Article 'Guèbres', p.979a. Boulanger stigmatise au passage les méfaits politiques et économiques du despotisme: 'leur ancienne patrie, dont l'histoire nous a tant vanté la fertilité, n'est plus qu'un desert & qu'une terre inculte sous la loi de Mahomet, qui joint la contemplation au despotisme'.

42. Article 'Guèbres', p.979b. Boulanger a, comme il le dit lui-même, emprunté ce mot à Selden, *De diis Syris*.

cataclysme s'est évanoui, mais les religions conservent dans leurs dogmes et dans leurs rites – devenus incompréhensibles et que l'on a souvent chargés d'autres significations – la marque de cette frayeur originelle. Ils ne sont plus que la mémoire d'une mémoire, les fossiles de la peur, mais celui qui sait lire au-delà des apparences, celui qui sait dévoiler l'antiquité y découvre à coup sûr les monuments du désastre primitif. Boulanger parle des Guèbres en spécialiste de l'histoire des religions, et son article dépasse très largement le propos qu'annonce le titre. La religion de Zoroastre n'est qu'un exemple entre cent, plutôt un paradigme qu'un cas particulier: le texte de Boulanger annonce les conclusions générales qui seront celles de son grand œuvre. Si l'on voulait résumer en vingt lignes les douze cent cinquante pages de *L'Antiquité dévoilée*, il faudrait citer ce paragraphe de l'*Encyclopédie* ('Guèbres', p.980a):

C'est après avoir profondément étudié les différens âges du monde [...], que nous osons hasarder que telle a été l'origine de la religion des *Guebres* [...]. Si nous les considérons dans leurs dogmes sur l'Agriculture, sur la population, & dans leur discipline domestique, tout nous y retracera les premiers besoins & les vrais devoirs de l'homme, qui n'ont jamais été si bien connus qu'après la ruine du genre humain devenu sage par ses malheurs. Si nous les envisageons dans les terreurs qu'ils ont des éclipses, des cometes, & de tous les écarts de la nature, & dans leurs traditions apocalyptiques, nous y reconnoîtrons les tristes restes de l'espece humaine longtems épouvantée & effrayée par le seul souvenir des phénomenes de leurs anciens desastres. Si nous analysons leur dogme des deux principes & leurs fables sur les anciens combats de la lumiere contre les ténebres, & que nous en rapprochions tant d'autres traditions analogues répandues chez divers peuples; nous y reverrons aussi ce même fait que quelques-uns ont appellé *cahos, débrouillement*, & d'autres *création & renouvellement*. En étudiant leur culte du feu, & leurs pressentimens sur les incendies futurs, nous n'y retrouverons que le ressentiment des incendies passés, & que des usages qui en devoient perpétuer le souvenir: enfin si nous les suivons dans ces fêtes qu'ils célebrent pour le soleil & pour tous les élémens, tout nous y retracera de même des institutions relatives à cet ancien objet qui a été perdu, oublié, & corrompu par les *Guebres*, par les Perses eux-mêmes, & par tous les autres peuples du monde qui n'ont présentement que des traces plus ou moins sombres de ces religieuses commémorations, qui dans un certain âge ont été générales par toute la terre.

Ainsi se trouve exprimée, en même temps que la grande idée de Boulanger, la certitude de l'homme de science qui ne parle qu'après de longues études, et à qui seules les récurrences multipliées donnent le droit de tirer une loi des apparences.

iv. 'Hébraïque (Langue)'[43]

Nous n'avons pas la preuve absolue que cet article soit de Boulanger. Il n'est pas signé, et Diderot n'en fait pas mention dans sa préface à *L'Antiquité dévoilée*. L'attribution ne repose en fait que sur le témoignage des diverses éditions collectives de la fin du dix-huitième siècle qui incluent l'article dans les œuvres

---

43. *Encyclopédie* (1765), viii.76a-92b.

complètes de Boulanger.[44] C'est un indice précieux dont on ne saurait pourtant tirer une certitude, car la tentation était grande pour des imprimeurs peu scrupuleux et travaillant fort à la hâte de grossir artificiellement les textes d'un écrivain dont les ouvrages se vendaient assez bien, si l'on en juge par le nombre même des éditions.

Les signes décisifs ne peuvent venir dès lors que de l'écriture même du texte, de tel ou tel détail technique, de telle ou telle rencontre.

Trois signes, qui, tous, nous inclinent à attribuer l'article à Boulanger, paraissent mériter attention:

1 – On relève dans 'Langue hébraïque' un certain nombre de formules caractéristiques, dont Boulanger fait un usage quasi immodéré et que l'on retrouve une multitude de fois dans *L'Antiquité dévoilée*:

p.80a: 'une des plus intéressantes *anecdotes de l'histoire du monde*'[45]

p.80b: '*les monumens énigmatiques* de la science primitive'

: 'il suffit [...] d'en voir *les tristes suites*'

p.81a: 'ils devoient [...] nous *dévoiler* [...] *un des secrets de l'antiquité*'.

La page 83b est plus révélatrice encore; non seulement la formulation rappelle constamment le style de Boulanger, mais elle exprime en outre son obsession, sa monomanie philosophique ('Langue hébraïque', p.83b):

S'il étoit permis cependant d'hazarder quelques conjectures raisonnables, fondées sur l'antiquité même de cette langue & sur sa pauvreté, nous dirions qu'elle n'a commencé qu'après *les premiers âges du monde renouvellé*; qu'il a pû se faire que ceux même qui ont échappé aux destructions, ayent eu pour un tems une langue plus riche & plus formée, qui auroit été sans doute une de celles de l'ancien monde; mais que *la postérité de ces débris du genre humain* n'ayant produit d'abord que *de petites sociétés qui ont dû nécessairement être longtems misérables & toutes occupées de leurs besoins & de leur subsistance*, il a dû arriver que leur langage primitif se sera appauvri [...]. Jugeons donc quels terribles effets ont dû faire sur les premieres langues des hommes, ces coups de la Providence, qui peuvent éteindre les nations en un clin-d'œil, & qui ont autrefois frappé la terre, *comme nous l'apprennent nos traditions religieuses & tous les monumens de la nature*.

Nous trouvons, en effet, dans cette page – et souvent en termes identiques – deux des idées qui fascinèrent Boulanger et que *L'Antiquité dévoilée* développera en une amplification oratoire cent fois renouvelée: l'histoire de la terre ne compte que deux périodes, l'ère antédiluvienne dont la mémoire est à jamais ensevelie, et l'ère post-diluvienne à laquelle nous appartenons encore; l'homme échappé au cataclysme n'est qu'un misérable, réduit à la condition animale, terrorisé par le

---

44. Ces éditions attribuent cinq articles à Boulanger: 'Corvées' [le titre de cet article est au singulier dans l'*Encyclopédie*. L. S. Gordon (p.125), sur la foi d'une édition médiocre (celle de 1791 en l'occurence) traduit toujours en russe le titre au pluriel ('Povinnosti')], 'Déluge', 'Guèbres', 'Langue hébraïque', 'Œconomie politique'. Ils figurent:

a – dans le tome 4 de l'édition en 8 volumes de 1778, sans lieu.

b – dans le tome 9 de l'édition en 10 volumes de 1791, 'En Suisse'.

c – dans le tome 7 de l'édition en 8 volumes de 1792, Paris.

d – dans le tome 5 de l'édition en 6 volumes de 1794, Amsterdam.

Voir *Bibliographie d'Holbach* (Paris 1971).

45. C'est nous qui soulignons les formules caractéristiques du style de Boulanger, de même que dans la citation tirée de la page 83b.

souvenir de ses malheurs et tout entier occupé par les soins que lui impose la simple nécessité de survivre.[46]

2 – Les savants philologues que l'auteur de l'article est amené à évoquer dans le cours de son développement, soit pour réfuter leurs opinions, soit pour étayer ses propres affirmations, se retrouvent tous cités dans *L'Antiquité dévoilée*. Leurs noms étaient sans doute plus familiers à l'homme cultivé du dix-huitième siècle qu'ils ne le sont pour nous, mais on ne saurait pour autant affirmer que les Buxtorf, Leusden, Vossius, Bochart, Huet et Leclerc[47] étaient de notoriété universelle et devaient nécessairement figurer sous la plume de tous les écrivains des Lumières. Enfin la référence inattendue au *Dictionnaire de la langue brétonne*[48] (p.87b) se retrouve dans *L'Antiquité dévoilée* (v, 2. iii.178, n.20). Si ce ne sont pas là des preuves, il s'agit au moins d'indices troublants.

3 – Deux détails enfin viennent corroborer notre hypothèse, deux détails d'autant plus convaincants que leur présence était moins nécessaire dans un article consacré à la langue hébraïque. Il s'agit:

a – d'une allusion aux Guèbres qui semble tirée de l'article de l'*Encyclopédie* consacré à ce peuple:

'Langue hébraïque', p.86a:

Pour nous peindre les Hébreux pendant les dix siecles presque continus de leurs desordres & de leur idolatrie, nous pouvons sans doute nous représenter les Guebres aujourd'hui répandus dans l'Inde avec les livres de Zoroastre qu'ils conservent encore sans pouvoir les lire [...].

'Guèbres', p.979a et b:

GUEBRES [...] peuple errant & répandu dans plusieurs des contrées de la Perse & des Indes. [...] Ils prétendent posséder encore les livres que Zoroastre a reçus du ciel; mais ils ne peuvent plus les lire [...].

b – d'une allusion à Bochart et à Saint Augustin que l'on retrouve dans une note de *L'Antiquité dévoilée*:

'Langue hébraïque', p.87b:

Le carthaginois [...], comme étant la plus moderne de leurs colonies [celle des Hébreux], sembloit au tems de S. Augustin n'être encore qu'une dialecte de la langue de Moyse: aussi Bochart, sans autre interprète que la Bible, a-t-il traduit fort heureusement un fragment

Antiquité dévoilée, iv, 2; ii.276, note 7:

Voyez Bochart sur ces allusions communes entre les langues Hébraïque, Phénicienne, Carthaginoise & Latine. *Chanaan Lib. II. Cap. 16.* où il cite le témoignage de S. Augustin, qui étoit Carthaginois.[49]

46. L'attitude de Boulanger explique sa totale incompréhension des thèses de Rousseau et la violente diatribe qu'il écrira contre lui – et sur laquelle nous reviendrons. Voir ci-dessous, pp.192ss.

47. Dans 'Langue hébraïque' Buxtorf est cité p.78b et 79a, Leusden p.79a, 80a et 86a, Vossius, Bochart, Huet et Leclerc p.81a. Pour les références à ces écrivains dans *L'Antiquité dévoilée*, voir l'index de notre édition critique de cet ouvrage, ii.246-54.

48. Ce dictionnaire est l'œuvre de Dom Louis Le Pelletier. Il a été publié à Paris en 1752.

49. Voir Samuel Bochart, *Geographiae Sacrae pars altera Chanaan* (Caen 1646), livre ii, chap.16, p.848: 'Le dialogue a lieu entre Augustin et un jeune homme alors âgé de seize ans, alors que les langues punique et latine leur sont également familières et qu'ils en usent conjointement.'

carthaginois que Plaute nous a conservé.

Si l'on peut espérer que ces deux rencontres ont aboli le hasard, il convient de reconnaître en revanche qu'à plusieurs reprises le style de l'article – enthousiaste ou sarcastique – semble être incompatible avec celui de Boulanger. On croirait même y retrouver la main de Diderot.[50] Il est bien possible, en effet, qu'une fois encore le directeur de l'*Encyclopédie* ait éprouvé le besoin de refondre ou au moins de retoucher la prose de Boulanger, ce qui pourrait expliquer l'absence de signature à la fin de l'article.[51]

L'étude, prise dans son ensemble, comporte de longs développements techniques, qui sont aujourd'hui évidemment périmés et qui ne peuvent plus intéresser que l'historien de la philologie. Et ce qui retient encore le lecteur moderne, ce sont les réflexions annexes et les digressions.

Une fois de plus Boulanger – s'il s'agit bien de lui, et uniquement de lui – chante son hymne à la science, au 'sens froid', à la raison. La langue hébraïque a beau être la langue sacrée par excellence, on doit désormais l'étudier avec la même impartialité que les autres. Il n'est plus question de prendre 'le merveilleux pour la vérité' ('Langue hébraïque', p.76b). C'est sur ce ton que commence l'article, c'est sur ce ton qu'il se termine:

Comme langue savante, & comme langue sacrée, elle est depuis bien des siecles le sujet & la matiere d'une infinité de questions intéressantes, qui toutes n'ont pas toûjours été discutées de sens froid, sur-tout par les rabbins, & qui pour la plûpart, ne sont pas encore éclaircies, peut-être à cause du tems qui couvre tout, peut-être encore parce que cette langue n'a pas été aussi cultivée qu'elle auroit dû l'être des vrais savans.[52]

Puisque la religion a tiré de ces livres tout le fruit qu'elle devoit en attendre; puisque les cabalistes & les mystiques s'y sont épuisés par leur illusion, & s'en sont à la fin dégoûtés, il convient aujourd'hui d'étudier ces monumens respectables de l'antiquité en littérateurs, en philosophes même, & en historiens de l'esprit humain. / C'est, en terminant notre article, à quoi nous invitons fortement tous les savans. Ces livres & cette langue, quoique consacrés par la religion, n'ont été que trop abandonnés aux réveries & aux faux mysteres des petits génies: c'est à la solide Philosophie à les revendiquer à son tour, pour en faire l'objet de ses veilles, pour étudier dans la *langue hébraïque* la plus ancienne des langues savantes, & pour en tirer en faveur de la raison & du progrès de

---

50. Les phrases qui suivent font davantage songer à Diderot qu'à Boulanger: 'La *langue hébraïque* [...] est la vraie langue de la Poésie, de la prophétie, & de la révélation; un feu céleste l'anime & la transporte: quelle ardeur dans ses cantiques! quelles sublimes images dans les visions d'Isaïe! que de pathétique & de touchant dans les larmes de Jérémie!' (p.89a). 'Ce n'est pas à nous, aveugles mortels, à questionner la Providence: que ne lui demandons-nous aussi pourquoi elle s'est plû à ne parler aux Juifs qu'en parabole; pourquoi elle leur a donné des yeux afin qu'ils ne vissent point, & des oreilles afin qu'ils n'entendissent point, & pourquoi de toutes les nations de l'antiquité elle a choisi particulierement celle dont la tête étoit la plus dure & la plus grossiere?' (p.82a et b). Il est vrai que ces ressemblances peuvent être trompeuses. Jean-Pierre Seguin, dans sa thèse intitulée *Diderot, le discours et les choses (Essai de description du style d'un philosophe en 1750)* (Lille 1981), montre de façon parfaitement convaincante que 'thèmes, idées, et marques d'écriture isolées sont le bien commun de toute une génération' (p.300).

51. On ne peut invoquer ici la prudence en face de la censure, puisqu'au moment de la publication de l'article (1765) Boulanger était mort depuis six ans.

52. Article 'Langue hébraïque', p.76a = première page de l'article.

l'esprit humain, des connoissances qui correspondent dignement à celles qu'y ont puisées dans tous les tems la Morale & la Religion.[53]

Boulanger est apparemment le premier à profiter de son appel en faveur de 'la solide Philosophie'. Il s'efforce de dissiper le halo de mystère et de mysticisme qui entoure la langue de l'Ancien Testament et de lui rendre son caractère terrestre. Comme les autres langues elle n'est qu'un produit de l'homme, comme les autres langues elle s'est lentement constituée, elle a connu bien des évolutions et elle est allée à sa fin, car les langues meurent aussi: 'La *langue hébraïque* est une langue humaine, ainsi que toutes celles qui se sont parlées & qui se parlent ici bas; comme toutes les autres, elle a eu son commencement, son regne & sa fin, & comme elles encore, elle a eu son génie particulier, ses beautés & ses défauts' ('Langue hébraïque', p.83b).

Sa volonté bien claire de dénier à la langue hébraïque tout caractère révélé et transcendental[54] amène Boulanger à esquisser une philosophie du langage; non qu'il s'interroge, comme Condillac ou Rousseau, sur le problème des origines, car ces spéculations métaphysiques sont bien éloignées de son esprit. Ses préoccupations ne l'entraînent pas au-delà d'une sociologie historique de la parole. Pour lui les langues sont une émanation de la société, elles en suivent de façon fidèle et presque mécanique les hauts et les bas, les enrichissements et les appauvrissements, dont elles sont à la fois l'épiphénomène et le révélateur: 'Il en est des langues comme des nations: elles sont riches, fécondes, étendues en proportion de la grandeur & de la puissance des sociétés qui les parlent; elles sont arides & pauvres chez les Sauvages; & elles se sont agrandies & embellies

---

53. 'Langue hébraïque, p.92b = dernière page de l'article. Boulanger s'inscrit donc en faux contre l'auteur de l'article *Juifs* de l'*Encyclopédie* (ix.25b-51b), c'est-à-dire contre Diderot, qui ne voit dans la langue et dans la pensée de ce peuple qu'ignorance, confusion et obscurantisme:
'Personne n'ignore que les Juifs n'ont jamais passé pour un peuple savant. Il est certain qu'ils n'avoient aucune teinture des sciences exactes, & qu'ils se trompoient grossierement sur tous les articles qui en dépendent. Pour ce qui regarde la Physique, & le détail immense qui lui appartient, il n'est pas moins constant qu'ils n'en avoient aucune connoissance, non plus que des diverses parties de l'Histoire naturelle' (p.25b).
'Avant de parler des principaux dogmes de la philosophie exotérique, il ne sera pas inutile d'avertir le lecteur, qu'on ne doit pas s'attendre à trouver chez les *Juifs* de la justesse dans les idées, de l'exactitude dans le raisonnement, de la précision dans le style; en un mot, tout ce qui doit caractériser une saine philosophie. On n'y trouve au contraire qu'un mélange confus des principes de la raison & de la révélation, une obscurité affectée, & souvent impénétrable, des principes qui conduisent au fanatisme, un respect aveugle pour l'autorité des Docteurs, & pour l'antiquité; en un mot, tous les défauts qui annoncent une nation ignorante & superstitieuse' (p.44b).
54. Boulanger dit clairement: 'L'histoire de la *langue hébraïque* n'est chez les rabbins qu'un tissu de fables [...]. Elle est, selon eux, la langue dont le Créateur s'est servi pour commander à la nature au commencement du monde; c'est de la bouche de Dieu même que les anges & le premier homme l'ont apprise. [...] C'est une langue enfin dont l'origine est toute céleste [...]. Mais laissons-là ces pieuses réveries, dont la religion ni la raison de notre âge ne peuvent plus s'accommoder' (p.83a et b).
Dans ses *Recherches sur l'origine du despotisme oriental*, Boulanger revient aux problèmes que pose la langue hébraïque. Il y met l'accent sur les évolutions et sur les altérations qu'elle a subies et qui s'accordent mal avec le caractère sacré que les rabbins ont voulu attribuer à ce seul idiome: 'tous les Auteurs [des] livres sacrés ignoroient la langue Hébraïque. Pour adoucir ce paradoxe, j'ajouterai que ces Auteurs ignoroient l'Hébreu, c'est-à-dire, l'ancien Hébreu, comme les François modernes ignorent le Gaulois [...]. Une autre source de ces méprises de langage chez les Hébreux, vient de ce qu'ayant souvent été errans & transplantés chez des Nations étrangéres, ainsi qu'il paroit par leurs histoires, leur Hébreu primitif s'est altéré & corrompu' (pp.308-309, édition de 1761).

partout où la population, le commerce, les sciences & les passions ont agrandi l'esprit humain' ('Langue hébraïque', p.83b). Le choix méthodique et quelque peu scolaire que fait ici Boulanger d'adjectifs ('arides & pauvres') que le lexique accouple volontiers au mot 'Sauvages', lorsqu'il désire qualifier les langues de ces peuplades, n'est pas seulement un effet de rhétorique élémentaire. Cette métaphore est la pensée intime de Boulanger, aux yeux de qui le langage est véritablement le produit et le reflet de l'état social.

Attribuer à une langue un caractère sacré n'est pas seulement pour Boulanger une imposture intellectuelle dont les Juifs 'qui ont idolatré leur langue & les mots de leur langue en négligeant les choses'[55] lui fournissent le paradigme conventionnel, c'est aussi, sur un plan politique, prêter la main à tous les obscurantismes. Dès lors que l'on confère à un idiome un caractère mystique, il devient l'apanage des initiés, des 'sages', des 'savants', il devient un organe du pouvoir et de la domination dont le peuple se trouve naturellement exclu; au lieu d'unir les hommes, il les sépare, en préparant les voies au despotisme dont l'orient a donné un modèle que le reste de l'humanité s'est empressé d'imiter: 'ces sages de la haute antiquité [...] ont eu pour principe que la science n'étoit point faite pour le vulgaire, & que les avenues en devoient être fermées au peuple, aux profanes, & aux étrangers. On ne peut ignorer que le goût du mystere [...] a tenu les nations pendant une multitude de siecles dans des ténebres qu'on ne peut pénétrer, & dans une ignorance profonde & universelle' ('Langue hébraïque', pp.80a et b).

Boulanger, qui réserve apparemment ses développements plus proprement politiques pour ses *Recherches sur l'origine du despotisme oriental*,[56] se contente de souligner ici l'état de dépendance que crée pour le peuple à l'égard des initiés une telle attitude: 'il fallut toûjours qu'il allât [...] chercher le sens & l'intelligence dans la bouche des sages, & chez les administrateurs de l'instruction publique' ('Langue hébraïque', p.80b). En revanche la réprobation et l'inquiétude que suscite chez Boulanger cette sujétion intellectuelle de tout un peuple explique l'intérêt qu'il porte au problème épineux des points-voyelles dans la langue hébraïque. Les textes sacrés utilisés par les rabbins et par les cabalistes ne comportaient jamais ces précieuses indications de sens, ces garde-fous de l'imaginaire, et Boulanger y voit la preuve de la supercherie des prêtres et des exégètes qui pouvaient ainsi, au gré de leur imagination mystique, et sans doute de leurs intérêts, déformer le sens des Ecritures et abuser les peuples:

qui ne sait que ces rabbins toûjours livrés à l'illusion, ne se servent de Bibles sans voyelles pour instruire leur troupeau, que pour y trouver, à ce qu'ils disent, les sources du Saint-Esprit plus riches & plus abondantes en instruction; parce qu'il n'y a pas en effet un mot dans les Bibles de cette espece, qui ne puisse avoir une infinité de valeur par une imagination échauffée, qui veut se repaître de chimere, & qui veut en entretenir les autres? / C'est par cette même raison, que les Cabalistes font aussi peu de cas de la ponctuation; elle les gêneroit, & ils ne veulent point être gênés dans leurs extravagances;

55. Article 'Langue hébraïque', p.83b. Si les analyses de Boulanger sur le phénomène linguistique sont trop superficielles pour que l'on puisse décider s'il appartient à la famille des conceptualistes ou à celle des nominalistes, on peut du moins affirmer qu'il rejette avec la dernière vigueur le clan des réalistes.

56. Boulanger affirme: 'Nous ne chercherons point ici quels ont été les principes d'un tel système' (p.80b).

ils veulent en toute liberté supposer les voyelles, analyser les lettres, décomposer les mots, & renverser les syllabes; comme si les livres sacrés n'étoient pour eux qu'un répertoire d'anagrames & de logogryphes.[57]

De la philologie à la polémique, il n'y a parfois qu'un point-voyelle!

Il eût été dommage que l'article ne fût point de Boulanger, et que ce ne fût pas lui qui eût stigmatisé – comme cela sied si bien à sa philosophie – 'le goût dépravé [...] de deviner ce qu'on ne pouvoit plus lire' ('Langue hébraïque', p.80b).

v. 'Oeconomie politique (*Hist. Pol. Rel. anc. & mod.*)'[58]

Cet article n'exige aucune recherche en paternité légitime. Il est évidemment de Boulanger. La signature, le sujet, la pensée, la formulation nous en seraient des témoignages certains, si nous en avions besoin. Mais nous savons qu'il est une refonte – en général très habile – des *Recherches sur l'origine du despotisme oriental*, dont certaines phrases ont même été directement recopiées par Boulanger.

Il a pourtant été l'occasion d'une étrange aberration: Henri Lion,[59] trompé sans doute par l'usage orthographique moderne, a cherché à la lettre E l'article que la tradition, sur la foi des éditions collectives de la fin du dix-huitième siècle,[60] attribuait à Boulanger, et il est tombé sur l'article '*Economie*'[61] qui est de Jean-Jacques Rousseau! Il en conclut à une bévue grossière de la tradition. Il lui aurait suffi de songer à la graphie ancienne '*Oeconomie*' pour faire celle d'une erreur.

La méprise de Henri Lion était d'autant plus fâcheuse qu'il s'agit du plus riche et du plus révélateur des articles que Boulanger a donnés à l'*Encyclopédie*. Les membres de la coterie holbachique s'en sont bien aperçus, puisqu'ils en ont fait un volume publié à part sous le titre original de *Gouvernement*.[62]

Or ce nouveau titre est infiniment mieux adapté au sujet que ne l'est celui de l'*Encyclopédie*. Boulanger nous propose en effet une étude sur les trois types de gouvernements que Montesquieu a définis, le despotique, le républicain et le monarchique, auxquels il en ajoute, de son propre chef, un quatrième, le théocratique,[63] qui est à ses yeux le plus important, puisque c'est lui qui est la

---

57. 'Langue hébraïque', pp.79b et 80a. Une telle diatribe suffit à expliquer l'approbation de Voltaire qui, le 23 avril 1766, écrit à Marmontel: 'Je viens de lire l'article Langue hébraïque suivant vôtre bon conseil; il est savant et philosophique.' Le seul reproche qu'il ose faire à son auteur est de n'avoir pas poussé assez loin le mépris pour cette langue honnie, ou plutôt pour ce 'misérable jargon' (Best.D13265).

58. *Encyclopédie* (1765), xi.367b-83b.

59. Lion (1916), p.47, note 3. John Hampton avait déjà relevé l'erreur de Henri Lion (voir p.48).

60. Voir ci-dessus la note 44 de notre étude consacrée à 'Langue hébraïque'.

61. *Encyclopédie* (1755), v.337a-349a. Le titre complet est: 'Economie *ou* Oeconomie (*Morale & Politique*)', et la signature: '*Rousseau, citoyen de Genève*'.

62. *Gouvernement*, ouvrage posthume de feu M. B. I. D. P. et C. (Londres 1776), 111 pp. Ce livre a été reproduit sous un autre titre encore: *Essai philosophique sur le gouvernement, où l'on prouve l'influence de la religion sur la politique*, ouvrage posthume de M. Boulanger [...] (Londres 1788), 111 pp. C'est sous ce dernier titre qu'il figure dans l'édition collective de 1791, dont il constitue le tome iv, et dans celle de 1794, où il compose une partie du tome iii.

63. Article 'Oeconomie politique', p.367a: 'A ces trois gouvernemens, nous en devons joindre un quatrieme, c'est le *théocratique*, que les écrivains politiques ont oublié de considérer.'

source d'où les trois autres découlent nécessairement.[64] Et que Montesquieu ait pu avec tant de justesse découvrir les 'mobiles' des trois gouvernements qu'il a distingués sans connaître leur origine historique, jette Boulanger dans la plus vive admiration. Il voit dans cette prescience la marque évidente du génie.[65] Il est vrai que l'intuition et que la pensée de prime-saut ne sont pas les caractéristiques majeures de Boulanger!

Il serait plutôt un piéton de la pensée, et ici, comme dans toute son œuvre, il ne nous fait grâce d'aucune démarche. Son article commence par une profession de foi: l'économie politique, 'c'est l'art & la science de maintenir les hommes en société, & de les y rendre heureux, objet sublime, le plus utile & le plus intéressant qu'il y ait pour le genre humain' ('Oeconomie politique', pp.366b-67a). Après ce préambule qui fait du bonheur sur la terre la fin dernière de sa philosophie, Boulanger décide de renoncer à tout jugement moral et de se cantonner dans l'étude historique: 'Nous ne parlerons point ici de ce que font ou de ce que devroient faire les puissances de la terre: [...] elles seront jugées par ceux qui nous suivront. Renfermons-nous donc dans l'exposition historique des divers gouvernemens qui ont successivement paru.'[66] Puis, nous ayant invités, une fois encore, à considérer 'l'homme échappé des malheurs du monde, après les dernieres révolutions de la nature' ('Oeconomie politique', p.367a), Boulanger en vient à définir sa méthode. L'importance décisive de cette page nous impose de la citer longuement:

Nous nous sommes transportés au milieu des anciens témoins des calamités de l'univers. Nous avons examiné comment ils en étoient touchés, & quelles étoient les impressions que ces calamités faisoient sur leur esprit, sur leur cœur & sur leur caractere. Nous avons cherché à surprendre le genre humain dans l'excès de sa misere; *& pour l'étudier, nous nous sommes étudiés nous-mêmes, singulierement prévenus que malgré la différence des siecles & des hommes, il y a des sentimens communs & des idées uniformes, qui se réveillent universellement par les cris de la nature, & même par les seules terreurs paniques*, dont certains siecles connus se sont quelquefois effrayés. Après l'examen de *cette conscience commune*, nous avons réfléchi sur les suites les plus naturelles de ces impressions & sur leur action à l'égard de la conduite des hommes; & nous servant de nos conséquences comme de principes, nous les avons rapprochés des usages de l'antiquité, nous les avons comparés avec la police & les lois des premieres nations, avec leur culte & leur gouvernement; *nous avons suivi d'âge en âge les diverses opinions & les coutumes des hommes, tant que nous avons cru y connoître les suites*, ou au moins les vestiges des impressions primitives; & par-tout en effet il nous a semblé appercevoir dans les annales du monde *une chaîne continue*, quoiqu'ignorée, *une unité singuliere cachée sous mille formes*; & dans nos principes, la solution d'une multitude

---

64. Article 'Oeconomie politique', p.367a: 'ceux que nous venons de nommer en sont successive-ment sortis, en ont été les suites nécessaires; & [...] ils sont tous liés par une chaîne d'événemens continus, qui embrassent presque toutes les grandes révolutions qui sont arrivées dans le monde politique & dans le monde moral'.

65. Article 'Oeconomie politique', p.383b: 'Quoi qu'aient donc pu dire la passion & l'ignorance contre les principes du sublime auteur de l'*esprit des lois*, ils sont aussi vrais que sa sagacité a été grande pour les découvrir & en suivre les effets sans en avoir cherché l'origine. Tel est le privilège du génie, d'être seul capable de connoître le vrai d'un grand tout, lors même que ce tout lui est inconnu, ou qu'il n'en considere qu'une partie.'

66. 'Oeconomie politique', p.367a. Montesquieu, dans sa Préface à *L'Esprit des lois*, avait donné le modèle de cette neutralité morale: 'Je n'écris point pour censurer ce qui est établi dans quelque pays que ce soit.'

d'énigmes & de problèmes obscurs qui concernent *l'homme de tous les tems,* & ses divers gouvernemens *dans tous les siecles.*[67]

Cette méthode présuppose évidemment toute une philosophie, et cette philosophie est un mélange d'audace et de convention, de modernisme et de tradition. Ce qui est audacieux, c'est de faire d'un cataclysme naturel, d'une cause purement matérielle, la source première de toutes les formes de gouvernements qui se sont succédé dans l'histoire du monde. La très sainte monarchie elle-même, 'l'unique gouvernement qui soit véritablement fait pour l'homme & pour la terre' ('Oeconomie politique', p.367b), est la conséquence très lointaine, et pourtant nécessaire, des 'dernieres révolutions de la nature' ('Oeconomie politique', p.367a); et Louis le Quinzième siège sur le trône de la fille aînée de l'Eglise en tant que fils naturel du déluge! Le moteur initial de l'histoire est la lutte des éléments; et à ce point de l'analyse nous pourrions croire que la philosophie de Boulanger est une philosophie moniste, c'est-à-dire qu'elle explique tous les phénomènes par un principe fondamental unique.[68] Mais ce n'est là qu'une apparence.

Dès que Boulanger veut connaître les réactions de nos ancêtres immédiatement post-diluviens, il se fonde sur les réactions de l'homme moderne, étant 'singulierement prévenu[s] que malgré la différence des siecles & des hommes, il y a des sentimens communs & des idées uniformes, qui se réveillent universellement par les cris de la nature' ('Oeconomie politique', p.367b). En somme Boulanger s'examine lui-même pour connaître les états d'âme de Noé ou de Deucalion! Et la philosophie de Boulanger se mue en un dualisme: c'est la matière qui détermine les réactions de l'homme, mais ce sont ses 'sentimens communs' et ses 'idées uniformes' qui expliquent ses réactions et par voie de conséquence le choix de telle ou telle forme de gouvernement. Boulanger, sans conceptualiser son idéologie – soit par manque de formation théorique, soit par mépris pour cet exercice métaphysique – érige la matière et l'esprit en substances distinctes et indépendantes. Pour lui deux forces sont à l'origine du mouvement de l'histoire; d'une part une force matérielle: le conflit des éléments dont l'homme garde d'abord le souvenir, puis comme les 'vestiges' d''impressions primitives', ce qui est un souvenir au second degré, et d'autre part une force spirituelle: les sentiments et les idées de l'homme qui demeurent identiques tout au long de l'histoire. C'est là une philosophie qui, sur ce point, nous ramène à un état de pensée antérieure à la proposition fondamentale de Locke: '*no innate principles*'. Boulanger en revient au principe d'identité: a est a, et l'homme est l'homme. De même que chez Montesquieu si les climats différents engendrent nécessairement des mentalités différentes, cela ne peut venir que de ce que la nature de l'homme est partout semblable, de même c'est parce que les hommes sont toujours conformes à eux-mêmes que l'histoire des gouvernements devait évoluer d'une certaine façon – celle que nous connaissons – et non pas d'une autre. Dans l'équation de l'histoire il n'y a jamais qu'une seule variable et voilà pourquoi 'il

67. 'Oeconomie politique', p.367b. C'est nous qui soulignons. L'image de la chaîne figure dans la Préface de *L'Esprit des lois*: 'bien des vérités ne se feront sentir qu'après qu'on aura vu la chaîne qui les lie à d'autres'.
68. Voir Georges Plekhanov, *Essai sur le développement de la conception moniste de l'histoire* (Moscou 1956).

faut écorcher un Moscovite pour lui donner du sentiment' (*De l'esprit des lois*, xiv.2)!

Pour bien mettre en lumière la contradiction interne du dualisme de Boulanger, il suffit de juxtaposer deux éléments de phrases qui sont séparés dans son article par six lignes seulement ('Oeconomie politique', p.367b):
a – La monarchie est 'le fruit de la raison & du bon sens'.
b – Les cataclysmes naturels ont été pour l'homme 'de séveres missionnaires & de puissans législateurs'.

En fait ce qui explique et réduit – en surface – la contradiction de la philosophie de Boulanger, c'est qu'il est, malgré ses affirmations liminaires, un moraliste et un moraliste essentialiste. Tout son article est sous-tendu par une éthique politique, dont le principe pourrait s'énoncer ainsi: le meilleur gouvernement est celui qui a le rapport le plus étroit avec la nature intrinsèque de l'homme. Tout au long des siècles les êtres humains, terrorisés par le souvenir – conscient, puis inconscient – des cataclysmes géologiques, ont cherché à se donner le gouvernement qui les respectât dans leur essence et l'ont trouvé enfin dans la monarchie. Cette recherche ne s'est point faite de manière volontaire et concertée, elle n'est pas l'effet d'une heureuse chimère, non plus qu'une utopie enfin réalisée. Au contraire elle s'est faite dans un long cheminement obscur qui a permis à la nature irréductible de l'homme – que Boulanger appelle la raison – de mûrir un fruit enfin conforme à elle-même: 'Ce qu'il y a même de plus estimable dans ce gouvernement, c'est qu'il n'a point été une suite d'une législation particuliere ni d'un système médité, mais le fruit lent & tardif de la raison dégagée de ses préjugés antiques. / Il a été l'ouvrage de la nature, qui doit être à bon titre regardée comme la législatrice & comme la loi fondamentale de cet heureux & sage gouvernement.'[69]

Ce qui fait, au regard de Boulanger, le caractère monstrueux des autres types de gouvernement, c'est qu'ils sont inadéquats à l'essence de l'homme. Le despotique d'un côté, le théocratique et le républicain de l'autre, ont le même défaut: ils ignorent ce que nous sommes. Le premier nous traite en créatures de l'enfer, le deuxième et le troisième nous supposent des vertus dignes du ciel. C'est trop de mépris ou trop de confiance pour des êtres qui vivent tout simplement sur la terre ('Oeconomie politique', p.382a):

Les principes d'un tel gouvernement [le monarchique] sont pris dans la nature de l'homme & de la planete qu'il habite; il est fait pour la terre comme une république & une véritable théocratie ne sont faites que pour le ciel, & comme le despotisme est fait pour les enfers. L'honneur & la raison qui lui ont donné l'être, sont les vrais mobiles de l'homme, comme cette sublime vertu, dont les républiques n'ont pû nous montrer que des rayons passagers, sera le mobile constant des justes de l'empirée, & comme la crainte des états despotiques sera l'unique mobile des méchans au tartare.

La monarchie est le gouvernement du bonheur, parce que seule elle permet à l'homme d'être lui-même: 'il a fallu à la fin que l'homme redevînt homme, parce qu'il est fait pour l'être' ('Oeconomie politique', p.382a). Ainsi le matérialisme initial de Boulanger aboutit à un finalisme spiritualiste et pragmatique, qui est

---

69. 'Oeconomie politique', p.383a. Comme en bien d'autres philosophies, l'éloge du pragmatisme n'est qu'un éloge déguisé de l'essentialisme.

une forme de conservatisme politique. Que les Princes se gardent du despotisme, qu'ils se laissent guider par la raison, et tout sera pour le moins mal dans le moins mauvais des mondes possibles.

Dans la grande querelle idéologique qui oppose implicitement la pensée de Montesquieu à celle de Rousseau, on voit de quel côté penche Boulanger. Nous avons noté avec quel enthousiasme il célèbre la grandeur de *L'Esprit des lois*, et s'il ne dit rien nommément de Rousseau, plusieurs de ses développements sont destinés à réfuter ce qu'il appellerait volontiers les chimères de Jean-Jacques, et particulièrement sa passion pour le régime républicain.[70] Boulanger réaffirme après Montesquieu que la 'vertu' est le mobile, le soutien et le principe vital de cette forme de gouvernement. Mais la 'vertu' n'est pas dans le commun des mortels, elle ne peut se manifester que dans des situations exceptionnelles ou chez des êtres exceptionnels, et la république est nécessairement sujette à la décadence et à la ruine. Le vice de ce gouvernement vertueux,[71] c'est de spéculer sur une qualité qui n'est ni durable ni universelle ('Oeconomie politique', pp.381b, 382a):

L'inconstance de ces diverses républiques & leur courte durée suffiroient seules [...] pour nous faire connoître que ce gouvernement n'est point fait pour la terre, ni proportionné au caractère de l'homme, ni capable de faire ici bas tout son bonheur possible.

Quelques-uns ont dit que les vertus de ces anciens républicains n'avoient été que des vertus humaines & de fausses vertus; pour nous nous disons le contraire: si elles ont été fausses, c'est parce qu'elles ont été plus qu'humaines; sans ce vice elles auroient été plus constantes & plus vraies.

[...] les républiques se sont perdues, après avoir produit des vertus monstrueuses plûtôt que des vraies vertus, & s'être livrées à des excès contraires à leur bonheur & à la tranquillité du genre humain.

Bien plus, les grands hommes des républiques antiques, les héros de Plutarque, ceux-là seuls qui méritaient et auraient pu soutenir cette merveille illusoire, étaient coupables de leur supériorité même, devenue blasphème à la nature humaine ('Oeconomie politique', p.382a):

Le sublime, ce mobile si nécessaire du gouvernement républicain & de tout gouvernement fondé sur des vûes plus qu'humaines, est tellement un ressort disproportionné dans le monde politique, que dans ces austeres républiques de la Grece & de l'Italie, souvent la plus sublime vertu y étoit punie, & presque toujours maltraitée: Rome & Athènes nous en ont donné des preuves qui nous paroissent inconcevables, parce qu'on ne veut jamais prendre l'homme pour ce qu'il est. Le plus grand personnage, les meilleurs citoyens, tous ceux enfin qui avoient le plus obligé leur patrie, étoient bannis ou se banissoient d'eux-mêmes; c'est qu'ils choquoient cette nature humaine qu'on méconnoissoit; c'est qu'ils étoient coupables envers l'égalité publique par leur trop de vertu.

Comme on le voit, le finalisme spiritualiste de Boulanger n'a aucune dimension mystique. Il ne s'agit pas de respecter la nature pour respecter en elle le Créateur, mais de respecter la créature pour assurer son bonheur sur la terre. Ce sont là des notions sur lesquelles nous devrons revenir lorsque nous étudierons les *Recherches sur l'origine du despotisme oriental*.

70. Et encore Boulanger, mort en 1759, ne pouvait-il pas connaître le *Contrat social*.
71. Malgré qu'il en ait, Boulanger, comme Montesquieu, donne au mot 'vertu' un sens qui n'exclut pas toujours une connotation morale.

vi. Problème de l'attribution de l'article
'Vingtième, imposition (*Econ. pol.*)'[72]

Nous n'avons que deux indices qui pourraient nous inciter à attribuer – ne serait-ce que partiellement – cet article fameux à Boulanger. Ce sont d'abord les affirmations de l'*Encyclopédie* elle-même ('Vingtième', p.890b):

Cet article est tiré des papiers de défunt M. Boullanger, ingénieur des ponts & chaussées. La connexité des opérations dont il étoit chargé, avec celles qu'on vient de voir, l'avoit mis à portée d'en être instruit. Pour un esprit comme le sien, ces connoissances ne pouvoient pas être inutiles; il s'étoit proposé d'en faire le sujet d'un ouvrage important sur l'administration des finances. On a trouvé les matériaux de cet ouvrage épars; on les a rassemblés avec le plus d'ordre & de liaison qu'il a été possible. Si l'on y trouve des choses qui paroissent s'écarter du sujet, & former des digressions étendues, c'est qu'on n'a voulu rien perdre, & que peut-être on n'a pas eu l'art de les employer comme l'auteur se l'étoit proposé; mais on a cru se rendre utile à la société, en les publiant dans ce Dictionnaire, destiné particulierement à être le dépôt des connoissances humaines.

Quant au deuxième indice d'authenticité, nous le trouverions dans une réelle analogie entre la pensée développée dans cet article et les idées de Boulanger. Nous retrouvons dans l'article 'Vingtième' deux des affirmations clairement énoncées dans l'article 'Corvée':

a – Les grands problèmes d'intendance, et en particulier celui de l'impôt, ne sont pas indignes de la sollicitude des philosophes: 'Le philosophe y voit la cause de la prospérité ou de la ruine des empires, celle de la liberté ou de l'esclavage des citoyens, de leur bonheur ou de leur misere. Il n'est point d'objet plus intéressant pour lui, parce qu'il n'en est point de si prochain de l'humanité, & qu'il ne peut être indifférent sur tout ce qui le touche de si près' ('Vingtième', p.855b).

b – Toute organisation sociale doit servir à la fois l'intérêt général et l'intérêt particulier; ce n'est même que lorsque l'un et l'autre se confondent qu'un état est bien gouverné et que les citoyens sont heureux: 'les charges publiques [...] ont pour objet le bien général de la république, & le bien individuel de chacun de ceux qui la composent'; 'la société ou le gouvernement qui la représente, a droit d'exiger en son nom cette contribution; mais [...] sa mesure doit être l'utilité publique & le plus grand bien des particuliers'; 'ainsi dans cette association chacun appartient à tous, & tous appartiennent à chacun' ('Vingtième', pp.855b et 856b).

Il faut avouer cependant que nous ne tenons là qu'un critère bien fragile. De telles pensées appartiennent au fond commun de l'esprit des Lumières et presque tous les Encyclopédistes auraient pu les faire leurs.

Les indices que nous possédons par ailleurs tendent à infirmer l'attribution de l'article *Vingtième* à Boulanger:

a – Grimm, à l'occasion de la mort de Damilaville, écrit dans la *Correspondance littéraire*: 'L'article *Vingtième*, qui se trouve à la fin de l'*Encyclopédie*, sous le nom de feu Boulanger, est de Damilaville. Je ne l'ai point lu, mais je le soupçonne rempli de déclamations vides de sens, compilé de morceaux pris de tous côtés,

---

72. *Encyclopédie*, xvii.855a-90b, renvoi de la page 309, *in Articles omis* (1765).

et j'ai lieu de penser que ce qu'il y a de bon dans cet article y a été fourré par M. Diderot.'[73]

Il est bien évident que le but essentiel de Grimm n'est pas de nous révéler le nom de l'auteur de cet article, mais de dire le mépris qu'il éprouve pour Damilaville, cet homme qui 'n'avait ni grâce, ni agrément dans l'esprit, [...] [qui] n'avait dans le fonds aucun avis à lui, et [qui] répétait ce qu'il entendait dire aux autres' (*CLT*, viii.223). Mais Grimm avait pour tout ce qui touche à l'*Encyclopédie* des renseignements de première main, et il serait téméraire de penser qu'il attribue à Damilaville un article qu'il juge exécrable sans l'avoir lu, uniquement pour conforter la haine qu'il nourrit à son endroit.

b – Damilaville avait plus de compétence que personne pour traiter techniquement d'un tel sujet, puisqu'il était premier commis au bureau des Vingtièmes à Paris.

c – Voltaire, qui n'éprouvait pas à l'égard de Damilaville les mêmes sentiments que Grimm, lui manifeste par trois fois son impatience et son enthousiasme à l'idée de lire cet article:

Il est arrivé, il est arrivé, le ballot Briasson! On relie jour et nuit. Je grille d'impatience [Best.D13156, 4 février 1766].

je n'ai pas encore pu lire *Vingtième*, et j'en suis bien fâché; *Vingtième* me tient au cœur: les relieurs sont bien lents [Best.D13169, 12 février 1766].

L'article *vingtième* [...] est l'ouvrage d'un excellent citoyen et d'un philosophe, qui a de grandes vues. Je le relirai avec plus d'attention encore [Best.D13181, 21 février 1766].

Il est juste d'ajouter que par deux fois Voltaire attribue explicitement l'article à Boulanger:

Je suis un peu fâché à la première lecture que l'auteur n'aime pas Jean Baptiste Colbert. [...] Quoi qu'il en soit, je suis pénétré de la plus haute estime pour feu m. Boulanger [Best.D13181].

Si m. Boulanger, auteur du bel article *Vingtième*, vivait encore, il serait bien étonné que le blé coûte quarante francs le setier, et qu'on n'y mette point ordre [Best.D13589, à Damilaville, 26 septembre 1766].

Mais si l'attribution est bien claire, il semble que Voltaire ait écrit par deux fois sur le ton du compère qui n'est dupe de rien et qui respecte par jeu le code des initiés.

b – Diderot lui-même écrit à Damilaville dans une lettre du 19 octobre 1760:[74] 'Que ma boulangerie se fasse, je vous en prie! [...] Hâtez notre Boulanger.' G. Roth affirme sans hésitation (p.161, n.10): 'Allusion à l'article *Vingtième* pour l'Encyclopédie.' Son interprétation n'a évidemment rien de déraisonnable, mais elle n'est qu'une interprétation.

Plus probante, sans être absolument décisive, me paraît être cette autre lettre de Diderot à Damilaville de juin ou juillet 1767 (ed. Roth, 444, vii.75): 'Mon ami, la crainte de vous avoir blessé m'a fait passer une journée effroyable. Lorsque j'ai été à cent pas du quai de Bourbon,[75] j'aurois voulu et que l'article

---

73. Grimm [...], *Correspondance littéraire* [ci-après *CLT*] (décembre 1768), édition Tourneux, viii.224.
74. Edition G. Roth, 200, iii.161-62.
75. Où habite Damilaville.

Vingtième et que le livre de Mr de La Rivière eussent été au fond d'un puits tous les deux. Eh, que diable m'importe que l'un ait écrit ce que l'autre avoit pensé!' Or nous savons qu'une altercation très vive s'était élevée entre Diderot et Damilaville à propos de *L'Ordre essentiel* de La Rivière, ouvrage que Diderot avait salué avec enthousiasme: 'Le premier Montesquieu a reconnu les maladies; celui-ci en indique les remèdes.'[76] N'est-ce pas parce que Damilaville était l'auteur de l'article 'Vingtième', qui est ici explicitement mis en parallèle avec l'ouvrage de La Rivière, et qui traite d'un sujet analogue à celui de *L'Ordre essentiel*, qu'il a eu lieu de se sentir vexé par le dithyrambe de Diderot?

e – Enfin, comme le dit Jacques Proust, en y joignant des exemples précis: 'l'examen du texte de l'article *Vingtième* révèle une véritable osmose entre la pensée de son auteur et celle de Diderot'.[77]

Si nous prenons le mot au sens le plus strict, nous n'avons pas de certitude. Cependant la probabilité nous oblige à faire nôtres les conclusions de Jacques Proust: l'article 'Vingtième' a très vraisemblablement été rédigé par Damilaville sous la direction active de Diderot et Nicolas-Antoine Boulanger n'est qu'un prête-nom.

vii. Problème de l'attribution de l'article 'Société (*Morale*)'[78]

Diderot, dans la dernière phrase de la notice biographique qui sert de préface à *L'Antiquité dévoilée*, attribue cet article à Boulanger.[79] Il s'agit évidemment d'une erreur. L'orientation philosophique,[80] le ton, l'écriture, les références et

76. Cité par G. Roth, p.75.
77. Jacques Proust, *Diderot et l'Encyclopédie* (Paris 1962), p.488. J. Proust ajoute:
'Ainsi un long passage de l'*Essai sur le mérite et la vertu* se trouve cité au milieu d'un développement sur l'opposition qui existe entre la morale chrétienne et les vertus civiques*. Le morceau enflammé contre l'"homme de sang" qui a osé faire l'apologie de la Saint-Barthélemy est écrit dans le même ton que l'article *Journée de la Saint-Barthélemy***. L'article *Hobbisme*, de Diderot, est cité avec éloquence à propos des idées du philosophe anglais sur la nature du pouvoir politique. Mais d'une manière plus générale, toute la partie non technique de l'article correspond rigoureusement à ce que nous savons par ailleurs des grandes idées politiques de Diderot. Il n'est pas difficile, dans ces conditions, de faire la part de ce qui est de Diderot et de ce qui est de Damilaville dans l'article *Vingtième*, même si Damilaville a tenu la plume d'un bout à l'autre: les grands principes sont ceux du Philosophe, et les développements techniques – historique de l'impôt ou projet de réforme du Vingtième – sont du premier commis au bureau du Vingtième.
ENC, t.XVII, p.858 a. [...] depuis "cette merveilleuse attente des biens ineffables", jusqu'à "des récompenses et des châtiments à venir".
ENC, t.XVII, p.859 a. [...]. L'expression "homme de sang" s'y trouve textuellement. On la retrouve encore dans la lettre à l'abbé Diderot du 29 décembre 1760 [...] et dans l'article *Intolérance*.'
78. *Encyclopédie* (1765), xv.252a-58b. A propos de cet article et des emprunts qui y sont faits au *Traité de la société civile* de Claude Buffier, voir P. Hermand, 'Sur le texte de Diderot', *RhlF* 22 (1915), pp.363-64; J. Proust, *Diderot et l'Encyclopédie* (Paris 1962), p.159, n.180; J. Lough, *The Encyclopédie in eighteenth-century England* (Newcastle upon Tyne 1970), p.185.
79. *Extrait*, p.xiv: 'Il a fourni à l'Encyclopédie les articles *Déluge, Corvée, & Société.*'
80. Il serait téméraire d'attribuer à Boulanger une phrase d'une telle venue (p.256a): 'Puisque la crainte du mal & l'espérance du bien, qui sont les deux grands ressorts de la nature pour déterminer les hommes, suffisent à peine pour faire observer les lois; puisque la *société* civile ne peut employer l'un qu'imparfaitement, & n'est point en état de faire aucun usage de l'autre; puisque enfin la religion seule [...] peut infliger des peines & toujours certaines & toujours justes [...] il s'ensuit évidemment que l'autorité de la religion est de nécessité absolue [...] pour assurer l'observation des devoirs, & maintenir le gouvernement civil.'

les citations que l'on ne retrouve dans aucune des œuvres de Boulanger démentent une telle paternité.

On peut expliquer cette erreur par la précipitation avec laquelle le directeur de l'*Encyclopédie* a dû rédiger l'éloge funèbre d'un de ses collaborateurs. Grimm disait déjà que ce précis de la vie de Boulanger avait été 'esquissé fort à la hâte' (*CLT*, 15 jan. 1766, vi.468).

Il est plus difficile d'imaginer que Diderot a cherché par ce subterfuge à se protéger des foudres de la censure: le tome xv de l'*Encyclopédie* était sorti au grand jour depuis un an déjà, et l'article 'Société' n'est guère subversif, surtout si on le compare à tant d'autres.

Peut-être Diderot a-t-il tout simplement confondu cet article avec 'Oeconomie politique' qu'il ne cite pas dans sa préface. Ce ne serait qu'un titre de plus pour un ouvrage qui semble voué à une étrange pléthore onomastique.[81]

On peut imaginer enfin que la phrase finale de la préface de Diderot – phrase qui pèche à la fois par omission, puisque trois des articles que Boulanger a effectivement donnés à l'*Encyclopédie* se trouvent oubliés,[82] et par erreur, puisque l'article 'Société' ne peut lui être attribué – n'est pas de la main du philosophe, et qu'elle a été ajoutée à la dernière minute par l'éditeur de *L'Antiquité dévoilée*. Naigeon qui dans son édition des œuvres de Diderot a supprimé cette phrase malheureuse nous inclinerait à penser que c'est là la bonne hypothèse.[83]

viii. Conclusion

Les quelques articles que nous pouvons attribuer à Boulanger nous renseignent avec clarté sur sa philosophie. Même les sujets les plus techniques – corvée, langue hébraïque – sont traités dans un esprit qui n'est pas seulement celui du spécialiste, qui n'est pas seulement celui de l'encyclopédiste au sens où nous l'entendons aujourd'hui. Sans négliger jamais l'aspect scientifique et érudit du propos – un sujet pour lui n'est pas un prétexte – Boulanger trouve l'occasion de montrer l'importance et les prolongements qu'implique le problème. Son but, caractéristique des auteurs de l'*Encyclopédie*, est d'enseigner en renseignant. Ainsi se dessinent, comme nous l'avons vu, une méthode, une attitude scientifique et philosophique, une vision du monde.

Ces éléments sont d'autant plus précieux que les articles n'ont pas été rédigés à part ou en plus de son œuvre majeure, mais qu'ils lui sont consubstantiels. Boulanger a travaillé d'un même mouvement et les dates de rédaction se trouvent confondues.[84] On peut tenir les travaux qu'il a confiés à l'*Encyclopédie* pour des fragments de son grand-œuvre.

Connaître ses articles, c'est donc d'une certaine façon connaître l'essentiel de

---

81. Voir ci-dessus la note 62 de notre étude consacrée à l'article 'Oeconomie politique'.

82. Il s'agit des articles 'Guèbres', 'Langue hébraïque' et 'Oeconomie politique'.

83. Voir Diderot, *Œuvres complètes*, éd. J. Assézat et M. Tourneux [ci-après A.-T.] (Paris 1875-1877), vi.346.

84. Si nous sommes loin de connaître avec précision la date de composition de chacune de ses œuvres, on peut tout de même affirmer, en raison de la brièveté de sa carrière, de la complémentarité de ses écrits, des allusions qui circulent de l'un à l'autre, qu'elles forment un tissu unique qui implique la synchronie de la réflexion et de la rédaction.

sa pensée, et *L'Antiquité dévoilée*, avec ses douze cents pages, est le développement complet et prodigieusement érudit d'une philosophie qui figure en filigrane dans l'*Encyclopédie*.

Boulanger est lui-même pleinement conscient de la complémentarité de ses écrits: à plusieurs reprises il prie le lecteur de l'excuser de devoir abréger ses propos[85] et renvoie implicitement à son œuvre en gestation. L'allusion était transparente pour tous ceux qui étaient au courant de ses travaux. On lit par exemple dans l'article 'Oeconomie politique': 'Il est vrai que cette théocratie primitive est presque ignorée [...] mais l'analyse que nous allons faire de l'homme en société, pourra la faire entrevoir, & mettre même sur la voie de la découvrir tout-à-fait *ceux qui voudront par la suite étudier & considérer attentivement tous les objets divers de l'immense carriere, que nous ne pouvons ici que légérement parcourir*.'[86] Et un peu plus loin: 'plus nous avons approfondi les différentes traditions & les usages des peuples sauvages, plus nous y avons trouvé d'objets issus des sources primitives de la fable & des coutumes relatives aux préventions universelles de la haute antiquité; [...]. *Ce seroit entrer dans un trop vaste détail, que de parler de ces usages; nous dirons seulement* que la vie sauvage n'a été [...] qu'une suite de l'impression qu'avoit fait autrefois sur une partie des hommes le spectacle des malheurs du monde' ('Oeconomie politique', pp.373b-74a).

Il convient maintenant d'entrer dans le 'vaste détail' et de 'considérer attentivement tous les objets divers de l'immense carriere', c'est-à-dire d'étudier les œuvres majeures de Boulanger.

---

85. Sans le minimum de concision qu'impose le genre encyclopédique et sans les impératifs d'une publication collective, Boulanger ne se serait jamais décidé à mettre un point final à son travail. C'est à Diderot qu'il doit de n'être pas tout à fait un écrivain posthume.

86. Article 'Oeconomie politique', p.367a. C'est nous qui soulignons, de même que dans la citation suivante.

3. *Recherches sur l'origine du despotisme oriental*

i. Les copies manuscrites

AVANT d'être imprimées, les *Recherches sur l'origine du despotisme oriental* ont circulé en manuscrit, selon la volonté même de l'auteur, comme l'atteste Diderot: 'l'imprudence qu'il avoit eue de répandre quelques exemplaires manuscrits de son Despotisme oriental auroit infailliblement disposé du repos de ses jours, & nous aurions vu l'ami de l'homme & de la vérité fuyant de contrée en contrée devant les prêtres du mensonge à qui il ne reste qu'à frémir de rage autour de sa tombe'.[1] Une preuve supplémentaire de cette 'imprudence' a été brièvement signalée par Franco Venturi.[2] En 1760 – soit un an avant que ne sorte la première édition des *Recherches* – paraissait à Amsterdam un petit volume *in-*12 intitulé *Le Philosophe malgré lui* dont l'auteur avoué était un certain Chamberlan. L'ouvrage est constitué d'une suite de dissertations en forme de lettres qui traitent de sujets bien innocents ('Avantages de la vie champêtre', 'Effets de la dépravation parmi les hommes', 'On est heureux lorsqu'on veut l'être'). Mais parmi ces développements de morale traditionnelle se trouvent intercalées quelques dissertations sur l'origine du despotisme oriental. Or, il s'agit d'un résumé en 78 pages du traité de Boulanger! L'auteur n'a même pas pris la peine de déguiser son plagiat et des phrases entières des *Recherches* sont reproduites telles quelles.[3]

Henri Lion a, dès 1914, découvert et mentionné une des copies manuscrites du *Despotisme oriental* (Lion (1914), p.618, n.3): il s'agit de celle qui est conservée à la Bibliothèque Mazarine.[4]

---

1. *Extrait*, p.xiii. Voir aussi les *Mémoires secrets pour servir à l'histoire de la république des lettres en France depuis MDCCLXII jusqu'à nos jours* [ci-après *Mémoires secrets*] de Bachaumont (Londres 1777-1789), ii.292, à la date du 2 novembre 1765: 'il avoit eu l'imprudence de répandre quelques manuscrits de son *Despotisme Oriental*, & la fureur des *Intolérans* commençoit à fermenter, quand il est mort.'

2. *L'Antichità svelata e l'idea del progresso in N.-A. Boulanger (1722-1759)* [ci après *L'Antichità svelata*] (Bari 1947), p.9, n.1.

3. Cet abrégé occupe les pages 103-18, 141-68, 187-97, 214-23 et 238-49 du *Philosophe malgré lui*. L'auteur pourrait être Antoine Chamberlan ou Chamberland qui a écrit par ailleurs un *Discours sur l'utilité des passions modérées* (Oxford 1781), un *Discours sur l'efficacité des bonnes mœurs* (Oxford 1782), et traduit un ouvrage de l'abbé Mably sous le titre d'*Observations on the manners, government and policy of the Greeks* (Oxford 1784). Il se donne pour le correspondant de Voltaire (voir *Le Philosophe malgré lui*, p.95), qui ne garde de lui qu'un bien vague souvenir (voir Best.D9020; D9484; D9489). *Le Censeur hebdomadaire* de M. d'Aquin, dans son compte rendu du *Philosophe malgré lui*, fait, très innocemment, l'éloge de Boulanger: 'Nous engageons à lire ce qu'il a écrit sur le Despotisme; on y trouvera des vûes saines & un grand fond de raison' (1760, v.299)!

4. Manuscrits, 1198 (2226). Les *Recherches* constituent la deuxième partie du recueil qui porte cette cote. Elles sont intercalées entre l'*Histoire critique du Christianisme* de Fréret et la *Dissertation sur l'Ecriture sainte* de Boulainvilliers. Cette copie ne contient pas l'épître dédicatoire, dite à Helvétius, non plus que la lettre de l'auteur en date du 20 novembre 1755 (voir ci-dessous pp.51, 53). On y trouve, en revanche, cet avertissement que John Hampton (p.40) a déjà publié: 'Si les routes que je prendrai pour arriver au despotisme paraissent d'abord longues et détournées, c'est parce que les causes physiques et morales qui l'ont produit les ont elles-mêmes suivies. / Je conduirai le lecteur au despotisme sans qu'il croie y aller, comme les hommes y ont marché sans le savoir, et comme ils se sont trouvés enchaînés par le Monstre avant que de l'avoir apperçu.' Ce manuscrit compte 206 pages. Voir *Catalogue général des manuscrits des bibliothèques publiques de France, Paris, Bibliothèque Mazarine*, ii.32.

Franco Venturi a pu depuis en consulter trois autres:[5]

a – celle de la Bibliothèque nationale,[6]

b – celle de la Bibliothèque Victor Cousin de la Sorbonne,[7]

c – celle de la Bibliothèque Saltykov-Chtchédrine de Léningrad.[8]

Nous avons eu enfin la chance de découvrir une cinquième copie à la Bibliothèque de l'Institut de France.[9]

L'étude comparée des quatre manuscrits que nous avons pu consulter[10] fait apparaître l'existence de deux groupes distincts.

Le premier est constitué par la copie de la Bibliothèque nationale et par celle de la Bibliothèque de l'Institut, qui sont presque semblables l'une à l'autre, et l'une et l'autre fort proches de la version imprimée. Elles présentent trois caractères communs:

a – Le texte y est divisé en vingt-deux sections. C'est là la division qui sera reproduite dans les éditions successives.

b – Le texte n'est allégé d'aucun de ses développements érudits.

c – Les variantes par rapport au texte imprimé sont nombreuses, mais elles ne portent que sur des points tout à fait mineurs de vocabulaire ou de phraséologie.[11]

Le second groupe est constitué par la copie de la Bibliothèque Mazarine et par celle de la Bibliothèque Victor Cousin, qui se distinguent nettement de la version imprimée et quelque peu l'une de l'autre:

a – Le texte y est divisé en vingt-six sections. Les sections supplémentaires proviennent de ce qu'on a coupé les quatre dernières en deux.

5. Franco Venturi, *L'Antichità svelata*, p.9, n.1. John Hampton affirme donc à tort qu'il a été le premier à parler du manuscrit conservé à la Bibliothèque Victor Cousin (p.41).

6. Mss f.fr., 19230. Les *Recherches* constituent la deuxième partie du recueil hétéroclite qui porte cette cote. Elles sont précédées par la lettre de l'auteur du 20 novembre 1755 et elles sont suivies de l'épître dédicatoire. Elles occupent les folios 18 à 103, pages 1-81, puis 213-96 (la solution de continuité dans la pagination se fait lors du passage du folio 61 au folio 62). Voir *Catalogue général des manuscrits, Bibliothèque nationale*, iii.282.

7. Manuscrits, 183. Cette copie contient l'avertissement qui figure dans le manuscrit de la Bibliothèque Mazarine. On n'y trouve, en revanche, ni l'épître dédicatoire ni la lettre de l'auteur du 20 novembre 1755. Cette copie compte 201 pages. Voir *Catalogue général des manuscrits des bibliothèques publiques de France, Université de Paris et universités des départements*, p.418.

8. Manuscrits, fonds Bastille, département français, F II, 74. Franco Venturi décrit le manuscrit en ces termes: 'L'exemplaire de Léningrad [...] a évidemment été copié sur un manuscrit dont la lecture était difficile. Le copiste n'a pas compris un grand nombre de mots et des phrases entières. Le lettre inédite, qui figure dans le manuscrit de la Bibliothèque nationale de Paris, y est reproduite sans modifications, mais avec la date erronée du 20 novembre 1758, alors qu'il s'agit de 1755' (*L'Antichità svelata*, p.9, n.1). Voir aussi L. S. Gordon (p.134, n.67) qui mentionne à son tour l'existence de ce manuscrit que John Hampton, en revanche, ignore complètement.

9. Manuscrits, 3927. Cette copie contient la lettre de l'auteur du 20 novembre 1755. En revanche, l'épître dédicatoire n'y figure pas. Cette copie compte 288 pages. Voir *Catalogue général des manuscrits des bibliothèques publiques de France. Paris. Bibliothèque de l'Institut de France*, p.11 du *Supplément*. (Le rédacteur de la notice consacrée à ce manuscrit semble avoir confondu l'épître dédicatoire, dite à Helvétius, avec la lettre de l'auteur du 20 novembre 1755).

10. Nous excluons, faute d'avoir pu la consulter – même en microfilm – la copie qui est conservée à Léningrad.

11. Voici deux exemples de ces variantes mineures:

Version manuscrite (copie de l'Institut):
Chemins qu'il faut suivre pour parvenir à ses véritables sources.

Impressions que les malheurs du monde ont dû faire sur les Hommes.

Version imprimée (édition de 1761):
Route qu'il faut suivre pour parvenir aux véritables sources du Despotisme.

Impressions que les malheurs du Monde ont faittes sur les hommes.

b – Le texte est allégé de ses développements érudits, qui sont parfois rejetés à la fin des sections sous la rubrique 'observations'.

c – Les *Observations sur le Livre de l'Esprit des Loix*, que l'on trouve à la suite de la vingt-deuxième section, aussi bien dans la version imprimée que dans les copies manuscrites du premier groupe, sont intégrées à la vingt-sixième section dans la copie de la Bibliothèque Mazarine, alors qu'elles sont postposées à cette même section dans la copie de la Bibliothèque Victor Cousin.

La seule conclusion vraiment importante que l'on puisse tirer de cette étude est une conclusion à laquelle John Hampton était déjà parvenu:[12] l'existence de copies presque semblables à la version imprimée – et nécessairement antérieures à elles – ruine la légende bien accréditée selon laquelle le baron d'Holbach aurait grandement remanié le texte de Boulanger avant de le publier.[13] Nous avons donc la certitude de posséder – à d'infimes détails près – un texte authentique.

ii. La première édition

Boulanger était de ceux qui sont téméraires 'jusques au feu, exclusivement'. S'il a eu l'imprudence de faire circuler sous le manteau quelques copies manuscrites de son *Despotisme oriental*, jamais il n'a songé à le faire publier. Sa liberté de pensée lui tenait autant à cœur que sa sécurité:

j'aurois bien voulu ecrire pour mes concitoyens et pour le genre humain, mais sur cette matiere je n'ai pu ecrire que pour moy, c'est une loy que je me suis faitte pour ne point gener ma façon de penser, pour etre clair avec mes amis dans tous les paradoxes qui me sont particuliers [...]. C'est une tres belle chose, il est vrai, d'etre le Legislateur du monde, mais lisés cher amy dans l'histoire, et vous verrés que tous ces fameux Legislateurs, Moyse, Zamoleis, Zoroastre, Licurgue, Romulus et Jesus ont tous disparus et qu'on n'a jamais sçu le lieu de leur sepulture; or je n'aime point a disparoitre. Comme je n'ai point ainsy que ces grands hommes eté exposé sur l'eau ou dans le feu a ma naissance, je ne peux nullement pretendre a leur sublime assomption, il vaut donc mieux

12. Hampton, p.40: 'la tradition selon laquelle le baron aurait publié une refonte du *Despotisme oriental* est fausse.' Il est plus malaisé de suivre John Hampton lorsqu'il affirme avec quelque témérité: 'D'Holbach se servit probablement de la copie qui se trouvait dans la possession d'Helvétius' (p.40). Nous savons, cela est vrai, grâce au journal manuscrit de l'inspecteur de police Hémery, qu'Helvétius possédait une copie du *Despotisme oriental*: 'ce dernier a dans sa bibliothèque une coppie manuscrite de ce livre qu'il tient vraysemblablement de l'auteur' (BN, Mss, n.a.f.1214. Lettre d'Hémery à Malesherbes, Directeur de la Librairie, en date du 29 avril 1762, ff.370-71). Mais l'argument majeur de John Hampton repose sur la présence dans la version imprimée de l'épître dédicatoire, que seul, selon lui, pouvait posséder Helvétius. C'est oublier que cette lettre – quel qu'en soit l'auteur – n'est pas une lettre à usage privé, mais, comme le ton et les propos le prouvent, une véritable profession de foi philosophique qui était évidemment destinée à la publication. Franco Venturi a déjà dénoncé la vanité de l'hypothèse de John Hampton: 'Supposer [...] que les éditeurs se sont servis d'un exemplaire du *Despotisme* qui se trouvait chez Helvétius, et que dans cet exemplaire figurait déjà la *Lettre* qu'on lit dans l'édition de 1761, est une hypothèse gratuite, sans le début d'une preuve' ('Postille inedite di Voltaire ad alcune opere di Nicolas-Antoine Boulanger e del barone d'Holbach [ci-après *Postille inedite*] in *Studi francesi* 2 (1958), p.233, n.1).

13. Voir, par exemple, la note ajoutée à la copie conservée à la Bibliothèque Victor Cousin: '[Ce] travail ne fut publié qu'en 1761 par le baron d'Holbach qui y fit des changements, entre autres la suppression de l'avertissement qui est dans ce manuscrit et d'autres passages.' Or, bien étrangement, l'édition de 1761 comporte tout ce qui est contenu dans ce manuscrit!

que je vive connu de quelques amis qu'illustré par les Mythologies des nations.[14]

Hélas, moins de quatre ans après que Boulanger eut rédigé cette lettre – qui est sans doute sa plus belle page – la maladie eut raison d'une vie qu'il avait su préserver des tourments d'une police inquisitoriale. Et comme il n'était point dans les usages du royaume de France de persécuter les morts, le baron d'Holbach fit dès 1761 paraître au grand jour l'œuvre que Boulanger s'était résigné à voiler des ombres de la clandestinité.

Les *Recherches sur l'origine du despotisme oriental*, ouvrage posthume de Mr. B.I.D.P.E.C., se présentent sous la forme d'un volume *in*-12 de 435 pages; elles sont précédées par la *Lettre de l'auteur à M. ***** qui occupe 32 pages.[15]

Le volume ne mentionne aucun lieu d'édition. Mais nous avons toutes les raisons de penser qu'il fut imprimé à Genève. Cela ne fait aucun doute pour Voltaire qui, le 26 janvier 1762, écrit à Damilaville: 'Je vais écrire aux frères Cramer [de Genève], et j'enverrai, par la poste suivante les deux exemplaires qu'on demande concernant le despotisme oriental' (Best.D10284). L'inspecteur de police Hémery est presque aussi bien renseigné, puisqu'il écrit à Malesherbes, le 29 avril de la même année: 'J'ai l'honneur de vous rendre compte que le livre dont il est question dans la lettre du ministre cy jointe; est imprimé à Genève en un vol. in 12 sous le titre de Recherches sur le despotisme oriental' (BN, Mss, n.a.f.1214). La notice de la *Correspondance littéraire* annexée à la lettre de Grimm[16] du 15 août 1763 va dans le même sens: 'Les *Recherches sur l'origine du despotisme oriental*, dont il est question dans l'article précédent, ont été imprimées à Genève, il y a environ un an' (*CLT*, v.366). Le lieu d'impression est confirmé par Naigeon: 'la première édition [des *Recherches sur l'origine du despotisme oriental*] a été faite à Genève' (Diderot, A.-T., vi.345, n.1).

Jeroom Vercruysse, enfin, fait remarquer que 'les illustrations, notamment celles du titre et de la p.157, sont d'un type couramment utilisé par les Cramer de Genève (par exemple pour leur édition de *La Pucelle* de Voltaire 1771, pp.273 et 152).'[17]

14. Lettre écrite de Paris, le 20 novembre 1755. Bibliothèque de l'Institut de France. Manuscrits, 3927, p.1. John Hampton a, d'après la copie qui est conservée à la Bibliothèque nationale (Mss f.fr., 19230, f.18), publié un fac-simile du début de cette lettre (Hampton, p.36) ainsi que sa transcription intégrale en orthographe moderne (pp.37-38), ce que Franco Venturi avait déjà fait (*L'Antichità svelata*, pp.5-6, n.1).

15. Jeroom Vercruysse, *Bibliographie d'Holbach*, sous la cote 1761 F1. Il s'agit de la lettre qui est plus connue sous le nom d'épître dédicatoire à Helvétius.

16. Voir *RhlF* 58 (1958), pp.52-55. Georges Roth y montre, de façon tout à fait convaincante, que l'auteur de la 'Lettre à Sophie' parue dans la *Correspondance littéraire* du 15 août 1763 n'est pas Diderot, comme le titre invite à le croire, mais Grimm, et que la destinataire n'est pas Sophie Volland, mais madame d'Epinay.

17. *Bibliographie d'Holbach*, sous la cote 1761 F1. Le nom de l'imprimeur 'il libraio ginevrino Cramer' est si évident pour Franco Venturi qu'il ne donne aucune preuve de son affirmation. Voir *Postille inedite*, ii.231.

iii. Les premières réactions

Voltaire fut le plus prompt à dire son sentiment, qui n'est guère élogieux: 'Ce livre très médiocre n'est point fait pour notre heureux gouvernement occidental. Il prend très mal son temps lorsque la nation bénit son roi, et applaudit au ministère. Nous n'avons de monstres à étouffer que les jésuites et les convulsionnaires.'[18] Quatre jours plus tard, le 30 janvier 1762, il doit avouer à Damilaville qu'il s'est trompé: l'ouvrage qu'il avait lu n'était pas le *Despotisme oriental*! Si le livre de Boulanger – dont il a pu cette fois prendre connaissance – suscite de sa part quelque admiration, il n'en juge pas moins sa publication tout à fait inopportune (Best.D10295):

Je m'étais trompé, mon frère; ce n'était point le Despotisme oriental que j'avais lu en manuscrit. Je viens de lire votre imprimé; il y a de l'érudition et du génie. Il est vrai que ce système ressemble un peu à tous les autres: il n'est pas prouvé. On y parle trop affirmativement, quand on doit douter, et c'est malheureusement ce qu'on reproche à nos frères.

D'ailleurs je suis très fâché du titre. Il indisposera beaucoup le gouvernement, s'il vient à sa connaissance. On dira que l'auteur veut qu'on ne soit gouverné ni par dieu ni par les hommes. On sera irrité contre Helvétius à qui le livre est dédié. Il semble que l'auteur ait tâché de réunir les princes et les prêtres contre lui; il faut tâcher de faire voir au contraire que les prêtres ont toujours été les ennemis des rois. Les prêtres, il est vrai, sont odieux dans ce livre, mais les rois le sont aussi. Ce n'est pas le but de l'auteur, mais c'est malheureusement le résultat de son ouvrage. Rien n'est plus dangereux, ni plus maladroit. Je souhaite que le livre ne fasse pas l'effet que je crains. Les frères doivent toujours respecter la morale et le trône. La morale est trop blessée dans le livre d'Helvétius, et le trône est trop peu respecté dans ce livre qui lui est dédié.

Si la réaction de Voltaire s'explique par son tempérament et par son idéologie propres, elle s'explique aussi par les circonstances du moment. L'année 1761 est tout entière marquée par le conflit qui oppose les pouvoirs publics à l'ordre des jésuites.[19] Le 8 mai, le Parlement de Paris condamne la Compagnie à payer les dettes de l'ex-Père Lavalette, ex-Supérieur général des missions de l'Amérique méridionale qui s'était adonné au commerce et venait de faire une faillite retentissante. Le même jour, le même Parlement condamne au feu un certain nombre de livres écrits par des jésuites et jugés séditieux. Le 7 décembre, La Chalotais, Procureur général du Parlement de Bretagne, prononce contre la Compagnie son célèbre *Réquisitoire*. Les bruits les plus alarmants pour la Société de Jésus agitent le royaume: elle sera condamnée, interdite, proscrite, expulsée. Et Voltaire tient pour particulièrement maladroite la publication du *Despotisme oriental* au moment même où les ennemis des Lumières subissent de telles attaques. Ce n'est pas que Voltaire soit devenu brusquement le thuriféraire des pouvoirs publics – et particulièrement des Parlements dont il n'oublie ni la cruauté ni le fanatisme – mais puisque les partis de l'intolérance s'entre-dévorent,

---

18. Best.D10284, à Damilaville du 26 janvier 1762. On sait à quel point Voltaire était obsédé par les convulsionnaires de Saint-Médard, parmi lesquels son propre frère s'était tristement illustré. Voir *Dictionnaire philosophique* (Paris 1973), édition Etiemble, Naves, Benda, article 'Convulsions', pp.148-49.

19. Voir *Dix-huitième siècle* 8 (1976), numéro spécial consacré aux jésuites, et particulièrement la *Chronologie* anonyme, pp.37-42.

c'est à ses yeux mal prendre son temps que de les renvoyer dos à dos. Il faut profiter de leurs divisions pour que règne enfin l'esprit de liberté. Comme Voltaire le dit lui-même à propos d'une autre querelle (celle qui oppose en cet an de grâce molinistes et jansénistes): 'Les frères seraient bien abandonnés de dieu, s'ils ne profitaient pas des heureuses circonstances où ils se trouvent. [...] il faut les écraser les uns par les autres, et que leur ruine soit le marchepied du trône de la vérité' (Best.D10295 à Damilaville, 30 janvier 1762).

L'attitude de Voltaire s'explique d'autant plus aisément qu'il est encore persuadé qu'on n'en viendra pas aux pires extrémités et que les coups qui frappent les jésuites – pour qui l'élève du père Porée a gardé une secrète tendresse et dont il est au fond l'ennemi de cœur – auront pour résultat de limiter fermement leur pouvoir sans pour autant détruire la Compagnie.[20] Ces considérations tactiques auraient sans doute paru bien étranges à Boulanger qui, comme nous le verrons, ne se place jamais dans une perspective de politique contemporaine, qui ignore toute stratégie à court terme, et pour qui la vérité ne saurait être tributaire des contingences.

Les faits ne tardèrent pas à donner raison à Voltaire: non seulement le *Despotisme oriental* indispose les pouvoirs publics, mais les services de police font immédiatement l'amalgame tant redouté entre les critiques qui touchent à la religion et celles qui concernent le gouvernement, puisque l'inspecteur Hémery écrit dès le 29 avril 1762: 'le livre dont il est question [...] est imprimé [...] sous le titre de Recherches sur le despotisme oriental [...]; c'est un ouvrage dans lequel il y a des traits hardis sur la religion et le gouvernement' (BN, Mss, n.a.f.1214).

Les *Recherches* feront dès lors l'objet d'une surveillance aussi étroite que durable. Le 29 avril, Hémery n'a pas encore reçu l'ouvrage;[21] c'est chose faite

20. Rien ne traduit mieux ses sentiments que les lignes qu'il adresse le 2 novembre 1761 à Giovanni Paolo Simone Bianchi: 'Les jansénistes ont tant fait leurs clabauderies que les jésuites ont fermé leurs théâtres. On dit qu'ils fermeront bientôt leurs Ecoles; ce n'est pas mon avis. Je crois qu'il faut les soutenir et les contenir; leur faire païer leurs dettes quand ils sont banqueroutiers; les pendre même, quand ils enseignent le parricide; se moquer d'eux quand ils sont d'aussi mauvais critiques que frère Berthier. Mais je ne crois pas qu'il faille livrer nôtre jeunesse aux jansénistes' (Best.D10126). Les sentiments de Voltaire sont à ce point mêlés que d'Alembert croit devoir lui écrire le 25 septembre 1762: 'Savez vous ce qu'on me dit hier de vous? que les jésuites commençoient à vous faire pitié, & que vous seriez presque tenté d'écrire en leur faveur, s'il étoit possible de rendre intéressans des gens que vous avez rendus si ridicules. Croyez moi, point de foiblesse humaine; laissez la canaille janseniste & parlementaire nous défaire tranquillement de la canaille jesuitique' (Best.D10731). Il est vrai qu'à cette date le Parlement de Paris a pris son Arrêté qui condamne la doctrine et les abus de la Compagnie et qui l'interdit définitivement, puisque celui-ci date du 6 août.

21. Lettre manuscrite BN, Mss, n.a.f.1214 'il ni [*sic*] en a encore aucun exemplaire ici; [...] J'attends ce livre de l'Etranger et sitot que je l'aurai je ne manquerai pas M. d'avoir l'honneur de vous le remettre.'

Cette lettre répond à la requête que Malesherbes avait adressée à Hémery le 15 avril: 'on me mande, Monsieur, qu'il paroit un ouvrage de M. Boulanger dont je ne scais point le titre, et on ajoute qu'on soupconne M. Helvetius d'en etre l'editeur. ceux qui me donnent cet avis y joignent des preuves que c'est à tort qu'on fait cette imputation à Mr Helvetius. quoy qu'il en soit je vous serois très obligé de me mander si vous scavés ce que c'est que cet ouvrage, je ne peux pas vous le designer plus clairement' (BN, Mss, f.fr.22191; Correspondance de Malesherbes concernant les ouvrages parus durant son administration, 1759-1763, f.291).

Voir aussi les *Mémoires secrets*, qui, le 19 mai 1762, ne parlent encore des *Recherches* que par ouï-dire: 'On parle beaucoup d'un nouveau livre où il y a des traits très forts contre le Gouvernement,

le 5 juin.[22] Le 30 juillet, quatre exemplaires sont saisis à Péronne.[23] Le 9 août 1763, la police fait une perquisition chez un certain Sabot, garçon imprimeur, qui, par des voies détournées, approvisionne le sieur Regnault, imprimeur à Lyon, de livres prohibés – dont le *Despotisme oriental* – pour que celui-ci en fasse des contrefaçons. Le malheureux Sabot est arrêté et embastillé.[24] Le 3 mai 1764, Hémery demande à Sartine, qui avait pris la direction de la librairie, à la place de Malesherbes,[25] la permission de sévir 'très sérieusement': il vient en effet de découvrir qu'un libraire de Versailles fait passer à ses confrères parisiens et à plusieurs colporteurs un grand nombre d'exemplaires du *Despotisme oriental*, qui a sans doute été réimprimé à Rouen.[26] Le 11 juin 1767, le même inspecteur de

---

il s'appelle le *Despotisme Oriental*' (i.90).

22. BN, Mss, n.a.f.1214; lettre à Malesherbes, f.378: 'Je n'ai rien de plus pressé M. que de vous envoyer le Despotisme oriental que je viens de recevoir et que je vous suplie de me renvoyer quand vous l'aurez lu, je ne m'aviserai plus de me faire addresser de pareils livres puisque j'ai pensé perdre celui ci, je profiterai une autre fois de la perm.on que vous m'avez donné de les faire venir sous votre addresse.'

23. BN, Mss, n.a.f.3344-3348. Papiers relatifs à l'administration de la librairie, provenant du cabinet de Lamoignon de Malesherbes (3348), ff.175-76: 'Nous avons l'honneur de vous donner avis que dans la chambre de ce jour, nous avons fait la description d'un Ballot qui a été saisi à Peronne, et qui est arrivé aujourd'hui à la chambre; la description en est ci-jointe.'

'Etat des Livres suspendus dans la visite du 30 Juillet 1762. Un Ballot saisi par les commis de Peronne [...] contenant [...] Despotisme oriental in 12 4 Ex. Brochés'.

Voir aussi la lettre de Diderot à Sophie Volland du 25 juillet 1762, qui confirme l'efficacité des services de police: 'Le livre de Boulanger est très rare ici. Nous en avons fait venir par la poste deux ou trois exemplaires qu'on nous a soufflés' (ed. G. Roth, 263, iv.69). C'est ce dont se plaint aussi Voltaire: 'Je répète que le despotisme oriental pourrait bien avoir été pincé pour avoir été indiscrètement envoyé en forme de livre' (lettre à Damilaville du 25 juin 1762, Best.D10527); 'Il est certain que m[rs] Cramer ont envoyé l'Oriental et il est probable qu'étant in forma libri il aura été saisi' (lettre à Damilaville du 26 juin 1762, Best.D10532); 'Envoyez moi je vous prie un galimatias en feuilles du despotisme oriental' (lettre à Gabriel Cramer du mois de juillet 1762, Best.D10589). Deux de ses correspondants font écho à ses difficultés. Damilaville lui répond le 29 juin 1762: 'il [le *Contrat social*] seroit Pincé comme *le Despotisme*, qui ne m'est jamais parvenu; nous sommes dans une bourrasque qu'il faut laisser passée [*sic*]' (Best.D10537). Et le duc de La Vallière lui mande le 3 juillet de la même année: 'Il y a un autre petit volume qu'on trouve à Geneve que Je désire avec la même ardeur. C'est le despotisme oriental. Tâchez de me découvrir ces deux ouvrages et de me les envoyer' (Best.D10557). Le second ouvrage est le *Contrat social*.

Voir enfin les *Mémoires secrets*, qui, le 6 septembre 1762, attestent, sans la moindre ambiguïté, l'apparition de l'ouvrage à Paris: 'Les *Recherches sur le Despotisme Oriental* sont entre les mains de plusieurs personnes' (i.139).

24. BN, Mss, n.a.f.1214, lettre d'Hémery à Malesherbes ff.413-415: 'J'ai l'honneur de vous rendre compte qu'en conséquence de vos ordres, j'ai accompagné le Commissaire de Rochebrune dans la perq.on qu'il a faite aujourd'huy sur les neuf heures du matin dans la chambre du n.é Sabot garçon Imprimeur [...] ou nous avons trouvé plusieurs Lettres du S. Regnault Imprimeur de Lyon par les quelles il paroit que Sabot étoit son correspondant et qu'il lui envoyoit ici par toutes sortes de voyes les livres prohibés ou contrefaits que le S. Regnault imprimoit ou réimprimoit entr'autres l'apologie des Jesuites [...] et le despotisme oriental ainsi que le dit Sabot en est convenu et que cela est prouvé par les lettres qui ont été mises sous les scellez dont je suis demeuré gardien; [...] à cause de sa relation avec Regnault, je l'ai arrêté et conduit à la Bastille; c'est un homme d'environ 49 ans qui est de Lyon et qui est à Paris depuis six ans'.

Voir aussi la *Correspondance littéraire* du 15 août 1763 qui confirme implicitement la vigilance de la police: 'Les *Recherches sur l'origine du despotisme oriental* [...] ont été imprimées à Genève, il y a environ un an; mais peu d'exemplaires ont pénétré en France' (*CLT*, v.366).

25. Malesherbes avait quitté ses fonctions de directeur de la librairie le 5 octobre 1763.

26. BN, Mss, n.a.f.1214, ff.433-34: 'J'ai l'honneur de vous rendre compte que le n.é le Petit Lefebvre marchand de Livres a Versailles vient depuis [un mot illisible] jours nous empoisonner de quantité d'exemplaires [...] du despotisme oriental, qu'il a fait apporter ici par une femme avec

police note qu'à Thionville 'les nommés Pigaut et Chaligne, colporteurs sans la qualité' font circuler sous le manteau le livre maudit.[27] Le 15 janvier 1768 enfin, Hémery supplie le Lieutenant Général de Police de lui remettre un exemplaire du *Despotisme oriental* qui vient d'être saisi, pour qu'il puisse le rendre à son propriétaire, Monsieur de Polignac![28]

C'est donc sans la moindre emphase que Diderot avait pu écrire, dès l'automne de 1763, dans sa *Lettre historique et politique sur le commerce de la librairie*: 'La police a mis en œuvre toutes ses machines, toute sa prudence, toute son autorité pour étouffer le *Despotisme oriental* de feu Boulanger.'[29]

Mais les livres interdits ont une grâce et un attrait particuliers, et les polices du roi, auxquelles la Cour de Rome, par son décret de mise à l'index du 13 août 1764, était venue prêter main-forte,[30] n'empêchèrent pas les éditions de se multiplier.

iv. Les rééditions[31]

De 1762 à 1777, huit rééditions se succèdent: elles sont la preuve évidente de l'intérêt qu'un certain public, adepte des Lumières, portait à cet ouvrage. Nous savons même par Diderot (*Lettre historique et politique*, viii.550) que le *Despotisme oriental* s'était à ce point répandu sur le marché clandestin que le prix de l'exemplaire était tombé à trente sols.

L'édition de 1777[32] marque une étape dans l'histoire de ce livre. Il semble que la curiosité des lecteurs se soit alors tarie, puisqu'il faut attendre la révolution française pour voir réapparaître le *Despotisme oriental*, qui, de 1790 à 1794, ne compte pas moins de quatre éditions. Certains révolutionnaires, en effet,

laquelle il vit et qui est sa commere qui les a été vendre aux Libraires du Palais, du Palais Royal et a plusieurs Colporteurs sous le manteau; il y a tout lieu de croire M. que la réimpression de ces differents ouvrages a été faite a Roüen parceque ce petit Lefebvre est en relation avec les imprimeurs de cette ville, et qu'ils sont d'ailleurs tres suspects; il est de la plus grande conséquence de sevir tres serieusement contre tous ces gens la si on veut les mettre a la raison.'

27. BN, Mss, n.a.f.1214, f.523: 'J'ai l'honneur de vous rendre compte que je viens d'apprendre que les nommés Pigaut et Chaligne colporteurs sans la qualité sont actuellement a Thionville ou ils vendent toutes sortes de Livres prohibes comme le Despotisme, la Chandelle d'Arras et l'Evangile de la raison. [...] Comme ce sont deux mauvais sujets qui ont deja été arretés icy et qu'ils n'ont d'autre metier que celui de courir les Provinces pour y repandre de mauvais Livres, je crois M. qu'il seroit bon de les faire arreter apres avoir saisi leurs Livres.'

28. BN, Mss, n.a.f.1214, f.523: 'Je supplie M. le Lt Gnal de Police de me faire remettre l'ex. en 2. vol du despotisme qui a été saisi chez le N.é Morin le 23 Xbre der pour le rendre a Mr de Polignac qui a ce livre [*sic*] appartient et qui m'a chargé de le redemander au Magistrat.'

29. Texte établi, préfacé et annoté par Jacques Proust, in Diderot *Œuvres complètes* (Paris 1975-), viii.550.

30. *Index librorum prohibitorum Sanctissimi Domini nostri Pii sexti Pontificis maximi jussu editus*, Romae (1806), p.252: 'Recherches sur l'Origine du Despotisme Oriental, et des Superstitions. Ouvrage posthume de Mr. B.J.D.P.E.C. *Decr. 13 Augusti 1764*.'

31. Voir Jeroom Vercruysse, *Bibliographie d'Holbach*, aux cotes: 1762 F1 et F2, 1763 F1 et F2, 1766 F3, 1773 F1, 1775 F3, 1777 F2, 1790 F1, 1791 F3, 1792 F4 et 1794 F3.

32. Cette édition a été utilisée en 1778 pour constituer le tome 5 des *Œuvres de M. Boulanger*, sans lieu. Le *Despotisme oriental* constitue de même:

a – le tome 5 de l'édition en 10 volumes de 1791, 'En Suisse'.

b – le tome 4 de l'édition en 8 volumes de 1792, Paris.

c – la première partie du tome 3 de l'édition en 6 volumes de 1794, Amsterdam.

considèrent Boulanger comme l'un de leurs précurseurs.[33]

Ce regain d'intérêt est aussi pour lui un chant du cygne: aucune édition n'est venue jusqu'ici succéder à celle de 1794.[34]

v. Les traductions[35]

Le *Despotisme oriental* a connu par deux fois les honneurs de la traduction:

a – en 1764 paraît une traduction en anglais: *The Origin and Progress of Despotism in the oriental, and other Empires, of Africa, Europe, and America. This theologico-political Research is calculated for an Introduction and Key to Montesquieu's Spirit of Laws, as the author declares in the last section.* Amsterdam. *In-8°*, 285 p. Cette édition ne contient pas la lettre dédicatoire à Helvétius.

b – en 1794 paraît une traduction en allemand: *Ueber den Ursprung des Despotismus besonders in den Morgenländern von Boulangée* [*sic*]. Sans lieu. *In-8°*, 352 p. Cette éditions contient des notes du traducteur anonyme.

vi. La lettre du 20 novembre 1755.[36]

Cette lettre n'a été publiée dans aucune des éditions du *Despotisme oriental*. John Hampton s'en étonne (p.39). Cette absence n'a pourtant rien de bien suprenant, puisqu'il s'agit d'une lettre à usage réellement privé et qu'elle n'est probablement jamais tombée sous les yeux des éditeurs. Et quand bien même ces derniers en auraient eu connaissance, les propos qu'y tient Boulanger ne les auraient guère inclinés à la rendre publique. Affirmer, comme il le fait, que le livre a été rédigé à la hâte et que la pensée s'en trouve être si subversive qu'il n'a pas osé, pour la tranquillité de ses jours, le faire publier, ne constitue une recommandation ni pour capter la bienveillance des lecteurs ni pour s'assurer l'indulgence de la censure.

La lettre de Boulanger présente plus d'intérêt pour nous qu'elle n'aurait eu de séduction pour le lecteur du dix-huitième siècle.

C'est grâce à elle, et à elle seule, que nous connaissons la date de rédaction du *Despotisme oriental*. Boulanger assure y avoir consacré les deux mois qui précèdent l'envoi de cette lettre:

Enfin mon cher amy, je peux vous faire pars des feuilles de mes disputes; je vous les envoye, lisés les avec quelque indulgence je vous prie, comme un amusement de mes vacances, et non comme un ouvrage dont le fond et la forme soient limés par vingt

33. Voir la *Gazette nationale, ou le Moniteur universel* du jeudi 9 février 1792, no 40, p.164, 1ère colonne: 'Boulanger est l'un des philosophes de ce siècle qui a le plus contribué à établir en France le regne de la raison, à y détruire celui du fanatisme [...]. C'est rendre service à la philosophie, et par conséquent à la constitution dont elle est la base, que de réunir tous les ouvrages de ce courageux ennemi de la superstition et du despotisme, qui les combattit sans relâche, dans un tems où ils pouvaient lui répondre par des bûchers et par la Bastille.'

34. Du moins si l'on exclut la reproduction sous forme de microfiches de la première édition qui a été assurée par Jeroom Vercruysse (Paris 1972).

35. Voir Jeroom Vercruysse, *Bibliographie d'Holbach*, aux cotes: 1764 F4 et 1794 F4.

36. Voir Annexe v, où nous donnons le texte intégral, en respectant l'orthographe et la ponctuation de la copie manuscrite conservée à la Bibliothèque de l'Institut de France.

années; vous verrés par l'immensité du sujet et par sa grandeur, que je ne vous fais pas une priere déplacée, sur tout si vous vous rappellés que je n'avois pas ecrit une lettre de ces feuilles, il y a deux mois, et qu'elles étoient encore dans le cahos [...].

Même si nous devons faire la part de la coquetterie – qui pourrait bien être chez Boulanger une pudeur – et en rabattre quelque peu sur la promptitude de la rédaction, rien ne nous autorise à mettre en doute l'essentiel de ses affirmations.

Nous pouvons donc tenir pour assuré que le *Despotisme oriental*, qui traite de l'influence déterminante des grands cataclysmes géologiques sur les attitudes religieuses et politiques des nations, a été écrit juste avant que ne se produise le fameux désastre de Lisbonne,[37] auquel la lettre du 20 novembre fait directement allusion: 'si vous vous amusés de cette lecture je pourrois en partie avoir cette obligation aux malheurs imprevus du Portugal dont toute l'Europe est affectée'.

La pensée de Boulanger ne doit donc rien à cet événement, qui ne l'incite même pas à apporter la plus petite modification à son texte, à y ajouter la plus courte notule. Alors que l'Europe pensante, qui n'avait peut-être jusque-là pas consacré deux lignes aux accidents de la croûte terrestre, croit devoir y aller de son traité, de sa dissertation, de son poème, de sa réplique épistolaire, celui qui a consacré sa vie à l'étude des catastrophes de notre planète se tait obstinément. Une attitude aussi surprenante mérite réflexion. On pourrait y voir l'habileté suprême d'un écrivain qui tient à souligner hautement que ses préoccupations ne sont pas tributaires de l'actualité et qui laisse au lecteur intelligent le soin de faire les rapprochements qu'il s'interdit, de chanter les louanges d'un philosophe qui a su allier tant de prescience[38] à tant de discrétion. Mais, même s'il est impossible d'éliminer cette hypothèse, même si nous devons admettre que l'écrivain a pu avoir la tentation de laisser les bons esprits se faire les chantres de ses mérites, il y a assurément au mutisme de Boulanger une cause plus profonde et plus noble. La vérité est qu'il n'avait en aucune façon besoin de cette confirmation, car son attitude est à l'opposé de celle du journaliste toujours à l'affût des nouveautés qui seraient susceptibles de nourrir son imagination ou de conforter ses prévisions. Son ambition est d'étudier non pas un événement, mais la continuité des phénomènes, la longue chaîne de l'histoire, d'en découvrir l''esprit' selon une méthode si rigoureuse que toute contingence en soit bannie, que le fortuit le cède au nécessaire, enfin d'établir des principes si sûrs qu'on puisse voir, comme le dit Montesquieu, son maître à penser, 'les cas particuliers s'y plier comme d'eux-mêmes, les histoires de toutes les nations n'en être que

37. Le tremblement de terre de Lisbonne eut lieu le 1er novembre 1755.

38. C'est la prescience qui, aux yeux de Boulanger, est la marque même du génie de Montesquieu: 'Quoi qu'ayent donc pû dire la passion, l'ignorance & la superstition, contre les principes du sublime Auteur de l'*Esprit des Loix*, ils sont aussi vrais que sa sagacité a été grande pour les deviner; mais tel est le privilége du génie, d'être seul capable de connoître le vrai d'un grand tout, lors même que ce tout lui est inconnu, & qu'il n'en voit encore qu'une partie' (*Recherches sur l'origine du despotisme oriental*, éd. de 1761, p.430).

Boulanger d'ailleurs ne perd jamais une occasion de se comparer à son maître, même négative-ment. Quand, dans la lettre du 20 novembre, il écrit: 'je peux vous faire pars des feuilles de mes disputes; [...] lisés les avec quelque indulgence [...] comme un amusement de mes vacances, et non comme un ouvrage dont le fond et la forme soient limés par vingt années', il fait probablement écho à cette phrase de la Préface de *L'Esprit des lois*: 'Je demande une grâce que je crains qu'on ne m'accorde pas: c'est de ne pas juger, par la lecture d'un moment, d'un travail de vingt années' (Paris 1950), i.11.

les suites'.[39] Le tremblement de terre de Lisbonne est une grâce qui ne lui vient que de surcroît, qu'il n'a eu nul besoin de solliciter ou d'appeler de ses vœux et qu'il lui semblerait aussi inutile qu'indécent d'utiliser au profit de sa démonstration.

vii. La *Lettre de l'auteur à M.* *****[40]

Cette lettre, qui sert de préface[41] au *Despotisme oriental*, pose dès l'abord deux questions qui relèvent plus de l'ordre policier que de l'ordre littéraire. A qui est-elle adressée, et qui en est l'auteur?

La première question est bien facile à résoudre: le texte même de la lettre ne laisse aucun doute sur l'identité du destinataire: 'Voyons le Livre de l'*Esprit* paroitre au mois d'Août 1758. proscrit par des Arrêts, des Mandemens & des critiques, tandis que plus de vingt éditions faites avant la fin de la même année, dans toutes les grandes villes de l'Europe, publient la réclamation & le suffrage de tout ce qu'il y a d'êtres pensans dans le Monde Philosophique' (pp.v-vi); 'Comment, hélas, toute cette fourmilliére incapable de lire & de juger de votre ouvrage, & qui n'en parle que d'après la voix des Arrêts & des Mandemens, pourroit-elle en imposer à la postérité?' (pp.viii-ix).

Ainsi pourrions-nous aisément nous passer du témoignage de Voltaire qui, dans son exemplaire personnel, conservé aujourd'hui à la Bibliothèque Saltykov-Chtchédrine de Léningrad (cote 510), avait remplacé les astérisques du titre par le nom d'Helvétius.[42]

La deuxième question, en revanche, offre tant de difficultés que nous en sommes réduits aux conjectures. John Hampton est bien le seul à n'avoir aucun doute sur l'identité de l'auteur.[43] Pour lui la lettre est de Boulanger, puisqu'elle a été imprimée sous son nom. Il avait pourtant fait un certain nombre de constatations qui auraient dû lui permettre de se garder d'une conclusion aussi hâtive. Il avait remarqué en particulier que la copie de la lettre qui a été ajoutée au manuscrit de la Bibliothèque nationale 'est d'une autre main que celle de l'ouvrage lui-même', que le sous-titre de la copie fait mention de l'édition de

39. *De l'esprit des loix*, préface, i.11.

40. La lettre occupe, dans l'édition de 1761, les pages iii à xxxii.

41. La lettre ne figure pas dans certains exemplaires de la première édition. Voir Voltaire, lettre à Damilaville du 8 février 1762 (Best.D10315): 'Les frères Cramer supprimeront soigneusement la préface de l'oriental.' Voir aussi Diderot, lettre à Sophie Volland du 25 juillet 1762 (éd. G. Roth, 263, iv.69): 'Le livre de Boulanger est très rare ici. [...] Sachez d'Uranie si l'épître dédicatoire est à son exemplaire.' Uranie est le pseudonyme de Madame Legendre, sœur de Sophie Volland.

42. Voir *Postille inedite*. Un fac-simile de la première page de la lettre de l'exemplaire personnel de Voltaire y est inséré entre les pages 232 et 233.

43. Hampton, pp.38-39: 'On sait que Boulanger y parle de l'*Esprit* d'Helvétius, de la persécution de l'auteur et des nombreuses éditions par lesquelles le livre passa avant la fin de 1758. Boulanger, qui mourut au mois de septembre de l'année suivante, l'écrivit par conséquent en 1759.'

Franco Venturi a beau jeu de dénoncer l'enviable témérité de cette affirmation: 'John Hampton a essayé, avec des arguments qui ne paraissent pas convaincants, de soutenir la thèse selon laquelle la *Lettre* était de Boulanger lui-même.'

'Il semble [...] plus raisonnable de supposer que la *Lettre* [...] n'est pas de Boulanger. Et cela d'autant plus qu'elle est en contradiction évidente avec le ton et avec les idées de la lettre dédicatoire que Boulanger lui-même a, en 1755, placée en tête du manuscrit de son ouvrage' (*Postille inedite*, p.233 et note 1 de la même page).

1762, et qu'en conséquence 'elle a été ajoutée au moins sept ans après la rédaction du *Despotisme*' (Hampton, p.38).

Le fait que nous n'avons ni trace ni mention de la lettre avant la publication des *Recherches* est l'indice le plus précieux pour écarter Boulanger de la liste des prétendants. Grimm, qui en savait sans doute beaucoup plus qu'il n'en dit, suggère très clairement que l'auteur de la lettre n'est pas celui de l'ouvrage: 'On lit à la tête de ces *Recherches* une lettre adressée à M. Helvétius, dans le temps de la grande rumeur excitée par le livre de l'*Esprit*. Ce morceau est mieux écrit que l'ouvrage même de M. Boulanger' (*CLT*, 15 août 1763, v.366-67).

Voltaire, qui s'est, lui aussi, posé le problème de l'attribution de la lettre, nous donne, dans son exemplaire personnel du *Despotisme oriental*, une précieuse indication. Au-dessous du titre, *Lettre de l'auteur à M. *****(p.iii), il ajoute: 'par m. Diderot', et à la fin de la même lettre (p.xxxii) après la formule rituelle: 'Votre très humble & très obéissant serviteur' il écrit le même nom: 'Diderot', comme s'il s'agissait d'une signature autographe.[44] L'indication fournie par Voltaire mérite d'autant plus d'attention que ces ajouts manuscrits étaient à usage strictement personnel et ne pouvaient donc être destinés à égarer les recherches de la police. Franco Venturi est bien près de se laisser convaincre, et, s'il émet les réserves d'usage, il est à ce point ébranlé par l'affirmation de Voltaire qu'il arrête là ses investigations.[45]

Il convient de remarquer toutefois que Voltaire a porté dans ce même exemplaire du *Despotisme oriental* une autre indication qui est, elle, manifestement fausse. Au-dessous de la citation de Virgile: '*Monstrum horrendum, informe, ingens*'[46] qui sert d'épigraphe aux *Recherches* et non pas à la lettre, Voltaire a ajouté: 'embleme de cet ouvrage. de ce bon Damilaville et de Diderot'.[47] Et cela prouve qu'il n'était pas nécessairement aussi bien renseigné qu'on aurait pu le supposer.

La critique externe nous laisse donc dans l'expectative. La critique interne ne sera pas, hélas, d'un plus grand secours. L'auteur de la lettre s'est visiblement ingénié à rendre plausible la paternité de Boulanger. Il a hardiment filé la métaphore sur les flots tout-puissants du déluge: 'j'ai bien plus de confiance sur le progrès des connoissances, ce fleuve immense qui grossit tous les jours & qu'aucune puissance (si ce n'est un déluge) ne peut plus aujourd'hui se flatter d'arrêter; quelle soif pour l'instruction n'indique pas le prodigieux & rapide débit de vôtre ouvrage!'[48] Il a fait une allusion discrète et fugitive à *L'Antiquité dévoilée*: 'Voyez donc, s'il le faut, votre tems comme une antiquité' (p.vii), ce qui

44. Voir Franco Venturi, *Postille inedite*, qui donne, en fac-simile, les deux pages en question.

45. *Postille inedite*, p.233: 'Notre conviction personnelle, après que nous avons lu ces annotations de Voltaire, est-elle aussi assurée? Si quelque doute subsiste, il est évident toutefois que la tentation n'est pas petite de suivre Voltaire dans son attribution. Il pouvait bien savoir ce qu'il en était. [...] Tout donc ferait penser que son témoignage doit être accepté [...] et que Diderot a écrit l'épître dédicatoire si énergique.'

46. *Enéide*, III, 658. C'est le géant Polyphème qui est ainsi qualifié. Franco Venturi, *Europe des Lumières* (Paris, La Haye 1971), pp.283-84, signale que cette citation de Virgile – traduite en russe – sert également d'épigraphe au *Voyage de Pétersbourg à Moscou* d'Alexandre Radichtchev, et il estime que cette rencontre n'est pas fortuite.

47. Voir *Postille inedite*, fac-simile de la page de titre.

48. Page xii de l'édition de 1761, à laquelle renverront toutes les références.

n'est peut-être pas d'une habileté suprême, car l'ouvrage majeur de Boulanger est encore inconnu du grand public.[49]

Mais ce n'est là qu'un voile transparent qui dissimule mal, à moins que le lecteur ne soit bien naïf, des hardiesses de pensée que Boulanger n'a jamais eues et qui sont même en contradiction avec sa doctrine.

Alors que Boulanger ne s'est jamais intéressé à l'action politique, alors qu'il s'en est toujours tenu aux spéculations qui embrassent le cours universel de l'histoire, l'auteur de la lettre ne vise à rien de moins qu'à fonder une stratégie politique, qu'à jeter les bases d'une pratique qui serait susceptible tout à la fois de bouleverser l'état des sociétés et de guider la philosophie même en inclinant ses recherches vers des voies résolument nouvelles (pp.xxiv-xxvii):[50]

[Il convient de] former un plan de Philosophie politique, pour régler les progrès de la Philosophie même. Pourquoi les Philosophes ne la cultiveroient-ils point dès à present, comme une science d'Etat, puisqu'elle le sera tôt ou tard? Les élèves de la Philosophie sont déjà nombreux; un bien plus grand nombre est tout prêt de suivre ses étendards, & l'anarchie religieuse, qui augmente tous les jours, lui montre un peuple de sujets qu'il lui sera facile de conquérir. Elle doit sans doute se hâter de le faire. [...]

Qu'il seroit à souhaiter que les Philosophes concertassent [...] leurs démarches! Il y a un certain ordre à mettre dans les pas que fait la Philosophie, pour qu'elle les fasse avec utilité, & que toutes ses instructions se secondent les unes les autres. Nous avons quelques excellens Livres qui n'ont d'autres défauts que d'avoir appris au monde des vérités anticipées sur le progrès naturel du commun des esprits, & sur l'ordre des choses.

Une telle profession de foi, un tel appel à la subversion méthodique aurait sans doute terrifié Boulanger. Mais cela ne nous enseigne qu'une vérité que nous connaissions déjà: c'est qu'il n'est pas l'auteur de la lettre.

Et nous en sommes ramenés au jeu des hypothèses. On pourrait formuler la question qui nous préoccupe sous la forme d'une devinette policière: quel est l'homme le mieux placé, parmi ceux qui étaient capables d'une pensée aussi audacieuse, pour faire publier une telle préface? La réponse est bien simple: l'éditeur littéraire des *Recherches*! Cela ne signifie pas que c'est nécessairement le baron d'Holbach qui a écrit la Lettre, mais seulement qu'il en est l'auteur le moins improbable.

viii. Les *Recherches sur l'origine du despotisme oriental*

1. Un discours de la méthode

Le dix-huitième siècle a été fasciné par l'Orient. Les Persans, les Siamois, les Indiens, les Chinois, les Javanais sont dans notre littérature des personnages plus familiers que les Bourguignons, les Provençaux ou les Bas-bretons. Ils illustrent le relativisme des mœurs, ils sont les modèles de la tyrannie la plus cruelle ou de la sagesse la plus innocente, et s'ils viennent à hanter nos climats leur souveraine candeur a le don de faire tomber tous les masques. Mais ils n'existent jamais pour eux-mêmes. Quand on dénonce leur fanatisme, c'est du nôtre qu'il s'agit, et si l'on chante leurs vertus, c'est pour stigmatiser nos vices.

49. *L'Antiquité dévoilée* ne paraîtra qu'en 1766.
50. Gordon, p.128, a déjà souligné l'importance de la page que nous citons.

Leur singularité est le contraire de notre conformisme et leur ingénuité le révélateur de nos travers. Quand on nous invite à rêver d'Ispahan, c'est pour que nous songions à Paris, et quand on nous écrit d'un pays lointain pendant la lune de Rhamazan de l'année 1129ème de l'Hégire, c'est pour que nous lisions la lettre au mois de septembre 1715.

Or, par un retournement significatif de l'usage, lorsque Boulanger nous parle des despotes de l'Orient, c'est réellement d'eux qu'il nous entretient, c'est sur leurs errements qu'il nous invite à réfléchir. Ils ne sont là ni pour servir de repoussoirs à l'urbanité de nos mœurs politiques ni pour masquer une éventuelle critique de notre despotisme national. Ils ne s'opposent à rien, ils ne sont les travestis de personne. Les *Recherches sur l'origine du despotisme oriental* sont aussi éloignées de la fable que de la satire.

Et c'est légitimement que Boulanger pourrait dire avec Montesquieu: 'Je n'ai point naturellement l'esprit désapprobateur',[51] ou mieux encore: 'je raisonne sur tout & ne critique rien'.[52] Mais l'esprit de gravité lui est à ce point naturel, l'attitude scientifique est chez lui à ce point spontanée, qu'il ne songe jamais à se prévaloir de l'originalité qui en découle.

Et pourtant Boulanger a le sentiment de sa singularité; mais elle est pour lui d'un autre ordre, celui de la méthode. Et c'est par là précisément que commencent les *Recherches*. D'autres, avant lui, se sont interrogés sur l'origine du despotisme oriental: 'Cette étrange disposition des esprits Asiatiques, & cette malheureuse situation de la plus belle partie du Monde, ont extrêmement touché dans tous les tems les Philosophes, les Historiens & les Voyageurs; il en est peu qui n'ayent essayé d'en donner quelques raisons, & d'en chercher les sources'.[53] Mais tous ont échoué dans leur entreprise, et toujours par un évident défaut de méthode.

Les uns s'en sont tenus au psychologisme: ils ont cru devoir prêter aux primitifs une timidité native qui les aurait inclinés à se soumettre spontanément au bon vouloir du plus puissant: 'Quelques-uns ont pensé que pour parvenir aux causes primitives de cette dégradation du genre-humain, il falloit remonter à des siécles sauvages, où les hommes errans & timides se seroient soumis au plus fort' (section 1, pp.5-6). Cette explication est, aux yeux de Boulanger, d'une totale vanité: 'Ceux qui ont adopté ce sentiment, paroissent n'avoir point fait attention que c'est dans cet état de vie sauvage qu'une pareille révolution a dû le moins arriver, puisque c'est dans cet âge que le prix de la liberté a dû être le plus connu & le mieux senti; elle étoit alors le seul bien du genre-humain: comment auroit-il pû s'en dépouiller?' (section 1, p.6).

D'autres, sans quitter les errements du psychologisme, ont rêvé que c'était l'ambition de quelques-uns qui était la cause du despotisme dans les peuples civilisés: 'D'autres ont été chercher l'origine du Despotisme & son établissement chez des Peuples raisonnables & civilisés, que quelques ambitieux trop heureux auront soumis par des moyens violens, mais continus & toujours soutenus par la terreur' (section 1, p.8). Boulanger est évidemment aussi sévère pour cette

---

51. *De l'esprit des loix*, Préface, i.11.
52. *Pensées*, no 1873 (194), in *Œuvres complètes* (Paris 1950-1955), ii.558.
53. Section 1, p.5.

explication que pour la précédente: 'Le premier homme qui a tenté de soumettre ses semblables, a dû, chez des peuples civilisés, comme chez des peuples sauvages, soulever les autres contre lui. Avant la conquête, il auroit fallu lever une armée, qui n'est qu'une suite de la conquête' (section 1, pp.8-9).

Les troisièmes, mêlant la sociologie à la psychologie, ont vu dans la famille patriarcale l'embryon et le principe du despotisme: 'Le Gouvernement domestique des premiers hommes a encore été regardé par plusieurs politiques, comme le principe originel du Despotisme. Un Pére, chef de sa famille, en est, disent-ils, devenu le Roi & le Despote, à mesure que cette famille s'est étendue, & que ses branches multipliées autour du Trône, ont commencé à former un grand peuple' (section 1, p.9). A cette théorie Boulanger oppose trois arguments. Rien ne prouve d'abord que 'le pouvoir des péres dans les premiers âges ait été un pouvoir absolu sur leurs enfans' (section 1, p.9). Et quand même on admettrait cette conjecture hasardeuse, il paraît vraisemblable que chaque fils devenu à son tour chef de famille aurait agi à l'exemple de son propre père et que l'on aurait assisté à la naissance d''une multitude de petits centres & de cercles isolés les uns des autres, gouvernés séparément sur le modèle, mais non sur la loi du cercle originel'.[54] Enfin et surtout Boulanger ne conçoit pas par quel monstrueux miracle 'l'autorité paternelle, qui reconnoit les loix de la nature, auroit [...] pû produire le Despotisme qui n'en reconnoit point' (section 1, p.11).

La quatrième et dernière interprétation que Boulanger se sent tenu de réfuter, avant d'énoncer ses propres principes, lui a visiblement causé quelque tourment. Il s'agit en effet de la théorie des climats, et l'attaquer, c'est en même temps s'en prendre à Montesquieu, pour qui Boulanger a la plus révérencieuse admiration. Cela explique la phraséologie quelque peu contournée de son texte, le recours prudent au concessif, au conditionnel, à la nuance qui atténue, au distinguo poli: 'Quoique l'expérience & une multitude de faits semblent de plus en plus autoriser & justifier ce sentiment, il seroit peu raisonnable de regarder la nature du sol ou de la température de l'Asie comme l'unique cause de la servitude qui y régne & qui y a toujours régné' (section 1, p.12).

Comme Montesquieu n'a jamais prétendu que le climat était la seule cause des mœurs politiques parmi les hommes, Boulanger se sent désormais à l'aise pour dire clairement son sentiment (section 1, pp.15-16):

[L'Asie] est trop vaste & trop étendue pour avoir partout le même Ciel, la même Zône & la même température; on ne voit néanmoins aucune modification dans les préjugés qui y régnent, & malgré toutes les variétés du sol, une cause secrette lui fait subir partout une même loi; le Nord comme le Midi, l'Orient comme l'Occident de cette immense Région, n'obéissent qu'à des Despotes, & ne reconnoissent d'autre loi que la volonté de leurs Souverains. Il doit donc nécessairement y avoir dans l'Asie des contrées où le Despotisme ne doit rien au climat où il régne [...]. L'Amérique produiroit aussi de semblables objections aux Physiciens politiques.

Ayant ainsi ruiné, de façon brutale ou courtoise, la théorie des psychologues, des apprentis sociologues et des 'physiciens politiques', qui tous sont allés chercher les sources du despotisme 'dans leur seule imagination, dépourvuë des

---

54. Section 1, p.10. Boulanger admet volontiers, en revanche, que c'est à ce phénomène social 'que quelques Aristocraties, par la suite des tems, auront dû leur origine'.

connoissances nécessaires pour la solution & le dévelopement d'un problème aussi difficile qu'intéressant' (section 1, p.5), Boulanger, libre de toutes les entraves qu'il vient de rompre et enivré de la solitude qu'il s'est créée, ose proclamer (section 1, p.17; section 2, p.22):

Cessons donc de nous arrêter sur des systêmes faux en eux-mêmes, ou du moins incomplets; abandonnons des recherches peu heureuses jusqu'ici, & n'ayons plus recours à des chimères physiques & politiques pour expliquer les erreurs humaines, car le Despotisme en est une.

Je marcherai [...] par une route qui n'a pas encore été frayée, & j'arriverai [...] sans m'embarrasser des hypothèses, des conjectures & des préventions de ceux qui m'ont précédé.

La méthode de ce pèlerin solitaire de la vérité tient en un seul mot: les faits. 'C'est à des faits qu'il faut recourir; c'est sur eux qu'il faut appuyer des preuves qui soient elles-mêmes des faits' (section 2, p.18).

Mais si le mot est assez clair pour définir un principe de travail et une attitude philosophique qui relève de la phénoménologie positiviste, il désigne en revanche un champ d'investigation si vaste que Boulanger se hâte de préciser quels sont les faits qui retiendront son attention: 'Ce sont les détails & les usages, ce sont toutes les coutumes de ce gouvernement qu'il faut étudier, rapprocher & concilier les unes avec les autres [...] pour en connoître l'esprit, & pour parvenir ensuite aux véritables points de vue qu'ont eu primitivement ces usages & ces coutumes' (section 2, pp.18-19).

Ainsi Boulanger, se référant à lui-même ou à son maître Montesquieu, aurait-il pu intituler son ouvrage 'Le despotisme dévoilé par ses usages' ou 'De l'esprit du despotisme', puisque son intention est double: à la fois cerner au plus près les documents révélateurs et découvrir le fil conducteur qui les relie, se faire l'archéologue des traditions en même temps que le paléontologue de la logique interne qui les anime.

Dans la grande chaîne des faits qui expliquent pour Boulanger la naissance et le développement du despotisme, l'homme est exclu *a priori*: 'il m'a semblé', dit-il, 'qu'il [le despotisme] ne s'étoit point établi sur la terre, ni de gré, ni de force' (section 2, p.19). Il s'est joué un jeu qui, d'une manière mécanique et pour ainsi dire fatale, a conduit l'homme de la liberté à l'esclavage. Et la finalité de Boulanger, dans les premières pages de ses *Recherches*, n'est point tant d'exclure tout spiritualisme de sa méthode que d'innocenter l'homme, de le laver du soupçon que fait peser sur lui le christianisme attaché à voir dans le despotisme, comme dans tous les fléaux qui le frappent, le châtiment que lui méritent ses très grandes fautes et la dégénérescence due au péché originel: 's'il est tombé dans toutes sortes de désordres, ce n'a point été parce que sa nature a dégénéré & s'est infectée d'une prétendue corruption' (section 2, pp.26-27).

L'attitude du christianisme paraît à Boulanger aussi dangereuse qu'elle est fausse. En rendant l'homme moralement et métaphysiquement responsable de sa déchéance politique, l'Eglise risque fort de l'incliner à un désespoir qui perpétuerait son esclavage: 'Il y auroit du danger sans doute à n'instruire l'homme de ses égaremens qu'en Philosophe austère, & en ennemi du Genre humain; ce seroit le porter au désespoir, & le réduire à la condition des bêtes. Ce n'est point là l'objet de cette Philosophie bienfaisante qui fait la gloire de nôtre siécle, & dont je cherche à suivre l'esprit' (section 2, p.23).

Pour Boulanger, si l'homme est tombé dans les égarements du despotisme, ce n'est point parce qu'il n'est qu'un homme, pécheur par vocation, créature infirme, ange déchu, chez qui la raison est nécessairement source d'erreur ou d'orgueil, c'est au contraire parce que l'enchaînement mécanique des faits l'a empêché de 'faire bien l'homme', ce que les Lumières lui réapprendront: 'La saine Philosophie [...] sçait ramener l'homme à lui-même & le consoler de ses égaremens. Lorsqu'elle aprend aux habitans de nôtre planète qu'ils se sont trompés, ce n'est point pour leur persuader qu'ils n'ont point de raison ou qu'ils doivent la craindre' (section 2, p.24).

Dans sa volonté absolue de rendre aux hommes leur innocence, Boulanger va jusqu'à affirmer qu'à l'origine leurs intentions étaient nobles et sages 'lorsqu'ils prirent pour modèle le gouvernement de l'Univers, régi par l'Etre suprême' (section 2, pp.19-20), c'est-à-dire lorsqu'ils se donnèrent pour maître unique un despote souverain! Malheureusement 'ce point de vue primitif si beau, & qui paroît si digne de créatures pensantes, s'est changé en un desert rempli d'horreurs & de misères' (section 2, p.21). En d'autres termes, les hommes ont très exactement joué le rôle de l'apprenti sorcier, leur sublime ambition s'est retour-née contre eux et ils 'ont été avilis & dégradés par les conséquences d'un principe qui les couvre de gloire' (section 2, p.21).

Ce n'est donc pas une nature intrinsèquement mauvaise qui a condamné les humains et les a voués au despotisme, ce sont tout au rebours les humains qui, contre leur nature, ont été innocemment conduits à trahir ce qu'il y avait de meilleur et de plus raisonnable en eux-mêmes en adoptant 'des mobiles surnaturels, qui, n'étant point faits pour la terre, les ont trompés & les ont rendu malheureux' (section 2, p.20).

Et Boulanger, qui, comme on l'a vu, se garde de toute attitude moralisatrice quand il s'agit de juger des causes primitives du despotisme, dont l'homme est à ses yeux la victime et non le coupable, se sent ému par tous les malheurs qu'ont engendrés ces 'mobiles surnaturels' et quitte soudain la sérénité qui sied au philosophe de la connaissance. Dès qu'il est question en effet des destinées futures de l'humanité, Boulanger affirme résolument la fonction morale de ses *Recherches*. Son but lointain – car pour ses contemporains il est déjà trop tard – est d'instruire l'homme, de le ramener à lui-même, de le 'rapeller avec douceur [...] à la raison' (section 2, p.28): 'Puisse le genre-humain, que j'aime & que je respecte, parce que la nature m'y porte & que la raison me l'ordonne, profiter un jour de toutes les instructions & des consolations que mon ouvrage pourra lui fournir! c'est à lui que je le consacre, bien plus qu'à mes concitoyens dont il est de mon devoir de ménager la foiblesse' (section 2, p.28).

Le froid positivisme conduisait à la vocation salvatrice, l'indicatif scientifique préparait à l'optatif lyrique.

2. L'an zéro de l'humanité

Boulanger a défini sa méthode et fixé son but. Reste pour lui à déterminer, dans l'histoire de l'humanité, le point de départ de ses ambitieuses investigations; jusqu'où doit-il remonter pour pouvoir saisir, à l'aube des temps, le premier maillon de la chaîne qui explique ce despotisme dont l'Orient, à l'heure où il écrit, n'a pas cessé d'être la victime?

Selon une démarche que nous connaissons déjà, il convient d'abord pour Boulanger de se démarquer de la tradition, de faire table rase du passé, d'affirmer sa singularité, de se retrouver seul sur la voie de la vérité.

La tradition philosophique de son époque, que ne vient évidemment nourrir ni la science de la préhistoire ni celle de l'ethnographie, ne lui offre guère que deux modèles quand il s'agit de remonter aux origines de l'humanité. L'Eglise, qui a réponse à tout, lui propose la figure légendaire de l'homme parfait, créé par Dieu à l'image de Dieu, et aussitôt souillé par l'orgueil qui s'attache à la désobéissance et à la concupiscence. Certains 'philosophes' des Lumières lui soumettent l'image du Bon Sauvage, qui n'est au fond que la version laïcisée – et épurée du péché originel – de la mythologie chrétienne.

Boulanger a pleinement conscience et de la profonde similitude de ces deux modèles et de leur inanité. Quand il examinera l'homme primitif, 'ce ne sera point un Sauvage, un être métaphysique, ou cette créature créée parfaite & qui s'est corrompue, chimère dont tant de Docteurs & de Savans se sont vainement occupés' (section 3, pp.36-37).

L'intention de Boulanger est d'étudier un homme réel, véritablement histori-que, que l'on puisse sinon dater,[55] du moins localiser dans le temps par rapport à un événement certain. Or, pour lui, la chose est claire: l'événement le plus ancien dont nous ayons la preuve est celui que constituent les grands cataclysmes géologiques. Ils sont attestés par les entrailles de la terre qui conserve les 'monumens naturels [...] de ces anciennes & effroyables catastrophes' (section 3, pp.31-32) et par un grand nombre de 'livres d'une très haute antiquité, qui semblent nous apprendre tout ce qu'il est possible de savoir sur cette partie de l'histoire du Monde' (section 3, pp.33-34). Ces témoignages ont jusqu'ici été presque totalement négligés;[56] 'le vulgaire prévenu' ne les considère 'que comme des objets plus amusans & plus frivoles qu'instructifs & intéressans' quand il ne les tient pas pour 'des songes & des chimères' (section 3, pp.32-33). Ce sont là pourtant les seuls documents qu'il convient de considérer si l'on veut parvenir à quelque certitude, si l'on veut remplacer le mythe par la réalité, si l'on veut étudier un être humain véritable et non une construction de l'esprit.

Et l'être historique que Boulanger s'apprête à considérer, 'ce sera donc l'homme échapé de la ruine du Monde [...], ce sera un être réel [...] dans un état réel' (section 3, pp.36-37). C'est à lui qu'il se sent tenu de remonter pour établir les origines du despotisme, origines presque aussi anciennes à ses yeux que l'humanité qui a repeuplé la terre après les désastres géologiques. Boulanger sait pertinemment que les débuts de l'homme sont bien antérieurs à cet événe-ment, que des siècles se sont écoulés avant ces terribles cataclysmes; mais ceux-

55. Boulanger a si bien pressenti la vanité de toutes les chronologies qui avaient cours à son époque qu'il n'en a jamais tenu compte et qu'il n'a jamais tenté de leur en substituer une de son cru. Voir sa *Dissertation sur Elie et Enoch*, p.56 de l'édition qui nous servira de référence (*Bibliographie d'Holbach*, 1764 F3): 'il est tems de ne plus se casser la tête dans les calculs de cette sublime & antique Chronologie. [...] Pour nous débarasser de ce labyrinthe, le plus court est de sauter par dessus, & le plus sage [...] sera de s'en tenir à zéro par rapport à elle.'

56. Boulanger ne consent à faire exception que pour B. de Maillet, Buffon et J. G. Lehmann. Voir note de l'auteur, section 3, p.32.

ci ont effacé jusqu'aux moindres traces de la présence humaine et il serait parfaitement vain d'essayer de porter ses regards au-delà (section 3, pp.37-38):

Je ne parle ici & je ne parlerai dans cet Ouvrage que des tems qui ont suivi ceux qui ont donné à l'Univers la disposition qu'il a présentement, & que nous lui connoissons depuis un grand nombre de siécles. A l'égard des tems qui les ont précédés, ils sont pour moi comme s'ils n'eussent jamais été; bien qu'ils aient existé, ils ont été si obscurs, même pour l'antiquité la plus reculée, que la plupart des Peuples anciens se sont imaginé voir la création & la naissance de toutes choses dans les anecdotes déja corrompues de ce qui n'étoit que le renouvellement du Monde.

En somme l'histoire commence avec le Déluge et le premier homme s'appelle Noé.[57]

3. Un postulat téméraire

Boulanger a dès lors le sentiment d'avoir substitué à la *Genèse*, récit mythique et incontrôlable, la vérité historique: pour lui la légende a cédé la place au réel et il croit pouvoir – avec une prudente audace – intituler la quatrième section de ses *Recherches*: 'Impressions que les malheurs du Monde ont dû faire sur les Hommes' (section 4, p.39).

Comme son titre l'indique, Boulanger a conscience d'être dans le domaine de la supposition, mais il se rassure aussitôt en affirmant, avec une hauteur et une insistance qui ne laissent pas d'être suspectes, qu'il ne manquera 'pourtant point de flambeaux & de guides sûrs [...] en fouillant dans les espaces ténébreux' (section 4, p.39). Ces 'flambeaux' et ces 'guides', c'est tout simplement la connaissance des hommes de son propre temps! Boulanger est persuadé que l'on peut juger de l'attitude des descendants immédiats de Noé d'après celle des sujets de Louis XV, ou, comme le dit Voltaire, 'du reste de la terre par son clocher'[58] (section 4, pp.41-43):

je dois prévenir que l'on doit bien se garder d'imaginer que le Genre humain, dans les tems où nous voulons l'étudier, & comme le surprendre, ait été différent du Genre humain d'aujourd'hui; c'est une erreur dont il faut se défaire. [...] toute la différence qu'il doit y avoir entr'eux & nous, ne consiste que dans quelques inventions & dans

---

57. Boulanger est persuadé que Sanchoniathon ainsi que l'auteur de la *Genèse* ont inconsciemment confondu le Déluge et la Création:
'C'est une chose remarquable dans les Annales du Monde, recueillies par Sanchomaton [*sic*], dont Eusebe nous a conservé les précieux fragmens, que cet Auteur n'y parle en aucune façon du Déluge [...]. Mais si l'on examine le détail qu'il nous donne de la Création, on y reconnoîtra aisément que ce ne sont les détails que d'une véritable révolution; & l'on peut faire la même remarque dans les Anecdotes de tous les prétendus ancêtres qu'il donne au Genre humain: il n'est donc pas étonnant qu'il ne parle pas du Déluge. L'Auteur des Annales Hébraïques, qui nous fait l'histoire d'une Création & d'un Déluge, a commis une faute bien plus grossière: sa Création n'est que le Déluge, son Déluge n'est que sa Création; ces deux événemens ne sont réellement dans la Genèse qu'un double emploi d'un seul & même fait, considéré sous deux points de vue différens; l'un naturel qu'il a placé en second, & l'autre astrologique, systématique, ou mystique, [...] qu'il a placé en premier' (section 6, pp.87-88, en note).
Les fragments de Sanchoniathon figurent dans la *Préparation évangélique* d'Eusèbe Pamphile, qui a été traduite dans les *Démonstrations évangéliques* publiées par l'abbé Migne (Paris 1842). J'ai reproduit la traduction des fragments de Sanchoniathon dans mon édition de *L'Antiquité dévoilée*, ii.82-86.
58. Edition Moland, xxix.103, *in Fragments historiques sur l'Inde et le Général Lally*, 5.

quelques connoissances que nous avons acquises depuis eux; à l'égard de certains sentimens ou préjugés naturels, & de certaines idées qui sont presque identifiées avec l'esprit & le caractère de l'homme, & qui le saisissent malgré lui en de certaines occasions, nous devons être sûrs que les anciens ont été les mêmes que nous; ils ont pensé, ils ont senti comme nous, & comme nos neveux penseront & sentiront dans des milliers de siécles, s'ils se trouvent dans des circonstances propres à faire naître ou à réveiller ces idées & ces sentimens.

Postulat étrangement et doublement téméraire; car il s'agit bel et bien d'analyser les 'impressions' de nos ancêtres diluviens à la lumière de celles que susciterait un nouveau déluge parmi les Français du dix-huitième siècle; en somme de déduire l'inconnu du putatif.[59]

La conséquence la plus immédiate de cette attitude résolument fixiste – qui fait de l'homme un invariant – est de nous obliger à reconsidérer le discours de la méthode par quoi commencent les *Recherches*. Lorsque Boulanger condamne ses devanciers qui ont utilisé le psychologisme (voir ci-dessus, p.56) comme moyen de connaissance, ce n'est pas l'instrument qu'il conteste, mais l'usage qu'ils en ont fait. Leur tort n'est point d'avoir eu recours à la psychologie, mais d'en avoir mal usé.[60] Il était parfaitement loisible d'étudier les 'impressions' des hommes du déluge, mais à condition de le bien faire.

Une telle démarche intellectuelle – au demeurant fort partagée au dix-huitième siècle – a de quoi surprendre aujourd'hui. Il serait toutefois injuste de ne pas tenir compte d'un élément qui plaide en faveur de Boulanger. Nous venons de constater que son ambition se borne à vouloir connaître les *'impressions'*[61] 'que les malheurs du Monde ont dû faire sur les Hommes' de cette époque. Or, ce substantif a pris de nos jours une acception plus fine – à la fois cérébrale et sentimentale – qui pourrait nous induire en erreur et accentuer inconsciemment à nos yeux la vanité de Boulanger. Au dix-huitième siècle le mot 'impression' garde un sens beaucoup plus concret et plus proche de son étymologie: il s'agit d'une 'marque', d'une 'empreinte', au mieux d'une 'réaction'.[62] Et il y a moins de ridicule, assurément, à prétendre décrire les sensations en quelque sorte animales et viscérales de nos très lointains devanciers, qu'il n'y en aurait eu à supposer leurs raisonnements secrets et à supputer leurs sentiments intimes.

4. A quelque chose malheur est bon

Quoi qu'il en soit, c'est muni de cette arme aussi efficace qu'elle est contestable que Boulanger se jette dans le combat pour sa vérité.

59. Il ne s'agit point là d'un trait exceptionnel dans la pensée de Boulanger: nous retrouverons cette attitude fixiste tout au long de ses ouvrages.

60. Dans les citations qui illustrent cette étude on peut constater que c'est toujours au nom de la psychologie que Boulanger s'en prend aux psychologues.

61. C'est nous qui soulignons.

62. Voir Littré, *Dictionnaire de la langue française, verbo* 'impression': '1. Action de presser sur. Ce corps ne recevra aucune impression vers aucun côté, non plus qu'une girouette entre deux vents égaux, *Pasc.* Equil. des liqueurs, V. [...] 2. Action par laquelle une chose appliquée sur une autre y laisse une empreinte [...] On voit dans les ardoises [...] des impressions de poissons et de plantes [...], *Buff.* Epoq. nat. Œuv. t.XII, p.22. [...] 9. Effet plus ou moins prononcé que les objets extérieurs font sur les organes des sens. [...] Tous les sens ont la faculté de conserver plus ou moins les impressions des causes extérieures [...] *Buff.* Dic. nat. anim. Œuv. t. V, p.276.'

Et les premières conclusions qu'il tire ne sont pas celles que l'on attendait. L'esprit religieux qui naît de la terreur nécessairement engendrée par le déluge, bien loin de répandre le despotisme à la surface de la terre, y fait régner sagesse et raison. En tournant 'toutes ses vûes du côté du Ciel' (section 5, p.47), l'homme échappé au cataclysme, au lieu de s'abandonner à l'angoisse métaphysique, à la soumission aveugle ou à la culpabilité du maudit, s'est fait législateur et les institutions qu'il a créées sont un modèle d'économie civile et domestique (section 5, pp.47-48):

Il faudroit peu connoître les hommes, pour douter que dans des tems aussi malheureux, [...] ils n'ayent été très religieux, & que ces calamités ne lui ayent alors tenu lieu de Missionnaires sévères & de puissans Législateurs, qui auront tourné toutes ses vûes du côté du Ciel, du côté de la Religion, & du côté de la Morale. Cette multitude d'institutions austères & rigides dont on trouve de si beaux vestiges dans l'histoire de tous les Peuples fameux par leur antiquité, procède vraisemblablement de cette source; il en doit être de même de leur police. C'est sans doute à la suite de ces tems déplorables qui avoient réduit l'espèce humaine, renversé son séjour, & détruit sa subsistance, qu'ont dû être faits ces réglemens admirables, que nous trouvons chez les anciens peuples, sur l'agriculture, sur le travail & l'industrie, sur la population, sur l'éducation, & sur tout ce qui concerne l'oeconomie civile & domestique.

Boulanger, assurément, a trop peu l'esprit mystique pour faire l'éloge du malheur en soi. Aussi éloigné de la pensée stoïcienne que de certaines attitudes chrétiennes, il ne tient pas la souffrance pour un signe d'élection. Elle n'est pour lui ni épreuve ni ordalie; elle a simplement été, de fait,[63] le maître le plus efficace, et quand Boulanger affirme que c'est 'par ses malheurs' que 'l'homme [est] devenu sage & raisonnable' il n'appelle pas de ses vœux une nouvelle catastrophe salutaire ou rédemptrice.

Les vœux du philosophe sont d'une autre nature. Si les 'anciens peuples' ont atteint à tant de perfection, c'est qu'ils se sont attachés non à une sagesse individuelle et céleste, mais à une raison collective et terrestre, c'est qu'ils se sont préoccupés non de fonder une Eglise, mais de créer des institutions, c'est qu'ils ont donné tous leurs soins à l''agriculture', au 'travail' et à l''industrie', à la 'population', à l''éducation'. Boulanger, livré aux seules ressources de son imagination, manque étrangement, comme on le voit, d'esprit créateur: l'idéal qu'il prête à nos ancêtres les plus lointains ressemble, à s'y méprendre,[64] à celui des Lumières. Il remplace ce qu'il ignore par ce qu'il souhaite et comble le vide de la connaissance par la prolepse de ses désirs. Il parle de la tribu post-

---

63. De même que Tacite – auquel les *Recherches* font implicitement allusion – imagine un rapport mécanique entre les troubles d'une époque et la grandeur de l'éloquence, de même Boulanger suppose un simple rapport de cause à effet entre la peur, le dénuement et la sagesse des institutions: 'les mortels réduits à un petit nombre & pressés des mêmes besoins, les premiéres loix domestiques devinrent la base, ou pour mieux dire, les seules Loix des Sociétés, ainsi que nous le prouvent toutes les anciennes législations. Comme la guerre forme des Généraux & des soldats, comme les troubles & les agitations forment de grands Orateurs, de même les maux extrêmes du genre-humain, & la grandeur de sa misère & de ses nécessités, ont donné lieu aux loix les plus simples & les plus sages, & à toutes les législations primitives, qui ont eu principalement pour objet le vrai & le seul bien de l'humanité' (section 5, pp.48-49).

64. Si Boulanger colore de rigorisme les 'réglemens' de cette époque – il parle d''institutions austères & rigides' (section 5, p.47) – cela tient aux exigences de son caractère atrabilaire et non à l'analyse – impossible – de la société des origines.

diluvienne comme il parlerait de la cité idéale des Encyclopédistes, et quand il met sur le même plan 'Missionnaires' et 'Législateurs', 'Ciel', 'Religion' et 'Morale', il y a fort à parier que dans ces apparentes synonymies seuls les derniers termes sont à la fois révélateurs et significatifs.

Ce qui, dans le rêve de Boulanger, rapproche encore le primitif de l'homme des Lumières, c'est le recours à la réflexion personnelle. Ne pouvant suivre la 'coutume', puisque le déluge avait fait table rase du passé, nos aïeux ont dû remplacer le respect de l'usage par l'invention d'une pensée: 'Dans ces momens critiques, l'homme [...] ne s'est point conduit par la coutume, comme il pouvoit faire auparavant, ou comme nous faisons aujourd'hui; il a été forcé de réfléchir & de penser par lui-même' (section 5, pp.49-50). Et c'est évidemment parce qu'il s'est libéré – contraint qu'il l'était par la force des choses – de la tutelle du passé et des servitudes de l'obéissance, que l'homme a su 'pourvoir à son bonheur' (section 5, p.50): le déluge a été en son temps l'occasion de la rupture que la philosophie nouvelle saura créer au dix-huitième siècle.

Ainsi l'homme du 'monde renouvellé' (section 5, p.57) remplit, dans l'imagi-naire de Boulanger, un office dont l'époque des Lumières n'a jamais su se passer: il est la réalisation prémonitoire de ce à quoi le genre humain, éclairé par la raison, pourra enfin parvenir, il est l'archétype du Sage qui saura créer, ici et maintenant, un bonheur à la mesure exacte de lui-même. Fier d'une méthode qu'il voulait et croyait aussi rigoureuse qu'originale, Boulanger a rêvé de dissiper les chimères, de remplacer la fiction par la réalité, d'étudier – et lui seul – un être véritablement historique, et dans son désir d'exigeante authenticité il a engendré le mythe du Bon Civilisé, qui rappelle étrangement celui du Bon Sauvage.

5. Noé ne fut pas le seul à entrer dans l'arche d'alliance

Parmi les humains seuls Noé et sa descendance avaient été autorisés à pénétrer dans l'arche d'alliance; et en ce dix-huitième siècle où il n'était point encore dans l'usage de tenir la Bible pour une grande métaphore, chacun était tenu de croire que le Français, le Huron et le Hottentot descendaient du Patriarche élu de Dieu. Les voyageurs avaient bien témoigné que les peuples les plus divers conservaient dans leurs mythologies le récit fort analogue d'une monstrueuse inondation; mais les théologiens, au lieu d'être troublés par la multiplicité d'une même légende, y voyaient la confirmation de la vérité biblique, puisqu'aussi bien le texte sacré parlait d'un déluge universel, et que tous les hommes, étant issus d'une même souche, devaient avoir, par tradition orale, gardé le souvenir du cataclysme lointain. Les esprits forts, en revanche, ne l'entendaient pas d'une oreille aussi pieuse et échafaudaient une théorie où l'intervention de Dieu ne serait d'aucun secours: ils expliquaient que la similitude des mythologies venait de ce que les Chinois – à moins que ce ne soient les Egyptiens ou les Assyriens – avaient été, après le déluge, les seuls habitants de la terre et qu'ils s'étaient de proche en proche répandus à la surface du globe. Boulanger mentionne avec respect une telle hypothèse: 'Peut-être pourroit-on regarder le rare & singulier privilège des Chinois & des Egyptiens[65] comme un indice que l'un ou l'autre de ces deux peuples a été la tige commune des nations, depuis le renouvellement

---

65. Il s'agit en l'occurrence de l'''édifice' admirable de leur 'législation primitive' (section 5, p.50).

du Monde' (section 5, pp.50-51). Mais cette supposition est aussitôt réfutée; Boulanger comprend mal, en effet, par quelle bizarrerie le déluge, aussi capricieux que le dieu de l'Ancien Testament, aurait choisi un seul lieu de la terre pour y épargner quelques humains, et plus mal encore que ce lieu ait été situé précisément dans une contrée de très basse altitude:

Il est difficile [...] de se persuader que, quelle grande qu'ait été autrefois la destruction de l'espèce humaine, il ne s'en soit échapé qu'une société, & en un seul lieu de la terre; ces événemens destructeurs, tels que nous devons raisonnablement les concevoir, sans avoir égard aux préjugés reçus, ont dû épargner dans presque tous les climats quelques-uns de leurs anciens habitans, surtout dans les régions élevées, qui ont dû être les refuges & les berceaux des sociétés renouvellées, bien plutôt que les contrées basses de la Chine, de l'Egypte ou de l'Assyrie.[66]

Et Boulanger tire un argument, décisif à ses yeux, de la diversité, du moins dans le détail, des récits que les différents peuples font des grands avatars géologiques, puisque les traditions prennent en compte les particularités de la géographie locale: 'je regarde [...] comme une très forte preuve de la multiplicité des témoins des révolutions arrivées à la Terre, la diversité même des traditions sur le déluge, dans chacune desquelles j'ai très souvent remarqué des détails & des anecdotes qui ont un rapport évident au local & au physique des lieux qui les ont conservées'.[67]

Boulanger remplace ici la foi par la logique la plus commune et c'est par bon sens qu'il se fait hérétique. Le déluge a bien été universel, puisque tous les peuples en ont gardé la mémoire et en ont fait des récits relativement personnels et circonstanciés, mais ceux-là seuls qui habitaient les montagnes ou qui ont eu le loisir de s'y réfugier à temps ont pu échapper à la mort. En cette occurrence le salut était réservé non point aux justes, mais aux montagnards, et l'altitude a été l'expression unique de la grâce suffisante.

6. De la vanité des annales

Parvenu à ce point de ses découvertes, Boulanger croit devoir briser le fil de sa démonstration, et, au mépris de la rhétorique la mieux convenue et d'ordinaire la plus docilement respectée, insérer, toutes affaires cessantes et comme s'il y avait dans son esprit quelque urgence cachée, un dernier principe méthodologique. La rupture est si grossière[68] et Boulanger songe si peu à la masquer[69] que le lecteur a le sentiment immédiat de l'extrême importance que l'auteur attache à cet ultime préalable étrangement séparé du préambule. Tout donne à croire que Boulanger a la conviction que sa pensée ne pourrait plus progresser ou

---

66. Section 5, pp.50-51. Voltaire, du moins à propos des Chinois, est plus catégorique encore: 'Ce peuple antique n'entendit jamais parler d'aucune de ces révolutions physiques, de ces inondations, de ces incendies, dont la faible mémoire s'était conservée et altérée dans les fables du déluge de Deucalion et de la chute de Phaéton' (*Essai sur les mœurs*, chap.18, éd. R. Pomeau, Paris 1963, i.66).

67. Section 5, pp.52-53. Boulanger consacre dans *L'Antiquité dévoilée* de longs développements à ces traditions locales et particulièrement aux détails qui les singularisent.

68. Le principe qui va suivre est trop central dans la pensée de Boulanger et trouve trop d'applications et dans les *Recherches* et dans *L'Antiquité dévoilée* pour que l'on puisse songer à une interpolation.

69. Affirmer qu'une égale singularité unit l'idée qui précède et l'observation' qui va être énoncée constitue une transition bien fragile et évidemment trop artificielle pour masquer le coq-à-l'âne.

deviendrait incompréhensible sans l'énoncé du postulat qu'il formule en ces termes (section 5, pp.58-59):

Pour terminer cette section par une observation non moins singuliére, je préviendrai que dans l'étude qu'on pourra bien recommencer un jour de toute l'histoire ancienne, la véritable mesure de l'antiquité, de tous les Peuples & de leurs loix civiles & religieuses, ne sera plus celle de leur chronologie, mais une mesure morale, qui sera toûjours proportionnée aux restes plus ou moins nombreux & plus ou moins purs qu'on y trouvera de la législation du monde renouvellé. Plus le tableau des nations s'est étendu & détaillé à mes yeux, & plus je me suis apperçû, qu'il ne faut plus juger de leur antiquité par leurs histoires, mais par leurs coutumes.

Boulanger opère ainsi un retournement parfait des valeurs et de l'usage. Contre les penseurs officiels de son époque qui voient dans les chronologies et dans les annales la source la moins incertaine de notre connaissance de l'antiquité d'une nation, Boulanger affirme l'absolue supériorité des coutumes que l'on tient alors – du moins quand il s'agit des peuples dont nous sommes éloignés par le temps ou par l'espace – pour une simple manifestation de barbarie et de supersti- tion, dont on ne saurait évidemment rien tirer pour enrichir notre savoir. Les philosophes des Lumières eux-mêmes ne se passionnent le plus souvent pour ces coutumes que dans la mesure où elles sont la preuve d'un relativisme universel et permettent des variations antichrétiennes sur le mot de Pascal: 'Vérité au deçà des Pyrénées, erreur au delà'.

L'application immédiate que Boulanger fait de son principe est assurément bien décevante. Prétendre, comme il le fait, que l'antiquité d'une nation est 'toûjours proportionnée aux restes plus ou moins nombreux & plus ou moins purs qu'on y trouvera de la législation du monde renouvellé' relève, en effet, de la témérité la plus naïve. Il n'en demeure pas moins que le postulat selon lequel la connaissance des coutumes est plus utile à la science que celle de l'histoire narrative sera d'une grande fécondité et dans l'œuvre de Boulanger et pour l'avenir de la pensée humaine.[70]

Boulanger a très bien compris que les chroniques des nations sont toujours tenues par les thuriféraires des vainqueurs, que l'histoire officielle est, comme le dira Victor Hugo, une 'histoire courtisane' et qu'elle 'est bonne personne pour les princes':[71] 'J'ai vû que les coutumes appartenoient aux peuples, & que les histoires n'appartenoient qu'aux particuliers ignorans & menteurs qui les avoient faites' (section 5, p.59).

Les 'coutumes', en revanche, ont le mérite d'appartenir aux 'peuples'. Boulan- ger ne se fait pas ici le chantre des classes opprimées. Rien dans son propos n'annonce une mystique de gauche. Les 'peuples' représentent les nations, les ethnies, les états même, et englobent, en un vocable vague, riches et pauvres, puissants et faibles; et si l'on peut se fonder sur les 'coutumes', c'est qu'elles sont l'expression immédiate et comme existentielle de toute une communauté, c'est que, recouvrant la morale politique, les rites et les usages, elles échappent nécessairement à la tricherie consciente de quelques-uns qui interprètent l'his-

70. Cela ne signifie en aucune façon que Boulanger est le père spirituel de cette attitude intellectuelle. L'insuffisante notoriété de son œuvre interdirait à elle seule une telle hypothèse.
71. Edition Massin (Paris 1967-1970), xii.315-16, *in William Shakespeare*, III, iii.3.

toire à leur profit et font du réel une mythologie.[72] Boulanger esquisse, en somme, le principe d'un essai sur les mœurs et sa pensée n'est pas très éloignée de celle de Voltaire qui entendait considérer 'le sort général des hommes plutôt que les révolutions du trône'.[73]

7. *Des fêtes commémoratives*

Parmi la multitude des 'coutumes' que s'inventèrent les peuples primitifs, Boulanger accorde la primauté aux cérémonies religieuses, et il s'interroge sur l'origine des fêtes que les anciens célébraient en l'honneur de leurs divinités. Pour lui aucun doute n'est possible, tous ces usages ont une source matérielle, les grands cataclysmes terrestres, et une source psychologique, le bonheur d'avoir échappé au désastre et la crainte de périr un jour si de tels bouleversements venaient à se reproduire (section 6, pp.60-61):

les hommes ayant devant les yeux le grand spectacle de l'Univers détruit & rétabli [...] établirent une Religion, dont les principaux motifs furent une reconnoissance infinie envers l'Etre Suprême qui les avoit sauvés [...].

Pour perpétuer la mémoire des révolutions arrivées, on institua des fêtes commémoratives, capables par les détails qu'elles représentoient, d'entretenir sans cesse les Nations de la fragilité de leur séjour, & de les avertir, par le tableau des vicissitudes passées, de toutes les vicissitudes à venir.

C'est le souvenir du déluge qui a fait naître dans l'esprit des hommes l'idée du jugement dernier, du cataclysme ultime et absolu; c'est le souvenir du monde 'renouvellé', rendu à son harmonie antérieure, qui a engendré la foi en un au-delà bienheureux, en un monde de la sérénité éternelle, et les cérémonies religieuses ne sont que le reflet de cette peur et de cette espérance: 'A la suite de tous ces objets d'une crainte instructive dont la Religion occupoit les hommes,[74] elle leur offroit l'aspect consolant & flatteur de la vie future & du règne des justes, dans un état de félicité, d'abondance & de gloire, qui ne devoit plus être exposé aux révolutions de la Nature. C'étoit ordinairement par là que la Religion terminoit ses fêtes, ses instructions & ses spectacles' (section 6,

72. J'emprunte la notion de 'mythologie' à Boulanger lui-même; prenant l'exemple du peuple chinois pour illustrer ses affirmations, il écrit en effet: 'Ce ne sont point ses Dynasties & ses prodigieuses annales, par lesquelles il en faudra doresnavant juger; ces prétendus titres ne contiennent que des fables mythologiques' (section 5, pp.59-60). Boulanger est, sur ce point, en parfait désaccord avec Voltaire qui tient les annales chinoises pour un modèle d'exactitude historique:
'Oserons-nous parler des Chinois sans nous en rapporter à leurs propres annales? elles sont confirmées par le témoignage unanime de nos voyageurs de différentes sectes, [...] tous intéressés à se contredire. [...]
Si quelques annales portent un caractère de certitude, ce sont celles des Chinois, qui ont joint [...] l'histoire du ciel à celle de la terre. Seuls de tous les peuples, ils ont constamment marqué leurs époques par des éclipses, par les conjonctions des planètes; et nos astronomes, qui ont examiné leurs calculs, ont été étonnés de les trouver presque tous véritables. Les autres nations inventèrent des fables allégoriques; les Chinois écrivirent leur histoire, la plume et l'astrolabe à la main' (*Essai sur les mœurs*, ch.18, i.66-67).
73. *Essai sur les mœurs*, ch.84, i.781. Boulanger, s'il n'a pas pu utiliser la première version 'officielle' du traité de Voltaire, parue en 1756, a eu le loisir de consulter l'édition pirate publiée chez Jean Néaulme en 1753 sous le titre d'*Abrégé de l'histoire universelle*.
74. Boulanger a parlé précédemment (section 6, p.64) d''une foule de détails apocalyptiques, qui n'appartiennent visiblement qu'aux révolutions générales de l'Univers, dont on entretenoit primitivement les peuples aux jours de fêtes & d'assemblées'.

pp.66-67). Le souvenir du grand désordre géologique et celui de l'équilibre rétabli expliquent une foule de pratiques religieuses, qui, selon Boulanger, étaient restées jusqu'alors incompréhensibles. Ainsi se trouve justifiée la forme même des cérémonies rituelles qui commencent dans l'accablement par des appels à la miséricorde divine et s'achèvent dans l'allégresse par d'éclatantes actions de grâces. Boulanger se garde bien de choisir l'exemple de la sainte messe, qui, allant du pitoyable *kyrie eleison* au vibrant *deo gratias*, aurait parfaitement illustré son propos, et se contente, prudemment, d'analyser le déroulement des fêtes en l'honneur d'Adonis (section 6, pp.70-71):

ce Dieu Phénicien mouroit & renaissoit tous les ans. J'ajouterai [...] qu'il n'avoit été dans son origine que le symbole commémoratif du Monde anciennement détruit & renouvellé, & qu'il étoit en même tems une image instructive de sa destruction & de son grand renouvellement futurs. Dans une certaine nuit de la fête, où la représentation d'Adonis étoit dans un tombeau, au milieu de l'obscurité & des lamentations, la lumiére paroissoit tout à coup; un Prêtre se montroit avec un air de sérénité, & [...] disoit à l'oreille de chacun [...] que le Soleil étoit venu, & que la délivrance étoit arrivée. Cette grande nouvelle ramenoit l'allégresse, & l'on célébroit la résurrection d'*Adonis* par toutes sortes de réjouissances.

Le lien étroit qui unit les fêtes religieuses aux grands bouleversements du passé explique aussi que les calendriers liturgiques sont calqués sur le calendrier astronomique. Les lumières du firmament, avec leurs phases régulières d'apparitions et de disparitions, rappellent aux hommes la fragilité de leur séjour sur la terre, et les cycles – que ce soit celui du jour, de la semaine, du mois lunaire, du mois solaire ou de l'année – réveillent la crainte quand vient l'heure fatale et ramènent l'espérance quand le moment est passé et que la catastrophe tant redoutée ne s'est pas produite.[75]

C'est le cours de la lune, dont les quartiers périodiques engendrent la frayeur, qui explique, et lui seul,[76] le retour de certaines cérémonies selon le rythme hebdomadaire et, par suite, l'étonnante passion des hommes pour le chiffre sept: 'Comme le mois périodique de la Lune est de près de vingt-huit jours, on devine aisément que ce doit être ici la raison pour laquelle les fêtes lunaires ont été

75. Boulanger consacre à ce propos de longs développements, dont voici quelques exemples: 'le déclin du jour & le coucher du Soleil [...] rappelloient les anciennes ténèbres, la fin de l'ancien Monde, & la fin future du Monde présent. Le lever de l'Aurore devint [...] l'image de l'ancien & du futur renouvellement, aussi-bien que du lever du grand Juge en faveur des justes; c'est de là que toutes les anciennes fêtes commençoient par la tristesse & finissoient par la joie' (section 6, pp.73-74).

'La fin & le commencement des périodes des Astres & des Planètes devinrent [...] l'occasion & le sujet de semblables leçons. Les quatre changemens de la Lune de chaque mois, la variété des quatre saisons de chaque année, étoient de trop vives images de l'instabilité de l'Univers, pour ne pas les regarder comme des signaux instructifs.

Tous les Peuples eurent donc quatre fêtes dans le mois, & quatre autres fêtes plus solemnelles dans l'année; pendant lesquelles [...] on rappelloit aux peuples assemblés, que tout avoit changé, & que tout changeroit encore.

Les fêtes qui avoient rapport au renouvellement des périodes astronomiques, étoient des fêtes de réjouissances, & celles qui avoient rapport à leur décours & à leur déclin, n'étoient que des fêtes de deuil & de pénitence' (section 6, pp.75-76).

76. Boulanger se moque des Hébreux qui 'prétendent que l'œuvre de la Création, operée en sept jours, est le motif & l'origine des fêtes septennaires'; comment croire à une telle vérité 'à moins que d'être assez stupide pour imaginer que Dieu a bien voulu mettre dans ses ouvrages un rapport astrologique'? (section 6, pp.77-78).

espacées de tout tems de sept en sept jours, & que ce doit être aussi de ce que ces anciennes solemnités étoient réglées par le nombre lunaire, qu'est sorti le respect qu'ont eu généralement toutes les Nations pour le nombre septennaire' (section 6, p.76).

Habitués que nous sommes à l'esprit dominant des Lumières, nous nous attendons à ce que Boulanger traite avec ironie de ces usages primitifs. Mais, de même qu'il s'était bien gardé de condamner l'esprit religieux des premiers hommes du 'monde renouvellé', il ne manifeste que du respect pour les institutions qui en découlent. Alors que tant d'esprits forts tiennent à son époque toutes ces 'coutumes' pour la marque première de la superstition, il n'y voit, pour sa part, qu'une manifestation de sagesse, une réaction nécessaire et un enseignement utile (section 6, pp.72-73):

Toute la marche du Ciel, & l'harmonie rendue au Monde, furent pendant longtems des motifs d'une reconnoissance constante & sans bornes envers l'Etre Suprême; cependant, comme si cette Religion eût prévu ce qui devoit arriver un jour, elle cherchoit dans cette harmonie même, le sujet d'entretenir les hommes de leur instabilité, de peur que l'oubli du passé, & l'habitude d'une félicité permanente, n'éteignissent cette crainte salutaire du grand Juge, qu'il étoit important de conserver. Elle faisoit donc des leçons de tout.

Sans le dire de manière explicite, Boulanger reconnaît deux mérites à ces institutions primitives, celui de maintenir les hommes dans une sorte de révérence politique, d'en faire, par crainte de l'au-delà, de bons citoyens ici-bas,[77] et celui de leur rappeler qu'ils sont mortels et qu'instabilité et insécurité sont inhérentes à notre condition.

Cette sagesse, civique et métaphysique, durera aussi longtemps que l'esprit des institutions et des 'coutumes' ne sera pas perverti.

Pour expliquer cette perversion qui va conduire les hommes de l'âge d'or à l'âge de fer, de la liberté au despotisme, Boulanger a recours à deux vocables:[78] l'oubli et l'imposture. Dès que le souvenir du déluge et du monde 'renouvellé' se sera affaibli,[79] dès que la valeur commémorative des cérémonies religieuses se sera perdue, le champ sera largement ouvert à toutes les interprétations, et le peuple deviendra 'la dupe, le joüet, & la victime de tous les fanatiques & de tous les imposteurs' (section 6, p.92).

Comme on le voit, Boulanger s'en tient à une explication qui ne prend en compte que ce qu'il suppose être des constantes de la nature humaine. Il se

---

77. Boulanger dit, dans la même section des *Recherches*, et cette fois de la façon la plus claire: 'toutes les institutions & les dogmes qui en étoient les principes [furent] raisonnables & sages, & [...] propres par eux-mêmes à faire le bonheur des sociétés, en y maintenant l'ordre & la police d'où ce bonheur dépend' (p.99). La pensée de Boulanger est, sur ce point, assez proche de celle de Voltaire, à ceci près que, pour lui, le peuple n'est pas la 'canaille' – après tout il en est issu – mais simplement le commun des mortels.

78. Il conviendrait peut-être de s'interroger sur le goût impénitent de Boulanger pour les structures binaires. S'agit-il d'une simple élégance rhétorique, d'une passion de la symétrie, ou d'une véritable composante de sa pensée philosophique, d'un dualisme méthodique qui expliquerait un grand nombre de ses attitudes?

79. Boulanger écrit par exemple: 'Le souvenir du renouvellement de la face de l'Univers, s'étant éteint ou considérablement obscurci, la mémoire de l'ancien Monde s'éteignit de même nécessairement, & l'on ne pensa plus qu'à celui dont on avoit la jouïssance. Lorsque par la suite des tems l'on eut assez de loisir pour réfléchir sur son origine, & pour raisonner sur son antiquité, les sentimens ne purent qu'être systématiques & très-partagés' (section 6, pp.80-82).

fonde sur une réalité en quelque sorte physiologique: le temps efface les souvenirs, et sur une supputation d'ordre psychologique: l'homme est mû par l'intérêt. Ces vérités lui paraissent à ce point indiscutables, et à ce point éternelles, que ce philosophe passionné de méthodologie ne dit pas un mot des principes qui sous-tendent sa pensée. Et le silence est ici aussi révélateur que le serait la parole: Boulanger présume la certitude de son raisonnement et préjuge l'assentiment de ses lecteurs. Il est vrai qu'il ne courait pas le risque de trouver beaucoup de contradicteurs: la sociologie scientifique et le concept de 'classes' ne sont encore que des réalités à venir.[80]

Un écrivain ne tait jamais que l'évidence et Boulanger retrouve heureusement le langage quand il s'agit de magnifier les espérances que suscite en lui sa grande découverte, c'est-à-dire le caractère commémoratif de toutes les cérémonies religieuses. Cette révélation va lui permettre de remonter le cours du temps, d'annuler l'oubli et l'imposture, de retrouver le sens des rites qui a été obscurci par l'accumulation des siècles et par la malignité d''une multitude de Rabbins, de Cabalistes, d'Astrologues, de Prophêtes, & d'autres têtes creuses & supersti-tieuses' (section 6, p.89). Muni de cette connaissance initiale, de cette certitude première, Boulanger pourra alors redescendre au fil des âges et, de proche en proche, expliquer l'histoire, des origines à l'époque moderne (section 6, pp.96-97; p.98):

la commémoration des révolutions de la Nature [...] a été l'intention originelle & l'objet primitif de toutes les fêtes de l'Antiquité, quelles qu'elles soient, & chez quel Peuple que nous jettions les yeux. En les considérant à l'avenir sous ce point de vüe, & en les comparant & les conciliant les unes avec les autres, elles n'auront plus pour nous de mystère & d'obscurité; elles nous dévoileront la véritable histoire du Monde, qui ne s'est conservée que par-là.

Il en sera de même de nos usages d'Europe, soit religieux, soit populaires; ce grand & nouveau point de vûe les éclaircira tous un jour, & fera tomber l'illusion par laquelle le mensonge & l'ignorance nous en ont caché depuis tant de siécles les vrais principes & la véritable origine.

Fort de ces prolégomènes qu'il croit solidement fondés, Boulanger va enfin et surtout pouvoir aborder le sujet qu'il a choisi, l'origine du despotisme oriental, montrer les liens étroits qui unissent l'asservissement religieux et la sujétion politique et prouver que 'l'homme superstitieux & l'homme esclave sont enchaî-nés par les mêmes entraves, & par les mêmes préjugés' (section 6, p.100).

8. Comment en un plomb vil ...

L'oubli et l'imposture: Boulanger a défini les deux moyens par lesquels la cité idéale du monde 'renouvellé', 'où la raison des particuliers n'étant point encore différente de la raison publique, avoit été la seule & l'unique Loi' (section 7, p.104), a pu être pervertie au point de tomber dans le despotisme. C'est là, pour lui, une évidence et jamais il ne reviendra vraiment sur cette conviction. Il a

---

80. Pas plus que Boulanger, Voltaire ne tient compte de l'histoire quand il écrit: 'Tout homme naît avec un penchant assez violent pour la domination, la richesse et les plaisirs, et avec beaucoup de goût pour la paresse; par conséquent tout homme voudrait avoir de l'argent et les femmes ou les filles des autres, être leur maître, les assujettir à tous ses caprices, et ne rien faire, ou du moins ne faire que des choses très agréables' (*Dictionnaire philosophique*, article 'Egalité', p.176).

conscience toutefois que son explication, pour être juste, n'en est pas moins bien vague et qu'il lui faut, s'il veut être crédible, entrer dans plus de détails et marquer étapes et modalités de la tragique transmutation dont ses contemporains ont encore à souffrir. Et dès cet instant son livre ne sera plus que l'histoire d'une chute.[81]

Au commencement, alors que la cité se confondait avec la famille et qu'il n'y avait 'd'autre autorité que celle des péres qui rassembloient leurs enfans' (section 7, p.101), 'la raison, la néccssité, & des besoins réels furent les seuls législateurs' (section 7, p.104). En ces temps bienheureux la sagesse se transmettait dans une totale transparence et le code n'était gravé que dans le cœur des hommes. Mais 'lorsque les familles primitives s'étant de plus en plus rapprochées & multipliées, formérent des sociétés nombreuses, auxquelles il fallut nécessairement un lien plus fort & plus frappant que dans les familles [...] on fit [...] des Loix civiles économiques & domestiques' (section 7, pp.101-102). Ces lois, par nécessité, furent écrites; on passa du droit à la législation. C'en était fait de l'innocence première (section 7, pp.111-12):

Quoique les premières loix écrites que firent les hommes ne fussent que le tableau de leur conduite primitive, & le précieux recueil de tous les moyens dont ils s'étoient servis jusqu'alors pour rétablir la Société & pour se rendre heureux, ces lois mêmes donnèrent lieu au premier changement qui se fit dans l'esprit humain. On commença dès-lors à négliger l'usage de la raison; ce fut ces Loix que l'on consulta pour agir; ce fut sur elles que l'on se reposa: & la juste confiance qu'on avoit en elles n'exigeant plus de l'homme qu'il employât le ressort intérieur pour régler sa conduite & toutes ses démarches, comme par le passé, ce ressort s'affoiblit peu à peu, & à la fin il en perdit presqu'entiérement l'usage.

Cette page mérite qu'on s'y arrête un instant, car elle est fondée sur trois des constantes majeures de la philosophie de Boulanger: le goût du paradoxe, la passion du libre arbitre et la foi en l'innéisme.

Le paradoxe[82] d'abord:
– ces 'premières loix écrites' sont l'exact reflet de la sagesse, et c'est en les respectant scrupuleusement que l'homme a perdu la sagesse.
– le despote est celui qui se place au-dessus des lois,[83] et c'est en suivant les lois pas à pas que les citoyens ont favorisé la naissance du despotisme.

Le libre arbitre ensuite. La page de Boulanger n'en traite que de façon indirecte, mais le présupposé est évident: l'homme 'pour rétablir la Société & pour se rendre heureux' a dû faire preuve de discernement, s'adapter aux circonstances, se servir de 'toutes ses facultés spirituelles' (section 7, p.110), juger par lui-même et agir en fonction de ce jugement. Il a dû se comporter en être libre et non en créature déterminée. Il a dû se montrer raisonnable.

L'innéisme enfin: à aucun moment la 'raison' n'est définie comme une

81. Parlant de l'homme primitif, modèle jusqu'ici de raison et de sagesse, Boulanger écrit: 'Tout ce qui va suivre ne nous exposera plus que ses écarts & ses changemens' (section 7, p.111).

82. La pensée de Boulanger est ici consciemment et volontairement paradoxale: la proposition subordonnée concessive par quoi commence la première phrase ('Quoique les premières loix écrites [...]') en est la preuve évidente.

83. Rousseau, en accord sur ce point avec Boulanger, écrit: 'Le Tyran est celui qui s'ingere contre les loix à gouverner selon les loix; le Despote est celui qui se met au dessus des loix-mêmes' (Du contrat social, iii.10, édition Gagnebin-Raymond, iii.423).

résultante, comme une conquête, comme une victoire lentement acquise à la faveur des situations, des expériences, des difficultés. Elle est une vertu immédiate, un don gratuit, un viatique essentiel qui engage et oblige, presque un organe dont on fait 'usage' et qui préexiste à cet usage même. La vérité, c'est qu'à aucun moment le temps n'est réellement pris en compte: il est occasion et non facteur de l'histoire. La 'raison' elle-même est une qualité intemporelle, dont on se sert, bien ou mal, dont on peut perdre l'usage, mais que l'on ne crée pas. Toute notion de 'pratique' s'en trouve exclue. Les hommes et les événements – raisonnables ou non – se succèdent et font l'histoire, mais l'histoire ne fait – raisonnables ou non – ni les hommes ni les événements.[84]

Pour Boulanger il n'y a évidemment aucune incompatibilité entre ce chant implicite du libre arbitre et cette foi en l'innéisme, car, à ses yeux – et il suit en cela de fort près la pensée la plus constante et la plus traditionnelle du christianisme dont il croit pourtant se démarquer – la 'raison' est précisément la faculté naturelle qui permet d'exercer sa liberté en respectant la règle morale. Sa seule audace est de remplacer la notion céleste de justice par celle, terrestre, de bonheur.

N'ayant pu évidemment accéder à une démarche dialectique, qui lui aurait permis de trouver d'autres raisons aux prémices de la grande transmutation qui le préoccupe, Boulanger en est réduit, une fois de plus, à une explication psychologique. Les premières lois étaient si parfaites, elles étaient à ce point l'émanation directe et rigoureuse de la Loi, que les hommes se sont, raisonnablement, fait un scrupule religieux de les respecter. De peur de déroger à la sagesse, ils s'en sont tenus à la plus stricte observance et ont lâché l'esprit pour la lettre. Leur 'raison', à la longue, ne leur servit plus de rien. Et selon un enchaînement mécanique et comme fatal que Boulanger se complaît à souligner, la loi dut faire place à la coutume et la coutume à la superstition (section 7, pp.113-14):

Après s'être conduit selon les lumières de sa raison, [le Genre humain] s'abandonnera[85] avec un respect sans bornes à la conduite des Loix; il cessera de penser par lui-même; ces Loix s'altéreront sans qu'il s'en apperçoive, & il ne se conduira plus que par les usages & par les coutumes: celles-ci devenant obscures, on se remplira de préjugés, de fausses traditions, & d'opinions folles & superstitieuses, qui deviendront à la fin la base & la regle de la conduite générale de toutes les Nations. Ce sont les degrés par où nous les verrons toutes successivement passer depuis le renouvellement des Sociétés jusqu'aujourd'hui.

Ainsi, c'est pour respecter la raison, la rigueur et la logique que les humains en vinrent à sacraliser les lois et à faire le premier pas vers la damnation. Et ce sont aussi les intentions les meilleures et les plus légitimes qui présidèrent à leur second péché.

La société s'étant progressivement développée et élargie, les citoyens, faisant 'le sacrifice [...] de cette liberté & de cette égalité naturelle, dont nous avons tous le sentiment' (section 7, p.117), acceptèrent de bon cœur la création d'une

---

84. Boulanger partage avec tous les penseurs de son siècle cette impossibilité d'accéder à une philosophie dialectique. Peu ou prou, le matérialisme du dix-huitième siècle reste mécaniste.

85. L'emploi systématique dans ce paragraphe du futur rhétorique n'est probablement pas l'effet d'une simple volonté d'élégance. Ce procédé est sans doute destiné à traduire le caractère inévitable de la tragique évolution de l'humanité. Le futur rhétorique est ici un futur de fatalité.

hiérarchie couronnée par un chef suprême: 'on reconnut des Supérieurs & des Magistrats; on se soumit à une subordination civile & politique: bien plus, on chercha un Souverain, parce qu'on reconnut dès-lors qu'une grande Société sans Chef & sans Roi étoit un corps sans tête, & même un monstre, dont les membres mis en mouvement ne pouvoient produire rien de raisonné ni d'harmonique' (section 7, p.117). Comme son image empruntée à l'anatomie et à la physiologie du corps humain[86] le fait clairement entendre, Boulanger ne voit rien que de nécessaire dans cette aspiration à se donner un maître. Tout concourt, selon lui, à rendre ce choix judicieux: le besoin spontané, le spectacle de l'univers et la religion même.

Confondant ici le naturel et le légitime, et le légitime avec les impératifs de son idéologie, Boulanger croit discerner en l'homme de tous les temps le besoin impérieux d'élire un chef, ou plutôt de le reconnaître, comme si la supériorité de tel ou tel était en soi une qualité aussi lumineuse qu'est évident le désir de se soumettre à lui: 'Nous ne pouvons nous empêcher, en voyant une assemblée, d'en chercher le premier & le Chef: c'est un sentiment involontaire & vraiment naturel, qui est une suite de l'attrait secret qu'ont pour nous la simplicité & l'unité, qui sont les caractères de l'ordre & de la vérité: c'est une inspiration précieuse de notre raison, par laquelle, quel penchant que nous ayons vers l'indépendance, nous sçavons nous soumettre pour notre bien-être & pour l'amour de l'ordre' (section 7, pp.117-18). L'acceptation de ce chef, acceptation qui réalise toutes les vertus auxquelles Boulanger a donné sa foi,[87] ne saurait être un fardeau pour la société, puisque le maître qu'elle se reconnaît est une image parfaite d'elle-même, son hypostase sublimée: 'Loin que le spectacle de celui qui préside sur une Société puisse par lui-même causer aucun déplaisir à ceux qui la composent, la raison ne peut le voir sans un retour agréable & flatteur, parce que c'est la Société, & nous-mêmes qui en faisons partie, que nous considérons dans ce Chef, dans cet Oracle permanent de la raison publique, dont il est le miroir, l'image & l'auguste représentation' (section 7, pp.118-19).

'Le spectacle de l'Univers vint encore seconder la voix de la raison' (section 7, p.119). Boulanger, dans une page digne des homélies les plus traditionnelles, chante l'harmonie des cieux, les accords sidéraux, la majesté de l'astre solaire et ne trouve rien de scandaleux à ce que les hommes aient vu dans cette monarchie céleste l'archétype du gouvernement le plus sage[88] (section 7, pp.119-20):

[L'homme] admiroit ce merveilleux concert. Comme l'immutabilité du Ciel & la félicité

---

86. Cette image chère aux fabulistes depuis Esope (voir fable 159: 'L'estomac et les pieds'), aux historiens de l'antiquité (voir Denis d'Halicarnasse, *Antiquités romaines*, vi, 86; Plutarque, *Vie de Coriolan*, 6; Tite Live, ii, 32; Florus, i, 23; Valère Maxime, viii, 9) comme à saint Paul (voir Première épître aux Corinthiens xii.12ss.) est d'une parfaite banalité et Boulanger le sait bien. Mais son usage répété au long des âges est, pour lui, la preuve même de sa justesse et le garant du caractère essentiel de la vérité qu'elle exprime.

87. Dans le paragraphe que nous venons de citer Boulanger accumule la plupart des termes et des formules ('un sentiment involontaire & vraiment naturel', 'la simplicité & l'unité', 'l'ordre', 'la vérité', 'notre raison') qui expriment pour lui le bien et le beau et entre lesquels il établit équivalence ou filiation. L'amalgame qu'il fait ici entre le naturel et le raisonnable est particulièrement révélateur de sa philosophie.

88. La vingt-deuxième et dernière section des *Recherches* indique clairement que c'est au régime monarchique que vont toutes les faveurs de Boulanger.

de la Terre dépendoient de l'accord perpétuel de tous les divers mouvemens des Astres, il les examinoit perpétuellement; tantôt il portoit ses yeux vers le Soleil; tantôt il considéroit la Lune & cette immense multitude d'étoiles dont le firmament est peuplé; mais remarquant surtout cet Astre unique & éclatant qui semble commander à toute l'armée des Cieux, & s'en faire obéir, il crut voir l'image d'un bon gouvernement, & y reconnoître le modèle & le plan que devoit suivre la Société sur la Terre, pour se rendre heureuse & immuable, par un semblable concert.

Au besoin naturel et au spectacle de la nature vient s'ajouter enfin le modèle qu'offre la religion des hommes du monde 'renouvcllé'. Boulanger est sur ce point d'un laconisme dont il n'est pas coutumier, et le bref paragraphe qu'il consacre à ce troisième argument n'a guère qu'un mérite, celui de nous apprendre que cet adversaire du christianisme tient pour assuré que la religion primitive était résolument monothéiste et, par conséquent, qu'il emprunte une fois encore le schéma de ses hypothèses à ceux-là mêmes qu'il combat (section 7, pp.120-21):

La Religion, enfin, appuya tous ces motifs [...]: l'homme ne voyoit dans toute la Nature qu'un Soleil; il ne connoissoit dans tout l'Univers qu'un seul Etre suprême, qu'un Dieu. Il vit donc par là qu'il manquoit encore quelque chose à sa législation; que sa Société n'étoit point parfaite; en un mot qu'il lui falloit un Roi, qui fût le Chef & le pére de cette grande famille, & qui la conduisit & la réglât comme le Soleil régle toute la Nature, & comme un Dieu conduit & gouverne l'Univers.

Le choix était donc judicieux, les motifs légitimes, les modèles incontestables, et c'est de cette sagesse qu'est sorti le régime politique le plus déraisonnable et le plus monstrueux que l'humanité ait jamais connu.

C'est que l'homme, au lieu de se choisir un roi parmi les hommes, ne voulut – et c'est là son second péché, péché mortel – reconnaître pour souverain que le seul Etre suprême (section 7, pp.121-22):

soit qu'il s'imaginât réellement qu'un mortel n'étoit pas capable de représenter Dieu sur la Terre, (ce qui est vrai en un sens) soit qu'il craignit de perdre tout-à-fait sa liberté, en ne songeant pas qu'il y avoit cependant des moyens légitimes d'accorder sa sûreté avec celle du Trône; soit enfin que la superstition l'emportât; au lieu de se choisir un Roi parmi ses semblables, [...] l'homme proclama l'Etre suprême; il ne voulut point qu'il y eût sur la Terre, comme dans le Ciel, d'autre Maître, ni d'autre Monarque.

Ainsi les sociétés humaines avaient été sur le point d'atteindre dès l'abord à la perfection suprême, à une sorte de monarchie contractuelle[89] et elles avaient inventé la Théocratie.[90] Par excès de zèle, pour 'jouïr du Ciel sur la Terre' (section 7, p.136), elles avaient appliqué 'les principes du régne d'en-haut au régne d'ici-bas' (section 7, p.136), et, commettant ainsi la faute la plus grave, elles avaient confondu le fini et l'infini, le naturel et le surnaturel.[91] Et Boulanger

89. Parmi les 'moyens légitimes d'accorder' la 'sûreté' des citoyens 'avec celle du Trône', il est vraisemblable que Boulanger envisage au moins la séparation des trois pouvoirs.

90. Boulanger revendique presque comme un néologisme ce mot de 'théocratie' qui existe pourtant en grec depuis Flavius Josèphe (*Contre Apion*, 2, 16): 'C'est ainsi que les Nations, après avoir puisé dans le bon sens & dans la nature leurs loix domestiques, économiques & civiles, les soumirent toutes à une chimère qu'elles appellèrent le régne de Dieu, & que nous avons appellé *Théocratie*' (section 7, p.137). Il est vrai que le *Dictionnaire de l'Académie* n'admettra ce vocable que dans sa quatrième édition, publiée en 1762, c'est-à-dire trois ans après la mort de Boulanger.

91. Voir section 7, p.135: '[Les sociétés] oubliérent dans cet instant qu'elles étoient encore sur la Terre; au lieu de donner à leur gouvernement un lien naturel, elles en cherchérent un surnaturel', et section 7, p.141: 'Les sectateurs de ce système [...] cherchérent toûjours à se distinguer par une vie moins humaine ou plus mystique.'

qui croit ici faire œuvre de novateur, prôner implicitement la séparation de l'Eglise et de l'Etat, revendiquer une religion toute rationnelle,[92] prêcher pour le bon sens, révèle en fait un des fondements les plus archaïques de sa philosophie: sa foi en un ordre des choses et en la hiérarchie des essences, puisque les hommes en choisissant la théocratie sont tombés, à ses yeux, dans le péché d'*hybris*, qui est une forme de blasphème tout autant qu'une erreur politique.

9. Les fables sont des documents

Boulanger a reconstitué l'histoire de la tragique alchimie qui a conduit les hommes de l'innocence politique à l'asservissement théocratique. Il ne lui manque que les preuves! Et avec une humilité si noblement proclamée qu'elle suppose et exige une suite triomphale, il avoue à ses lecteurs l'absence totale de documents historiques qui viendraient étayer son hypothèse: 'Pour trouver dans l'Antiquité le Gouvernement Théocratique, auquel toutes les premiéres Sociétés se soumirent, je ne dissimulerai point que l'histoire nous manque, & qu'elle ne peut ni ne pourra jamais nous en fournir de preuves directes, & encore moins des exemples. Les tems où les Théocraties ont eu lieu sur la Terre sont si reculés dans la nuit des siécles, qu'il n'en étoit resté dans l'antiquité même qu'un souvenir très obscur' (section 8, pp.143-44).

Cet acte de contrition superbe précède immédiatement l'énoncé d'une des découvertes dont Boulanger est le plus fier: la fable est un document. Alors que la plupart des historiens et des philosophes ne voient dans la mythologie que 'les effets capricieux & bizarres de l'imagination des Poëtes & des autres écrivains de l'antiquité' (section 8, p.146), Boulanger se fait fort de montrer que les légendes ont toutes un fond de vérité, qu'elles ne sont pas des contes à plaisir, et qu'il n'a manqué à ses devanciers que les connaissances et un certain génie pour enrichir le domaine historique de cette quantité immense de témoignages jusqu'ici négligés (section 8, pp.144-45):

C'est donc dans ce fond ténébreux que je vais être réduit à chercher les traces & les empreintes de la Théocratie primitive; ce ne sera point, à la vérité, le moyen d'autoriser ces recherches aux yeux du plus grand nombre, qui dédaigne les tems mythologiques, ou qui ne les connoit pas; elles ne plairont qu'à un très petit nombre d'hommes privilégiés, dont le génie, soutenu de connoissances, est seul capable de saisir l'ensemble de toutes les erreurs humaines, d'appercevoir la preuve d'un fait historique ignoré, dans le crédit d'une erreur universelle; & de remonter de cette erreur à la vérité ou à l'événement qui l'a fait naître, par la combinaison réfléchie de tous les différens aspects de cette même erreur.

En vérité, la découverte de Boulanger est double, et sa trouvaille la plus importante n'est pas nécessairement celle dont il escompte le plus de gloire. S'il a eu l'idée que les mythologies ne sont pas le fruit de la seule imagination et que la fiction se nourrit du réel, il a deviné aussi que les récurrences multipliées comme à l'envi dans les légendes les plus diverses sont significatives. Et la claire

92. Avec quelque naïveté Boulanger s'étonne et déplore que l'homme échappé au déluge n'ait pas 'épuré sa Religion, comme sa police civile & domestique', qu'il ne l'ait pas 'purgée de la superstition, cette fille de la crainte & de la terreur, qui absorbe la Religion, & qui, prenant sa place & sa figure, l'anéantit elle-même' (section 7, p.123).

définition qu'il propose prouve à l'évidence qu'il était pleinement conscient de son invention, même s'il en tire moins de vanité que de la précédente: 'Ce ton d'universalité & d'uniformité qu'ont affecté certaines opinions dans tous les tems & dans tous les climats [...] semble déceler aux yeux d'un esprit raisonnable un principe solide & certain' (section 8, pp.145-46).

Et son mérite est grand, car dans le monde des Lumières auquel il appartient et dont il se réclame, les penseurs ont plutôt tendance à chercher les différences, les dissemblances et les contradictions afin d'étayer leur relativisme subversif et de ruiner la théorie du *consensus omnium* qui fonderait, pour les esprits orthodoxes, l'universalité de la foi et de la morale. C'est en se démarquant de ses semblables, en allant à contre-courant parmi les siens que Boulanger est parvenu à cette vérité nouvelle. Et quand il se reconnaît des devanciers, des garants, des autorités – car s'il a la modestie superbe, il a le triomphe modeste – c'est aux exégètes les plus officiels et les moins suspects de l'Eglise catholique qu'il songe, et à eux seuls: 'La ressemblance intime qu'il y a entre une multitude de faits & de personnages de la Bible & de la Fable, a été pressentie, étudiée & connue de presque tous les Péres de l'Eglise, des Commentateurs, des Interprétes' (section 8, pp.151-52, en note). Bien plus, le seul philosophe dont il cite le nom et auquel il rende un certain hommage est l'abbé Pluche, qui ne passe pas pour un hérétique et dont l'*Histoire du Ciel* ne sent pas le fagot: 'Deux histoires ou deux fables semblables ne doivent-elles pas avoir une commune origine? C'est la conséquence générale qu'en a tirée M. Pluche [...]. "Le Paganisme, dit-il, n'est point sorti du Judaïsme, ni le Judaïsme du Paganisme: ils doivent l'un & l'autre ce qu'ils ont de commun à une commune & unique origine"' (section 8, p.153, en note).

L'éloge et la dette de reconnaissance – au demeurant parfaitement légitimes – ne vont évidemment pas au-delà. Boulanger retourne contre ses adversaires les armes qu'il leur a empruntées et montre aussitôt que les esprits religieux ont, pour préserver leur foi, fait une bien mauvaise application de leur belle découverte: ils ont constaté la ressemblance qui unit la Bible et la Fable, mais, pour éviter de se renier, ils ont refusé d'admettre que les textes qu'ils tiennent pour sacrés ne sont rien de plus que la mythologie des Hébreux. La droite raison aurait voulu que les traditions, d'où qu'elles viennent, fussent traitées dans le même esprit et selon la même méthode. C'est ce que dit Boulanger dans deux paragraphes où sa prudence de principe et d'habitude cède la place à la fermeté catégorique du propos (section 8, pp.151-54):

Les *Josué*, les *Débora*, les *Barak*, les *Gédéon*, les *Jaïr*, les *Jephté*, les *Booz*, les *Abedon*, les *Samson*, les *Ruth*, les *Noëmi*, & tous les Héros enfin & les Héroïnes de la Théocratie Judaïque, ne sont que des *Soleils*, des *Osiris*, des *Apollons*, des *Mercures*, des *Janus*, des *Hercules*, des *Cérès*, des *Cybéles*, & des *Proserpines*.

Le Paganisme & le Judaïsme sont deux Mythologies, qui n'ont de vrai l'une & l'autre que leur source commune, l'abus de l'histoire de la Nature. Il faut donc prendre entr'elles un juste milieu, c'est-à-dire, ne point mépriser tout-à-fait les Théocraties Payennes, qui nous voilent des vérités, & ne point donner une confiance sans bornes à la Théocratie Judaïque, qui contient mille fables semblables à celles des autres Nations: elles sont à la vérité décorées d'un air historique, & paroissent quelquefois mieux liées & plus approchées de nous; néanmoins leur Chronologie est aussi fausse que leurs faits; & il n'y a de véritable & de réel, qu'une ancienne vérité qu'elles nous cachent & qu'on n'y peut qu'entrevoir, comme dans toutes les annales Payennes.

Toutes les fables, même celles des Hébreux, puisqu''elles ne peuvent être ici regardées sous un autre point de vûe que celles des autres Nations' (section 8, pp.150-51), vont désormais porter témoignage de cet état théocratique dont Boulanger a témérairement reconstitué la genèse. Or, les mythologies du monde entier nous racontent une histoire dont les détails sont très divers, mais dont la trame est semblable. Toutes nous disent en effet qu'à une certaine époque les Dieux sont descendus sur la terre pour y rétablir l'ordre que de grandes calamités avaient bouleversé.[93] Et peu importe si l'un est venu 'pour soutenir la Terre ébranlée, qui s'enfonçoit sous les eaux' (section 8, p.147), si l'autre s'est précipité pour 'secourir le Soleil, auquel un grand Dragon faisoit la guerre' (section 8, p.147), pourvu que les différents récits nous offrent un 'ensemble frappant' (section 8, p.149), 'ce ton d'universalité' qui seul est garant de la vérité et cette 'uniformité des préjugés qui décélent un événement quel qu'il puisse être' (section 8, p.148).

Les annales mythologiques présentent en effet de telles récurrences, les légendes des Indiens, des Japonais, des Américains recoupent avec une telle exactitude celles des Grecs, des Egyptiens et des Hébreux, que Boulanger peut conclure avec sérénité (section 8, pp.148-50):

Vers tel climat que nous tournions les yeux, on y retrouve [...] cette singuliére tradition d'un âge Théocratique [...]. Ainsi quoique toutes ces annales soient fabuleuses pour la durée, pour les faits ou pour la mauvaise application des faits, elles ne peuvent être fabuleuses pour le fonds; elles ne nous parlent point d'un âge imaginaire que l'on doive retrancher de l'histoire du Monde, comme on l'a fait jusqu'ici; mais d'un âge & d'un état réel, qu'il faut concilier avec cet ancien état du Genre humain dont nous venons de découvrir & de suivre les progrès.

En ce dix-huitième siècle, les récits mythologiques étaient tenus le plus souvent pour de pures fictions, pour le fruit d'une imagination sublime ou déréglée, et les lettrés les plus distingués, qu'ils appartinssent aux Lumières ou à l'orthodoxie, ne leur reconnaissaient en général qu'une grandeur poétique. L'Ancien Testament avait, quant à lui, le terrible privilège de partager et d'opposer les esprits: pour le clan des dévots il était encore, et à la lettre, la Révélation et la Vérité; pour le parti des Philosophes, un tissu d'erreurs qu'il fallait dénoncer et combattre. Et voilà que Boulanger, méprisant l'usage et les querelles, essaie de traiter tous ces textes avec la même humeur, sans révérence comme sans mépris. Certes il n'est pas le seul en son temps à avoir entrevu les vérités qu'il énonce; mais il est sans doute celui qui les a formulées avec le plus de vigueur et avec le plus de netteté, à avoir dit le plus clairement que toutes ces traditions ont une valeur commune, qu'elles sont, parmi d'autres, des objets de connaissance, des documents véritables, plus et mieux que les traités des chroniqueurs les plus intelligents et les plus graves, que les récurrences ne sauraient y être l'effet du hasard ou de l'imitation, et que 'le concours de toutes les fables forme une lumiére vraiment historique' (section 8, p.155).

---

93. Section 8, p.147: 'Les motifs particuliers de la descente de ces Dieux, sont, chez tous les Peuples, les miséres & les calamités du Monde.'

10. 'La Religion absorba la Police'

L'homme, cependant, n'a pas achevé sa chute. Il y a loin encore de la théocratie au despotisme véritable, et nous n'en sommes qu'à 'la premiére époque des maux du Genre humain' (section 7, p.124). Il est vrai que Boulanger a un tel goût pour la déploration hyperbolique que le lecteur croit toujours avoir touché le fond de l'abîme et éprouve quelque surprise nouvelle à voir le philosophe poursuivre avec une allégresse également morose sa descente aux Enfers.

La théocratie est assurément, en soi, un état pitoyable; mais au moment de sa création elle est encore sentie comme un régime civil. Il se trouve que le Roi s'appelle Dieu, et voilà tout. Les hommages qui lui sont rendus ne sont encore que des cérémonies allégoriques et c'est la preuve que quelque distinction est maintenue entre l'ordre du divin et celui de l'humain. Mais, selon un schéma que Boulanger a déjà dénoncé, on en est rapidement venu à prendre toute chose à la lettre et à abolir la distance que suppose toujours une allégorie. Il n'y eut plus rien de métaphorique dans la royauté de Dieu et une confusion totale s'établit entre les deux ordres dont la séparation rigoureuse est, pour Boulanger, la condition première de la liberté parmi les hommes (section 9, pp.158-59):

L'Etat Théocratique ayant été adopté & regardé par les hommes comme un état civil & politique, un de leurs premiers soins fut de représenter au milieu d'eux la maison du Dieu Monarque [...] pour lui rendre leurs hommages [...].

Ces institutions ne furent d'abord qu'un cérémonial allégorique: mais avec le tems il fut pris à la lettre; tous les usages civils devinrent des usages religieux; il fallut avoir recours à Dieu dans toutes les affaires publiques & particuliéres; la Religion absorba la Police.

Cette confusion engendra elle-même une série de dégradations. L'homme, souhaitant contempler le Souverain qu'il s'était choisi, fut contraint d'en faire des images, et, prenant alors le signe pour la réalité, adora ces simulacres.[94] L'homme, désirant n'obéir qu'à Dieu seul, voulut que les lois, qui étaient pourtant le fruit de son cœur et de sa raison, émanassent du seul Monarque, et il inventa la Révélation (section 9, pp.166-68):

Dès que la nature de la Théocratie exigea nécessairement que le dépôt des Loix gardées dans le Sanctuaire parût émané de Dieu même [...] il fallut [...] avoir recours au mensonge & à l'imposture, pour imaginer de quelle façon ces Loix étoient parvenues sur la Terre; il fallut supposer des révélations surnaturelles & merveilleuses, pour les faire descendre du haut du Ciel, pour les faire prononcer & même écrire par la Divinité [...]; il fallut en aller chercher l'origine sur des montagnes enflammées, dans des deserts, dans des cavernes & des forêts solitaires, tandis qu'elles étoient gravées dans le cœur du Genre humain, & que la raison publique des Sociétés primitives en avoit été l'unique source & le véritable organe.

Boulanger – sans dire un mot du Christianisme qui est pourtant fondé sur la Révélation et qui sans elle n'a ni justification ni existence – se montre à ce propos d'une sévérité à laquelle son peu de goût pour la polémique et pour la satire ne nous avait pas habitués. Rompant même en quelque façon avec ce style tendu,

---

94. Section 9, p.160: 'Au lieu de regarder [...] les Temples comme des lieux d'assemblées & de priéres publiques [...] [l'homme] y chercha le Maître qu'il croyoit y résider, & ne pouvant l'appercevoir, il ne tarda pas à y mettre une représentation, & à l'adorer.'

apprêté, qui le caractérise et qui semble toujours mettre une distance entre l'auteur et le sujet dont il traite, Boulanger dit brutalement le fond de sa pensée: le dogme de la Révélation est un crime contre l'humanité. Au nom de la raison, 'ce don sublime & presque divin' (section 9, pp.168-69), l'homme s'était fait législateur; au nom de la Révélation, il a renoncé à cette dignité, il a blasphémé son passé et ruiné son avenir:

Par ces affreux mensonges l'on a ravi à l'homme l'honneur de ces Loix si belles & si simples, qu'il avoit faites lors du renouvellement des Sociétés. Par-là l'on a affoibli le ressort & la dignité de sa raison, en lui faisant faussement croire qu'elle n'étoit pas capable de le conduire [...].

La nécessité d'une révélation pour apprendre à l'homme ses devoirs, est un système [...] funeste, qui a produit les plus grands maux dans la Société: le décri où il a fait tomber la raison [...] rend le crime des Législateurs mystiques presque irréparable.[95]

L'homme s'était donné un Dieu-Monarque, présent, visible ... et cependant muet. Pour remédier à l'aphasie du Tout-Puissant, il fallut inventer les signes et leur donner des interprètes: ce fut le début de ces pratiques superstitieuses qui ruinèrent la volonté des peuples; ce fut l'origine de la multiplication des prêtres, qui, seuls détenteurs des vérités célestes et des volontés du Dieu, imposèrent leur hégémonie et réduisirent les fidèles à l'esclavage (section 9, pp.172-73):

Le Dieu Monarque de la Société ne pouvant lui commander d'une façon directe, l'homme se mit dans la nécessité d'imaginer des moyens de connoître ses ordres & ses volontés; une absurde convention établit donc dans la Théocratie, des signes sur la Terre & dans le Ciel, que l'on regarda comme les interprètes du Souverain [...]. On vit paroître une foule d'Inspirés, de Devins, de Prophêtes; on vit naître les Augures, les Aruspices, & une multitude de révélations de toute espèce. En Police, comme en Religion, l'homme ne consulta plus sa raison; il crut que sa conduite, ses entreprises, & toutes ses démarches devoient avoir pour guide un ordre & un avis particulier du Ciel; & comme les Prêtres en étoient les organes, toutes les Nations de la Terre s'en rendirent les esclaves, les victimes & les dupes.

L'homme, qui s'était choisi un Dieu pour monarque, ajouta la folie à la folie en faisant ce Dieu à l'image d'un roi, en le traitant 'comme une Créature mortelle' (section 9, p.186), à qui il convint d'offrir 'une maison, un trône, des officiers, des ministres, & enfin des revenus pour les entretenir' (section 9, pp.182-83). Et ce furent, bien évidemment, les prêtres qui profitèrent de cette 'piété généreuse' (section 9, p.184) et qui 'devorèrent seuls tous les dons' (section 9, p.183).

Pour calmer l'appétit du Souverain, les peuples primitifs apportèrent dans le temple la dîme de leurs troupeaux; et Boulanger voit dans l'hypocrisie des

95. Section 9, pp.168-69. L'adverbe 'presque' dont Boulanger colore prudemment l'adjectif 'irréparable' lui permet de ménager une porte étroite à l'espérance, de justifier la fin morale et politique de ses *Recherches* et de chanter un hymne à la Raison salvatrice: 'S'il est un moyen de réparer les maux produits par le dogme chimérique de la révélation, & de rendre les hommes sages & heureux, autant qu'ils peuvent l'être ici-bas, c'est de leur inspirer de l'amour, de l'estime, & du respect pour leur raison, & de faire de ces trois devoirs la base de toute éducation. C'est par là qu'on pourra changer un jour la face du Monde; les conséquences qui dérivent de cet amour, de cette estime, & de ce respect, composent le véritable code de sa conduite, de sa morale, de sa Religion & de sa Philosophie' (section 9, pp.169-70, en note).

prêtres, qui, pour masquer leur supercherie, immolaient publiquement les animaux sur l'autel de la divinité, l'origine des sacrifices sanglants: 'Pour la forme & pour la décence, les Prêtres eurent le soin cependant [...] d'égorger devant le Dieu Monarque les animaux qui lui étoient offerts, d'en répandre le sang en sa présence, d'en rôtir & d'en brûler une partie à son intention. Mais ce ridicule & barbare usage, qui diminuoit peu la portion sacerdotale, ne servit qu'à en familiariser l'ordre avec le sang' (section 9, p.184).

Cette pratique paraît si monstrueuse et si insupportable à Boulanger qu'elle lui arrache une des seules expressions vraiment brutales de toute son œuvre: 'les Prêtres devinrent d'impitoyables bouchers, & les Temples se changèrent en lieux de carnage, où le sang humain, en mille endroits de l'Univers, fut ensuite préféré à celui des animaux, & ruissela pendant un grand nombre de siécles' (section 9, pp.184-85). Elle lui ôte aussi toute prudence, puisqu'il va jusqu'à assimiler la crucifixion de Jésus à ces cruelles immolations. S'en prenant aux Docteurs du Christianisme, il s'écrie en effet: 'le sang de tous les hommes n'auroit point suffi pour appaiser leur Dieu, & [...] il lui a fallu pour cela un sang divin! N'est-ce pas renchérir, avec le plus étrange fanatisme, sur la barbarie la plus grande?'[96]

La cruauté la plus sanguinaire et l'intérêt le plus vil étaient ainsi devenus l'apanage des prêtres, ces maîtres d'imposture, nouveaux seigneurs de la cité. Et par un étrange retour des choses le gouvernement théocratique, qui avait fait de tous les usages civils des usages religieux, avait fini par transformer tous les usages religieux en usages civils, bassement terrestres, dégradés, ravalés au niveau des appétits les plus grossiers. La police, en absorbant la religion, avait engendré l'animalité. C'est la façon qu'a Boulanger de dire que 'qui veut faire l'ange fait la bête'.

11. Nul n'est idolâtre volontairement

Le triomphe de Tartuffe implique la faiblesse d'Orgon. L'hégémonie des prêtres permet évidemment de supposer que les peuples ont accepté leur servitude. Cumberland[97] a lancé une accusation plus grave: il est allé jusqu'à prétendre que 'l'idolatrie s'étoit installée sur la Terre en haine de l'Etre Suprême & des justes' (section 10, pp.194-95). Ces attitudes horrifient Boulanger autant qu'elles le gênent. Sa sensibilité lui interdit d'envisager les actes monstrueux comme des actes conscients, et sa philosophie exclut nécessairement une hypothèse aussi pessimiste. Boulanger, nous l'avons vu, est persuadé que la psychologie des hommes est invariable, que rien ne distingue vraiment, à cet égard, le primitif qui vient tout juste d'échapper au déluge du très civil sujet de sa très civile

---

96. Section 9, p.188. On peut considérer – et cela est vrai – que Boulanger n'insulte en aucune manière à la souffrance du Christ et qu'il conteste seulement l'interprétation que les Docteurs ont donnée de sa mort. Mais il faut alors admettre qu'il nie le sens mystique de la Passion et de la crucifixion, et c'est éviter un blasphème pour tomber dans un autre.

97. Richard Cumberland (1632-1718), évêque de Peterborough et théologien anglican, est connu surtout pour son traité intitulé *De legibus naturae disquisitio philosophica* et qui est dirigé contre la pensée de Hobbes. L'affirmation qui scandalise Boulanger figure dans son *Sanchoniatho's Phoenician History, translated from the first book of Eusebius De praeparatione evangelica [...] illustrated with many historical and chronological remarks* (London 1720).

Majesté le roi Louis XV, et qu'en conséquence, si l'homme avait une fois failli, sa chute impliquerait non pas une erreur accidentelle mais un vice essentiel qui, inévitablement, rendrait vaine toute espérance et caduc tout projet de réforme. En niant l'asservissement accepté et la servitude volontaire,[98] Boulanger sauvegarde l'utilité de ses *Recherches* et, à un niveau plus obscur et plus profond, le besoin même qu'il a d'écrire: 'Je n'adopte point le sentiment affreux que les hommes sont devenus idolâtres de plein gré, de dessein prémédité, & qu'ils ont été capables d'en avoir formé un système raisonné, pour l'exécuter ensuite' (section 10, p.194). Avec une naïveté très révélatrice, Boulanger ajoute: 'Ce sentiment est aussi contraire à la Philosophie qu'il seroit deshonorant pour l'humanité' (section 10, p.194). Sans doute le mot 'Philosophie' signifie-t-il, dans son esprit, la juste méthode qui garantit la vérité, mais il signifie également, malgré qu'il en ait, la doctrine de son parti; quant au conditionnel de la seconde proposition, il est l'aveu trop explicite que Boulanger ne saurait admettre une vérité qui contredirait et contrarierait sa foi la plus intime.

Pour sauvegarder ses convictions, innocenter l'homme et préserver la possibilité d'un futur meilleur, Boulanger, lorsqu'il en vient à évoquer la façon dont la religion primitive s'est dégradée, a recours à une phraséologie qui remplace systématiquement la présence des personnes humaines par des substituts abstraits (l'amour, l'ignorance, l'oubli, la négligence) et use volontiers des tournures pronominales qui ont le double mérite, sémantiquement d'être des passifs, et syntaxiquement d'exclure les compléments d'agent, que ceux-ci soient réels ou sous-entendus: '*La Religion* primitive de l'homme *s'est corrompuë*; *son amour pour l'unité s'est obscurci* peu à peu; *le progrès lent & insensible qu'a fait l'ignorance*, par *l'oubli du passé*, par le trop grand appareil du culte extérieur, par les suppositions qu'il a fallu faire pour soutenir un gouvernement surnaturel, & par *la négligence des instructions* infiniment nécessaires; dans un culte & dans une police toute figurée, ces instructions étoient dégénérées.'[99] Bien sûr il y a les prêtres que Boulanger a déjà dénoncés et dont les malfaisantes pratiques expliquent en partie la dégradation des mœurs religieuses. Leur imposture, leur cupidité, leur caractère sanguinaire permettent d'échapper à cette explication dans laquelle l'homme n'a aucun rôle et où le rationalisme des Lumières ne trouve pas son compte. Mais les prêtres sont des êtres comme les autres, ils ne sont pas nés avec la marque du sacerdoce, et rien, à moins que l'on ne tombe dans une dichotomie raciste, ne légitime qu'on leur suppose une singularité psychologique

---

98. Boulanger est ici aux antipodes de la pensée de La Boétie, et la célèbre apostrophe du *Contr'un*: 'Pauvres gens et misérables, peuples insensés, nations opiniâtres en votre mal' (*Œuvres politiques*, éd. F. Hincker, Paris 1963, p.48) serait sans doute à ses yeux l'expression d'une erreur philosophique. Il est juste de reconnaître que Boulanger semble parfois se contredire. Voir section 11, pp.226-27: 'l'aspect d'un Dieu Monarque, si grand & si immense, réduisit l'homme presque au néant, & le porta [...] à s'avilir volontairement', et section 11, p.234: '[l'homme fut amené à] faire le sacrifice imbécille de sa liberté & de sa volonté'. Mais il s'agit dans ces deux exemples d'une volonté totalement aliénée; c'est quand l'homme n'est plus un homme qu'il se porte comme volontairement à la servitude. Boulanger, sans doute conscient de l'apparente ambiguïté de ses propos, dit, un peu plus avant dans ses *Recherches* (section 12, p.260), qu'il convient de 'prévenir l'idée qu'on seroit prêt d'avoir, qu'il y a eu des Nations qui se sont volontairement & de propos délibéré soumises à l'esclavage'.

99. Section 10, pp.195-96. C'est nous qui soulignons les expressions les plus propres à étayer notre propos.

qui les placerait hors de l'humaine condition. Et c'est la raison pour laquelle Boulanger, dont la théorie exige une innocence universelle, a l'habileté d'acquitter ses pires ennemis. L'ignorance est leur excuse: ils font le mal et ne savent ce qu'ils font: 'C'est une chose bien digne de nôtre attention que la simplicité de cette origine de l'idolatrie, que la moindre instruction des Prêtres eût pû détourner & prévenir [...]. Il est vrai qu'ils étoient ignorans & idolâtres eux-mêmes' (section 10, p.206).

Sans renvoyer dos à dos les victimes et leurs bourreaux,[100] Boulanger se refuse à un manichéisme auquel sa subtilité répugne et dont l'affirmation ruinerait les bases de son système philosophique.

Et puisque ceux-là mêmes qui profitent des malheurs de l'humanité et au besoin les accroissent ne sauraient être tenus pour responsables, le feuilleton des 'chutes précipitées' (section 10, p.202) peut reprendre de plus belle: personne n'aura à en porter la coulpe.

12. De l'origine des guerres de religion

Soumis au régime théocratique, les hommes avaient éprouvé le besoin impérieux de contempler leur Dieu-Monarque. Mais comme il n'est pas 'aussi facile de peindre la Divinité qu'il nous l'est de peindre un homme mortel' (section 10, p.198), ils eurent recours aux images, aux simulacres, à ce que Boulanger appelle lui-même des 'rapports conventionnels' (section 10, p.198, en note). Les uns, plus attachés que d'autres à leur subsistance, ou plus que d'autres menacés de disette, choisirent, pour représenter leur Souverain, 'le bœuf qui laboure, ou la vache qui nourrit' (section 10, pp.198-99, en note); d'autres, plus sensibles à l'omniprésence du Dieu et à la permanence de son regard tutélaire ou inquisiteur, 'choisirent un chat, parce que ses yeux brillent, même pendant la nuit' (section 10, p.199, en note); d'autres, persuadés qu'on ne peut représenter l'Etre Suprême par une figure animée, s'en tinrent à 'une pierre brute' (section 10, p.199, en note); d'autres enfin, et ils furent les plus nombreux, impressionnés par l'éclat et la puissance des astres, firent 'choix du Soleil ou de la Lune' (section 10, p.199, en note).

Tant que ces emblèmes furent considérés comme tels, tant que l'homme sut faire le départ entre le réel et le signe, cette diversité n'eut pas de conséquences bien fâcheuses. Mais par une sorte de fétichisme que Boulanger affirme sans l'expliquer,[101] une confusion absolue s'établit bientôt dans l'esprit des peuples

---

100. Au prix d'une inconséquence à la fois réelle – puisque Boulanger transpose à l'évidence la haine que lui inspirent les prêtres de son temps sur ceux de cette lointaine époque – et apparente – puisque cette haine s'applique non à leur personne, mais à leur seule fonction – Boulanger n'est pas toujours tendre à l'égard des ministres des cultes primitifs. Il les accuse en particulier d'avoir utilisé à leur profit la conjoncture que les événements avaient peu à peu créée: 'Il se forma dès-lors une science nouvelle & bizarre, qui fut particuliére au Sacerdoce, & dont [le Prêtre] augmenta les difficultés pour se mettre en plus grande considération. Plus il devoit être ouvert & sincère devant le Peuple, plus il devint caché & mystérieux' (section 10, pp.200-201). Mais, aux yeux de Boulanger, l'intérêt est commun à tous les hommes, et seule la situation de fait distingue les prêtres des fidèles qui, mis à la place de leurs pasteurs, auraient sans doute agi de même.

101. Boulanger se contente de noter la succession des attitudes, comme si ce changement allait de soi: 'Chaque Nation s'habitua à considérer l'emblème qu'elle avoit choisi, comme le symbole le plus véritable & le plus saint de la Divinité. Chacune d'elles y vit ensuite le vrai Dieu, & le seul Monarque' (section 10, p.203).

entre la Divinité et sa représentation. Ceux qui adoraient une pierre qu'ils prenaient pour leur Souverain-Maître – à moins qu'ils n'aient pris leur Souverain-Maître pour une pierre – déclarèrent impies ceux qui avaient le front de vénérer un bœuf. Ceux qui s'agenouillaient devant le chat jetèrent l'anathème à ceux qui se prosternaient devant le chien. Le monde devint une immense tour de Babel, où chacun se crut le seul dépositaire de la foi, où chacun, traitant les autres d'infidèles, devint en retour le mécréant de l'univers: 'L'unité des Nations fut donc rompue. La Religion générale étant éteinte, un fanatisme général prit sa place, & dans chaque contrée il eut son étendart particulier; chacun regardant son Dieu & son Roi comme le seul véritable, crut posséder la vraie Religion de ses péres; chaque Nation crut être la seule religieuse, la seule chérie de l'Etre Suprême' (section 10, pp.204-205).

Les peuples ainsi séparés ne s'en tinrent pas au mépris réciproque. Se croyant investis d'une mission salvatrice, ils crurent, en conscience, devoir porter, par le fer et par le sang, la bonne parole à tous ceux qui en étaient privés, afin d'assurer au vrai Dieu la puissance et la gloire. Chaque nation devint conquérante, impérialiste et totalitaire (section 10, pp.205-206):

du souvenir de l'ancienne vérité, il ne resta qu'une fatale impression, qui porta chaque Peuple à aspirer à la Monarchie universelle, parce qu'elle étoit réellement due à l'Etre suprême, que chaque Peuple regardoit comme son Monarque, sous des formes & des noms différens. Dans le langage des Prêtres, le Dieu dont ils étoient les Ministres fut l'ennemi jaloux de tous les Dieux voisins; bientôt toutes les Nations furent reputées étrangéres; on se sépara d'elles, on ferma ses frontiéres, & les hommes devinrent enfin, par naissance, par état, & par Religion, ennemis déclarés les uns des autres. Telle est la source de toutes les calamités sanglantes, qui ont, depuis cette époque, dévasté l'Univers sous le voile sacré de la Religion.

Dans son souci d'énoncer des vérités universelles et dégagées de toutes les contingences, Boulanger ne prend pas un seul exemple parmi les innombrables guerres de religion qui ont ensanglanté la planète: l'étiologie chez lui fait fi de l'histoire. Sa dissertation ne pèche pas par erreur, puisqu'il est bien vrai, après tout, que des peuples animés par des religions fort voisines les unes des autres et répondant aux mêmes passions profondes se sont entre-tués pour des étendards, des emblèmes et des mots; elle pèche par insuffisance. Boulanger tient toutes les guerres de religion pour des guerres de croisade. A aucun moment il n'envisage que ces luttes meurtrières ont pu avoir pour mobiles l'intérêt, la cupidité, la conquête de l'espace vital, de la nourriture, des richesses, de la main-d'œuvre, que la foi a pu n'être que l'alibi, conscient ou inconscient, d'appétits plus concrets et que des marionnettes zélées se sont entre-déchirées pour ceux qui tiraient les ficelles.

L'analyse ici ne vient pas créer ou nourrir l'idéologie; c'est l'idéologie qui incline l'analyse et se substitue à elle. Boulanger ne fait que reproduire une pensée qui, en ce milieu du dix-huitième siècle, n'a plus rien d'original et que Montesquieu a déjà énoncée dans les *Lettres persanes*: les querelles religieuses sont absurdes, puisque les peuples ennemis s'entendent au fond sur l'essentiel, l'existence d'un Dieu commun qui devrait les conduire sur la voie d'une sagesse civile et mesurée.[102] Boulanger ne condamne pas la foi, mais le déplorable usage que les hommes en ont fait. Il ne s'en prend pas à l'essence de la religion, mais à ses déviations, et jamais il ne songe que l'irrationalité sur laquelle elle est fondée pourrait être considérée en soi comme un facteur de discorde et de fanatisme.

Le long développement que Boulanger consacre à l'origine des guerres de religion lui donne, subsidiairement, l'occasion de faire la preuve de son esprit d'objectivité. Dans sa volonté constante de parvenir à des vérités universelles, c'est le plus souvent le christianisme – et sa prétendue singularité – qui est la victime de la commune mesure à laquelle il ramène toutes les religions. Pour une fois c'est le christianisme qui tire bénéfice de cette passion égalitaire. Plusieurs historiens ont accusé les Chrétiens d'avoir été, par leur intransigeance, les tristes inventeurs de ces guerres passionnelles. C'est leur faire injure, dit Boulanger: s'ils ne détiennent ni plus de sagesse ni plus de vérité que les autres croyants, ils n'ont pas, en revanche, le privilège de la monstruosité: 'L'on voit encore dans cette origine de l'idolatrie, combien le germe funeste des guerres de Religion & de l'intolérance est ancien; c'est un reproche mal fondé que l'on fait au Christianisme d'en avoir le premier montré la fureur; il ne seroit pas difficile de prouver que presque toutes les guerres, soit du Judaïsme, soit du Paganisme, ont eu des motifs religieux' (section 10, pp.207-208).

En cela comme dans le reste, le christianisme n'est qu'une variante de la religion commune. Là comme ailleurs, l'histoire particulière et circonstanciée est tenue pour contingente:[103] l'Eglise qui pèse sur l'Occident n'est, au sens propre, qu'une secte, qu'un des multiples fragments qui entrent dans ce 'cahos singulier [...] qui n'a d'autre source que la variété des noms' (section 10, p.224).

Tous les malheurs, dont les guerres de religion ne sont que l'exemple le plus tragique, viennent donc de l'onomastique et de la sémiotique: une langue et un emblème uniques auraient épargné bien des misères à l'humanité. Le mythe de la tour de Babel devient ici le mythe majeur de Boulanger, au point que, dans un acte d'allégeance à la foi universelle, il ose affirmer: 'Quand on considérera l'idolatrie sous ce point de vue, à peine sera-t-elle une idolatrie; l'unité d'erreurs y décéle à chaque pas l'unité d'une vérité primitive, qui n'a été obscurcie que par la variété de ses noms & de ses titres' (section 10, p.224).

13. Des conséquences politiques de l'état théocratique

Abandonnant son rêve pieux, renonçant à la chimère d'un œcuménisme de l'Eden, Boulanger aborde, dans la onzième section de ses *Recherches* l'étude des 'Abus Politiques du Gouvernement Théocratique' (section 11, p.225). Le libellé

102. Il suffit de se reporter à la fameuse prière de la lettre XLVI: 'Seigneur, je n'entends rien dans les disputes que l'on fait sans cesse à votre sujet. Je voudrais vous servir selon votre volonté; mais chaque homme que je consulte veut que je vous serve à la sienne. Lorsque je veux vous faire ma prière, je ne sais en quelle langue je dois vous parler. Je ne sais pas non plus en quelle posture je dois me mettre [...]; cependant je voudrais vous plaire [...]. Je ne sais si je me trompe; mais je crois que le meilleur moyen pour y parvenir est de vivre en bon citoyen dans la société où vous m'avez fait naître.'

103. La pensée de Boulanger autorise à la fois l'acception philosophique de cet adjectif, 'qui peut se produire ou non' et son acception vulgaire, 'non essentiel'.

même de ce titre nous laisse prévoir une analyse concrète, appuyée sur des faits précis. Mais notre espérance est vite déçue. Sans doute Boulanger parle-t-il de 'la police & [de] l'administration civile' (section 11, p.225), mais c'est en termes de spéculation générale. Les lieux où s'exercent les méfaits politiques de la théocratie sont à peine déterminés, et l'époque qu'il envisage ne saurait être définie avec quelque précision. Dans le cours du chapitre nous trouvons bien deux références, l'une à l'*Histoire ecclésiastique* de l'abbé Fleury[104] et l'autre à l'*Histoire de l'Empire Ottoman* du prince Cantemir,[105] ainsi qu'une citation du livre des Juges (section 11, p.228, en note). Mais les textes dont il se recommande et les faits qu'il évoque, au lieu de servir de point de départ à la réflexion, sont là pour nourrir une analyse purement théorique, et ses développements relèvent beaucoup plus de la métaphysique que de la politique, du moins au sens où nous l'entendons aujourd'hui.

Le premier paragraphe donne le ton: la théocratie n'a eu que des effets désastreux, puisqu'elle a rendu l'homme 'esclave, barbare, & sauvage' (section 11, p.225): 'quel grand & sublime que paroisse un Gouvernement qui n'a d'autre point de vue que le Ciel, & qui prétend en faire son modéle, il ne peut néanmoins avoir qu'un succès funeste sur la Terre, & un édifice politique construit ici-bas d'après une telle spéculation, a dû nécessairement s'écrouler & produire les plus grands maux' (section 11, pp.225-26).

Comme on le voit, la pensée ne brille guère par l'originalité: on ne s'attendait pas à ce qu'un encyclopédiste fît l'éloge politique de la théocratie, mais la diatribe contre ce régime, pour être sincère, n'en est pas moins convenue. L'insistance de Boulanger sur le caractère inévitable et proprement mécanique des résultats désolants de cet état chimérique est plus intéressante, mais elle relève d'un schéma que nous connaissons déjà: la nature de l'homme, ce composé de hauteur et de bassesse, ce 'milieu entre rien et tout', ce moyen terme entre l'ange et la bête,[106] ne saurait s'accommoder d'un état qui pour être viable exigerait que les citoyens fussent des créatures célestes ou des bêtes brutes. Boulanger reprend ici un des thèmes dominants de sa philosophie: l'homme est d'une essence immuable, et sa nature intrinsèque, originale et irréductible à toute autre, ne peut s'accomplir que dans un régime qui soit proportionné à elle. L'homme doit faire une politique à son image.

Or, précisément, la théocratie met l'homme hors de lui-même, jusqu'à le dénaturer. Ou bien elle l'incite à une ambition que sa faiblesse est incapable de soutenir, ou bien elle le ravale à un néant que sa dignité ne saurait accepter (section 11, pp.226-27):

104. Section 11, p.233, en note. L'abbé Claude Fleury (1640-1723), sous-précepteur des enfants de France, a laissé, parmi une multitude d'ouvrages, cette *Histoire ecclésiastique* (Paris 1691-1738). Seuls les 20 premiers volumes – des origines à 1414 – sont de sa main.

105. Section 11, p.240, en note. Le prince Demetriu Cantemir (1673-1723) a rédigé en latin son *Histoire de l'Empire Ottoman*. Mais cette version est restée manuscrite et le texte n'est connu que par des traductions en anglais, en allemand, en roumain et en français. Boulanger a consulté l'édition de M. de Jonquières (Paris 1743).

106. Boulanger dit explicitement, en parlant des adeptes de la théocratie chrétienne primitive, qu'"ils ne vouloient plus être des hommes, mais des Anges' (section 11, p.232). Cela ne signifie pas que sa philosophie est en accord avec celle de Pascal qui veut donner à l'homme un tel vertige métaphysique que celui-ci en éprouve, pour se rassurer, le besoin impérieux de la présence divine. L'ambition de Boulanger est seulement de ramener l'homme à lui-même, et de lui prêcher la mesure.

Le tableau qu'on se fit de la félicité du Régne céleste, fit naître de fausses idées sur la liberté, sur l'égalité, & sur l'indépendance. D'un autre côté l'aspect d'un Dieu Monarque, si grand & si immense, réduisit l'homme presque au néant [...]. Par ces deux extrêmes, l'esprit qui devoit faire le bonheur de la Société, se perdit également. Dans une moitié, on voulut être plus qu'on ne pouvoit, & qu'on ne devoit être sur la Terre; & dans l'autre on se dégrada au dessous de son état naturel; enfin on ne vit plus l'homme [...].

Les voies de la perversion sont 'singuliérement opposées l'une à l'autre' (section 11, p.226), mais elles procèdent d'un même vice: l'homme, en se jetant à ces extrêmes, se méconnaît dans son essence; par excès ou par défaut, il fait injure à soi.

Boulanger admet, plus par scrupule intellectuel que par conviction sans doute, la possibilité d'un bonheur idéal et fugace qui aurait immédiatement suivi l'instauration de telle ou telle théocratie, et qui correspondrait à cet âge d'or chanté par les poètes. L'homme, sublimé par la présence entrevue du Ciel sur la terre et véritablement saisi par l'enthousiasme, se serait un instant élevé au-dessus de sa condition:

Le dessein des premiers hommes avoit été [...] de se rendre heureux par cette sublime perspective du régne du Ciel, & il y a quelque apparence qu'ils y avoient en partie réussi pendant un tems, puisqu'ils ont par la suite toujours chanté cette époque comme celle de l'âge d'or [...] & tous les Poëtes se sont épuisés pour célébrer à l'envi cette primitive félicité. *Chacun étoit libre dans Israël*, [...] dit l'Ecriture, en parlant du commencement de la Théocratie Judaïque; *chacun faisoit ce qui lui plaisoit, & vivoit alors dans l'indépendance.*[107]

Le scrupule intellectuel qui pousse Boulanger à faire état des hypothèses qui sont contraires à ses convictions se double, il faut l'avouer, d'une nécessité de principe. Les poètes ont longuement parlé de l'âge d'or: cela signifie, selon les thèses que nous lui connaissons, que cette époque ne peut pas être entièrement fictive et que l'imagination des écrivains a quelque fondement historique. En supposant une brève période de bonheur théocratique, Boulanger justifie sa théorie en même temps qu'il fait preuve de cet esprit de neutralité et d'indépendance qu'il ne perd jamais l'occasion de magnifier.

Enfin, en acceptant la possibilité de ce moment idéal, Boulanger se donne l'occasion de définir le principe qui a permis à ce type de gouvernement de réussir un instant et qui aurait assuré son heureuse pérennité, si cela avait été dans la nature des choses. Le maître Montesquieu avait défini les principes de la démocratie, de l'aristocratie, de la monarchie et du despotisme; le disciple se devait d'ajouter un vocable à la liste des 'ressorts' – vertu, modération, honneur et crainte – qu'exigent ces régimes. L'héroïsme est ce concept. Mais comme l'héroïsme – l'expérience nous l'apprend – suppose une exaltation nécessairement éphémère, Boulanger revient aisément à son point de départ et justifie par là-même l'impossibilité fondamentale pour toute théocratie de perdurer dans le bonheur:

Si ces tems merveilleux [...] ont existé, ce n'a pu être que dans les abords de cet âge mystique, où le Genre-humain [...] étoit dans toute la ferveur de la Morale & de la Religion, & comme dans l'héroïsme de la Théocratie. Mais cette félicité & cette justice

---

107. Section 11, pp.227-28. La citation vient du livre des Juges xvii.6. Le texte de la *Vulgate* est le suivant: '*In diebus illis non erat rex in Israel, sed unusquisque, quod sibi rectum videbatur, hoc faciebat.*'

n'ont dû être que passagéres, parce que la ferveur & l'héroïsme, qui seuls pouvoient soutenir le surnaturel d'un tel Gouvernement, sont des vertus momentanées, & des saillies religieuses qui n'ont jamais de durée sur la Terre.[108]

Les ministres du culte, après avoir 'sans doute, été dignes de leur Maître invisible, au moins pendant un certain tems' (section 11, p.237), recouvrèrent, eux aussi, leur nature, et comme ils n'étaient pas 'des créatures célestes incapables d'abuser d'une administration qui leur donnoit tout pouvoir' (section 11, p.235), ils devinrent de véritables despotes; et, par ironie du sort, c'est leur perfection initiale qui incita les fidèles à leur accorder une confiance qui dura bien longtemps après que leurs mérites eurent cessé (section 11, pp.238-39):

Par le bien que les Prêtres auront pû faire d'abord, les hommes se seront accoutumés à reconnoître en eux un pouvoir divin & suprême; par la sagesse de leurs premiers ordres & l'utilité de leurs premiers conseils, on se sera habitué à leur obéir [...]. Peu à peu une confiance extrême aura sans doute produit une extrême crédulité; l'homme prévenu que c'étoit Dieu qui parloit [...] aura cru ne devoir point résister à tous ces prétendus organes de la Divinité, lors même qu'ils ne faisoient plus que du mal.

Abusant désormais de la 'crédulité' de leurs ouailles, les prêtres n'en firent plus qu'à leur guise. Boulanger, feignant un instant d'oublier le pardon qu'il avait promis à ces tyrans – ou laissant enfin parler une indignation plus sincère que ne l'était sans doute la mansuétude exigée par les principes de sa philosophie – fait d'eux un portrait sans nuances. Mais l'évocation de leurs caprices et de leurs appétits qui les portèrent à disposer 'des biens, de l'honneur & de la vie des hommes' (section 11, p.241) entre par trop dans le rituel des Lumières pour que nous lui attachions une importance véritable. Le seul développement qui mérite attention est celui que Boulanger consacre aux déportements charnels de ceux pour qui Dieu n'est plus qu''un prête-nom' (section 11, p.242). Le sujet, assurément, n'est pas nouveau au dix-huitième siècle; mais les contempteurs de l'Eglise se contentent à l'ordinaire de stigmatiser les accommodements que les prêtres trouvent avec le ciel et l'hypocrisie de ces 'fanfarons de vertu' qui prétendent imposer par la menace une chasteté dont ils font eux-mêmes si aisément litière. L'intention de Boulanger est d'un autre ordre (section 11, pp.242-44):

Les Prêtres en vinrent à ce comble d'impiété & d'insolence, de couvrir jusqu'à leurs débauches du manteau de la Divinité. C'est d'eux que sortirent une nouvelle race de Créatures, qui ne connurent d'autre pére que Dieu, que le Ciel, que le Soleil, & que les Dieux, & d'autres méres que les misérables victimes, ou que les coupables associées de l'incontinence Sacerdotale. Toutes les Nations virent alors paroître les *demi-Dieux* & les Héros, dont la naissance illustre & les exploits glorieux portérent les hommes à changer leur ancien gouvernement, & à passer du régne de ces Dieux qu'ils n'avoient jamais pû voir, sous celui de leurs prétendus enfans, qu'ils voyoient au milieu d'eux. Evénement singulier, où l'incontinence du Sacerdoce lui donnant des Maîtres, fit naître la révolution qui mit fin au Régne Céleste, & fit commencer cet âge des *demi-Dieux*, que toute l'histoire sérieuse a crû jusqu'à présent devoir retrancher des annales du Monde.

Boulanger trouve d'abord dans cette analyse étrange l'occasion de se démarquer une fois encore de l'histoire officielle dont la vocation est décidément de passer

---

108. Section 11, pp.228-29. Boulanger dit encore: 'les nouveaux établissemens sont ordinairement soutenus par la ferveur' (section 11, p.237).

à côté de toute vérité et de laisser le champ libre au franc-tireur de la réflexion. Ce développement lui permet ensuite de confirmer d'une façon tout à fait inattendue le principe selon lequel les légendes même les plus invraisemblables ont un fondement véridique: qui eût cru que les demi-dieux, ces personnages que nous éprouvons comme plus évidemment fictifs que les divinités elles-mêmes, étaient le fruit bien réel des amours des prêtres théocratiques avec de malheureuses filles séduites ou avec des prostituées sacrées!

Peut-être enfin Boulanger trahit-il ici, sinon un dégoût de la chair, du moins une pruderie qui n'est guère dans la manière des encyclopédistes. Le besoin qu'il éprouve de terminer un chapitre majeur consacré aux abus politiques du gouvernement théocratique par cette révélation surprenante, la violence de l'indignation et l'hyperbole du vocabulaire[109] ont quelque chose de troublant. Diderot parle des 'mœurs très-innocentes' (*Extrait*, p.vi) de son ami, Sylvain Maréchal les compare à celles de Socrate.[110] A partir de là un lecteur peut se livrer à plusieurs suppositions. Quand on a affaire à un écrivain d'une telle discrétion il est loisible d'exploiter les moindres affleurements de l'âme; mais il serait vain et dangereux d'en rien conclure.

14. Du despotisme proprement dit

Malgré le plaisir évident que Boulanger éprouve à retarder dans son récit l'accomplissement de la catastrophe, à multiplier les étapes, à détailler volup-tueusement les progrès de l'horreur, il lui faut bien en venir à son terme, à l'avènement du despotisme proprement dit.

Ce changement ultime, Boulanger l'attribue au seul désenchantement: les hommes se lassèrent de la tyrannie exercée par les prêtres qui, pour mieux accomplir leurs forfaits, avaient fini par se constituer en véritables dynasties: 'Fatigués du joug insuportable qu'imposoient les Ministres du Roi Théocratique, & tourmentés par les brigands que les désordres de la Police avoient produits dans toutes les contrées, les hommes cherchérent enfin à se mettre à l'abri de tant d'ennemis en réformant leur gouvernement' (section 12, p.244).

Dégoûtés par la multiplicité même des pouvoirs, les hommes n'éprouvèrent aucunement la tentation de 'prendre' le parti républicain. Boulanger raisonne à cet égard presque comme si les tristes mortels de cette lointaine antiquité avaient eu un libre choix entre les différentes formes de gouvernement que les philosophes du dix-huitième siècle ont pu répertorier pour avoir été instruits

---

109. Traitant, à propos du même sujet, de l'attitude des prêtres de la théocratie hébraïque, Boulanger parle de leur 'abominable conduite' (section 11, p.241) et ajoute: 'leur incontinence égalant leur gourmandise, ils dormoient, dit la Bible, avec les femmes qui venoient veiller à l'entrée du Tabernacle' (section 11, p.242). Décidément passionné par ce problème, Boulanger écrit encore, dans la douzième section de ses *Recherches* (pp.252-53): 'Plusieurs de ces Héros [...] ont été les enfans des femmes stériles qui devenoient miraculeusement enceintes, après avoir invoqué le Seigneur devant l'Arche, ou devant le Sanctuaire. Tels furent, entre autres, un *Samson*, dont la mére fut fécondée par les paroles d'un homme de Dieu, & un *Samuël* qui vint à la lumière, après les consolations que le grand Prêtre *Heli* donna à la femme d'*Elcana*. On ne peut raconter avec plus de décence que fait la Bible, des actions aussi indécentes; mais il faudroit être aveugle pour n'y point apercevoir toute l'iniquité du mystère.'

110. *Dictionnaire des honnêtes gens* (Paris 1791), p.19: 'sa phisionomie avoit une ressemblance frappante avec celle de Socrate; il en avoit aussi les mœurs'.

par l'histoire, ou comme si le régime politique d'une nation n'était que la résultante des forces contradictoires qui agitent les humains à telle ou telle époque: 'On pourroit peut-être soupçonner que les anciennes Théocraties ont dès-lors pû donner lieu à la formation des Républiques; mais après la triste expérience des maux qui étoient résultés de l'administration de plusieurs, il est vraisemblable qu'il n'y eut alors aucune Société qui prit le parti Républicain' (section 12, p.245).

Les hommes faisant la tragique expérience de la tyrannie aspiraient légitimement à plus de liberté; en revanche l'attachement qui n'avait pas cessé d'être le leur pour le Dieu-Monarque imposait le choix d'un régime qui leur permît d'exercer leur zèle religieux: ils crurent, de bonne foi, trouver la solution de ces désirs antagonistes dans l'élection d'un roi qui les délivrerait du joug des prêtres théocratiques et représenterait à lui seul la puissance d'en haut (section 12, pp.244-45; p.246):

ils pensérent qu'il n'y auroit pas de meilleur moyen que de revenir à l'unité, en remettant entre les mains d'un seul toute l'autorité qu'avoient exercée jusqu'alors les familles Sacerdotales.

Quoique les Nations fussent dégoutées du ministère des Prêtres de la Théocratie, elles ne perdirent point, néantmoins, de vuë cette ancienne chimère. Toûjours religieusement affectées pour elle, elles ne la quittèrent pas même en se donnant un Roi [...]. Toutes les Nations ne se donnèrent un Maître mortel, que dans l'idée d'en faire l'organe, l'image & la représentation du Monarque invisible, en qui elles firent encore résider le pouvoir suprême, comme elles avoient toûjours fait jusqu'alors.

Croyant agir pour le mieux – conquérir leur liberté en respectant leur foi –, les hommes venaient d'atteindre au point suprême du malheur politique; ils venaient d'inventer le despotisme.[111]

Dans les premiers temps qui suivirent cette révolution, le monarque visible fut chargé de remplir l'office qu'avaient exercé pendant de longues années les images du Dieu. Le Roi-Despote fut un Roi-Icône. Sa stature et sa beauté firent plus pour son élection que ses capacités à gouverner les peuples (section 12, pp.263-64):

Les Sociétés s'étant ainsi décidées à représenter au milieu d'elles leur Dieu Monarque par un mortel, la plupart ne mirent dans leur choix d'autre précaution que de choisir l'homme le plus beau & le plus grand. Saül surpassoit de la tête tout Israël assemblé à Maspha.[112] [...] Ainsi en ont longtems agi presque tous les Peuples du Monde: ils prenoient bien plus garde aux qualités du corps qu'à celles de l'esprit parce qu'il ne s'agissoit uniquement dans ces premiéres Elections que de voir la Divinité sous une apparence qui répondît à l'idée qu'on se formoit d'elle, & que, pour la conduite du Gouvernement, c'étoit moins sur le représentant que sur le Monarque invisible que l'on comptoit toûjours. Les Rois, ces superbes images de la Divinité, n'ont été dans leur véritable origine, rien de plus aux yeux & à l'esprit des Peuples, que ce qu'étoient avant eux ces pierres, ces idoles, ces bœufs & ces coffres, qui avoient été regardés de même comme le siége & les symboles du Dieu Monarque.

111. On peut remarquer, dès maintenant, que, pour Boulanger, le despotisme se distingue bien mal de la monarchie absolue de droit divin; seul lui manque, à l'origine, le caractère héréditaire de la transmission du pouvoir.
112. Voir I Samuel ix.2: '[Cis] avait un fils du nom de Saül, jeune et beau; aucun des enfans d'Israël n'était plus beau que lui, et il dépassait de la tête tout le peuple.'

Une telle disposition, fort innocente dans son principe, contenait en elle 'la source de mille maux' (section 12, p.262). Les hommes, en se choisissant, pour représenter la Divinité, 'un symbole actif & vivant [et] possédant par lui-même l'organe de la parole' (section 12, p.261), ne songèrent pas qu'ils venaient de 'se donner un Tyran' (section 12, p.262). Le pouvoir symbolique dont ils avaient doté cette statue animée devint bientôt un pouvoir réel. C'est qu'aveuglés par leur candeur religieuse les hommes n'avaient pas eu la sage précaution de définir et de limiter fermement les prérogatives de leur souverain. Boulanger, sans prononcer aucune condamnation, déplore en somme qu'ils n'aient pas inventé cette monarchie constitutionnelle à l'anglaise, qui est le rêve de bien des philosophes de son temps et que les sujets du très chrétien Louis XV n'avaient pas encore obtenue et n'obtiendraient jamais: 'les hommes obsédés de leurs anciens préjugés, ne songèrent point à faire un traité particulier, ou à proposer des conditions respectives à celui de leurs semblables qui devint, par cette révolution, le maître des autres' (section 12, pp.261-62).

Le despotisme ne supprima aucun des défauts de la théocratie et ajouta les vices inhérents à sa nature propre. La théocratie était fondée sur la confusion entre deux ordres incompatibles – l'ordre naturel et l'ordre surnaturel; il en fut de même dans le despotisme: 'Dans les Théocraties précédentes les Nations s'étoient déjà renduës idolâtres, parce qu'elles traitèrent Dieu comme un homme; nous allons bientôt les voir devenir esclaves dans cette nouvelle Théocratie, parce qu'elles traitèrent l'homme comme un Dieu' (section 12, pp.262-63). La théocratie avait confié aux images du Dieu le soin de rendre les oracles; ce furent les rois qui, dans le despotisme, furent chargés de remplir le même office: 'le Dieu Monarque revéloit ses volontés à ses symboles vivans, comme il les avoit autrefois revélés aux symboles muets & insensibles de la Théocratie précédente. [...] comme on avoit dès auparavant imaginé des moyens de donner cette vertu aux anciens symboles, on les pratiqua envers les nouveaux; on employa les mêmes consécrations, & l'on oignit les Rois parce qu'on oignoit autrefois les pierres' (section 12, pp.265-66). Ces monarques qu'on avait substitués aux idoles assumèrent de surcroît le rôle qu'avaient exercé les prêtres; on leur prêta la même inspiration et on leur consentit la même soumission: 'les hommes continuèrent d'oublier qu'ils étoient sur la Terre, qu'ils avoient une raison qui devoit être leur guide & leur premier conseil en tout; & s'abandonnant sans réserve à une superstition absurde & criminelle, ils se soumirent aveuglément à des Tyrans, comme ils s'étoient déja soumis aux Prêtres, & ils persistèrent dans cette folle idée, que les uns & les autres ne gouvernoient le Monde que par des inspirations & des révélations du Ciel' (section 12, pp.268-69).

Pour comble de malheur, l'instauration du despotisme ne parvint même pas à supprimer l'odieuse théocratie, dont on avait prétendu se libérer. Les prêtres perdirent leur suprématie, mais non tout pouvoir, et ils continuèrent leur œuvre de séduction pour attirer les hommes en leur chapelle: 'Les anciens symboles de pierre, & de métal, qu'un respect d'habitude laissa subsister, quoiqu'alors on eût dû les supprimer, puisque les Rois en tenoient lieu, restèrent sous la direction des Prêtres, qui n'eurent plus d'autre occupation que celle de les faire valoir de leur mieux, & d'attirer de leur côté, par un culte religieux, les Peuples qu'un culte politique attiroit puissamment vers un autre objet' (section 12, p.271). Ne pouvant plus exercer une hégémonie de droit, les dignitaires de l'Eglise constituèrent un état dans l'Etat, et la nation se trouva déchirée par une sorte de guerre civile, où chacun des deux ordres prit tour à tour le pas sur son rival: 'L'Ordre Sacerdotal fut [...] le premier ennemi des empires naissans, & depuis ces tems jusqu'à nos jours, l'on n'a jamais cessé de voir les deux Dignités suprêmes toujours opposées & toujours antipatiques, lutter l'une contre l'autre, se disputer la primauté' (section 12, pp.269-70).

On eût pu espérer, au moins, que ces deux autorités résolument antagonistes auraient constitué, l'une vis-à-vis de l'autre, un contre-pouvoir, dont le peuple eût pu tirer profit pour asseoir sa liberté. Il n'en fut rien: ces deux dignités étaient de même nature, elles agissaient selon les mêmes principes, elles tenaient leur puissance d'une même superstition,[113] et les hommes, loin de prendre avantage de ces querelles intestines, furent les victimes d'une double sujétion: 'la constitution des Etats devint double & incertaine; la réforme que les Prêtres crurent avoir faite dans leurs anciens Gouvernemens, ne servit enfin qu'à joindre une Théocratie civile à la Théocratie sacrée, c'est-à-dire, à rendre les hommes les plus malheureux, en doublant leurs chaînes, & en multipliant leurs Tyrans avec leurs préjugés' (section 12, pp.272-73).

Ainsi, à tous les maux que l'homme avait connus dans la théocratie – et que le despotisme avait, au propre, redoublés – vint s'adjoindre la tyrannie personnelle exercée par le nouveau souverain. Le personnage qu'on avait élu pour n'être qu'un symbole se prit au jeu de sa nouvelle dignité; il fut étourdi par l'encens que ses sujets ne cessaient de lui prodiguer, et, au lieu de devenir le pasteur de son peuple, il s'en fit le maître jaloux et capricieux: 'le seul sentiment de sa Dignité pouvoit lui dicter l'équité, la douceur, & la modération: Ce fut cette Dignité qui le porta vers tous les vices contraires. [...] Tout l'Univers lui dut, il ne dut rien à l'Univers; ses ordres, ses volontés, ses caprices, devinrent des arrêts du Ciel; ses cruautés, ses férocités furent regardées comme des jugemens d'en-haut, auxquels il fallut humblement souscrire' (section 12, pp.275-77).

Comme nous nous y attendions, Boulanger, malgré le portrait sévère qu'il trace du despote, prend bien soin d'innocenter ce nouveau maître des hommes. La tâche était trop lourde pour un simple mortel; ses sujets, en substituant au respect qui lui était dû une véritable adoration, l'obligèrent à sortir de lui-même: il ne devint un monstre que parce qu'on l'avait contraint à la monstruosité (section 12, pp.274-75, 275, 276):

L'homme devenu si grand, qu'il fut regardé comme le représentant de la Divinité, & rendu si puissant, qu'il pouvoit agir, vouloir, & commander aussi souverainement qu'elle, succomba presqu'aussi-tôt sous un fardeau qui n'est point fait pour lui.

[...] les rayons de l'Etre suprême dont son Diadême fut orné, l'éblouirent au point qu'il ne vit plus le Genre humain, & qu'il ne se vit plus lui-même.

Un tel homme eut dû rentrer souvent en lui-même; mais tout ce qui l'environnoit, l'en faisoit sortir sans cesse, ou l'en tenoit toujours éloigné. Comment, en effet, un mortel auroit-il pû se sentir & se reconnoître?

---

113. Boulanger va jusqu'à dire (section 12, p.278): 'l'idolatrie & le Despotisme [...] ne sont réellement qu'une seule & même chose.'

En affirmant ainsi l'innocence initiale du despote, Boulanger sauvegarde, une fois de plus, son postulat philosophique, selon lequel nul n'est méchant volontairement. Mais il prépare aussi l'éloge qu'il compte faire d'une certaine forme de monarchie. Dans un chapitre, consacré pourtant aux horreurs qu'engendre le despotisme, il a eu l'habileté de glisser, alors que rien dans la logique de son raisonnement ne l'y obligeait vraiment, une pétition de principe en faveur de la souveraineté d'un seul, sous prétexte de condamner la multiplicité des pouvoirs: 'Les hommes toûjours portés vers l'unité & la simplicité, ont senti dans tous les tems combien plusieurs Puissances étoient dangereuses dans un même Gouvernement' (section 12, p.249). Il a pris la précaution de souligner que l'ignominie qui s'attache, à juste titre, au despotisme, ne doit pas faire oublier qu'il y a, dans la magistrature suprême, une grandeur réelle et légitime, et que ce n'est pas la puissance monarchique qui est nuisible, mais bien l'abus qui en est fait: 'L'illusion de [la] dignité [du despote] lui fit méconnoître ce qu'il y avoit en elle de réellement grand, & de réellement vrai' (section 12, p.275). Et quand le moment sera venu, à la fin de son ouvrage, de dire ses préférences politiques, non dans le domaine des utopies idéales, mais, *hic et nunc*, dans celui de la réalité possible, Boulanger pourra, sans courir le risque d'être taxé d'incohérence, défendre une monarchie constitutionnelle, ou, pour user de ses propres termes, un régime soumis 'à la raison publique, & aux loix communes de la Société' (section 12, p.262).

15. De l'attitude théocratique des despotes civils ou ecclésiastiques

Cependant, avant de faire entendre sa voix dans la grande controverse qui, au milieu du dix-huitième siècle, oppose les penseurs sur le choix du meilleur régime politique pour le peuple de France, Boulanger revient à sa passion véritable, à ces développements audacieux ou téméraires qui mêlent la sociologie à la métaphysique et par lesquels il prétend rendre compte de l'histoire véridique de l'humanité des origines à nos jours.

Boulanger s'attache d'abord à montrer que 'les Usages Théocratiques se conservent chez tous les Despotes civils' (section 13, p.280). Les immenses recueils d'anecdotes que sont l'*Histoire générale des voyages*[114] et les *Cérémonies et coutumes religieuses*[115] lui fournissent en abondance les exemples qui permettent d'illustrer sa théorie. Les despotes civils de l'Orient se comportent comme s'ils étaient des divinités. Ce ne sont pas les opportunités ou les nécessités de la politique qui règlent leurs apparitions publiques, mais un rituel immuable fondé sur le calendrier solaire. Les événements ne modifient en rien la vie du souverain, puisque le seul événement est précisément la destinée du monarque. Ses moindres gestes, ses attitudes les plus banales sont interprétés comme des signes dont on augure le bien et le mal. Au Japon, dit Boulanger,

[le Dairi] étoit [...] obligé de se montrer tous les matins, & de paroître sur son Trône devant les Peuples assemblés; chacun alors le considéroit avec soin, & l'on remarquoit

114. Antoine-François Prévost, *Histoire générale des voyages, ou nouvelle collection de toutes les relations de voyages* [...] *qui ont été publiées jusqu'à présent* (après la mort de Prévost ce recueil a été continué par M. de Querlon) (Paris 1746-1789).
115. *Histoire générale des cérémonies, mœurs et coutumes religieuses de tous les peuples du monde* (Paris 1741).

ses gestes & ses moindres mouvemens; on pronostiquoit de là si le jour seroit heureux ou malheureux; selon la saison, & selon la circonstance des tems, ses mouvemens étoient aussi regardés comme les annonces de l'abondance ou de la stérilité, de la paix ou de la guerre; [...] & comme si ce Pontife eût été un autre Jupiter, on craignoit qu'en remuant ses sourcils il n'ébranlat l'Univers.[116]

Au Siam, les usages royaux sont plus significatifs encore. L'Empereur est à ce point l'image du Dieu vengeur qu'il ne sort de son palais que pour effrayer ses sujets, et ses apparitions, bien loin d'être signe d'allégresse, suscitent une terreur sacrée. Son nom même, comme celui des 'redoutables Jehovah & Vejovis des Hébreux & des Romains' (section 13, p.296), doit rester inconnu:

Dans le Royaume de Siam, ce n'est qu'une fois l'année que l'Empereur sort de son Serrail, encore n'est-ce point pour se faire voir à ses Peuples, mais pour les faire fuir; aussi-tôt qu'il paroit, il faut s'éloigner au plus vite, ou se prosterner le visage contre terre, pour ne le point voir. [...] Le Monarque Siamois n'a donc été dans son origine que le coffre redoutable & le Dieu symbolique de la Théocratie; mais ce qui nous le va dévoiler tout-à-fait, c'est que les Siamois doivent ignorer le nom de leur Prince.[117]

Là où les explorateurs et les chroniqueurs de l'exotisme n'ont vu que des bizarreries bien propres à flatter le racisme de leurs lecteurs, Boulanger décèle la marque d'une filiation authentique entre théocratie et despotisme civil: 'Les voyageurs n'ont rien vû que du ridicule dans ces usages; mais je crois y reconnoître les anciens Peuples soumis à la Théocratie' (section 13, p.283). Et bien au-delà de cette permanence qui unit des régimes juridiquement différents, cette stricte observance d'usages codifiés, ces apparitions des monarques à dates fixes, cette lecture scrupuleuse et angoissée des signes prémonitoires, ces frayeurs mystiques renvoient au grand cataclysme initial dont on craint le retour et dont on cherche à se protéger par des actes rituels qui ne sont en fait que des exorcismes prophylactiques. Le commun des penseurs avait envisagé ces pratiques variées, étranges et apparemment déraisonnables, comme la preuve de l'excentricité de chaque peuple; Boulanger affirme, au contraire, qu'elles ont une origine commune, simple et explicable 'qui remonte [...] aux institutions primitives de la Terre renouvellée' (section 13, p.294).

Ayant montré combien les despotes civils sont tributaires du passé, Boulanger s'applique ensuite à prouver, de façon parallèle, que 'les Usages théocratiques se conservent chez tous les Despotes Ecclésiastiques' (section 15, p.329). Ces derniers, que 'leur état & leur caractère [...] approchent bien davantage de nos anciens Rois Théocratiques' (section 15, p.330), sont allés plus loin encore dans la voie de l'orgueil et dans l'imitation de la Divinité: comme elle, ils prétendent à l'invisibilité et à l'immortalité!

A la fois par prudence et pour servir sa réelle ambition d'être l'historien universel des religions, Boulanger prend d'abord ses exemples chez les monarques des contrées les plus lointaines. Tout en faisant preuve de ses connaissances, il ne court pas grand risque à se moquer du Grand Lama qui 'ne meurt jamais dans l'esprit des Peuples; pour entretenir leur crédulité, il n'y a point de

116. Section 13, pp.282-83. Boulanger tire ses renseignements des *Cérémonies et coutumes religieuses*, vi.36.

117. Section 13, pp.294-95. Boulanger emprunte ces détails aux *Cérémonies et coutumes religieuses*, vi.401-402.

fourberies & de ruses que ses Ministres ne mettent en usage pour le remplacer adroitement quand il vient à mourir, ainsi que pour rendre son aspect rare & difficile. Si ces imposteurs plaçoient derriére un voile un bloc de marbre, ce seroit de même un véritable Roi Théocratique; il dureroit plus que tous les Lamas du Monde; il leur serviroit autant, feroit moins de mal, & leur épargneroit bien des mensonges' (section 15, pp.330-31). Il peut, de même en toute sécurité, s'exercer à l'ironie voltairienne aux dépens du 'grand *Kutuktu* [...] des Cal-moucks' (section 15, p.331) ou à ceux du '*Chitomé* grand Prêtre de l'Abyssinie' (section 15, p.332). Sous les heureux climats de cette délicieuse contrée, on n'accorde pas l'immortalité au monarque souverain, 'mais au seul Sacerdoce, qui ne doit même pas vieillir, ni être sujet à l'infirmité ou à la caducité' (section 15, pp.332-33); en conséquence de quoi, et selon la meilleure logique du monde, 'lorsque le *Chitomé* est malade, on l'assomme; s'il devient vieux, on l'étouffe; & un Pontife plein de vigueur, que l'on tient sans doute toûjours prêt, succède à celui auquel on n'a pas laissé le tems d'être malade, & de déshonorer le Sacerdoce'.[118] Et le Chitomé devrait s'estimer bien heureux d'être traité, ou peu s'en faut, à l'exemple de l'Apis des Egyptiens: 'ce bœuf sacré, cet ancien Roi Théocratique de Memphis, ne pouvoit pas non plus mourir naturellement [...]; on ne l'assommoit pas, il est vrai, [...] mais on le noyoit respectueusement dans le Nil, quand il approchoit de sa fin; c'étoit une solemnité fort dévote, après laquelle on lui cherchoit un successeur' (section 15, pp.334-35).

Mais Boulanger ne s'en tient pas à ces exemples innocents. Autant il avait fait preuve de réserve lorsque son développement sur les despotes civils lui avait donné l'occasion de parler des monarques de l'Europe contemporaine,[119] autant il se livre à des audaces pour lui inhabituelles quand il en vient à évoquer les despotes ecclésiastiques que sont encore, à ses yeux, les Papes qui règnent sur l'Eglise de son temps: 'L'Europe moderne, ainsi que l'Abyssinie, ne reconnoit point d'immortalité dans les Souverains Pontifes; mais le Sacerdoce s'y prétend infaillible, immortel, divin & indépendant de toutes les Puissances de la Terre' (section 15, p.336). Ce dernier point est sans doute le plus important: Boulanger voit dans cette volonté de se mettre au-dessus des états et dans cette prétention à l'universalité la marque la plus dangereuse de l'esprit théocratique qui ignore tout relativisme et ne juge des choses terrestres qu'en vertu de principes intempo-rels et célestes. Cette attitude chimérique est d'autant plus inquiétante que le pontificat romain ne borne pas ses ambitions au seul domaine de la spiritualité, mais qu'il se croit vocation pour régner sur les nations, ou, à défaut, pour infléchir leur politique: 'des hommes ont osé sur la Terre affecter l'infaillibilité

118. Section 15, pp.333-34. Boulanger emprunte ce détail à la traduction donnée par le père Jean-Baptiste Labat de la *Relation historique de l'Ethiopie occidentale* du père Cavazzi (Paris 1732); voir i.260-61.

119. Il est significatif que la seule critique sérieuse que Boulanger ose formuler à l'égard des monarchies européennes de son temps porte sur le rôle du Clergé, qui est l'émanation de la Cour romaine: 'Quoique les Monarchies présentes de l'Europe soient fort éloignées de l'esprit de cette ancienne chimère [l'instauration du règne du Ciel sur la terre], si nous en remarquons cependant quelques vues, qui semblent tendre au Despotisme, c'est parce qu'entre les Corps politiques que chacune d'elles renferme, il en est un purement Théocratique encore, qui a déjà été, qui est, & qui sera nécessairement le fléau ou le corrupteur de ces Monarchies, si on ne lui fait pas changer un jour de nature & de principes' (section 12, p.279, en note).

& l'indépendance, & [...] le Sacerdoce a toûjours aspiré au Despotisme, soit directement, soit indirectement, en corrompant les Gouvernemens dont la constitution en est le plus éloignée' (section 15, pp.338-39).

La haine de Boulanger est telle pour ce totalitarisme que, laissant toute mesure, il ose s'en prendre au fondement même du christianisme, à la divinité de Jésus. Il fut un temps où les hommes, terrorisés à l'idée que la fin du monde était proche, furent pris 'd'un esprit de vertige, qui leur fit voir le grand Juge dans un Juif pauvre & misérable, qu'ils déifiérent, comme celui qui avoit fait, ou qui devoit faire bientôt descendre le régne du Ciel sur la Terre' (section 15, pp.336-37). Comme on le voit, Boulanger ne met nullement en cause la personnalité du Christ, mais seulement le rôle que la folie de certains illuminés lui a imposé. Malheureusement, cette folie se perpétue depuis l'imposture initiale et les princes de l'Eglise ont le front de la vouloir faire durer jusqu'au jugement dernier: 'C'est depuis cette époque de confusion pour le Genre humain, que le Sacerdoce se croit immortel, qu'il prétend montrer une succession continuë, & non interrompuë de Princes Spirituels depuis dix-huit siécles, & qu'il se flatte qu'elle se continuera jusqu'à la consommation des tems' (section 15, p.337). Et Boulanger, scandalisé par cette prétention qui heurte sa foi la plus intime, va jusqu'à prévoir et souhaiter la chute de cette vaniteuse institution: 'cette préten-duë immortalité du Sacerdoce Romain [...] s'évanouïra nécessairement dans la lumiére progressive des siécles futurs' (section 15, pp.337-38). Tant il est vrai que l'incroyance a aussi ses prophètes.

16. Des sorciers sans apprentissage

Boulanger en a, semble-t-il, fini avec les horreurs du despotisme. Il a, semble-t-il, suffisamment chanté avec des raffinements non-pareils les épuisantes délices de cette descente aux enfers. Mais ce n'est là qu'une illusion. Il a gardé pour la péroraison ce qui lui paraît le plus incroyable, le plus monstrueux, et ce qui, peut-être, confirme le mieux les orientations de sa philosophie politique.

Les despotes, non contents de s'élever 'au-dessus du reste du Genre humain, pour le traiter comme un vil troupeau d'esclaves' (section 16, p.341), ont voulu 'commander à la Nature même' (section 16, p.341). Chacun connaît les folies de Xerxès écrivant une lettre au mont Athos pour lui ordonner de céder le passage à ses armées, sous peine d'être jeté à la mer, ou faisant fouetter et entraver l'Hellespont coupable d'avoir, par une tempête, retardé la marche du souverain.[120] Mais Boulanger ne se satisfait pas de ces exemples fameux. Il y ajoute le témoignage de cent pratiques aussi insensées dont furent ou sont encore coutumiers les despotes d'Egypte, du Siam, du Kotoka, d'Agag, du Monomotapa, de Laongo (voir section 16, pp.344-46). Ce n'est pas là, à ses yeux, une vaine érudition: il a l'intention de prouver, en effet, que ces attitudes ne tiennent pas au caractère fantasque ou mégalomane de tel ou tel despote, mais que leur universalité impose de chercher ailleurs la cause de ces usages extravagants: 'Jusqu'ici l'on n'a apperçu dans cet orgueil que les saillies particu-liéres de la folie de ces Princes, & non une conduite autorisée & reçue dans le Plan des anciens Gouvernemens; mais en réunissant ces traits singuliers épars

---

120. Voir Plutarque, *Sur les Moyens de réprimer la colère*, 5 (455 D.E.) et Hérodote, *Histoires*, vii.35.

dans l'antiquité, avec ceux que l'Histoire moderne, & les voyageurs nous fourniront, nous serons à portée de juger si nos Historiens Moralistes ont vû dans ces anciennes folies tout ce qu'ils devoient y voir' (section 16, p.342). La découverte que Boulanger veut nous imposer, c'est que ces agissements ne relèvent pas du bon plaisir des souverains qui n'ont point fait de leur propre chef l'apprentissage de la monstruosité, que celle-ci leur a au contraire été imposée par la constitution même de l'état théocratique, et que les Rois, en montant sur le trône, ont été contraints de faire acte d'allégeance à la folie et à la démesure. Et Boulanger emprunte au Mexique ce qui lui semble être l'exemple le plus probant de sa supposition: 'Un des traits les plus remarquables [...] du Gouvernement des Mexicains, est sans contredit le serment solemnel que leur Empereur faisoit au jour de son sacre [...]. Il juroit [...] que tant qu'il régneroit les pluies tomberoient à propos sur la Terre, que les fleuves & les riviéres ne feroient point de ravages dans les campagnes par leurs inondations, que les biens de la terre seroient en abondance' (section 16, p.349). Si bien que ceux qui ont cru, à propos de ce souverain du Mexique ou à propos de tout autre despote, faire le portrait d'un être singulier en rapportant complaisamment ses extravagances, n'ont fait que dénoncer la supercherie et l'imposture auxquelles sa fonction même le contraignait: 'Ce fut un fardeau immense dont l'homme se trouva chargé [...]; il fallut alors qu'il commandat [...] au Ciel & à la Terre; qu'il fût le garant de toutes les calamités naturelles, qu'il ne pouvoit produire, ni empêcher, & la source des biens, qu'il ne pouvoit donner' (section 16, pp.350-51).

Ainsi Boulanger a choisi, pour conclure son analyse du despotisme proprement dit, de stigmatiser l'obligation où se trouvaient les monarques de commander à la nature même. Ce choix n'est pas innocent: il est, pour lui, l'occasion de redire, en un moment majeur, son attachement à l'ordre naturel des choses et des êtres, à cette hiérarchie des essences qui place l'homme dans une situation médiane, entre l'infirmité et la toute-puissance. Il serait vain de prétendre que Boulanger sait ce qu'est un homme; mais il n'est pas outrecuidant d'affirmer que le métaphysicien, en lui, croit savoir ce dont il est capable, et le moraliste ce dont il doit être capable.

Est-il nécessaire d'ajouter que Boulanger ne possède, en aucune façon, le tour d'esprit qui lui permettrait d'accéder à ce que nous appellerions aujourd'hui la psychanalyse du despotisme, à la notion de volupté sado-masochiste? Certes, son époque ignorait un type de concept qui nous est devenu familier, mais l'idée de bonheur dans le crime n'est pas, que l'on sache, étrangère au dix-huitième siècle.

Est-il besoin de dire enfin que ce qu'il y a de délirant et de proprement poétique dans l'attitude de Xerxès faisant entraver et fouetter l'Hellespont lui est résolument étranger et que ce défi outré aux éléments, que ce refus tragique de n'être qu'un mortel, que cette hyperbole de l'humanisme sont incompatibles avec son rationalisme, son sens de la mesure et sa pudeur peut-être?

17. Du despotisme de la Chine

Le dix-huitième siècle a eu un faible pour la Chine: cette lointaine contrée, qu'à l'exception de quelques missionnaires et de quelques commerçants personne ne connaît, se trouve alors parée de toutes les vertus morales et politiques. Le clan des conservateurs et le parti des Lumières trouvent là un de leurs rares terrains d'entente. Voltaire donne la main aux Jésuites, l'*Essai sur les mœurs* fait écho à la *Description de la Chine* du père Jean-Baptiste Du Halde.[121] Montesquieu lui-même, par nature plus circonspect et moins sensible aux engouements, donne un instant dans l'illusion générale,[122] mais il se reprend bien vite, comme le prouve le chapitre de *L'Esprit des lois* intitulé 'De l'empire de la Chine',[123] où, après avoir évoqué le témoignage des autorités en la matière, il conclut que ce pays 'est donc un Etat despotique, dont le principe est la crainte' (I.viii.21; i.228).

La passion de tout un siècle, les controverses qu'avait engendrées la querelle des rites,[124] l'enthousiasme que suscitait *L'Orphelin de la Chine* au moment même où étaient composées les *Recherches sur l'origine du Despotisme oriental*,[125] l'intérêt enfin que Montesquieu avait porté à la 'Contrée du Milieu', tout incitait Boulanger à dire son sentiment sur le régime politique de cette région à la fois bien réelle et imaginaire.

Boulanger se trouvait placé, comme Montesquieu l'avait été,[126] dans une situation philosophique difficile. Il affirmait, à l'exemple de son maître spirituel, le caractère monstrueux de tous les gouvernements despotiques,[127] auxquels la Chine, en raison de l'origine théocratique de son pouvoir, devait nécessairement appartenir; et voilà que des missionnaires jésuites, que l'on ne pouvait soup-çonner de tendresse à l'endroit des infidèles et qui avaient, en mille occasions, donné la preuve de leur sévérité à l'égard des mécréants, faisaient de leurs séjours en Chine des relations élogieuses et passionnées: l'Empereur, malgré son pouvoir absolu, s'y comporte en père plus qu'en despote, les traditions y tempèrent l'autorité des mandarins, le peuple enfin s'y montre courageux et

121. *Description géographique, historique, chronologique, politique et physique de l'Empire de la Chine et de la Tartarie chinoise* (Paris 1735).

122. Voir *Pensées*, 1880 (268), ii.560-61, où se trouve recueillie une ébauche de chapitre destiné à l'*Esprit des lois* et intitulé 'Par quelle raison la Chine, malgré sa vaste étendue, a été obligée de tempérer quelque fois son Despotisme'. Montesquieu y écrit en particulier: 'La Chine est un gouvernement mêlé, qui tient beaucoup du despotisme, par le pouvoir immense du prince; un peu de la république, par la censure et une certaine vertu fondée sur l'amour et le respect paternel; de la monarchie par des lois fixes et des tribunaux réglés, par un certain honneur attaché à la fermeté et au péril de dire la vérité.'

123. I.viii.21. Edition Brethe de La Gressaye, i.225-28. Sur cette question, voir l'article d'E. Carcassonne, 'La Chine dans *L'Esprit des lois*', *RhlF* 31 (1924), pp.193-205.

124. Les jésuites acceptaient que les Chinois nouvellement convertis au catholicisme continuassent à honorer Confucius, persuadés que cette tolérance facilitait leur prosélytisme. Des missionnaires appartenant à d'autres ordres dénoncèrent cette pratique, qui fut condamnée par le Saint-Siège en 1704, 1710, 1715 et 1742. Voir A. Vacant, E. Mangenot, E. Amann, *Dictionnaire de Théologie catholique* (Paris 1899-1901), mot Chinois (rites).

125. Voltaire composa *L'Orphelin de la Chine* en 1754; les représentations commencèrent le 20 août 1755. Il est très vraisemblable que les *Recherches* ont été écrites pendant l'automne de cette même année (voir ci-dessus, p.52).

126. Voir *L'Esprit des lois*, I.viii.21, i.225: 'Nos missionnaires nous parlent du vaste empire de la Chine, comme d'un gouvernement admirable, qui mêle ensemble dans son principe la crainte, l'honneur et la vertu. J'ai donc posé une distinction vaine, lorsque j'ai établi les principes des trois gouvernements.'

127. Voir *L'Esprit des lois*, I.iii.9, i.65: 'On ne peut parler sans frémir de ces gouvernements monstrueux.'

industrieux. Le père Louis Lecomte[128] a poussé si loin la louange que la Sorbonne s'en est émue et a cru devoir condamner ses *Nouveaux mémoires sur l'état présent de la Chine.*[129]

Montesquieu, pour se tirer d'affaire, avait opposé aux témoignages élogieux de la plupart des missionnaires ceux des commerçants,[130] de mylord Anson[131] et du Père Parrenin,[132] qui, ayant eu pour des raisons diverses à se plaindre des Chinois, avaient rapporté de leurs voyages des récits critiques ou vengeurs. Boulanger, lui, prend une autre voie. Sachant que la majorité des témoins et que l'opinion des philosophes comme celle des gens d'Eglise sont contre lui, il se garde bien de citer à la barre les rares détracteurs du céleste empire. Avec habileté, il se range au contraire aux côtés de ceux-là mêmes qui ne laissent pas de l'embarrasser et avoue que la Chine est bel et bien un état singulier, une sorte d'heureuse monstruosité à la surface de la terre et dans l'histoire de l'humanité.

Boulanger accepte les témoignages et récuse les déductions. Les missionnaires ont vu juste et ont raisonné faux. Si le peuple chinois jouit d'un certain bonheur, ce n'est pas parce que le despotisme, par exception ou par miracle, a pu engendrer la sagesse.[133] Ce n'est pas non plus parce que cette contrée, et elle seule, a su résister aux néfastes effets du despotisme et s'en protéger. La raison de ce bonheur relatif, c'est que la Chine n'est pas un état despotique. Ou de moins pas tout-à-fait. Ou du moins pas encore.

L'histoire de cette région est, initialement, en tous points semblable à celle des autres pays; elle a connu cette 'même chaîne d'événemens que nous avons jusques-ici suivis chez tous les Peuples du Monde' (section 19, pp.379-80), mais elle n'est pas parvenue à ce dernier maillon, apparemment inévitable, qui est le despotisme.

Certains ont voulu justifier cette étrangeté par le caractère même du peuple chinois qui aurait, par nature, une vertu qui le garderait de la tyrannie et de la cruauté, une complexion unique qui ferait de lui une race à part. Boulanger rejette aussitôt cette explication qui substitue le préjugé à l'analyse: 'Ce rare privilège des Chinois ne doit point cependant nous les faire regarder comme

128. Le jésuite L. Lecomte fit un séjour de cinq ans en Chine, où il avait été envoyé en qualité d'astronome et de mathématicien. Les écrits qu'il rédigea à son retour en Europe furent déférés par les directeurs du séminaire des missions étrangères à la Cour de Rome et à la Faculté de théologie de Paris. Cette dernière condamna ses ouvrages pour y avoir trouvé des propositions fausses, téméraires et erronées.

129. Ils furent publiés à Paris, de 1697 à 1698, en 3 vols.

130. Montesquieu s'inspire en particulier de la *Relation du voyage de Laurent Lange à la Chine*, parue dans le *Recueil de voyages au Nord* (Amsterdam 1715). Cet ingénieur suédois y raconte ses démêlés avec les Chinois qui étaient résolument hostiles aux commerçants étrangers.

131. George Anson (1697-1762) est un héros de la marine britannique. Ses opinions sur les Chinois nous sont connues par le *Voyage round the world in 1740-1744* que rédigea et publia (Londres 1748) son chapelain Richard Walter. Ce témoignage est d'autant plus suspect que son auteur, étant protestant, avait tendance à adopter une attitude systématiquement contraire à celle des Jésuites.

132. Le Père Dominique Parrenin (1665-1741) séjourna en Chine de 1698 à sa mort. Montesquieu tire de la correspondance que ce missionnaire jésuite entretint avec M. de Mairan (*Lettres édifiantes*, 24e et 26e recueils) quelques détails évidemment critiques, mais qui restent l'exception dans une œuvre qui est à l'éloge de la Chine.

133. Boulanger commence ainsi son chapitre consacré au despotisme de la Chine: 'Si les Loix de la Chine avoient été faites par le Despotisme, elles feroient sans doute son éloge' (section 19, p.379).

une espèce d'hommes particuliers' (section 19, p.381).

Les Chinois, il est vrai, ont pu conserver quelque chose de ces bienheureuses 'institutions primitives de leurs ancêtres' (section 19, p.380), alors que les autres peuples les ont depuis longtemps oubliées. Mais ce 'privilège' a une cause aussi simple que matérielle: le miracle tient à la géographie (section 19, pp.381-82)

[Si les Chinois] ont été plus sages & plus heureux que tant d'autres Peuples qui avoient possédé de même ces loix inestimables [...], c'est à la seule situation de leur Empire qu'ils en ont l'obligation; placés au bout de l'Univers, environnés d'un côté de mers immenses, de l'autre de montagnes inaccessibles inconnuës du reste de la Terre [...], aucun événement extérieur n'a dû, pendant une très longue succession de siécles, altérer l'économie primitive de cet Empire; les loix ont eu le tems d'y produire tout le bien qu'elles étoient capables de faire; la longue expérience de leur utilité & de leur excellence, ayant gravé pour elles dans le cœur des Peuples un respect éternel, est la seule cause par laquelle l'esprit primitif du Genre humain s'y est conservé, & fait encore aujourd'hui l'esprit national de cet Empire extraordinaire. Sans ce hazard la constitution de la Chine auroit subi, suivant les apparences, le sort commun à toute la Terre [...].

Certes la Chine n'a pas conservé intact l'héritage de ses ancêtres. Il est de certains signes qui dénotent une dégradation des mœurs politiques et annoncent un despotisme à venir. Le monarque s'y pare de tous les attributs de la divinité et on le traite avec une révérence que seul un être céleste pourrait légitimer: 'L'Empereur de la Chine se dit fils du Soleil; on ne lui parle qu'à genoux, & il a été des tems où il ne se montroit jamais; il ne paroissoit qu'à une fenêtre à de certains périodes, & l'on fermoit ses portes lorsqu'il sortoit de son Palais; il est décoré, comme les *Osiris* de l'Egypte, de tous les titres & de tous les attributs de la Divinité' (section 19, p.384). Toutefois cette attitude dommageable n'est qu'un des aspects de la vie morale et politique des Chinois, et elle ne suffit pas à justifier l'accusation que tant de bons esprits ont cru pouvoir formuler (section 19, pp.388-89):

Qu'est-ce, en effet, qu'un Despotisme qui tolère dans ses Etats des Corps anciens de Magistrats & de Sçavants, qui ont osé souvent & avec succès [...] faire des remontrances à leur Despote, lui donner les leçons & l'instruire, lui dire avec autant de vérité que de hardiesse, que l'obligation où il est de modérer sa puissance, & de ne point abuser de son pouvoir, l'établit au lieu de la détruire, & que la gêne salutaire qu'il doit donner lui-même à ses passions, ne le rend pas sur la Terre de pire condition que le souverain Empereur du Ciel, qui ne se permet que le bien?

La vérité, au fond, est toute simple: si 'cette contrée nous offre le mélange le plus bizarre de sagesse & de folie' (section 19, p.385), c'est que la géographie particulière de la Chine a ralenti un processus commun à tous les peuples. L'Orient en est arrivé depuis longtemps au despotisme, l'Occident a pu sortir de cet enfer pour accéder à la monarchie; la Chine seule en est restée à la théocratie.[134]

L'histoire a temporisé, et cette lenteur à s'accomplir a maintenu une immense région de la terre dans un état intermédiaire entre l'innocence du 'monde renouvellé' et la perversion funeste de la tyrannie. Cet anachronisme a le mérite

134. Boulanger dit très clairement: 'Un tel Gouvernement [...] n'étoit pas encore tout-à-fait une Monarchie; il n'étoit pas non plus un Despotisme, mais une de ces anciennes Théocraties, que les faux principes n'avoient point encore corrompue' (section 19, p.389).

de prouver par une exemple réel et concret le bien-fondé de la théorie de Boulanger: les hypothèses, les analyses, les déductions cèdent la place au témoin vivant qui les légitime en retour. Boulanger est aussi heureux que le serait un paléontologue découvrant un beau jour un dinosaure en train de brouter dans son jardin, et lui offrant ainsi, au-delà de toutes les espérances, 'une précieuse image des siécles primitifs'.[135]

L'histoire a temporisé, mais elle ne s'est pas arrêtée. La Chine connaîtra l'évolution que suppose nécessairement toute théocratie. Elle a eu, pour son malheur futur, le bonheur de retarder l'échéance, mais l'échéance viendra. Alors que les autres nations, ayant touché au plus profond, sont sorties de l'abîme ou sont sur le point de le quitter, l'Empire du Milieu va s'enfoncer dans le gouffre, car il faut bien que l'inévitable s'accomplisse et que toute chose en vienne à sa fin (section 19, pp.396-97):

nous pouvons jetter un coup d'œil sur l'avenir, & prévoir ce qui pourra arriver un jour à ce fameux Empire [...] il arrivera que les Chinois seront un jour les plus malheureux Peuples du Monde; ils seront les plus malheureux, lorsque ceux qui le sont aujourd'hui plus qu'eux se seront perfectionnés par l'usage de la raison. Ce qui reste à la Chine de ses anciennes institutions s'éteindra nécessairement; ce reste s'évanouïra dans les révolutions futures, comme ce qu'elle n'en a déja plus, s'est évanouï dans les révolutions passées; enfin [...] les changemens qu'elle subira, seront en mal, comme partout ailleurs ils seront en bien.

Il fallait bien enfin que Boulanger eût raison; raison des témoins qui osaient affirmer que le despotisme est compatible avec le bonheur, raison de cette exception qui bafouait la règle, et raison tout court. Une fois de plus les textes contenaient, en dépit du discours apparent, une vérité qu'il suffisait d'interpréter pour la rendre lumineuse. Le bon philosophe est celui qui sait gloser juste. C'est ce qu'a fait Boulanger: confronté à une situation désespérée, ne trouvant appui ni chez ses alliés ni chez ses adversaires, il a retourné à son profit les récits et les mémoires les plus défavorables pour conforter ses principes et sauver la logique interne de son raisonnement. Décidément il n'y a pas de despotisme heureux.

18. De la République et de la Monarchie

L'esprit systématique de Boulanger est en paix: la douloureuse exception vient d'être réduite, la théorie est sauve, et chacun peut sentir 'la certitude des principes'.[136] La longue dissertation s'achève sur un accord parfait, et Boulanger 'après être parvenu à connoître toutes les circonstances de la naissance, des progrès, & du régne du Despotisme' (section 21, p.404), se sentirait quitte envers ses lecteurs, si la curiosité, qu'en habile rhétoricien il leur prête, n'exigeait de lui qu'il donnât son avis sur les deux formes de gouvernement, le républicain et

135. Section 19, p.389. Darwin, un siècle plus tard, fera un raisonnement analogue à propos de certaines espèces protégées dans leur forme ancienne par leur isolement. Voir *L'Origine des espèces*, traduction de E. Barbier (Paris s.d.), ch.4, p.115: 'On pourrait appeler ces formes anormales de véritables fossiles vivants; si elles se sont conservées jusqu'à notre époque, c'est qu'elles ont habité une région isolée, et qu'elles ont été exposées à une concurrence moins variée, et, par conséquent, moins vive.'

136. L'expression est de Montesquieu dans la Préface de *L'Esprit des lois*, i.12.

le monarchique, qui hantent alors les esprits et animent l'histoire. Puisque le lecteur n'est pas las de questionner, le philosophe ne saurait se lasser de répondre!

Boulanger rappelle d'abord, sans entrer dans le moindre détail, sans évoquer la moindre date, que ce sont la Grèce et Rome qui, les premières entre les nations, 'cherchant à rendre à la Nature humaine l'honneur & la liberté qu'on lui avoit ravie' (section 21, p.406), passèrent du despotisme à l'état républicain. Cette absence totale de précisions historiques est révélatrice de l'intention de Boulanger: sa seule ambition est de théoriser. La république est un régime séduisant; Grecs et Romains l'ont choisi 'comme le plus capable de rendre les hommes libres & heureux' (section 21, p.406). Mais jamais l'événement n'a couronné leurs espérances: 'Les Républiques se disoient libres, elles cherchoient toujours la liberté; elles voulurent être tranquilles, elles ne le furent jamais; chacun s'y disoit égal, il n'y eut point d'égalité' (section 21, p.411).

Cet échec perpétuel tient à la fois aux sources et à la nature même de la république.

En embrassant ce régime nouveau, les hommes ne firent pas table rase du passé. En changeant de politique, ils ne changèrent pas de mentalité. Un bouleversement de la société ne saurait avoir les vertus d'un cataclysme naturel: le monde n'en fut point 'renouvellé', et les anciens préjugés, les 'glorieuses chimères' (section 21, pp.410-11) de la théocratie façonnèrent le gouvernement républicain. Les hommes voulaient accéder à l'indépendance et à la souveraineté individuelle, mais ne pouvant rompre avec la nécessité intime d'adorer le Roi de l'univers, ils installèrent dans leurs temples celui qu'ils venaient de chasser de leurs palais (section 21, pp.408-409):

Le Gouvernement d'un Roi, & sa nécessité tenoit encore dans l'esprit des Peuples [...] tellement à leur religion, que ceux d'entre eux qui conçurent le plus de haine & d'horreur contre la Royauté, crurent néanmoins devoir en conserver l'ombre, s'ils en anéantissoient la réalité. Les Athéniens & les Romains en reléguérent le nom, sans aucun pouvoir dans le Sacerdoce; & les uns en créant un *Roi des Augures*, & les autres un *Roi des Sacrifices*, s'imaginérent satisfaire par-là tous les préjugés religieux qu'ils avoient encore sur la nécessité de la présence d'un Roi dans la Société [...].

Bien plus, ces hommes, entichés de leurs chimères théocratiques, étaient à ce point attachés à l'idée de monarchie absolue, qu'ils confièrent à chacun le pouvoir qu'ils auraient dû refuser à qui que ce fût. La république fit autant de monarques qu'il y avait de citoyens: 'tous les membres d'une République se firent égaux, ils furent tous Rois, ils furent tous Législateurs' (section 21, p.410).

Si ses origines vicieuses expliquent les tribulations historiques du système républicain, son essence garantit à jamais son échec. Pour Boulanger, un tel régime souffre d'un travers rédhibitoire: étant au sens propre 'surnaturel', il est sans proportion avec la nature humaine. La 'vertu', principe sur lequel est fondé ce type de société, ne peut être qu'une grâce passagère, le fruit d'une exaltation temporaire, après quoi il faut que l'homme rentre en lui-même et retourne à sa médiocrité. Les exemples glorieux de ces républicains farouches que Plutarque a chantés méritent notre admiration, mais le caractère prodigieux de ces héros prouve à lui seul qu'ils ne sauraient exister en dehors de l'exception et autrement que dans l'éphémère (section 21, pp.415-16):

Comme les principes [...] étoient au-dessus des forces humaines, ils ont dû élever l'homme au-dessus de lui-même; mais ils n'ont pû le faire que pour un tems, parce qu'alors les hommes agissant par un excès de ferveur & de zèle, n'ont point été capables de se soutenir constamment dans un état qui n'est point leur véritable état sur la Terre; les prodiges ici-bas n'y sont point de durée, parce qu'ils ne font point partie du cours ordinaire de la Nature. Il a donc fallu que le Républicain s'élevat pendant un tems au-dessus de lui-même, parce que le point de vûe de son gouvernement étoit surnaturel [...]; mais à la fin il a fallu que l'homme redevint homme, parce qu'il est fait pour l'être.

Dès que l'enthousiasme retombe, dès que l'homme retourne à sa nature, la république ne peut plus se soutenir que par la contrainte: 'Pour maintenir ces glorieuses chimères, il n'est point d'Etat Républicain qui n'ait eu recours à des moyens forcés, violens & surnaturels: le partage des terres, l'abolition des dettes, la communauté des biens, le nombre & la valeur des voix législatives, une multitude de loix sur le luxe, sur la frugalité, sur le commerce, &c. les occupérent & les divisérent sans cesse.'[137]

Et le plus noble, le plus innocent, le plus idéaliste des régimes politiques finit nécessairement, pour se maintenir, par avoir besoin de son contraire, par faire appel à ce despotisme qu'on avait précisément voulu bannir: 'Le système Républicain cherchoit [...] une contrée fabuleuse; il fuyoit le Despotisme, & partout le Despotisme fut sa fin. Telle étoit la mauvaise constitution de ces Gouvernemens, qui vouloient affecter l'égalité & la liberté, que ce Despotisme, qu'ils haïssoient, en étoit la ressource & le soutien dans les tems difficiles. Il fallut souvent que Rome pour se conserver, oubliât qu'elle étoit République, & qu'elle se soumit à des *Decem-virs*, à des *Dictateurs*, & à des *Censeurs* Souverains' (section 21, p.412).

Boulanger se plaît à souligner l'ironie du sort, l'étrange retour des choses d'ici-bas, à montrer l'ange obtenant son salut du démon, et à nourrir sa rhétorique de ces contradictions violentes. Mais il ne s'agit guère pour lui que d'un effet oratoire, car ces contradictions ne sont qu'apparentes et superficielles. Certes la république et le despotisme cherchent à atteindre des buts diamétrale-ment opposés; cependant ces ennemis sont frères et s'embrassent par leur vice premier: tous les deux nient la réalité, et, l'un par excès, l'autre par défaut, méconnaissent les possibilités de l'homme. Si bien que dans le droit fil d'une logique profonde, cette collusion que l'on aurait pu supposer contre nature n'est que l'aboutissement inévitable d'une similitude essentielle.

Reste la monarchie. Ce régime n'a rien d'odieux, non plus que rien d'exaltant; il n'exige du citoyen ni la soumission de l'esclave, ni la vertu du héros. Mais cette médiocrité est le signe même de sa justesse. L'homme, toujours à la recherche d''une félicité imaginaire', a fini par 'en trouver une qui fût faite pour lui; moins sublime, à la vérité, que celle qu'il avoit en vûe, mais plus solide, plus réelle, & plus vraie sur la Terre' (section 22, p.421).

La monarchie n'est pas le résultat d'une ambition, d'une idéologie, d'une utopie; elle est la transposition exacte dans le domaine politique des besoins et

---

137. Section 21, pp.410-11. Les exemples que donne Boulanger de ces 'moyens forcés, violens & surnaturels' montrent jusqu'où peut aller son conservatisme social. Si l'on entend bien sa pensée, pour lui la terre appartient légitimement à son propriétaire légal, il n'y a que de libres emprunteurs, le suffrage du peuple est une aberration, et l'intervention de l'Etat une nécessaire atteinte à la liberté!

des possibilités de l'homme que ce système accepte tel qu'il est (section 22, pp.419-20):

Tous les principes d'un tel Gouvernement sont pris dans la nature de l'homme & de la planète qu'il habite; il est fait pour la Terre, comme une République, & une Théocratie sont faites pour le Ciel, & comme le Despotisme est fait pour les Enfers. L'honneur & la raison qui lui ont donné l'être, & qui le dirigent, sont les vrais mobiles de l'homme; comme cette sublime vertu dont les Républiques ne nous ont montré que des rayons passagers, est le mobile constant des habitans du Ciel, & comme la crainte des Etats despotiques est l'unique mobile des réprouvés.

De son origine théocratique, la monarchie contemporaine ne garde plus que des traces infimes. Certains rois de l'Occident chrétien prétendent encore guérir les écrouelles par le simple attouchement des malades, mais le pouvoir miraculeux de ces 'Médecins couronnés' (section 17, p.353) n'est que le vestige d'un passé révolu, et l'on fait injure aux monarques de l'Europe en leur demandant de continuer à jouer ainsi les princes thaumaturges: 'Nos Rois n'ont plus besoin de ce foible artifice pour être aimés, adorés, & respectés: comme ils ne peuvent faire que le bien possible, c'est leur manquer que d'en exiger ce qui surpasse leur pouvoir' (section 17, pp.354-55).

Si l'on fait abstraction de cette pratique archaïque 'que les lumiéres du siécle doivent anéantir comme un opprobre' (section 17, p.354), tout est pour le mieux dans le meilleur des mondes possibles. Considérant 'les abus du Despotisme, les dangers des Républiques, & le faux de ces deux Gouvernemens' (section 22, p.419), Boulanger se déclare aussi satisfait qu'on peut l'être. Est-ce prudence? Est-ce bonne foi? Les *Recherches sur l'origine du despotisme oriental* se terminent par des actions de grâce en l'honneur de la monarchie régnante, qui a le mérite d'assurer à chaque citoyen autant de bonheur qu'un mortel peut en espérer sur cette terre:[138] les Rois acceptent leur condition humaine, et se soumettent aux lois qui fondent leur pouvoir;[139] les peuples mus par le sentiment de l''honneur' servent leur souverain sans se sentir esclaves, et leurs passions mêmes sont contenues et tournées 'au profit du bien général'.[140] Enfin cette heureuse harmonie, n'étant pas fondée 'sur des principes faux, sur des moyens ou sur des motifs chimériques, ni sur des idées superstitieuses & mystiques, mais sur la raison, sur la nature, & sur le caractère des choses d'ici-bas' (section 22, p.424) est promise à une durée que rien ne devrait menacer. Tout légitime l'enthousiasme de Boulanger qui s'écrie, comme si c'était là le dernier mot de sa penseée politique, et comme si les *Recherches* avaient été écrites pour cette fin: 'Constitution

138. En philosophe pragmatique, Boulanger distingue avec insistance le possible et le souhaitable: 'C'est le Gouvernement Monarchique qui seul a trouvé les vrais moyens de faire jouïr les hommes de tout le bonheur *possible*, de toute la liberté *possible*, & de tous les avantages dont on *peut* jouïr sur la Terre' (section 22, pp.420-21). C'est nous qui soulignons.

139. Voir section 22, pp.421-22: 'Le Gouvernement Monarchique doit être regardé comme le chef-d'œuvre de la raison humaine, & comme le port où le Genre humain battu de la tempête, en cherchant une félicité imaginaire, a su se rendre pour en trouver une qui fût faite pour lui [...]. C'est-là qu'il a trouvé des Rois qui n'affectent plus la Divinité, & qui ne peuvent oublier qu'ils sont des hommes; [...] c'est là que les Rois reconnoissent des loix sociales & fondamentales qui rendent leurs Trônes inébranlables, & les Peuples heureux'.

140. Section 22, p.424.

admirable, digne de tous nos respects, & de tout nôtre amour!' (section 22, p.424).

ix. Conclusion

Le dithyrambe à la gloire du système monarchique par quoi se terminent les *Recherches sur l'origine du despotisme oriental* ne va pas sans nuances. 'Les Monarchies présentes de l'Europe', nous dit Boulanger, 'sont toutes du plus au moins fondées sur les vrais principes' (section 22, p.424). Mais une hiérarchie, même dans le bien, suppose nécessairement l'existence d'imperfections: 'telle [monarchie] croit jouïr d'une constitution parfaite, qui n'a encore que les abus des anciennes; & telle autre se plaint, qui est peut-être plus heureuse qu'elle ne pense [...]' (section 22, pp.424-25). Le Royaume de France appartient-il à la seconde ou à la première catégorie? Boulanger, bien entendu, n'en dit rien, et chaque lecteur peut choisir au gré de ses convictions personnelles.

En vérité, l'enthousiasme de Boulanger s'applique bien davantage à une monarchie selon son cœur qu'à tel ou tel trône qu'il pourrait nommer. La perfection est théoriquement possible, mais elle est encore à venir, si elle vient jamais: 'On ne doit point s'imaginer que nous puissions voir un jour des Monarchies parfaites, auxquelles il ne manquera rien de ce qui est l'essence de ce Gouvernement. Ses principes humains & naturels, feront connoître quelles en doivent être les véritables loix' (section 22, p.425). Et quand cette perfection viendrait combler toutes les espérances politiques, les hommes ne devraient pas cet heureux succès aux ressources intrinsèques de la monarchie, puisqu'elle ne possède par elle-même aucune 'vertu' capable d'engendrer son amélioration, mais bien au seul 'progrès des connoissances qui en agissant sur les Rois, & sur la raison publique [...] [sera] à l'avenir le Législateur de tous les hommes [...] [et portera] insensiblement & sans effort des lumiéres nouvelles dans le Monde politique, comme il en porte tous les jours dans le Monde sçavant' (section 22, pp.426-27).

Il est bien difficile aujourd'hui de décider ce qui, dans cet éloge de la monarchie relève de l'allégeance sincère, de l'adhésion de principe, du scepticisme ou de l'espérance, mais il nous est facile de constater que le tout dernier mot des *Recherches* n'est pas consacré à la politique, mais au 'progrès des connoissances'. L'intention majeure de Boulanger était, en effet, de composer un discours de la méthode pour bien conduire sa raison et chercher la vérité dans l'histoire. Si l'on envisage les choses sous cet aspect, le *Despotisme oriental* nous apparaît comme un livre courageux, et le politique conventionnel se change alors en un philosophe novateur.

L'audace était grande que d'imposer, contre l'opinion quasi unanime de son temps, un revirement total dans la hiérarchie des documents offerts à la sagacité des chercheurs. Les annales et les chronologies étaient tenues pour la source obligée de toute investigation historique. Même si elles étaient souvent discutées et controversées, on leur accordait la révérence qui va à l'intelligence et à la science; le nouvel historien n'avait de cesse qu'il n'eût composé de nouvelles annales et de nouvelles chronologies, selon des intentions différentes, mais suivant des principes analogues à ceux de ses devanciers. Les rites et les mythes, en revanche, étaient le plus généralement considérés comme des manifestations aberrantes de l'esprit humain, comme le témoignage privilégié de la bizarrerie et de la singularité des nations, sur lequel un chercheur ne pouvait rien fonder qui fût sérieux. Or, pour Boulanger, c'est exactement l'attitude inverse qui est judicieuse et féconde. Annales et chronologies ne sont que des interprétations partisanes et courtisanes qu'il convient d'examiner avec la dernière défiance. Les rites et les mythes sont, au contraire, des faits bruts que l'on peut répertorier, classer et analyser avec fruit. L'esprit que les peuples leur ont attribué *a posteriori* et comme en surimpression est évidemment trompeur, mais si l'on a la force et la sagesse de les tenir pour de simples documents, ils deviennent pour l'historien la source la plus sûre de la connaissance.

L'audace était grande de concevoir, contre l'avis des penseurs orthodoxes et contre le sentiment des philosophes des Lumières, que ces rites et ces mythes avaient, dans leur foisonnement prodigieux, une unité profonde et qu'ils racontaient la peur et l'espérance de l'humanité. Les hommes d'Eglise ne voulaient ni ne pouvaient voir dans toutes ces 'coutumes' que la manifestation des folies de l'homme dès lors qu'il est privé de la parole du Seigneur et qu'il n'a pour se guider que les puissances trompeuses d'une imagination nécessairement déréglée et pervertie par le péché originel. Les esprits forts s'attachaient, de leur côté, à mettre en évidence l'aspect contradictoire de toutes ces traditions et la diversité des mœurs qu'elles supposent, afin d'imposer l'idée que la morale est relative. Seul, contre toutes les autorités de son temps, Boulanger refuse la folie et la contradiction et met en lumière ce que ces 'coutumes' révèlent, par leurs récurrences, des réactions primitives et inconscientes des humains.

L'audace était grande enfin de ramener les usages du christianisme au fond commun de l'humanité, en en faisant non pas – selon le modèle que lui proposaient les Encyclopédistes – une religion semblable aux autres, par essence ni meilleure ni pire, mais une simple variante de la grande religion universelle née de l'immense frayeur créée par les cataclysmes naturels qui marquent le commencement du monde 'renouvellé'. Et c'est par là, si l'on y tient, que les *Recherches sur l'origine du despotisme oriental* trouvent leur véritable dimension politique, et non dans leur épilogue traditionnel. Au milieu du dix-huitième siècle, l'Eglise et l'Etat sont encore trop intimement liés, leurs intérêts – même s'il y a parfois de graves conflits – sont encore trop directement complémentaires pour que celui qui attaque l'une de ces institutions ne menace pas de ruiner l'autre. La censure et la police royales ne s'y sont pas trompées et leur sévérité porte témoignage du caractère objectivement dangereux de l'ouvrage de Boulanger.

Les méthodes de travail que les *Recherches* élaborent étaient, comme on le voit, riches de promesses. D'autres penseurs au dix-neuvième et au vingtième siècles les réinventeront avec le succès que l'on connaît. Boulanger, quant à lui, n'a pas pu profiter vraiment de ses découvertes qui, pour être pleinement efficaces, auraient dû s'accompagner d'autres trouvailles et lever plus d'interdits que l'époque ne le permettait. Et c'est, paradoxalement, les développements qu'il consacre à l'origine même du despotisme oriental, au sujet avoué de son essai, qui sont aujourd'hui les plus décevants et les plus caducs. Le refus dans lequel il s'entête de prendre des exemples précis, son goût impénitent pour la généralisation systématique, son essentialisme qui lui impose de croire que la psychologie des hommes est invariable, que la Raison est une grâce initiale et non, au moins pour une part, le résultat d'une expérience et d'une pratique, le condamnent à la négation de l'histoire qui est ramenée par lui à une simple durée, où des forces mécaniques et pour ainsi dire fatales ont conduit l'homme de l'innocence première à la perversion ultime avant d'assurer son rachat, selon un schéma qui relève de la métaphysique la plus conservatrice.

Aucun des historiens de notre époque ne se reconnaîtrait ni dans la démarche ni dans les conclusions de Nicolas-Antoine Boulanger. Les ombres ont effacé les découvertes lumineuses que d'autres, bien après lui, ont dû recréer pour en faire un instrument efficace de la recherche. Et pourtant ces historiens suivent, sans le savoir, des méthodes que l'Encyclopédiste avait largement esquissées. Les *Recherches sur l'origine du despotisme oriental* sont assurément un livre mort, mais elles portent témoignage sur une époque et sur un homme qui a rêvé, en se voulant positiviste et matérialiste, de fonder une nouvelle manière d'écrire l'histoire. Son échec, sans doute, est à la mesure de sa témérité: Boulanger s'est prétendu l'historien de la rigueur et il n'a été le plus souvent que le chroniqueur de l'apocalypse. Mais l'audace était si belle, et les trouvailles qu'il a accumulées étaient si grandes qu'il nous semble mériter l'admiration que Diderot lui prodiguait et que la postérité lui a jusqu'ici refusée.

4. *Dissertation sur Elie et Enoch*

i. L'attribution

LA paternité de Nicholas-Antoine Boulanger n'a, pour cet ouvrage, jamais été sérieusement mise en doute. Le *Nota bene* par lequel se termine l'Avant-propos qui est imprimé dans toutes les éditions affirme: 'On a crû longtems que les *Recherches sur l'Origine du Déspotisme Oriental* & cette *Dissertation* qui en est le pendant, étoient de *Freret* Auteur de la *Lettre de Thrasybule à Leucippe*.'[1] Mais, pour le rédacteur de cette notule, la vérité est maintenant rétablie: l'auteur de la *Dissertation* 'étoit Ingenieur dans les Ponts & Chaussées, il avoit été attaché à M. le Baron de *Thiers*, qu'il avoit suivi en Bohème dans la guerre de 1740'.[2] Les détails sont si précis que chacun peut reconnaître Boulanger.

Les *Mémoires secrets* de Bachaumont, à la date du 14 septembre 1764 (ii.99-100), se contentent de reproduire le *Nota bene* que nous venons de citer, sans le faire suivre d'aucun commentaire. Diderot, dans sa fameuse *Lettre* qui sert de préface à *L'Antiquité dévoilée*, mentionne ce livre comme étant de Boulanger (p.xiv). La *Gazette nationale*, à l'occasion de la publication en 1792 de ses *Œuvres complettes*, n'a pas songé à lui contester la paternité de la *Dissertation*.[3] Jérôme de Lalande enfin, dans son supplément au *Dictionnaire des athées* de Sylvain Maréchal, confirme cette attribution,[4] ainsi que Gabriel Peignot dans son *Dictionnaire critique, littéraire et bibliographique*.[5]

A dire vrai, cette *Dissertation* est tellement semblable par le ton, les propos et la méthode à *L'Antiquité dévoilée* et au *Despotisme oriental* que nous pourrions, à la limite, nous passer de tous ces témoignages.

ii. Une copie manuscrite

Comme la plupart des œuvres audacieuses de cette époque, la *Dissertation sur Elie et Enoch* a circulé en manuscrit. Une seule copie est parvenue jusqu'à nous, celle qui est conservée aujourd'hui à la Bibliothèque Saltykov-Chtchédrine de Léningrad, dans le fonds Voltaire. Fernand Caussy affirme qu'elle figurait dans les papiers qui avaient appartenu en propre à madame Du Châtelet.[6] Si cela est vrai, il faut que la *Dissertation* ait été composée au plus tard en 1747, puisque

---

1. p.xvi. (Toutes les références renvoient à l'une des trois éditions parues en 1764, en l'occurrence celle que Jeroom Vercruysse, dans sa *Bibliographie d'Holbach*, a désignée par la cote 1764-F3, et que nous décrirons ultérieurement.)

2. p.xvi. Boulanger n'est entré au service du baron de Thiers qu'en 1743. Voir ci-dessus, p.2.

3. *Gazette nationale, ou le moniteur universel* 40 (jeudi 9 février 1792), p.164 a.

4. *Dictionnaire des athées anciens et modernes*, 2e édition augmentée de suppléments de J. Lalande (Bruxelles 1833), pp.58-59.

5. Etienne-Gabriel Peignot, *Dictionnaire critique, littéraire et bibliographique des principaux livres condamnés au feu, supprimés ou censurés* (Paris 1806), i.47.

6. Fernand Caussy, 'Inventaire des manuscrits de la bibliothèque de Voltaire conservée à la Bibliothèque impériale publique de Saint-Pétersbourg', *Nouvelles archives des missions scientifiques et littéraires*, nouvelle série, 7 (1913), p.44.

c'est au mois de septembre de cette année-là que la marquise est morte. Mais l'indication reste fragile, car la bibliothèque de Voltaire avait dû subir bien des modifications avant que Wagnière n'en assurât le classement à Saint-Pétersbourg!

iii. La date de composition

Les éléments fournis par la *Dissertation* elle-même supposent une date de composition nettement plus tardive. L'ouvrage nous est donné en effet comme la suite des *Recherches sur l'origine du despotisme oriental*. C'est ce qu'affirme la page de titre.[7] C'est ce que répète la note de la page deux.[8] Enfin le premier chapitre de la *Dissertation*, intitulé *Préliminaires*, est, à grands traits, le résumé des conclusions auxquelles Boulanger était parvenu dans ses *Recherches*.[9] S'il n'y a là aucune supercherie, il faut en conclure que le traité a été rédigé au plus tôt en 1756 (voir ci-dessus, p.52). Mais on peut très facilement imaginer que d'Holbach a modifié à dessein ce chapitre initial – à moins qu'il ne l'ait tout simplement ajouté: il était tentant pour un éditeur littéraire d'offrir au public cette *Dissertation sur Elie et Enoch* comme le deuxième volet d'un ouvrage dont le succès commercial avait été remarquable (voir ci-dessus, pp.50-51).

En fait, l'élément le plus déterminant paraît bien être une phrase de la *Dissertation*. Boulanger affirme: 'comme je l'ai dit & démontré ailleurs, tous les grands hommes de l'antiquité Egyptienne, Chinoise, Hébraïque, Grecque, Romaine &c. ont été jettés dans un moule commun, qui doit son origine à l'abus des anciens dogmes & des symboles commémoratifs, dont l'usage, comme l'abus qu'on en a fait, m'a paru avoir été universel' (p.45). Cet 'ailleurs' dont parle Boulanger ne peut désigner que *L'Antiquité dévoilée*. C'est en effet le seul de ses ouvrages dans lequel le philosophe se soit livré, du moins d'une manière systématique, à une analyse de cette nature. Et il faut, en conclusion, admettre que la *Dissertation*, bien loin d'être une œuvre préliminaire, a dû être composée après son œuvre majeure, c'est-à-dire à l'extrême fin de sa vie.

iv. Les différentes publications et les premières réactions

La *Dissertation* sortit des presses en 1764. Trois éditions se succédèrent la même année (voir *Bibliographie d'Holbach*, 1764 F1, F2 et F3); il est malheureusement impossible de dire dans quel ordre. Bien qu'aucun lieu d'édition ne soit mentionné, on peut, en revanche, établir avec certitude l'origine de ces ouvrages.

7. DISSERTATION / SUR / ELIE et ENOCH. / *Par l'Auteur* (Mr. Boulanger) / DES / RECHERCHES sur L'ORIGINE / DU / DESPOTISME ORIENTAL / Et servant de suite à cet Ouvrage. /

8. Le texte étant ainsi rédigé: 'Les désastres & les calamités dont le monde fut accablé lors de ces anciennes révolutions de la nature [...] avoient affecté, comme nous avons vu dans nos Anecdotes Physiques & Morales, le genre humain', la note précise: 'Despotisme Oriental'.

9. L'auteur est, à cet égard, parfaitement explicite: 'il sera nécessaire de rappeller en forme de Préliminaire, les découvertes aussi simples que singulieres qui viennent d'être faites sur tout ce qui concerne les opinions religieuses de l'Antiquité, & sur les sources communes des égaremens de l'Univers. Elie n'occupe qu'un coin de ce nouveau Tableau' (p.2).

Jeroom Vercruysse a remarqué qu'ils sont tous composés avec des 'caractères et [des] éléments typographiques Rosart de la fonderie Enschedé,[10] ce qui suppose une facture hollandaise. De plus, dans une lettre du 18 octobre 1766, Pierre Alexandre Du Peyrou se plaint à Marc Michel Rey que l'exemplaire de la *Dissertation sur Elie et Enoch* qu'il lui avait commandé ne lui est pas parvenu.[11] Or, à cette date, aucune édition nouvelle n'avait remplacé les publications de 1764, et il faut en conclure que celles-ci avaient été imprimées chez le grand éditeur d'Amsterdam.

Dans ces trois éditions initiales la *Dissertation* est suivie, pour grossir le volume, d'un traité intitulé *Esope fabuliste, ou dissertation sur les incertitudes qui concernent les premiers écrivains de l'antiquité* et par le *Traité mathématique sur le bonheur*, par Irénée Krantzovius [Benjamin Stillingfleet], *ouvrage traduit de l'allemand en anglois avec des remarques de A.B. et traduit de l'anglois en françois, avec une lettre préliminaire du traducteur françois* [M. de Silhouette]. Ces deux opuscules sont, à l'évidence, étrangers à l'œuvre de Boulanger.

L'édition que nous utilisons – qui ne se distingue en rien des deux autres, mais qui a le mérite d'être la plus répandue – se présente sous la forme d'un volume in-8° de xvi-284 pages, dans lequel la *Dissertation* occupe les pages xvi-104.[12]

Bien que cette œuvre de Boulanger ait été présentée comme la suite de ses *Recherches sur l'origine du despotisme oriental*, elle ne semble pas avoir connu l'heureux succès que son éditeur en escomptait sans doute. Les réactions furent rares et à peu près insignifiantes. On peut noter, par acquit de conscience, le résumé très plat des *Mémoires secrets*: 'L'auteur, par une discussion très savante, prouve que ces personnages [Elie et Enoch] ne sont que des êtres très chimériques ou du moins jette des doutes très fondés sur leur existence' (ii.99-100, à la date du 14 septembre 1764), et le mot brutal de Voltaire: 'J'ai reçu des Enocs, cela n'est pas publici saporis' (Best. D12208, lettre à Damilaville du 25 novembre 1764).

La police a, sans aucun doute, essayé d'empêcher la diffusion de l'ouvrage. Mais nous n'avons gardé qu'une seule trace de ses efforts: le 21 juin 1768, le livre – parmi bien d'autres – est saisi dans le duché de Bouillon sur un colporteur de Charleville, nommé Pierre Jarry. Les œuvres interdites furent condamnées le 13 octobre de la même année à être lacérées et brûlées; la sentence fut exécutée le 10 décembre.[13]

Enfin, la Cour de Rome fit à Boulanger l'honneur assez banal de mettre sa *Dissertation* à l'index, par décret du 26 mars 1767.[14]

La *Dissertation sur Elie et Enoch* ne connut aucune réédition, si ce n'est à

10. *Bibliographique d'Holbach*, à la cote 1764 F1. Voir aussi les cotes 1764 F2 et F3, ainsi que la cote 1778 F1.

11. Best.D13616: 'Mr Pourtales a bien reçu ses deux ouvrages, Dissertation sur Henoch & Elie, & l'antiquité dévoilée, mais il les a crus pour lui, & les a gardé. Faites moi donc la grâce de me dire s'ils étoient pour moi, et désormais ayez la bonté dans vos envoys de les marquer à mon addresse sous couvert des dits Mess.r Pourtales.'

12. Jeroom Vercruysse, *Bibliographie d'Holbach*, lui a donné la cote 1764 F3.

13. Voir Jeroom Vercruysse, *Bibliographie d'Holbach* à la cote 1768 A1, et Arlon. Archives de l'Etat, Cour souveraine de Bouillon, 1768 B.

14. *Index librorum prohibitorum Sanctissimi Domini nostri Pii sexti Pontificis maximi jussu editus* (Rome 1806), p.252: 'Seconde Partie [des Recherches sur l'origine du despotisme oriental], tria continens Opuscula, quae pariter damnantur, et inscripta sunt = Dissertations sur Elie et Enoch, = sur Esope Fabuliste = et Traité mathématique sur le Bonheur. Decr. 26 Martii 1767.'

l'occasion des différentes publications des *Œuvres* de Boulanger.[15] C'est là la dernière preuve de son peu de succès.

C'est l'une des trois éditions de 1764,[16] partiellement invendue, qui a été utilisée en 1778 pour remplir la première partie du tome 6 des *Œuvres de M. Boulanger* en 8 volumes, sans lieu.

La *Dissertation* constitue de même:

a – le tome 6 de l'édition en 10 volumes de 1791, 'En Suisse'.

b – la deuxième partie du tome 5 de l'édition en 8 volumes de 1792, Paris.

c – la deuxième partie du tome 4 de l'édition en 6 volumes de 1794, Amsterdam.

v. L'Avant-propos[17]

L'Avant-propos par lequel commence la *Dissertation sur Elie et Enoch* donne toutes les apparences de l'authenticité, tant les idées qui y sont développées recoupent celles qui sont les plus familières et les plus chères à Boulanger.

On y retrouve sa passion pour la vérité, passion qu'il prête, par sympathie, à tous les êtres humains comme la vertu du monde la mieux partagée. C'est par cette profession de foi que s'ouvre le texte: 'L'Homme est né pour la vérité, il la cherche quand elle lui manque, il l'estime & la chérit quand il croit l'avoir rencontrée.'[18] On y retrouve la volonté que nous avons tant de fois découverte et tant de fois soulignée d'innocenter l'homme qui 'est si peu fait pour l'erreur que toutes les fois qu'on a voulu l'y faire tomber, il a fallu le séduire & le tromper en lui présentant des Phantômes auxquels on a donné tous les titres du vrai & toutes les apparences de la réalité' (p.v). Si les hommes, malgré les lumières accrues de la raison, continuent à chérir 'leurs préjugés & leurs folles opinions' (p.vi), ce n'est point par goût, aussi naturel que pervers, du chimérique et de l'irrationnel. C'est que la vérité, jusqu'ici, a été soigneusement dissimulée à ses regards. 'Que le vrai paroisse, dit Boulanger, j'ôse être le garant de l'hommage qu'il recevra du genre humain' (p.vii).

Boulanger prête à la vérité une grâce nécessairement suffisante. L'homme saura la reconnaître aussi facilement qu'il distingue le jour de la nuit, et il se donnera à elle comme on se livre à un dieu tout-puissant. La Vérité sera, au sens propre, une Révélation. Et Boulanger, à aucun moment, ne vient à se demander comment la juste parole pourra être diffusée dans un monde où la plupart des êtres humains ne savent pas lire, et être acceptée dans un état politique où l'immense majorité des individus trouvent dans leurs préjugés le plus clair de leurs consolations.

Cette croyance en l'efficacité immédiate et spontanée de toute vérité, dès lors qu'elle est révélée par l'écriture, suppose l'absolue responsabilité de ceux que

15. Voir Jeroom Vercruysse, *Bibliographie d'Holbach*, aux cotes 1778 F1, 1791 F3, 1792 F4 et 1794 F3.

16. *Bibliographie d'Holbach*. Il s'agit de l'édition à laquelle Jeroom Vercruysse a donné la cote 1764 F2.

17. pp.v-xvi.

18. p.v. Boulanger dit encore: 'Ce ne sont donc point leurs Préjugés & leurs opinions mêmes que les hommes respectent & adorent; c'est l'apparence du vrai dont elles sont décorées; c'est le sçeau de l'autenticité qu'on a sçu leur attacher' (p.vii).

l'on appelait alors les philosophes et que nous nommerions aujourd'hui les intellectuels. Et c'est très logiquement à eux que Boulanger s'en prend. Les 'esprits heureux' et les 'génies distingués' (p.vii) n'ont pas manqué pour éclairer l'univers, et cependant la lumière ne s'est pas faite, car 'l'Esprit & le Génie s'y sont mal pris pour réussir' (p.ix). Ils ont péché, l'un et l'autre, par défaut de modestie et par manque de méthode; ils se sont fiés, l'un et l'autre, à leurs talents singuliers. Et, pour imiter la métaphore militaire que Boulanger file avec complaisance, ils ont préféré les charges héroïques des cavaliers à la marche obscure des fantassins et des sapeurs (pp.ix-x):

Si nous considérons dans ce point de vüe quelle conduite ont tenu l'Esprit & le génie quand ils ont ôsé se soulever [...], nous verrons que les gens d'Esprit n'ont jamais fait que la petite guerre, sans oser s'approcher des forts & des Remparts qu'ils n'auroient point été capables de détruire. Nous verrons que les hommes de Génie n'ont fait que des invasions hardies & éclatantes à la vérité, mais sans succès continu, par ce qu'ils ont dédaigné des siéges toujours pleins de lenteur, pour ne livrer que des Batailles plus conformes à leur audace & à leur caractère.

Certes les hommes de génie – et Boulanger songe inévitablement à son maître Montesquieu – sont allés plus loin que les gens d'esprit qui se sont contentés 'des satires & des plaisanteries' (p.xi), satisfaits d'avoir eu raison avec élégance et avec éclat. Mais leur intelligence d'exception, leur merveilleuse faculté de pressentir 'quels étoient les égaremens du monde' (p.xiii) leur ont fait négliger l'humble démarche du pédagogue: 'ils ont hautement refusé à l'erreur l'hommage que la vérité seule peut obtenir de ces grands caractères. Aussi est-il arrivé delà que leur génie n'a servi qu'à eux seuls. Si leurs exemples ont quelques fois ébranlé, ils n'ont rien pû détruire, par ce qu'ils n'ont pû convaincre le genre humain qui demande des preuves; & non des pressentimens ou des raisonnemens Métaphysiques' (pp.xiii-xiv).

La méthode et le devoir de Boulanger sont maintenant clairement tracés. Il lui faudra prendre les 'erreurs en détail', opposer 'des faits aux faits', en suivre 'la chaine pied à pied' et les saisir 'corps à corps les uns après les autres' (p.xii). C'est au prix de la patience et de l'humilité, de l'obscurité consentie et revendiquée, que se fera le lumineux progrès des connaissances, jusqu'au jour glorieux où l'homme pourra 'voir de ses propres yeux, par une sorte de Géographie Morale, quelle est sa véritable position à l'égard de la vérité' (p.xiv).

En écrivant sa *Dissertation sur Elie et Enoch*, Boulanger ne prétend pas dresser une 'nouvelle mappemonde' de la connaissance, mais simplement tracer les linéaments exemplaires d'un petit canton de la vérité.

vi. 'Préliminaires'[19]

La dissertation proprement dite est immédiatement précédée par un assez long chapitre intitulé 'Préliminaires'. L'authenticité m'en paraît tout à fait douteuse. Bien sûr, certains des éléments qui composent ce préambule pourraient avoir été rédigés par Boulanger. Mais c'est là la règle même de toute supercherie littéraire.

19. pp.1-18.

On pourrait, par exemple, tenir pour un indice d'authenticité cette volonté clairement exprimée d'utiliser l'exemple le plus précis pour étayer une vérité universelle: Boulanger l'a dit cent fois, et les 'Préliminaires' le répètent: 'L'objet de cette Dissertation sera de faire connoître que tout ce que le peuple superstitieux [le peuple hébreu] a débité au sujet de ces deux Prophêtes, appartient aux erreurs communes à toutes les Nations de la Terre & aux âges du monde connus les plus reculés' (pp.1-2). On pourrait encore reconnaître la marque de Boulanger dans la revendication hautement affirmée d'une singularité novatrice: c'est un des lieux communs du *Despotisme oriental* que les 'Préliminaires' reprennent en termes explicites: 'Il ne suffira donc point [...] de considérer ces fables chez les Hébreux seuls, [...] comme on s'est contenté de le faire jusqu'à présent; mais il sera nécessaire de rappeler [...] les découvertes aussi simples que singulieres qui viennent d'être faites sur tout ce qui concerne les opinions religieuses de l'Antiquité, & sur les sources communes des égaremens de l'Univers' (p.2).

En revanche le résumé ennuyeux qui occupe à lui seul toute la deuxième partie du préambule et qui a pour but avoué de rappeler les principales conclusions des *Recherches sur l'origine du despotisme oriental* ressemble bien davantage à l'argument commercial d'un éditeur désireux de lier le sort d'un ouvrage dont le succès est incertain à celui d'un livre qui s'est bien vendu qu'au développement d'un écrivain soucieux de sa gloire. Ce résumé présente d'ailleurs autant de traits qui renvoient à *L'Antiquité dévoilée* qu'au *Despotisme oriental*,[20] mais il eût été évidemment maladroit de donner au public une dissertation de cent pages pour le pendant d'un traité qui en compte plus de douze cents!

Enfin deux détails précis et importants semblent faire pencher la balance du côté de la supercherie:

– Si Boulanger n'a jamais été tendre avec les Hébreux, jamais il ne s'est montré véritablement raciste à leur égard; quand il les attaque – et cela arrive très souvent – c'est dans leur seule prétention à se croire le peuple élu, à se vouloir au-dessus du commun des mortels. Or, l'auteur des 'Préliminaires' descend au contraire jusqu'à des injures qui expriment le racisme le plus évident: il nous parle sur le ton le plus naturel, et comme si c'était là une certitude qui dût entraîner l'assentiment de tous les lecteurs, des 'fanatiques Hébreux' (p.14), de 'cette imbécile nation' (p.8) et de 'leur misérable Judée' (p.15). Le contexte indique clairement que l'auteur ne parle pas de ceux des Hébreux qui sont 'fanatiques', ni même des Hébreux rendus 'fanatiques', mais bien des Hébreux 'fanatiques' par nature. Les adjectifs 'imbécile' et 'misérable' sont, de même, employés comme épithètes homériques.

– L'auteur des 'Préliminaires' manifeste, et en termes violents, sa haine des colonisateurs: 'les Américains reçurent d'abord à bras ouverts des Bourreaux qu'ils regarderent dans les premiers momens de leur arrivée, comme étant ces Dieux, Enfans du Soleil & du Ciel qui, selon les anciens oracles de leur Pays, & selon leurs chansons Religieuses, devoient un jour venir de l'Orient: ils crurent les reconnoître à leur puissance & à leur foudre: Mais ils ne les reconnurent que

---

20. Henri Lion (1914), p.637, va plus loin encore: 'Les Préliminaires sont, en grande partie, un écho des *Recherches sur l'origine du Despotisme oriental* ou plutôt, bien que l'ouvrage n'ait pas encore vu le jour, de *l'Antiquité dévoilée*.'

pour en être foudroyés.'[21] Or, Boulanger a eu mille occasions de manifester une pensée anticolonialiste, et au moins chaque fois qu'il venait à parler de ces peuples d'Amérique qui attendaient de nouveaux dieux venus de l'orient et qui croyaient, pour leur malheur, les reconnaître dans les conquérants européens. L'audace lui était d'autant plus facile que Montesquieu avait montré la voie et que certains des Encyclopédistes avaient imité le grand précurseur. Cependant Boulanger n'a su – ou voulu – saisir cette occasion qu'une seule fois dans toute son œuvre, et non pas dans la *Dissertation sur Elie et Enoch*, comme le laisseraient logiquement supposer les 'Préliminaires', mais dans *L'Antiquité dévoilée*.[22]

Il serait véritablement bien surprenant que Boulanger ait soutenu dans ce chapitre d'introduction deux idées qui ne trouvent aucun écho dans la dissertation proprement dite, et qui, à une exception près, ne se rencontrent pas dans le reste de son œuvre.

De tels arguments ne sauraient fournir une preuve absolue; ils constituent, en revanche, les indices d'une très grande probabilité.

vii. L'enjeu de la *Dissertation*

Une dissertation est l'''examen de quelque point de doctrine'. C'est la définition que donne Littré d'un vocable dont l'acception était, au dix-huitième siècle, exactement semblable. Et le propos de Boulanger correspond tout à fait à la règle de ce genre mineur: il s'agit pour lui d'examiner si Elie et Enoch que l'Eglise a mis au rang de ses Prophètes ont quelque droit au titre majestueux que la tradition leur confère. Il s'agit de 'démasquer'[23] une imposture et de faire apparaître le vrai visage de deux êtres de papier dont les Saintes Ecritures ont imposé la chimérique image.

viii. Le choix d'un plan

Pour mener à bien son entreprise, Boulanger a fait choix d'un plan à la fois simple et surprenant. Simple, puisqu'il a décidé d'étudier successivement la figure d'Elie et celle d'Enoch en deux monographies séparées; surprenant, puisqu'il a préféré, au mépris de la chronologie, démythifier le nouveau prophète avant l'ancien, et qu'il s'est refusé à faire une analyse synoptique, alors qu'un des buts majeurs de sa dissertation est précisément de montrer que les deux figures n'en font qu'une.

L'ancien élève du collège de Beauvais a si bien senti que ses maîtres de

21. p.16. On comprend mal qu'un même homme puisse à quelques lignes d'intervalle se montrer raciste puis anticolonialiste. Il s'agit là pourtant d'un exemple banal des contradictions de l'idéologie. Le dix-huitième siècle a l'usage de ces inconséquences sans en avoir le privilège.

22. iv.3, ii.394: 'La prévention des Péruviens nourrie par la superstition & par des prophéties vagues, fait qu'ils adorent une troupe d'Européens sanguinaires & avares ou de bêtes féroces qui bientôt deviennent les exterminateurs & les bourreaux d'une nation que ses Princes avoient jusques-là rendue heureuse. Que dis-je! ces Princes eux-mêmes deviennent par leur superstition les complices des indignes usurpateurs qui viennent de si loin les dépouiller; ils souffrent paisiblement qu'on les égorge, par une soumission aveugle aux décrets prétendus de la Providence & aux oracles de leurs peres dont ils croient voir l'accomplissement.'

23. Le mot est de Boulanger, p.23.

rhétorique auraient désapprouvé un plan peu conforme aux enseignements de la saine doctrine, qu'il a tenté de se justifier et d'éviter leurs remontrances. S'il a parlé d'Elie avant de disserter sur Enoch, c'est pour une simple raison de nécessité: la Bible est si avare de renseignements sur le prophète le plus ancien que l'étude de ce saint personnage n'aurait conduit à rien sans les lumières que nous donnent les textes, plus nombreux et plus explicites, relatifs au nouveau prophète (p.55):

> J'ai contre l'ordre des tems fait anticiper les fables qu'on a débitées au sujet d'Elie & de ses semblables sur celles qui ont rapport au grand prophête Enoch, beaucoup plus ancien qu'eux.
>
> J'ai été forcé à cette méthode, par ce qu'il y a dans la Bible si peu de faits sur ce Patriarche qu'il a fallu nécessairement que ceux qui ont été ses Disciples & ses imitateurs servissent à leur tour de Préliminaires à leur Maître & à leur modèle [...].

La lecture de la *Dissertation* ne parvient pas, il est vrai, à nous faire oublier le caractère quelque peu simpliste de la 'méthode', mais l'argumentation de Boulanger est, d'une certaine façon, si habilement conduite, qu'on accepterait de croire que la monographie consacrée à Enoch avait besoin d'un long chapitre d'introduction et qu'elle est le véritable aboutissement de l'ouvrage, alors qu'elle n'en est sans doute que le complément et la confirmation.

ix. L'argumentation

Boulanger ne nous fait pas attendre le fruit de ses recherches. Il nous livre presque dès l'abord le fin mot de l'histoire: Elie n'a de prophète que le nom, puisqu'à la vérité il n'est 'qu'un de ces Symboles Astronomiques, que l'on montroit aux peuples à la fin des années & des siécles, & qu'on retiroit ensuite après leur avoir donné à ce sujet les diverses instructions que la Police Civile & Religieuse avoit mises en usage pour le bien des Sociétés' (p.31).

On pourrait interpréter cette précipitation comme l'expression d'une hâte enfantine: Boulanger serait si fier de sa belle découverte qu'il serait incapable de dissimuler plus longtemps le présent qu'il entend faire à ses lecteurs, car on ne détient pas de telles merveilles pour les tenir cachées. La vérité est sans doute tout autre. Au moment où le philosophe rédige sa *Dissertation*, il a très probablement écrit tout ou partie de *L'Antiquité dévoilée* (voir ci-dessus, p.108), et l'argumentation qui anime son essai lui est devenue parfaitement familière; si bien que la monographie qu'il consacre à Elie n'est pas pour lui la source d'une vérité nouvelle, mais l'application d'une certitude antérieure. Aussi ne s'agit-il plus de démontrer, mais d'illustrer; non plus de révéler, mais de confirmer.

Voilà pourquoi Boulanger mène si rondement une argumentation qui à son époque était pourtant bien loin d'aller de soi et qui devait à la fois scandaliser les esprits religieux pour qui le gâteau indéfiniment renouvelé de la veuve de Sarepta était aussi vrai que deux et deux sont quatre, et intriguer les philosophes, plus enclins à voir dans les textes sacrés un tissu d'inepties que la transposition de vérités fondamentales.

Boulanger part d'un constat bien simple: les Juifs et les Chrétiens attendent le retour d'Elie. N'est-ce pas la preuve que leur saint prophète n'est qu'une image du grand Juge qui doit venir à la fin des temps? Et le grand Juge lui-même est-il autre chose que le Soleil 'qui étoit jadis son emblême' (p.21)?

Cette hypothèse de travail – la double assimilation d'Elie au grand Juge et au soleil – se mue aussitôt en certitude. Car tout concourt à étayer la conviction de Boulanger. Les coutumes d'abord. Les Juifs, par exemple, au jour de la circoncision de leurs enfants, 'ont l'usage [...] de mettre dans la salle de compagnie un siége distingué qu'on laisse vuide pour le Prophète, s'il lui plaisoit de revenir' (p.19). L'Ecriture ensuite. *Malachie* lie la réapparition du saint personnage au 'terrible Jour du Seigneur'.[24] L'*Ecclésiastique* compare son zèle 'à un feu ardent, & sa parole brûlante à un flambeau qui éclaire'.[25] Le quatrième livre des *Rois* nous le montre 'au milieu d'un tourbillon, & dans un char enflammé, attelé de chevaux de feu'.[26] Le troisième livre des *Rois* affirme que c'est lui, qui, sur l'ordre du Seigneur 'a fermé le Ciel [...] & qui a fait regner la stérilité & la famine en se retirant vers l'Orient'.[27] Les silences même de l'Ecriture peuvent être interprétés comme des preuves du caractère purement symbolique de la figure d'Elie. Alors que la Bible est d'ordinaire prodigue en détails généalogiques, elle est ici d'un étrange mutisme: 'elle ne nous nomme, ni son Pere, ni sa Mere, elle ne fait jamais mention de son âge, comme il est de stile pour tant d'autres personnages qui ne le valent pas; & encore moins nous parle-t-elle de sa postérité.'[28] Tout se passe comme si le prophète était, non pas un être réel investi de pouvoirs surnaturels, mais le prête-nom d'un symbole météorique. Elie, dit joliment Boulanger, 'est un homme isolé qui tombe des nües au troisiéme Livre des Rois, & qui y retourne au quatriéme' (p.27).

Ce que nous enseignent les coutumes et les saintes écritures, l'étymologie le confirme. Si Elie est nommé le Thesbite, ce n'est pas, comme le croit ou veut le faire croire l'auteur du livre des Rois,[29] parce qu'il est originaire de la ville de Thébès, mais parce que le nom de cette cité 'a pour racines les verbes *Schab* ou *Schabah*, qui signifient *revenir, rétablir, ramener, convertir*. *Teschbah*, qui dérive de ces mêmes verbes, comme notre *Thesbes*, signifie aussi *Révolution, retour*. Elie le Thesbite ne désigne donc autre chose qu'un *Elie Périodique*'.[30]

24. p.20. Voir Vulgate, Malachie iv.5: '*Ecce ego mittam vobis Eliam prophetam, antequam veniat dies Domini magnus et horribilis.*'

25. p.23. Voir Vulgate, Ecclésiastique xlviii.1: '*Et surrexit Elias, propheta, quasi ignis, et verbum ipsius quasi facula ardebat.*'

26. p.23. Voir Vulgate, IV Rois ii.11: '*Cumque [Elias et Eliseus] pergerent et incedentes sermocinarentur, ecce currus igneus et equi ignei diviserunt utrumque, et ascendit Elias per turbinem in caelum.*' Comme on le voit, Boulanger déforme nettement et à son profit le sens de l'Ecriture. Le texte sacré indique clairement qu'Elie et Elisée ont été séparés par un char et des chevaux de feu. Il ne dit pas qu'Elie a été emporté au ciel par cet étrange attelage. Il nous faudra revenir sur l'art qu'a Boulanger de tirer à soi les textes qu'il utilise pour élaborer, nourrir ou illustrer ses démonstrations.

27. p.24. Voir Vulgate, III Rois xvii.1-3: '[...] "*si erit annis his ros et pluvia, ni juxta oris mei verba*". *Et factum est verbum Domini ad eum dicens: "Recede hinc, et vade contra orientem"* [...].'

28. pp.26-27. Les renseignements que donne ici Boulanger sont rigoureusement exacts. C'est même sur cette absence de postérité que se fonde la tradition chrétienne pour affirmer la virginité perpétuelle d'Elie. Voir S. Ambroise, *De virginibus*, I, iii.12 et S. Jérôme, *Ad Jovinianum*, 1.25.

29. Voir Vulgate, III Rois xvii.1, où Elie est nommé '*Thesbites*'.

30. Nous reviendrons sur l'origine des connaissances philologiques de Boulanger et sur l'usage qu'il fait de celles-ci.

x. Un hors-d'œuvre apparent

En quatorze petites pages (pp.18-31), Boulanger a énoncé sa thèse et avancé des arguments qui lui semblent être parfaitement décisifs. Il a ainsi respecté la loi du genre: il a examiné un point de doctrine et conclu à l'imposture de la tradition religieuse. Dès lors deux possibilités paraissent s'offrir à lui: ou bien arrêter là son développement et passer à la monographie qu'il entend consacrer à Enoch, ou bien s'attacher à affiner ses propos antérieurs, à les nuancer, à étudier ce que la légende d'Elie a de singulier, à souligner les détails qui en font une création unique. Or, c'est une troisième voie que choisit Boulanger. Il abandonne bien le prophète Elie, mais c'est pour s'intéresser à des figures que le titre de sa *Dissertation* n'annonçait pas: le Romain Valerius Volusius et Aly, gendre et cousin de Mahomet. Et ces deux personnages inattendus n'interviennent pas à titre d'ornement ou de complément culturels, puisque Boulanger leur accorde dix-huit pages (pp.34-51). Le rhétoricien le moins scrupuleux s'indignerait d'une telle pratique.

Pourtant il aurait tort. L'intention de Boulanger – et la suite de l'ouvrage le montre bien – n'est pas de s'intéresser à la figure d'Elie dans ce qu'elle a de particulier, mais bien au contraire de mettre en lumière ce qu'il y a de commun à tous les personnages légendaires des diverses religions qui se sont succédé sur la terre. Et si Elie jouit dans cette *Dissertation* de quelque privilège, il le doit à la seule importance que les Pères de l'Eglise et la tradition chrétienne lui ont accordée. Pour être probante aux yeux de Boulanger la légende d'Elie ne peut être qu'un exemple, et encore faut-il que cet exemple ne soit pas trop exemplaire, encore faut-il que Valerius Volusius et Aly permettent à l'écrivain de conduire la même analyse et lui offrent la possibilité de parvenir à des conclusions rigoureusement identiques.

Les coutumes laissaient clairement entendre qu'Elie n'était qu'un symbole périodique et un emblème du grand Juge. Il en sera de même pour Valerius Volusius: ce personnage est l'inspirateur des 'Jeux Séculaires: Jeux périodiques & célébrés de siécle en siécle avec le plus grand éclat' (p.34). Il en sera de même pour Aly: chaque vendredi les Musulmans promenaient 'solemnellement par la Ville' (p.47) un cheval sellé et bridé pour le cas où il plairait au prophète de revenir sur la terre. Or, chez les zélateurs de Mahomet, 'ce sera un Vendredi qu'arrivera le Jugement dernier' (p.48).

Boulanger avait demandé à l'étymologie d'étayer son hypothèse sur la réalité d'Elie. C'est à la même 'science' qu'il a recours pour étudier le personnage de Valerius Volusius: 'il faut remarquer que ces fêtes primitives [les Jeux séculaires] ont dû être appelées les fêtes, ou les jeux de l'heureux retour, de l'heureuse révolution, et en langue Italienne les *Jeux Volusiens* du verbe *Volvere*, tourner, retourner; duquel mot, Volusien, il est aisé de voir qu'on a fait insensiblement un Monsieur Volusius' (p.38). Et c'est à la même 'science' encore qu'il se réfère au moment de conclure sur la nature véritable du prophète musulman: '[Dans] le nom d'Aly, si relatif à celui d'Elie, & qui, chez les Persans, désigne même le Très-Haut, nous reconnoîtrons aisément la même fable; & nous serons moins surpris si les Persans, ayant sur Aly les mêmes idées que les Hébreux ont sur Elie, ce Prophête est de même attendu sur la fin des tems, pour triompher de tous les ennemis de sa Religion' (p.42).

Ayant usé des mêmes méthodes et étant parvenu aux mêmes vérités, Boulanger peut conclure avec une sérénité triomphale: 'voilà chez les Romains la révolution fortunée personifiée en Valerius Volusius, comme nous avons vû ci-devant qu'elle a été changée chez les Hébreux en Ville [...], dont on a fait la patrie & le domicile d'un Elie aussi fabuleux que le fondateur de la fête Romaine' (pp.38-39). 'D'après de telles similitudes, nous ne pouvons douter qu'Aly ne soit de même un symbole solaire, un emblême du Grand-Juge personifié' (p.42).

Et du même coup le véritable but de la *Dissertation* apparaît sans ambiguïté: Boulanger veut prouver que le lieu ni le temps ne font rien à l'affaire; qu'Elie l'Hébreu, Aly le Musulman et Volusius le Romain qui appartiennent, de surcroît, à trois époques différentes sont une seule et même construction de l'esprit humain, que ces trois personnages de légende[31] ne sont que des exemples choisis entre cent et que par-delà la géographie et l'histoire il s'est joué une aventure dont le caractère fondamental est l'universalité. Il serait fastidieux de faire le relevé exhaustif des formules et des expressions que Boulanger a accumulées pour souligner de la manière la plus explicite cette vérité pour lui fondamentale: on en trouve une trentaine en vingt-cinq pages! Nous nous contenterons de ce florilège:

[Nous regarderons] ce Dogme singulier de la future venue d'Elie, comme une suite de ces vieilles erreurs que les symboles personifiés du Grand-Juge [...] avoient occasionnées *chez toutes les nations de la terre.*[32]

[...] nous pourrons encore moins méconnoître dans le Dogme des Juifs, *l'erreur commune des nations* [...] [p.21]

[...] l'ancien symbole représentatif ayant été envisagé sous différentes faces, & sous différens noms, a donné lieu à l'invention ridicule de plusieurs personnages qui, par une semblable analyse, *se réduiront ainsi à l'unité* [...] [p.22]

[...] ce Messie [...] n'est autre chose que le Grand-Juge que *toutes les nations* croyoient être annoncé par les phénomènes & les météores [pp.22-23]

[...] *les vies de tous les anciens Législateurs, Rois, Héros ou Conquérans se ressemblent toutes : Le même fond* de fables, d'erreurs & de préventions *a fourni toutes les formules* & les élémens de leurs histoires. Les vies d'Osiris, d'Adonis, de Bacchus, de Moïse, de Zoroastre, d'Abraham, d'Appollon, de David, de Numa, de Romulus &c. *toutes tracées en différens siécles* [...] ont été brodées [...] *sur le même canevas* [pp.44-45]

[...] *tous les grands hommes* de l'antiquité Egyptienne, Chinoise, Hébraïque, Grecque, Romaine &c. *ont été jettés dans un moule commun*, qui doit son origine à l'abus des anciens dogmes & des symboles commémoratifs, *dont l'usage*, comme l'abus qu'on en a fait, *m'a paru avoir été universel, & avoir eu lieu par toute la terre* [...] [p.45]

Le point de vüe sous lequel nous venons de considérer le culte des habitans de la Perse dans tous les âges, *sera le même pour toutes les autres Religions* qui se sont succédées sur la terre [...]: *elles nous montreront toutes*, quand on les étudiera de même en détail, *les fables primitives sous des noms nouveaux, & les usages les plus antiques sous des motifs modernes* [...] [p.51]

A lire cette brève anthologie, on en arrive à penser que le titre de l'ouvrage est parfaitement usurpé et que la *Dissertation sur Elie et Enoch* devrait s'appeler

---

31. Boulanger reconnaît qu'Aly a réellement existé. Mais cela ne change rien, car ce qui importe ce n'est pas la vie de l'homme, mais la légende du personnage: 'Il y a eu un Aly, sans doute [...]; mais je dis uniquement que son histoire est fabuleuse' (p.43).

32. p.19. C'est nous qui soulignons, ainsi que dans les citations qui suivent.

'Abrégé de l'histoire universelle'. Elie n'est même plus un exemple, il est un point de départ. Sa brusque disparition au cours de l'ouvrage n'est pas un 'enlèvement' qui bafoue les règles de la rhétorique, elle est proprement une nécessité. Il fallait que le prophète fît place à d'autres figures légendaires. Ce qui importait, c'était 'de le suivre dans tous ses déguisemens' (p.40). Volusius et Aly, bien loin d'être des intrus, sont donc des figures obligées pour que s'accomplissent les véritables intentions de Boulanger.

xi. La dissertation sur Enoch:[33] un doublet avoué comme tel

Enoch n'est qu'un autre 'déguisement'. Boulanger le dit lui-même: 'le fil d'Ariadne est trouvé' (p.55) et 'le développement de l'histoire d'Elie, de celle d'Aly & de son Confrere, nous a placés dans un chemin assez avancé pour appercevoir de loin & soupçonner assez légitimement que notre Enoch a pu être, comme eux, un ancien Symbole Astronomique, une [*sic*] Etre moulé d'après le Grand-Juge, & un personnage qui doit avoir avec Elie le même rapport qu'a, chez les Persans, le Maître des tems avec Aly' (p.57).

La démonstration qui suit est sans la moindre surprise. Les méthodes et les techniques qui ont valu pour Elie, Aly et Volusius sont utilisées une fois encore, et, aux yeux de Boulanger, avec le même succès. Il serait tout à fait vain d'y revenir. Seule importe la conclusion – et elle était connue d'avance: Enoch est bel et bien un emblème solaire et, par voie de conséquence, Elie n'est que le 'singe de notre Enoch' (p.65).

Nous avons vu dans le chapitre précédent que l'accumulation n'est pas pour Boulanger un signe de maladresse, non plus qu'une preuve de paresse intellectuelle, mais le moyen de parvenir à quelque certitude. Il n'y a donc pas lieu de s'étonner qu'il ait cru bon de développer un exemple supplémentaire à la suite de ceux qu'il avait déjà pris. La seule question que l'on se puisse poser, est: pourquoi Enoch plutôt qu'un autre? La réponse ne doit pas être cherchée dans la pensée de Boulanger, mais dans la tradition chrétienne qui associe le patriarche et le prophète Elie: ils sont les seuls personnages de la Bible à avoir été ravis à la vie terrestre sans avoir connu la mort,[34] et c'est ensemble qu'ils viendront, avant le jugement dernier, pour annoncer le second avènement de Jésus et pour combattre l'Antéchrist sous les coups de qui ils succomberont avant de remonter au ciel dans une nuée de gloire.[35] C'est donc pour donner une justification entièrement différente de cet apparentement traditionnel entre Elie et Enoch que Boulanger a écrit sa *Dissertation*.

33. De la page 56 à la page 104.
34. En ce qui concerne Elie, le texte biblique relatif à son enlèvement nous est désormais familier (Vulgate, IV Rois ii.11-14). Pour l'enlèvement d'Enoch, voir Vulgate, Genèse v.24: 'Enoch marcha avec Dieu, et on ne le vit plus, car Dieu l'avait pris.'; Ecclésiastique xliv.16: 'Enoch fut agréable à Dieu, et il fut transporté.'; Epître aux Hébreux xi.5: 'C'est à cause de la foi qu'Enoch fut transporté pour qu'il ne vît pas la mort.'
35. Cette tradition a été imposée par Estius et par Saint Thomas. Elle est fondée sur l'interprétation de quelques versets de l'Apocalypse. Voir, en particulier, xi.7-12: 'Quand ils auront accompli leur témoignage, la bête qui monte de l'abîme leur fera la guerre, les vaincra et les tuera. [...] Et, après trois jours et demi, un esprit de vie, venant de Dieu, entra en eux [...] et ils montèrent au ciel dans la nuée'.

xii. Audaces et digressions

Le caractère répétitif de l'étude que Boulanger consacre à Enoch ferait de ce texte un propos ennuyeux sans les audaces et les digressions qui en relèvent la saveur et permettent de mieux connaître le philosophe et l'écrivain.

La gravité, la mesure, la constante pondération sont sans doute les traits dominants de l'écriture de Boulanger; il arrive pourtant que cette modestie fasse soudain place à la témérité. Les exemples sont rares, assurément, mais c'est leur rareté qui nous les rend précieux.

Nous savons que Boulanger est le contraire même d'un funambule de la pensée. Pour qu'il ose affirmer la moindre vérité, un amoncellement de preuves lui est nécessaire; mais cela ne suffit pas: il faut encore qu'aucune exception ne vienne contredire son hypothèse. La connaissance, pour lui, n'est pas fondée sur la statistique, la loi du plus grand nombre ou la probabilité. Un seul exemple contraire ruinerait sa théorie. La dissertation sur Enoch nous offre un beau témoignage clinique de l'instant où cette rigueur intellectuelle se transforme en manie, où la sagesse confine à la folie. Boulanger vient de comparer Annac, roi de Phrygie, au patriarche Enoch. Or, c'est à la mort d'Annac, symbole solaire, que 'le Déluge de Deucalion submergea le pays' (p.58). Pour que le parallélisme soit parfait, il conviendrait que le déluge de la *Genèse* suive immédiatement la disparition d'Enoch, cet autre symbole solaire, et chacun sait qu'il n'en est rien. Boulanger pourrait ou bien taire ce qu'il considère comme une contradiction, ou bien la relever comme telle. Ces deux attitudes sont également contraires à ses exigences intimes: dans le premier cas il trahirait l'honnêteté, dans le second toute sa théorie s'effondrerait. En conséquence, il invente une troisième voie aussi folle que rassurante: 'Selon toutes ces traditions, nous devrions voir dans l'Ecriture le déluge arriver immédiatement après Enoch; quoique cette correspondance ne se remarque point, je ne puis douter néanmoins qu'elle n'ait existé dans les tems primitifs de ces vieilles annales' (p.60). Comme un paléontologue qui attacherait plus d'importance au seul chaînon manquant qu'à toutes les preuves certaines de l'évolution des espèces, Boulanger se lance dans une supputation hasardeuse où la rouerie et la mauvaise foi l'emportent évidemment sur la rigueur scientifique: 'Nous pouvons nous rappeller [...] qu'entre les chronologies Samaritaines & Hébraïques, il y a une différence d'une semaine de centaine d'années sur l'époque du déluge: or comme l'enlevement d'Enoch est placé près d'une semaine de centaine d'années avant cet événement destructif, si nous ajoutons au Texte Hébreu qui est le plus court, cette semaine qui y manque, nous verrons alors l'ascension d'Enoch correspondre dans ce Texte au nombre d'années où les Samaritains placent le déluge' (pp.60-61). Et pour donner la preuve irréfutable du bien-fondé de son étrange argumentation, Boulanger ajoute en note (p.61):

Déluge des Samaritains avant notre Ere Vulgaire.	3044. ans.
Déluge des Hébreux avant notre Ere Vulgaire.	2348.
Enlevement d'Enoch avant le déluge.	669.
Ce dernier terme ne differe du Samaritain que de 27 ans.	3017.

Ces vingt-sept années de différence qui suffiraient à ruiner sa théorie, si elle avait par ailleurs quelque fondement, nous sont présentées comme une quantité négligeable. Etrange comptable que celui qui aligne les chiffres pour prouver avec fierté, et dans un esprit de scrupule, que son calcul est faux!

Nous savons que Boulanger est un timide et un précautionneux, qu'il aime à multiplier les références, à se protéger derrière les grands noms de la littérature et de la science, qu'il n'avance rien que Plutarque, Macrobe ou Varron n'aient cautionné de leur autorité. La dissertation sur Enoch nous offre cependant l'exemple d'une audace méthodologique qui ne tient sans doute qu'à lui seul. Dans son désir forcené de tout ramener au même ou au semblable, de traquer l'exception au nom d'un principe passionnel, Boulanger en est venu à vouloir assimiler de vive force Numa, le second roi de Rome, et Ménès, qui n'est autre que la lune chez les Egyptiens! La science de son temps ne lui offre évidemment aucun moyen pour comparer ces deux noms que tout sépare. Qu'à cela ne tienne: Boulanger trouvera, puisqu'il lui faut trouver. '[Le nom de] Numa, nous dit-il, comme l'ancien nom *Menès*, nom Egyptien de la Lune (Numa n'est que son anagramme) signifie la loi, la coutume' (p.74). L''anagramme' le tire d'affaire, à une époque où la métathèse consonantique – qui serait en l'occurence bien téméraire – n'avait guère droit de cité dans la philologie. Boulanger est si content de sa découverte qu'il récidive quelques pages plus loin à propos de Lamech[36] et de Malech:[37] 'Lamech qui signifie Roi, ainsi que Malech, dont il n'est que l'anagramme, désigne le Grand-Juge' (p.86). La passion qui anime le philosophe est si forte que toute prudence se trouve bannie de sa démarche, qu'il nous donne pour une vérité – et sur le ton de l'évidence – le fruit de son imagination et qu'il réussit fort bien, pour une fois, à se passer de ses saints protecteurs.

Nous savons enfin que Boulanger – nous l'avons vu dans le *Despotisme oriental*, nous le verrons dans *L'Antiquité dévoilée* – a le constant souci d'innocenter les hommes de tous les crimes qu'ils ont commis au cours de leur histoire. La difficulté, pour le philosophe, pourrait venir de ce que son système de pensée suppose précisément et nécessairement l'affirmation réitérée de ces crimes. L'absolution revient constamment sous sa plume, mais, entre deux couplets bienveillants, son texte est entièrement consacré à la dénonciation de l'erreur et de l'imposture. D'ordinaire ces deux éléments sont juxtaposés et cohabitent en quelque sorte indépendamment l'un de l'autre, comme si Boulanger ne sentait pas la contradiction et les problèmes qu'elle pose. La dissertation sur Enoch comporte à ce propos une brève et singulière digression. Boulanger est sur le point de conclure son ouvrage, et dans une manière de repentir ou d'affleurement fugitif de la conscience il s'interroge, se met un instant à la place de son lecteur à qui il prête, par prétérition, la perplexité dont il est sans doute habité lui-même (pp.101-102):

Arrivé au tems [*sic*][38] de nos recherches [...], n'ai-je pas lieu de craindre qu'après un

---

36. Il s'agit du père de Noé.

37. Il s'agit d'un terme générique qui, à l'origine, désigne un prince en langue turque. De nos jours, sa transcription usuelle est: 'Mélik'.

38. La correction est facile à faire. Boulanger avait évidemment écrit: 'Arrivé au *terme* de nos recherches'.

tableau aussi frapant de la conduite du genre humain depuis tant de siécles, on ne tire une conséquence toute différente de celle dont j'ai cherché [...] à prévenir le lecteur? Pourra-t-on reconnoître à travers ce ténébreux cahos de mensonges, & dans cet abîme d'erreurs où le monde s'est plongé & reste enseveli, cette voix intérieure, & ce penchant naturel vers le vrai dont je prétends faire honneur à l'humanité? Cette chaîne d'erreurs & d'imbécilité n'est-elle pas plutôt une preuve du contraire, & ne sera-t-elle pas à jamais un monument du goût naturel & persévérant que les hommes ont pour la fable & l'imposture?

Le dernier mot de Boulanger sera, bien entendu, pour la certitude et la sérénité et non pour le doute et l'inquiétude; 'le progrès général des connoissances' (p.104) enseignera à tous la vérité et la sagesse pour lesquelles 'l'homme est fait' (p.102). Mais cette conclusion rassurante ressemble davantage à une volonté d'optimisme qu'à un optimisme véritable, davantage à une pétition de principe qu'à une conviction innocente.

Les trois exemples que nous venons de prendre – et d'une certaine manière de souligner artificiellement – ne sont que des exceptions et il serait injuste de dire que la pensée de Boulanger se trouve modifiée par leur présence. Mais s'ils ne permettent pas de jeter une lumière nouvelle sur la doctrine du philosophe, ils laissent apercevoir l'esprit dans lequel cette doctrine a été conçue, ils laissent deviner ce qu'il y a d'effort dans la modération que Boulanger impose habituelle-ment à sa réflexion et à son écriture et ce qu'il y a de passion sévèrement contenue dans la sérénité apparente de ses démarches. Ils invitent à nous demander quelle part de préjugé entre dans la logique de ses démonstrations et inclinent à supposer que chez Boulanger, comme chez la plupart des philosophes, la conclusion passionnée précède l'argumentation paisible.

xiii. De la genèse des personnages mythiques

Ruiner les arguments de tous ceux qui croyaient pouvoir affirmer la singularité et la prééminence de la religion judéo-chrétienne est évidemment l'un des buts de l'argumentation paisible de Boulanger. Mais cette ambition – qui le lie étroitement au camp des Philosophes et l'associe aux luttes partisanes de son temps – est loin d'être chez lui fondamentale. En dépouillant Elie et Enoch de leurs oripeaux mensongers, Boulanger n'est qu'accessoirement blasphémateur et iconoclaste. Ce qui l'intéresse, dans sa passion des vérités générales et dans sa peur maniaque de toutes les exceptions, c'est d'abord de révéler ce qu'est un personnage mythique et la façon dont il a été créé, quels que soient l'époque et le lieu de sa gestation, et quel que soit le nom, chrétien ou païen, sous lequel il s'est incarné.

Les développements que Boulanger consacre à Elie, à Volusius, à Aly et à Enoch permettent de jeter une première lueur sur la manière dont il conçoit les principales étapes qui jalonnent la création d'une figure mythique.

Au commencement il y a la peur. Les cataclysmes géologiques ont laissé dans la mémoire de tous les peuples une trace ineffaçable. Les hommes qui ont pu échapper au déluge ont acquis une connaissance tragique: ils savent que la mort n'est pas seulement l'issue inévitable de chaque individu, mais la fin dernière de l'espèce. Et, dès lors, ils se prennent à redouter le terme de toutes les périodes naturelles – le jour, la semaine, le mois lunaire ou solaire, la saison, l'année – dans l'idée que ce terme pourrait être l'occasion de la catastrophe ultime.

La seconde étape est marquée par l'avènement d'une religion qui découle directement des 'impressions qu'avoient fait sur les hommes les [...] malheurs du monde' (p.36). Les cérémonies ne sont d'abord que des commémorations de ces cataclysmes géologiques, 'établies pour en perpétuer la mémoire' (p.36) et pour en prévenir ou en différer le retour. Et le dieu qui anime cette religion primitive semble, dans l'esprit de Boulanger, n'être, à l'origine, que le destinataire des cérémonies commémoratives:[39] nos ancêtres l'auraient conçu comme l'auteur de la catastrophe inoubliable, catastrophe qu'il pourrait renouveler à la fin de n'importe quelle période pour châtier les mortels de leurs méfaits. Dans l'histoire de l'humanité, le dieu vengeur précéderait à l'évidence le dieu créateur.

C'est à partir de cette divinité vengeresse, de ce 'Grand-Juge', à qui on attribue la faculté terrifiante de prolonger ou d'interrompre le temps à son gré, que seront créés tous les personnages mythiques, simples hypostases personnifiées du tout-puissant, simples emblèmes des astres ou des météores par qui le malheur suprême peut arriver. Les hommes ont donné un visage, un nom, une histoire, des traits de caractère peut-être, aux instruments de leur destin.

Mais alors que la religion primitive a été, dans l'imagination de Boulanger, une création collective et spontanée, engendrée par la seule angoisse de la mort, sans qu'interviennent la raison ni l'intention, les symboles personnifiés du 'Grand-Juge' supposent en revanche – du moins à partir d'un certain moment – la conscience et la volonté de quelques hommes plus habiles ou plus éclairés.

Cela ne signifie pas que les tout premiers linéaments de ces personnages mythiques ont été tracés à dessein par les chefs ou par les clercs de ces époques reculées, mais simplement que leurs figures ont été volontairement enrichies et affinées par eux pour les rendre plus séduisantes et partant plus efficaces. Cela signifie, à coup sûr, que ces créations nées de la peur ont été judicieusement utilisées par les puissants pour gouverner plus aisément les hommes, pour les rendre plus dociles et pour les inciter à la discipline sociale, à la dépendance et à la piété: 'L'objet & l'usage de l'ancien symbole d'un Grand-Juge, devoit être d'instruire les hommes des révolutions passées, des révolutions à venir, & des grands changemens que ce Grand-Juge feroit un jour: C'étoit là le moyen employé autrefois pour rendre les hommes sociables & religieux' (p.28).

Boulanger ne nous dit pas que ce dessein a été malhonnête, que la supercherie est entrée pour quelque chose dans cette méthode de gouvernement: nous savons bien qu'une telle affirmation serait contraire à sa doctrine. Bien plus, ceux qui ont embelli les vies légendaires des personnages mythiques étaient tributaires d'un passé et d'une tradition, leur imagination créatrice était victime d'une mémoire inconsciente: '[Ils] avoient l'esprit prévenu par des fables encore plus antiques qu'eux [...]; & leur imagination, gâtée par des chimeres, leur a fait écrire, comme réellement arrivé, tout ce qu'ils pensoient devoir être nécessairement arrivé' (p.44). Même lorsque le personnage de légende s'est trouvé être à l'origine un homme de chair et d'os, c'est la fiction qui l'a emporté et la réalité

39. Pas plus dans la *Dissertation sur Elie et Enoch* que dans le reste de son œuvre Boulanger n'est explicite sur ce point. Il ne s'agit là que d'une déduction par recoupements successifs, où sont pris en compte les silences du texte autant que ses affirmations.

a seulement fourni l'occasion de faire ressurgir des fables qui préexistaient de très longue date à la venue de cet être qui ne fut providentiel qu'en tant que rencontre et que prétexte. C'est ce qui est arrivé pour le prophète Aly à propos duquel Boulanger s'interroge et répond (pp.43-44):

Est-ce qu'Aly n'a point vécu? Est-ce qu'il n'y a point eu réellement un Aly chez les Musulmans [...]? Il y a eu un Aly, sans doute [...]: Ce n'est point du tout quant à son existence, à son nom & à sa famille un Etre fabuleux; mais je dis uniquement que son histoire est fabuleuse. La vie d'Aly étoit imprimée dans l'esprit des peuples de l'Asie plusieurs milliers de siécles avant sa naissance; & lorsque l'esprit de ces peuples a été frappé par certaines circonstances [...] alors ils ont vû en sa faveur tout ce qu'ils croyoient que l'on devoit voir.

Mais l'innocence des gouvernants et des affabulateurs n'a qu'un temps et nous sentons aisément que tout est en place pour qu'un jour les imposteurs puissent entrer en scène et conduire progressivement les peuples à ce despotisme dont Boulanger nous a entretenus si complaisamment dans ses *Recherches*.

L'oubli a été la condition de cette nouvelle et dernière étape. Les princes et leurs sujets ont fini par perdre complètement le souvenir de la cause qui avait présidé à la naissance des personnages mythiques et les cérémonies célébrées en leur honneur par ne plus commémorer qu'une chimère, la légende ayant oblitéré le mobile initial. Certes, les Mexicains, au moment de la découverte de l'Amérique, 'savoient encore que l'objet & le motif [de ces cérémonies] étoient la peur de la fin du monde' (p.37), mais ils représentent une exception, et leur science singulière, précieuse pour l'archéologue des religions, confirme la règle de l'ignorance universelle. Et c'est cette ignorance qui a laissé le champ libre à la superstition des peuples et à l'imposture de leurs chefs. Tous avaient oublié la raison des choses, mais les maîtres savaient que la crédulité populaire est un gage de soumission et qu'il y allait de leur intérêt de donner pour vraie une fable dont ils avaient perdu l'origine tout en en connaissant la fausseté.

Ce n'est qu'à partir de ce moment de leur histoire qu'Elie, Volusius, Aly et Enoch deviennent, au regard de Boulanger, des figures pernicieuses. Et nous constatons, une fois encore, que pour lui la religion n'est pas mauvaise par essence, mais que seule sa perversion est dommageable, puisqu'à l'origine ces personnages mythiques, ces emblèmes 'chroniques', n'étaient qu'un support pédagogique pour que soient mieux comprises, mieux reçues et mieux observées 'les diverses instructions que la Police Civile & Religieuse avoit mises en usage pour le bien des Sociétés' (p.31). Ce n'est pas parce que la dégradation était inévitable, parce que le meilleur portait en lui le pire, parce que la foi supposait l'imposture à venir, que sont remises en cause la légitimité et les bienfaits de la religion primitive. Le caractère fatal de sa perversion, bien loin d'entraîner une réprobation fondamentale, lui sert plutôt de circonstance atténuante. Boulanger n'ignore rien des dangers que fait courir aux peuples l'habile exploitation des personnages mythiques quand est venu le temps de la superstition; Boulanger sait fort bien que leur influence délétère dure aussi longtemps que le pouvoir qui les utilise à son profit, que si personne ne croit plus à la légende de Valerius Volusius, c'est tout simplement que l'empire romain s'est effondré et ses croyances avec lui, alors qu'Elie et Enoch sont encore objets de révérence, les royaumes d'Occident ayant conservé la religion judéo-chrétienne comme moyen de domination. Mais tout ce savoir ne sert de rien: l'analyse de Boulanger relève bien davantage du constat douloureux que de la condamnation.

xiv. Boulanger au travail

Le temps et l'histoire ont spontanément démythifié le personnage de Valerius Volusius; c'est à l'intelligence, à la méthode et au travail que Boulanger demande de remplir le même office quand il s'agit de démasquer les êtres fabuleux que les hommes ont la faiblesse de vénérer encore.

L'un des mérites de la *Dissertation sur Elie et Enoch* est sa brièveté, qui permet de cerner plus facilement la façon dont le philosophe procède et en particulier son art d'utiliser les textes qui servent de base à ses argumentations.

Quand il s'attaque aux problèmes que pose le prophète Elie,[40] Boulanger dispose d'un nombre de références très limité, la Bible n'ayant pas été prolixe à l'endroit de ce saint personnage. Voici, en un tableau, les seuls textes auxquels il pouvait avoir recours dans l'un et l'autre testaments (colonne du centre) et ceux dont il s'est servi explicitement ou par allusion (colonne de droite):[41]

III Rois	xvii.1-24	xvii.1-3 et 9-24
	xviii.1-46	xviii.38
	xix.1-21	xix.11-13
	xxi.17-29	
IV Rois	i.3-17	i.9-17
	ii.1-18	ii.1 et 11-13
II Chroniques	xxi.12-15	
I Machabées	ii.58	
Ecclésiastique	xlviii. 1-12	xlviii 1 et 3
Malachie	iv.5-6	iv.5
S. Matthieu	xi.14	
	xvi.14	xvi.14
	xvii.3-4 et 10-12	
S. Marc	ix.3-4 et 10-12	
S. Luc	i.17	
	iv.25-26	
	ix.8 et 30-33	
S. Jean	i.21	i.21
Epître de S. Paul aux Romains	xi.2-5	
Epître de S. Jacques	v.17-18	

Ce tableau nous permet de constater d'abord que Boulanger n'a utilisé que quarante et un des cent quatre-vingt-trois versets qui, dans la Bible, se trouvent être consacrés au prophète Elie. Cette vérité, pauvrement numérique, n'est pas sans signification: elle prouve au moins que le philosophe n'a pas tenté d'analyser

40. Nous avons limité à Elie l'analyse qui suit. L'étude des pages que Boulanger consacre à Enoch conduirait au même résultat.

41. Références et cotes sont données conformément à la Vulgate.

tous les aspects de la légende et qu'il s'est livré, au contraire, à une stricte sélection. Et son choix, par le seul fait qu'il est un choix, a déjà quelque chose de blasphématoire. Un penseur orthodoxe, à moins de travailler sur un sujet étroitement limité et annoncé dans le titre de son ouvrage, se serait cru obligé de prendre en compte la totalité des 'vérités' énoncées dans le livre sacré, ou, plus exactement, il aurait tenu pour orgueil et sacrilège la liberté d'éliminer de son propre chef tel ou tel verset. L'abbé Alexis Desessarts, par exemple, dans un long essai consacré pourtant au seul avènement d'Elie,[42] a cru devoir, par piété ou par prudence, ne négliger aucun des textes bibliques qui se rapportaient au saint prophète, quand bien même ils ne concernaient pas directement le sujet qu'il s'était proposé.

Si l'on considère maintenant la nature du choix que Boulanger a opéré, on observe que sa sélection est rigoureusement orientée. Il n'est pas étonnant, bien sûr, que le philosophe ait mis l'accent sur les versets qui pouvaient étayer son audacieuse théorie: c'est le contraire qui eût été absurde. Mais il est surprenant qu'il n'ait tenu aucun compte, ne fût-ce que pour essayer de prévenir les arguments futurs du parti orthodoxe, des textes qui n'entraient pas dans son propos ou qui étaient susceptibles de le contredire. Son choix délibéré prouve assurément que Boulanger se moquait de la controverse, qu'il écrivait pour le seul clan des esprits forts et que l'expérience de son siècle lui avait appris que si l'on peut éclairer ses fidèles, on ne convainc jamais ses mécréants. Cette sélection brutale confirme enfin que lorsque Boulanger décide d'étudier le personnage d'Elie, il n'est pas en quête d'une vérité nouvelle, que sa *Dissertation* n'est pas une étude originale pour lui, en quelque sorte innocente, ouverte à tous les possibles, à toutes les hésitations, à tous les repentirs, mais la simple illustration d'un propos déjà ancien et très clairement défini.

Boulanger ne retient, en fait, que trois types de textes:

1 – Ceux qui contiennent une notion météorique et peuvent, par là-même, étayer l'argument selon lequel Elie est un symbole solaire ou cyclique.

Ces textes sont évidemment les plus nombreux, et l'on peut affirmer que Boulanger a épuisé toutes les possibilités que la Bible lui offrait à cet égard.

2 – Ceux qui contiennent un nom propre, dont l'étymologie doctement révélée par Boulanger viendra confirmer son hypothèse de travail.

Si leur nombre est limité, cela tient à la pauvreté du texte sacré, le critique ayant utilisé, là aussi, tout ce qui était en son pouvoir.

3 – Ceux qui, ne pouvant en rien contribuer à la démonstration, ne sont évoqués que pour suggérer discrètement l'érudition du glossateur.

Boulanger a été, en ce domaine, infiniment modeste: pour illustrer ce dernier cas, on ne trouve guère que le propos liminaire du texte directement consacré à Elie: 'Les saintes Chroniques des Hébreux nous donnent l'époque de l'Enlevement miraculeux du Prophète Elie, sous les Regnes d'Ochozias, Roi de Jerusalem, & de Josaphat, Roi de Juda' (p.18).

Si l'on s'attache enfin à étudier la façon – et c'est là le plus important – dont Boulanger a utilisé les textes qu'il cite ou qu'il évoque, il est permis d'arriver aux conclusions suivantes:

---

42. *De l'Avènement d'Elie*, en France, 1734-1735. Cet ouvrage a été publié sans nom d'auteur.

Dans l'ensemble, les versets de la Bible sont respectés d'une manière à laquelle un critique moderne, formé aux saines méthodes et doté d'un scrupule suffisant, ne trouverait rien à redire. Bien entendu la lettre du texte est souvent sollicitée de façon tendancieuse, mais c'est la loi du genre, et si l'on tient compte de l'usage du dix-huitième siècle en cette matière, on peut affirmer que Boulanger fait preuve d'une rigueur qui le place bien au-dessus de la moyenne de ses contemporains.

Cette vérité, cependant, n'est qu'une vérité générale. Et les exceptions sont, ici, bien plus passionnantes et bien plus significatives que les constantes. Au passif de Boulanger, on doit relever deux pratiques condamnables:

1 – L'affirmation hâtive, qui suppose ignorance, demi-savoir ou négligence.

Le texte liminaire que nous venons de citer offre un bel exemple de cette légèreté. Boulanger y affirme que la Bible place l'enlèvement d'Elie sous les règnes d'Ochozias et de Josaphat, comme si c'était un fait clairement attesté et reconnu par tous. Or, il se trouve que les textes sacrés ne nous donnent, sur ce point, aucune indication précise. Le quatrième livre des Rois semble dire – ce qui contredirait absolument Boulanger – qu'Ochozias est mort avant que le prophète ne quitte cette terre, puisqu''il mourut, selon la parole du Seigneur qu'Elie avait prononcée',[43] que cette parole a été proférée par un Elie bien vivant et que l'effet de celle-ci paraît avoir été immédiat. Si tel est bien le sens – et il ne saurait guère y avoir de doute à cet égard – Elie n'a pas pu être enlevé sous le règne d'Ochozias. Il n'a pas pu être ravi aux cieux sous le règne de Josaphat non plus, puisque le même livre des Rois assure que Joram, fils d'Achab, est monté sur le trône d'Israël à la mort de son frère Ochozias, en la deuxième année du règne de Joram, fils de Josaphat, roi de Juda,[44] ce qui implique nécessairement que Josaphat était mort deux ans avant Ochozias. Mais il est juste de dire que la Bible, qui mêle ici deux systèmes chronologiques, se contredit sur ce point, puisqu'à quelques versets de distance il est affirmé que Joram, fils d'Achab, devint roi en la dix-huitième année du règne de Josaphat,[45] ce qui suppose que celui-ci avait survécu à Ochozias et, du même coup, qu'Elie avait pu être enlevé sous son règne!

Boulanger n'était nullement tenu de faire état de ces contradictions, et moins encore de prendre parti; mais il n'était pas non plus obligé d'affirmer à l'étourdie ce que personne ne peut savoir. Sans doute s'est-il fondé sur une lecture hâtive et partielle du livre des Rois, ou, plus probablement, sur l'affirmation d'un glossateur téméraire.

Une telle légèreté suppose plus de vanité que de mauvaise foi: qu'Elie ait été, ou non, enlevé sous les règnes d'Ochozias et de Josaphat n'incline en rien l'argumentation de Boulanger. L'erreur du philosophe est ici une erreur neutre ou indifférente.

---

43. Vulgate, IV Rois i.17: '*Mortuus est ergo juxta sermonem Domini, quem locutus est Elias*'. La parole fatale prononcée par Elie est rapportée au verset précédent: '*de lectulo super quem ascendisti non descendes*' ('Tu ne descendras pas du lit sur lequel tu es monté').

44. Vulgate, IV Rois i.17: '*et regnavit Joram frater ejus pro eo, anno secundo Joram filii Josaphat regis Judae*'.

45. Vulgate, IV Rois iii.1: '*Joram vero filius Achab regnavit super Israel [...] anno decimo octavo Josaphat regis Judae.*'

2 – L'affirmation tendancieuse, qui implique une interprétation forcée du texte sacré.

La *Dissertation* nous fournit deux exemples, au moins, de cette contestable pratique:

Premier exemple. Boulanger en est venu à évoquer l'épisode fameux de la veuve de Sarepta. Le fils de cette pauvre femme, chez qui le prophète s'est retiré sur l'ordre de Dieu, tombe malade et meurt. Elie prend alors le cadavre, le monte dans sa chambre haute, le couche sur son lit et s'étend par trois fois sur le corps en invoquant le Seigneur; sa prière est exaucée: l'enfant renaît à la vie. De cette miraculeuse aventure, Boulanger ne retient qu'un détail: 'Elie se racourcit & se rapetissa par trois fois' (pp.39-40), détail qu'il commente immédiatement en ces termes: 'Il me semble voir le Janus Romain, tantôt jeune, tantôt vieux, par ce que les périodes ne touchent pas plutôt à leur vieillesse, qu'ils se renouvellent & se rajeunissent' (p.40). On peut, bien sûr, s'étonner de la témérité de Boulanger qui assimile un peu hâtivement le prophète Elie passant de la taille d'un adulte à celle d'un enfant au dieu Janus qui retrouve périodiquement sa jeunesse avec l'an nouveau; mais nous sommes là dans le domaine de l'opinion et Boulanger a toute licence pour se livrer aux interprétations les plus surprenantes. Ce qui pose problème, c'est la lecture même du texte sacré. La Vulgate dit exactement: '[*Elias*] *expandit se atque mensus est supra puerum tribus vicibus*' (III Rois xvii.21).' Même avec la meilleure volonté du monde, il est difficile de voir dans cette phrase l'expression du rapetissement miraculeux dont parle Boulanger. Le verbe *metior* implique assurément une idée de mesure, mais de là à imaginer qu'Elie réduit sa taille aux dimensions de celle d'un enfant, il y a un pas que le lexique interdit de franchir. Le texte latin signifie seulement que le prophète a embrassé le plus étroitement possible le corps de l'enfant, afin que sa chaleur vitale se communique plus aisément au cadavre qu'elle devait ressusciter. En fait, le meilleur commentaire et l'interprétation la plus juste de ce '*mensus est*' litigieux nous sont donnés par un verset du quatrième livre des Rois: Elisée, qui, à la mort d'Elie, a hérité sa mission et ses pouvoirs, est, dans un épisode parallèle à celui de la veuve de Sarepta, confronté à la mort du fils de la Sunamite; à l'instar de son maître, '*incubuit super puerum, posuitque os suum super os ejus, et oculos suos super oculos ejus, et manus suas super manus ejus, et incurvavit se super eum, et calefacta est caro pueri*'.[46] Voilà qui dit bien clairement ce que suggérait trop discrètement '*mensus est*'. Il est bien évident, de surcroît, que si Elie avait eu, en cette occasion, la faculté de changer de taille à volonté, le texte de la Bible n'aurait pas manqué de souligner cette capacité miraculeuse.

Deuxième exemple. Boulanger, qui veut voir dans le prophète Elie l'incarnation d'un symbole solaire, regroupe les versets de la Bible qui peuvent fonder sa théorie et affirme: 'Le zêle d'Elie, dans l'Ecriture, est toujours comparé à un feu ardent, & sa parole brûlante à un flambeau qui éclaire. L'imagination des hommes l'a vû dans les airs au milieu d'un tourbillon, & dans un char enflammé, attelé de chevaux de feu; & cette Ecriture l'appelle le Char & le Conducteur d'Israël' (p.23).

---

46. Vulgate, IV Rois iv.34. 'il se coucha sur l'enfant, il mit sa bouche sur sa bouche, ses yeux sur ses yeux, ses mains sur ses mains, il se replia sur lui et la chair de l'enfant se réchauffa'.

Le 'feu ardent', le 'flambeau qui éclaire', 'le Char & le Conducteur d'Israël' n'appellent aucun commentaire critique: Boulanger se contente de traduire ou de transposer le texte biblique.[47] Mais quand il évoque l'enlèvement du prophète 'dans un char enflammé', sa volonté de convaincre l'entraîne bien au-delà de ce que permettent la lettre et l'esprit de l'Ecriture. Le quatrième livre des Rois dit seulement: '*Cumque [Elias et Eliseus] pergerent et incedentes sermocinarentur, ecce currus igneus et equi ignei diviserunt utrumque, et ascendit Elias per turbinem in caelum.*'[48] Ce n'est donc pas dans le char enflammé que se fait l'ascension d'Elie, mais dans un tourbillon; et il est bien difficile de supposer que le char a été enlevé par ce tourbillon, puisque le miraculeux véhicule était attelé de chevaux de feu qui auraient bien pu, à eux seuls, assurer la montée au ciel du saint personnage. Alors que la Bible met l'accent sur la séparation brutale et irréversible[49] entre les deux prophètes, entre l'ancien et le nouveau, et sur la nécessité, pour qu'Elisée soit investi du pouvoir surnaturel, que son père spirituel disparaisse, il est évident que c'est afin de souligner la ressemblance entre Elie et Phaéton que Boulanger a tenu à imposer son interprétation fautive.

A partir de ces deux exemples, il serait tentant – et facile – de crier à l'imposture. Ce serait pourtant une erreur. La lecture tendancieuse que Boulanger nous propose des textes sacrés n'est pas de son invention, puisqu'il l'emprunte à la tradition chrétienne! Ce n'est pas le philosophe mécréant qui a prêté au prophète Elie l'heureuse faculté de changer de taille à volonté non plus que l'honneur miraculeux d'être ravi au ciel par des chevaux de feu, mais quelque interprète orthodoxe, zélateur du vrai Dieu.[50] Ici, comme en bien d'autres circonstances, Boulanger se contente d'utiliser à son profit et à des fins subversives les interprétations hagiographiques du merveilleux chrétien.

xv. Le problème épineux de l'étymologie

Nous avons vu que Boulanger fonde, dans sa *Dissertation sur Elie et Enoch*, une grande partie de son argumentation sur l'étymologie. Il fait preuve en cela d'une intuition féconde. De même que pour lui les rites ne doivent pas être interprétés selon le sens que les prêtres et les fidèles leur donnent, mais d'après leur forme qui seule révèle leur signification initiale, de même les mots, et principalement les noms propres, ne doivent pas être pris comme de simples dénominations, mais considérés dans leur acception primitive qui peut à elle seule lever le voile

47. Voir Vulgate, Ecclésiastique xlviii.1: '*Et surrexit Elias* [...] *quasi ignis, et verbum ipsius quasi facula ardebat*', et IV Rois ii.12: '*Eliseus* [...] *clamabat: "Pater mi, pater mi, currus Israel, et auriga ejus"*'.

48. Vulgate, IV Rois ii.11: 'Comme ils continuaient à marcher en s'entretenant, voici qu'un char de feu et des chevaux de feu les séparèrent l'un de l'autre, et Elie monta au ciel dans un tourbillon.'

49. C'est bien ainsi que l'entend, dès l'abord, le prophète Elisée. Alors que les 'frères prophètes' veulent envoyer 'cinquante braves' à la recherche d'Elie, il est persuadé que c'est là une démarche inutile. Et quand, enfin, il cède à leurs instances, il n'est pas saisi par quelque espérance illusoire, mais il désire seulement ne pas contrarier leur bonne volonté. Lorsqu'après trois jours de vaines recherches les hommes reviennent déçus, Elisée leur dit: 'Ne vous avais-je pas prévenus de n'y pas aller?' Voir Vulgate, IV Rois ii.16-18.

50. Le très sérieux *Dictionnaire de la Bible* de Vigouroux (ouvrage cité) affirme encore en 1895 qu'Elie s'est rapetissé à la taille de l'enfant (voir tome ii, colonne 1671). Quant à la tradition selon laquelle Elie a été enlevé dans un char de feu, elle trouve son point de départ dans l'*Ecclésiastique* xlviii.9, bien avant d'être confirmée par Saint Ambroise, *de Eliz. serm.* 2.

de bien des mystères. La science moderne ne procédera pas autrement.

Si Boulanger se trouve avoir raison, il est évidemment de la plus haute importance que le nom d'Elie soit le même que celui d'*ἥλιος* le soleil (voir p.21, en note), que la ville de 'Thesbes'[51] qui est la patrie du prophète ait 'pour racines les verbes *Schab*, ou *Schabah*, qui signifient *revenir, rétablir, ramener, convertir*' et, par conséquent, qu'*Elie le Thesbite* ne désigne [...] autre chose qu'un *Elie Périodique*' (p.29), ou, enfin, 'que Galaad', sa province d'origine, 'sorte par corruption de *Galgal* ou *Galal*, qui indique l'action d'une sphère ou d'une roue qui tourne' (p.30).

Reste, bien sûr, à apprécier la solidité de la science dont se pique le philosophe. Diderot, dans la *Lettre* qui sert de préface à *L'Antiquité dévoilée*, affirme qu'après avoir appris le latin et le grec Boulanger 'se précipita courageusement dans l'étude des langues Hébraïques, Siriaques, Chaldéennes & Arabes tant anciennes que modernes' et que c'étaient là des 'connoissances qu'il avoit acquises lorsqu'il se promit de débrouiller la Mythologie' (*Extrait*, pp.x-xi). Même si l'on fait une large part à l'enthousiasme dont Diderot est coutumier, à l'amplification qui sied à un éloge nécrologique et à l'idéalisation inévitable quand on fait le portrait d'un jeune collaborateur enlevé dans la fleur de l'âge, le témoignage du directeur de l'*Encyclopédie* ne saurait être totalement récusé. Les innombrables notes savantes qui illustrent chacune des œuvres de Boulanger prouvent à l'évidence que ses connaissances linguistiques étaient nombreuses et variées. Cela ne veut pas dire que sa science était originale – Boulanger n'a d'ailleurs jamais prétendu à cette dignité – ni qu'elle était sûre. Il est clair que ses références sont de seconde main et qu'il les puise plus souvent dans la médiocre *Méthode*[52] du Père Renou, simplement parce qu'elle dispose d'un index en français, que dans le *Thesaurus*[53] bien plus solide, mais d'accès plus difficile, de Johann Buxtorf. Toutefois, quand on feuillette les traités philologiques des savants les plus authentiques et qui faisaient justement autorité à cette époque, on s'aperçoit que l'accumulation leur tenait souvent lieu de méthode, l'à-peu-près de rigueur et la témérité de certitude. Une vague ressemblance phonique suffisait alors à justifier une étymologie ou à établir une filiation entre l'hébreu et le latin,[54] et la méconnaissance quasi totale des règles de l'évolution phonétique permettait la cuistrerie tout autant que l'audace novatrice. Si Boulanger avait eu le temps d'affermir son savoir ou s'il avait puisé systématiquement à la meilleure source, le résultat n'aurait guère été meilleur.[55]

Il serait donc tout à fait vain de dresser aujourd'hui le catalogue des approximations et des erreurs que Boulanger a pu commettre. Elles lui appartiennent,

---

51. La graphie moderne est Thisbé ou Tishbé.

52. Jean-Baptiste Renou, *Nouvelle méthode pour apprendre facilement les langues hébraïque et chaldaïque* (Paris 1708). Pour faciliter l'acquisition de ces langues savantes le père Renou a cru bon de rédiger son ouvrage en vers de mirliton! C'est pourtant là que Boulanger a apparemment trouvé (p.282) l'étymologie du mon de la ville de Thesbes (voir p.29 de sa *Dissertation*) et celle (p.120) du nom de la province de Galaad (voir p.30 de sa *Dissertation*).

53. Johann Buxtorf, l'ancien, *Thesaurus grammaticus linguae sanctae hebraeae* (Basileae 1609).

54. Etienne Guichard était allé jusqu'à écrire *L'Harmonie étymologique des langues en laquelle* [...] *se demonstre euidemment que toutes les langues sont descendues de l'Hebraïque* (Paris 1606). Il y a fort à parier que l'idéologie y prend le pas sur la philologie.

55. Boulanger n'a pas pu profiter des travaux décisifs du Président de Brosses, puisque le *Traité de la formation méchanique des langues* a paru en 1765.

sans doute, puisqu'il les a reproduites. Mais faire son procès, serait faire celui de son siècle. Il est infiniment plus important de constater qu'il s'était muni, avec application, d'un minimum de connaissances scientifiques et surtout qu'il avait pressenti l'immense parti que l'on pouvait tirer de l'étymologie pour découvrir quelques-uns des secrets de l'humanité. Même si ses exemples ne nous convainquent plus, la méthode était bonne, et d'autres, dans la seconde moitié du dix-neuvième siècle, parviendront à en tirer le bénéfice que l'on sait.

xvi. Conclusion

La *Dissertation sur Elie et Enoch* est évidemment un traité mineur. Si l'on admet – et cela est très vraisemblable – qu'elle a été écrite après *L'Antiquité dévoilée*, elle ne brille, en comparaison de cette œuvre gigantesque, ni par l'amplitude de l'enquête, ni par l'originalité de la démarche, ni par la nouveauté des conclusions. On a l'impression qu'il s'agit d'un appendice, d'un ajout, au mieux d'un champ d'application particulier à deux figures légendaires du judéo-christianisme. Ce serait, à la limite, le plus bel éloge que l'on pourrait faire de cette dissertation: Boulanger aurait transposé courageusement dans le domaine interdit de la religion d'Etat les investigations qu'il avait conduites dans *L'Antiquité dévoilée* et qui portaient essentiellement sur le paganisme.

Mais cette audace doit, d'une certaine manière, être elle-même remise en question. Le tour d'esprit du philosophe est tel que chez lui les exigences du scientifique finissent toujours par l'emporter sur les velléités du polémiste. Une dissertation qui eût été tout entière axée sur la dénonciation du christianisme aurait gagné en vigueur et entraîné l'adhésion des esprits forts. Nous avons vu que les intentions de Boulanger sont sensiblement différentes. Son but est de montrer en dernière analyse que toutes les religions – et parmi elles le christianisme – ont les mêmes fondements et suscitent les mêmes figures mythiques. On pourrait objecter que la différence est bien petite et que l'attitude adoptée par l'écrivain malmène tout autant la religion officielle. Ce serait oublier que l'ouvrage a été écrit dans une époque de conflit et de passion, où la victoire de la liberté sur le dogmatisme était encore incertaine, et que tous ceux qui s'attachaient à la philosophie nouvelle avaient plus besoin d'ouvrages de combat que de traités sereins sur l'histoire des religions. Ce qui manque, au fond, à la dissertation de Boulanger, c'est un peu de méchanceté et un esprit de parti. Et par là s'explique, sans doute, le maigre succès que le livre connut en librairie.

5. *L'Antiquite dévoilée par ses usages*

i. Un manuscrit perdu

BACHAUMONT écrit dans ses *Mémoires secrets*, à la date du 19 janvier 1765 (ii.164-65):

Nous avons lu une Dissertation manuscrite de M. Boulanger, l'auteur du *Despotisme Oriental*. Elle roule sur St. Pierre. [...] Le même auteur a laissé imparfait un très grand ouvrage manuscrit intitulé, *Nouvelle manière d'écrire l'histoire*. Il avoit déjà composé le titre sommaire de 14 Dissertations, relatives à ce grand projet. On ne peut que regretter qu'il soit resté imparfait. L'auteur, aux connoissances les plus étendues, paroît joindre une force de raisonnemens victorieuse. Son système est de prendre le *Déluge* pour le premier & l'unique point historique, auquel il faille rapporter toutes les fêtes, cérémonies & institutions, dont les nôtres dérivent encore.

L'analyse que fait Bachaumont de l'ouvrage dont il a eu connaissance est assez claire pour que l'on puisse identifier cette *Nouvelle manière d'écrire l'histoire*[1] à la version primitive de *L'Antiquité dévoilée par ses usages*. C'est malheureusement la seule certitude à laquelle il soit possible de parvenir. Nous ne savons pas si Bachaumont a eu entre les mains le texte dont il parle – il le laisse entendre, sans l'affirmer vraiment – ou si son témoignage est indirect; nous ignorons s'il s'agit d'un manuscrit rédigé par l'auteur lui-même ou d'une simple copie; nous voudrions savoir enfin si l'ouvrage évoqué par les *Mémoires secrets* est la version ultime laissée par Boulanger ou si d'autres textes plus élaborés l'ont suivie. Mais comme aucun manuscrit de *L'Antiquité dévoilée* n'a jamais pu être retrouvé et que tout espoir semble bien être perdu à cet égard, ce sont là des questions qui risquent fort de rester à jamais sans réponses.

ii. Les premières éditions

Les deux premières éditions (voir ci-dessous, p.132) de *L'Antiquité dévoilée* sont datées de 1766. Elles sont pourtant sorties des presses à la fin de 1765. C'est en effet le 1er novembre de cette année-là que la *Gazette littéraire de l'Europe* annonce la publication de l'ouvrage: 'L'Antiquité dévoilée par ses usages [...]; par feu M. Boulanger. A Amsterdam, chez M. M. Rey. 1766. *Trois Vol* in 12. C'est ici un Ouvrage posthume de M. Boulanger, ainsi que le *Despotisme Oriental*, & tous les deux sont fondés sur les mêmes principes' (vii.207). La *Gazette littéraire de l'Europe* ne devance que d'un jour les *Mémoires secrets* (ii.291, 2 novembre 1765):[2]

Nous avons annoncé (*19 Janvier 1765*) un nouveau Manuscrit de M. le Boulanger [*sic*], sur la maniere d'étudier & d'écrire l'histoire. Il paroît aujourd'hui imprimé dans toute

---

1. Ce titre, que les éditeurs n'ont pas retenu, est très révélateur des intentions de Boulanger, et constitue une des clés pour l'interprétation de l'ouvrage.

2. Et non la *Correspondance littéraire*, comme l'indique par erreur Jeroom Vercruysse dans sa *Bibliographie d'Holbach*, à la cote 1766 F1.

sa perfection. Il a pour titre: *l'Antiquité dévoilée par ses usages* [...] *3. Vol. in 12.* Ce livre, très savant, & dont le *Despotisme Oriental* ne faisoit qu'un Chapitre, paroît établir assez naturellement le Déluge pour unique point où remontent toutes les histoires des nations.

L'édition dont rendent compte la *Gazette littéraire de l'Europe* et les *Mémoires secrets* a pour titre complet: L'ANTIQUITE / DEVOILEE / PAR SES USA-GES / OU / *Examen critique des principales Opinions,* / *Cérémonies & Institutions religieuses &* / *politiques des différens Peuples de la Terre.* Il est suivi par cette épigraphe, véritable profession de foi humaniste: *Homo, quod rationis est particeps, consequentiam cer-* / *nit, causas rerum videt, earumque progressus & quasi* / *antecessiones non ignorat,* / *similitudines comparat, re-* / *bus praesentibus adjungit atque annectit futuras.*[3] Le lieu d'édition est Amsterdam et l'éditeur Marc Michel Rey. Les trois volumes *in-12* (pp.xvi.400 + 404 + 419) sont imprimés sur angoumois moyen B. Bruin et P. Thomas; les caractères et les éléments typographiques ont été gravés par Rosart et fondus par Enschedé.[4]

Cette édition en trois volumes *in-12* est doublée par une édition plus luxueuse en un volume *in-4°* de viii.412 pages,[5] imprimée sur le même papier et avec les mêmes caractères et éléments typographiques. Jeroom Vercruysse affirme, sans en donner de preuve, qu'il s'agit là de l'édition originale (*Bibliographie d'Holbach,* cote 1766 F2). Certains exemplaires – c'est le cas de celui de la Bibliothèque nationale[6] – comportent une précieuse liste d'*errata.*[7] Ces deux éditions premières sont presque semblables l'une à l'autre: elles ne se distinguent que par 86 variantes infimes et le plus souvent orthographiques.[8] La consultation de tous les catalogues imprimés des bibliothèques publiques de France semble indiquer que l'édition en trois volumes a été beaucoup plus répandue que l'édition en un seul volume. Cette double publication initiale prouve, en tout cas, que Marc Michel Rey fondait de grandes espérances sur l'œuvre de Boulanger.

iii. Les premières réactions

Les premières réactions sont évidemment fonction de l'attitude philosophique des critiques. La *Gazette littéraire de l'Europe* qui est imprimée sur les presses officielles de la *Gazette de France* et qui est tenue par là-même à la prudence, mais dont le directeur, Suard, est favorable aux idées nouvelles, fait de *L'Antiquité dévoilée* une analyse volontairement ambiguë et assez joliment ironique à l'endroit des bien-pensants (vii.207-208, 1 novembre 1765):

L'Auteur semble s'être proposé de détruire par les fondemens tout l'édifice de l'histoire

3. Cicéron, *Les Devoirs,* i.11: 'L'homme [...] parce qu'il participe à la raison [...] discerne les enchaînements, voit les causes des choses; leurs prodromes et pour ainsi dire leurs antécédents ne lui échappent pas, il rapproche les analogies; aux choses présentes il relie et rattache les choses futures' traduction de M. Testard (Paris 1965), i.110.

4. Pour une description exhaustive de cette édition voir la *Bibliographie d'Holbach* de Jeroom Vercruysse, à la cote 1766 F2. C'est cette version en trois volumes que nous avons reproduite dans notre édition de *L'Antiquité dévoilée* (Besançon-Paris 1978) (Le *fac-simile* du texte de Boulanger occupe le t.i).

5. Jeroom Vercruysse, dans sa *Bibliographie d'Holbach* lui a attribué la cote 1766 F1.

6. Cet exemplaire porte la cote *E 690.

7. Nous avons reproduit cette liste dans notre édition de *L'Antiquité dévoilée,* ii.260-62.

8. Voir la liste complète de ces variantes dans notre édition de *L'Antiquité dévoilée,* ii.256-57.

Ancienne avant les Grecs, & de réduire toutes les Institutions politiques & religieuses des Anciens à une seule & même origine, c'est-à-dire à une grande révolution arrivée sur le globe, laquelle en a fait périr la plus grande partie des habitans. Comme le système de l'Auteur ne peut se concilier avec les traditions sacrées du Christianisme, nous n'entrerons dans aucun détail sur ce Livre hardi; mais nous oserons assurer que le venin qui y est répandu ne sera pas dangereux. Les erreurs de cet Ecrivain sont enveloppées d'un appareil d'érudition éthymologique qui les mettra hors de la portée du commun des Lecteurs, & l'on ne peut nier qu'il n'y ait dans cet Ouvrage des vues tout-à-fait neuves & curieuses sur l'antiquité. C'est dommage que M. Boulanger n'ait pas fait un meilleur usage des talens & des connoissances profondes dont il étoit doué; c'étoit un génie rare, né pour ouvrir de nouvelles routes & pour reculer les limites de la science.

Bachaumont, qui n'est pas obligé aux mêmes précautions oratoires, fait un compte rendu explicitement élogieux, où se mêlent justesse et platitude: 'Ce livre, très savant, [...] paroît établir assez naturellement le Déluge pour unique point où remontent toutes les histoires des nations, mêlées des différentes fables dont une tradition imparfaite les a défigurées. L'auteur trouve par-tout les traces de l'homme errant, effrayé, déplorant la destruction de l'univers. Ce système, très simple, est d'une grande fécondité' (*Mémoires secrets*, ii.291-92, 2 novembre 1765).

Grimm, qui est à la fois l'ami' et le censeur des Philosophes, fait preuve, dans sa *Correspondance littéraire*, d'une attitude nuancée: son admiration n'exclut pas la sévérité! Les vues de Boulanger sont grandioses sans doute, mais son esprit est trop systématique; son érudition suscite le respect, mais elle obscurcit la thèse au lieu de l'éclairer; ses conjectures sont audacieuses et fécondes, mais l'écrivain a le tort de les prendre pour des démonstrations (*CLT*, vi.467-68, 15 janvier 1766):

M. Boulanger prétend que toutes les idées religieuses des différents peuples répandus sur ce globe tiennent originairement à des calamités et des catastrophes physiques, dont l'effroi et la tradition se sont propagés de génération en génération. Cette vue est grande et philosophique, et peut être juste sous quelques rapports: je suis fâché seulement que M. Boulanger l'ait voulu réduire en système, et nous prouver géométriquement que les idées superstitieuses des Juifs ont été universelles parmi tous les peuples de la terre. Il y a peu de choses plus évidentes que la haute antiquité de ce globe; tout prouve aussi qu'il a subi de grandes révolutions [...]. Des catastrophes physiques doivent faire une impression prodigieuse sur des êtres faibles et doués d'imagination, tels que l'homme. Si la moitié du genre humain était exterminée par quelque fléau affreux et subit, la frayeur de ceux qui survivraient serait sans doute extrême, et les porterait, à coup sûr, à attribuer leurs malheurs au courroux de quelque puissance invisible. De là l'idée d'un dieu vengeur, commune à tous les peuples; et l'on a eu raison de dire qu'un dieu qui ne serait que bon n'aurait point d'autels parmi les hommes, et qu'il faut qu'il soit terrible pour être adoré. Jusque-là, M. Boulanger a raison; mais quand ensuite il veut prouver que tous les symboles religieux sont les mêmes parmi tous les peuples de la terre, l'amour du système le porte sans doute trop loin, et l'égare. Ses vues ne sont pas d'ailleurs assez nettes; son érudition, au lieu de les éclairer, les embrouille. On aperçoit beaucoup de lueurs, mais on n'en sent pas tous les résultats. Il faut premièrement ne jamais donner ses conjectures pour des démonstrations; il faut, en second lieu, porter ses conjectures au plus haut point de clarté possible. M. Boulanger n'observe ni l'un ni l'autre de ces principes.

Voltaire qui, à son habitude, fait part de ses dernières lectures à ses correspondants, est plus sévère encore. *L'Antiquité dévoilée* ne tire de lui que sarcasmes et jeux de mots. Il écrit à Marmontel: 'J'ai lu quelque chose d'une antiquité dévoilée, ou plutôt très voilée. L'auteur commence par le Déluge et finit toujours par le cahos. J'aime mieux, mon cher confrère, un seul de vos contes que tous ces fatras' (Best.D13265, 23 avril 1766). Un peu plus tard, s'adressant à Damilaville, Voltaire porte sur Boulanger un jugement général, qui, avec une nuance plus favorable, recoupe le premier: 'Il y a un nouveau livre, comme vous savez, de feu m. Boulanger. Ce Boulanger pétrissait une pâte que tous les estomacs ne pouraient pas digérer. Il y a quelques endroits où la pâte est un peu aigre; mais en général son pain est ferme et nourissant. Ce m. Boulanger là a bien fait de mourir, il y a quelques années, aussi bien que La Méttrie, Dumarsais, Freret, Bolingbrocke, et tant d'autres. Leurs ouvrages m'ont fait relire les écrits philosophiques de Ciceron. J'en suis enchanté plus que jamais' (Best.D13585, 24 septembre 1766). Il faut bien reconnaître que Boulanger avec sa lenteur, sa pesanteur, son sérieux qui se donne ostensiblement pour tel est aux antipodes de Voltaire et qu'il ne pouvait guère espérer de lui une autre oraison funèbre. Au fond Voltaire lui met, à titre posthume, un zéro en rhétorique.

Aux sarcasmes succèdent bientôt les injures. Mais c'est là un compliment, quand on sait qu'elles viennent de l'un des représentants du parti le plus réactionnaire: le comte Fabry d'Autrey commet à la hâte une *Antiquité justifiée, ou Réfutation d'un livre qui a pour titre: 'l'Antiquité dévoilée par ses usages'*.[9] Le plus souvent l'erreur le dispute à la sottise. D'Autrey, mal informé et haineux, crache du venin au lieu d'argumenter: 'Les Chefs de l'incrédulité, les Héros du parti, les Idoles de la populace de la Littérature & de l'Irréligion, après y avoir pensé toute leur vie, viennent enfin de consigner les aveux les plus importans dans un Livre qui, à ce qu'ils disent eux-mêmes, *sappe par leurs fondemens toutes les vérités de la foi*' (*Avertissement*, p.vii).

Le livre de Boulanger connaît, en revanche, les honneurs d'une traduction en langue allemande, qui paraît sous ce titre: *Das durch seine Gebräuche Aufgedeckte Alterthum. Oder Critische Untersuchung der vornehmsten Meinungen, Ceremonien und Einrichtungen der verschiedenen Völker des Erdbodens in Religions – und Bürgerlichen Sachen. Aus dem Französischen [...] übersetzt, und mit Anmerkungen von Johann Carl Dähnert*, Greifswald, 1767. *In-8°*, xvi.672 pp. Le *Journal encyclopédique* en fait état avant même sa publication et fait, par principe, une confiance anticipée au valeureux traducteur: 'Roese, Libraire à Grifswalde, annonce une traduction allemande de l'*Antiquité dévoilée* [...]. La chaleur qui régne dans plusieurs chapitres de cet ouvrage, & souvent aussi l'élévation du génie de l'Auteur, son énergie & ses profonds raisonnemens, rendent fort difficile la traduction de ces trois volumes: nous sommes persuadés que M. le Prof. Daehnert qui s'est chargé de cette épineuse entreprise, a rempli sa tâche avec succès: mais nous croyons aussi, quelques talens qu'il ait, que cette traduction lui a infiniment couté.'[10]

---

9. (Amsterdam 1766), xii.200 pp. Nous reviendrons plus longuement sur cet ouvrage lorsque nous étudierons la critique des œuvres de Boulanger.

10. t.vii, 1ère partie, 1er octobre 1766, pp.148-49. Malgré ses recherches, John Hampton n'avait pu retrouver un seul exemplaire de cette traduction (voir Hampton p.49). Jeroom Vercruysse a été plus heureux que lui: il a pu consulter l'ouvrage à la Bibliothèque universitaire de Fribourg-en-Brisgau (voir sa *Bibliographie d'Holbach* à la cote 1767 F1).

La persécution policière était évidemment l'éloge ultime que l'on était en droit d'attendre pour cette œuvre pernicieuse qu'est *L'Antiquité dévoilée*. Or, cette gloire manque presque complètement à Boulanger. Hémery, qui s'était acharné contre le *Despotisme oriental* (voir ci-dessus pp.48ss.), se contente de noter dans son *Journal de la Librairie*, le 20 février 1766: 'L'antiquité dévoilée par ses usages ou Examen critique des principales opinions cérémonies et institutions religieuses et politiques des differens peuples de la terre. par feu M Boulanger. 3. vol. [un mot illisible] imprimés par Rey a amsterdam qui a envoyé icy a Le Clerc la plus grande partie de l'Edition. Le magistrat a permis tacitement la distribution de quelques exemplaires de cet ouvrage' (BN Mss.frs., 22164, f.13*v*). Cette attitude relativement bienveillante est confirmée par les *Mémoires secrets*: 'L'*Antiquité dévoilée par ses usages* [...] se répand à Paris avec la permission de la Police. Il y a déjà longtems qu'elle tenoit en échec un Libraire qui en avoit fait passer 1,200 exemplaires. Il vient d'avoir permission de les débiter avec des cartons.'[11]

On ne sait si la censure a accordé une permission – tacite ou officielle –. Toujours est-il que le livre a été, de fait, toléré. La mansuétude des autorités s'explique aisément: la longueur de *L'Antiquité dévoilée*, son caractère d'érudition et son apparente neutralité scientifique leur ont, sans doute, paru bien propres à décourager l'enthousiasme des lecteurs à venir. Et c'est en quoi ils se sont trompés.

iv. Les rééditions[12]

La librairie est un commerce: on ne réimprime que les ouvrages qui se vendent. Or, *L'Antiquité dévoilée* a été rééditée six fois par Marc Michel Rey entre 1768 et 1778. La 'populace' apparemment y avait pris quelque goût!

En revanche, et selon un phénomène que nous avions déjà observé pour le *Despotisme oriental* (voir ci-dessus pp.50-51), il faudra attendre l'époque révolutionnaire pour que le grand œuvre de Boulanger connaisse à nouveau les honneurs de la publication.[13]

Il va sans dire que *L'Antiquité dévoilée* est la pièce maîtresse et initiale de toutes les éditions collectives des *Œuvres* du philosophe. Elle constitue ainsi:

a – les tomes 1 à 3 de l'édition en 8 volumes de 1778, sans lieu.

b – les tomes 1 à 4 de l'édition en 10 volumes de 1791, 'En Suisse'.

c – les tomes 1 à 3 de l'édition en 8 volumes de 1792, Paris.

d – les tomes 1 et 2 de l'édition en 6 volumes de 1794, Amsterdam.

11. *Mémoires secrets* ii.343, à la date du 13 février 1766. Il serait intéressant de retrouver l'un des exemplaires 'cartonnés': cela permettrait de savoir quels étaient les endroits du texte qui paraissaient à l'époque les plus condamnables. Cette chance ne s'est jamais rencontrée jusqu'ici. Peut-être le libraire n'a-t-il pas tenu sa promesse.

12. Voir Jeroom Vercruysse, *Bibliographie d'Holbach* aux cotes 1768 F1, 1772 F1, 1775 F1 et F2, 1777 F1, 1778 F1, 1791 F1 et 1794 F1.

13. La *Bibliographie d'Holbach* de Jeroom Vercruysse prouve à l'évidence que la désaffection qui touche les œuvres de Boulanger entre 1778 et la période révolutionnaire n'est pas propre à cet écrivain, mais qu'elle s'étend indistinctement à toute la production de la coterie holbachique.

Enfin *L'Antiquité dévoilée* est, pour l'instant, le seul texte de Boulanger qui ait trouvé un éditeur au vingtième siècle.[14]

v. Une paternité partiellement controversée

Que Nicolas-Antoine Boulanger soit l'auteur de *L'Antiquité dévoilée* n'a jamais réellement été mis en doute. Si un esprit chagrin avait à cet égard quelque inquiétude, il serait facile de le renvoyer à un grand nombre d'écrivains et de polygraphes de la fin du dix-huitième siècle ou du début du dix-neuvième et, en particulier, aux autorités habituelles en la matière: La Porte et Hébrail,[15] Barbier,[16] Naigeon,[17] Morellet.[18]

Tout serait simple et clair, si une tradition tenace[19] ne voulait que le texte publié en 1766 par les soins du baron d'Holbach ne fût pour une bonne part l'œuvre de son éditeur littéraire. Cette affirmation est fondée, à l'origine, sur deux témoignages:

a – celui de Bachaumont dans ses *Mémoires secrets*. Nous le connaissons déjà, mais il est bon de le rappeler ici: '[Boulanger] a laissé imparfait un très grand ouvrage manuscrit intitulé, *Nouvelle manière d'écrire l'histoire*. Il avoit déjà composé le titre sommaire de 14 Dissertations, relatives à ce grand projet. On ne peut que regretter qu'il soit resté imparfait' (ii.164-65, 19 janvier 1765).

b – celui de Barbier dans son *Dictionnaire des ouvrages anonymes et pseudonymes*: 'Antiquité (l') dévoilée […], ouvrage posthume de BOULANGER (refait sur le manuscrit original par Paul THIRY, Baron d'HOLBACH)' (éd. de 1806-1809, i.33, article 288).

Ces deux témoignages sont évidemment de nature très différente. Celui de Barbier est tardif, puisqu'il vient quarante ans tout juste après la publication de *L'Antiquité dévoilée*, il n'est aucunement circonstancié, et rien ne permet de penser qu'il est fondé sur un document de première main. On peut donc tenir pour très vraisemblable qu'il relève déjà de la tradition.

Le témoignage de Bachaumont mérite en revanche la plus grande attention: il est contemporain de l'événement, il est nourri de détails précis, et son auteur peut avoir eu un manuscrit entre les mains. Quand Bachaumont affirme que

14. *L'Antiquité dévoilée par ses usages*, édition établie et annotée par Paul Sadrin, Annales littéraires de l'Université de Besançon 215 (Paris 1978). Le t.i est un fac-similé de l'édition de 1766 en 3 vol. (4 pages par recto et par verso). Le t.ii contient une introduction (pp.7-49), des notes (pp.50-233), une bibliographie des ouvrages cités en référence dans les notes relatives à *L'Antiquité dévoilée* (pp.234-43), une bibliographie descriptive des éditions de *L'Antiquité dévoilée* (pp.244-45), un index nominum (pp.246-54) et un choix de variantes (pp.255-62). Comme l'édition de 1766 en un vol. a été reproduite en microfiches par les soins de Jeroom Vercruysse (Paris 1972), le lecteur dispose aujourd'hui des deux états de l'édition initiale de *L'Antiquité dévoilée*.

15. Joseph de La Porte, Jacques Hébrail, *La France littéraire* (Paris 1769); voir pp.15 et 138.

16. Antoine-Alexandre Barbier, *Catalogue des livres de la bibliothèque du Conseil d'Etat* (Paris an XI); voir i.43 (article 456). – *Dictionnaire des ouvrages anonymes et pseudonymes* (Paris 1806-1809); voir i.33 (article 288). Ou (Paris 1822-1827); voir i.70 (article 957).

17. Jacques-André Naigeon, *Mémoires historiques et philosophiques sur la vie et les ouvrages de Diderot* (Paris 1821); voir pp.192-93.

18. André Morellet, *Mémoires sur le dix-huitième siècle et sur la révolution* (Paris 1821); voir i.70.

19. Les dictionnaires et les encyclopédies des dix-neuvième et vingtième siècles perpétuent cette tradition. Voir, par exemple, la *Biographie universelle* de Michaud, v.225 (Paris 1843).

Boulanger 'avoit déjà composé le titre sommaire de 14 Dissertations', on a tout lieu de croire qu'il évoque là un état du texte qui a réellement existé. Mais rien ne prouve que Boulanger n'a pas laissé, à sa mort, un manuscrit infiniment plus élaboré. Le 19 janvier 1765 les *Mémoires secrets* parlent du 'titre sommaire de 14 Dissertations', et le 2 novembre de la même année ils annoncent la publication de l'ouvrage 'imprimé dans toute sa perfection'! Chacun sait que le baron d'Holbach avait d'énormes capacités de travail, mais n'est-ce pas, tout de même, lui prêter un peu trop? Enfin le témoignage de Bachaumont est plus imprécis qu'il n'y paraît à première lecture. Il suffit, pour s'en persuader, de le comparer à celui que le même mémorialiste nous donne dans la même page à propos de la *Dissertation sur Saint Pierre*. Bachaumont écrit, comme nous le savons: 'Nous avons lu une Dissertation manuscrite de M. Boulanger [...]. Elle roule sur *St. Pierre.*' On ne saurait être plus simple et plus clair. Pourquoi n'est-il pas aussi direct quand il s'agit de la *Nouvelle manière d'écrire l'histoire*? Pourquoi ne dit-il pas: 'Nous avons lu aussi un grand ouvrage manuscrit que M. Boulanger a laissé imparfait'? On a l'impression que Bachaumont veut faire entendre à ses lecteurs qu'il est aussi bien informé que dans le cas précédent et que s'il a changé de formule, c'est uniquement pour varier le style. Mais il est étrange qu'il ne se soit pas vanté d'une science qu'il aurait eue de première main, et l'on en peut conclure que sa tournure vague cache probablement un savoir par ouï-dire.

En vérité, un seul argument pourrait faire pencher la balance en faveur de la tradition: le long espace de temps qui s'est écoulé – plus de six ans – entre la mort de Boulanger (en septembre 1759) et la publication de *L'Antiquité dévoilée* (à l'extrême fin de 1765) laisserait supposer que c'est la refonte du manuscrit original qui a rendu ce délai nécessaire.

Mais cet argument est bien fragile. Le délai que s'est imposé le baron d'Holbach – ou qui lui a été imposé – peut venir de mille autres raisons. On peut songer, tout simplement, au travail considérable qu'il a accompli pendant cette période de six années;[20] on peut imaginer que l'énormité du manuscrit, son érudition indiscrète et le caractère hasardeux des conjectures qu'il proposait pouvaient, à juste titre, donner quelque inquiétude à un éditeur littéraire et que d'Holbach a attendu que soit confirmé l'heureux succès du *Despotisme oriental* avant de se jeter dans l'aventure. Certes, aucune de ces raisons n'est détermi-nante et aucune ne peut être prouvée; mais celle que nous supposions initialement n'emporte pas davantage l'adhésion.

Il existe bien une preuve de l'intervention d'une main étrangère dans l'œuvre de Boulanger. Alors que le texte de *L'Antiquité dévoilée* roule sur 'ces figures énormes' qui 'étoient exposées à l'entrée des Temples' égyptiens, une note précise: 'Mr. Norden le plus récent [...] des Voyageurs qui ont décrit l'Egypte, dit avoir vu un assez grand nombre de ces colosses [...]. Voyez *les Voyageurs modernes* Tom. II p.184 & suiv.' (1.6, i.206-207, n.4). Or, ce recueil des *Voyageurs modernes* a été édité en 1760, c'est-à-dire un an après la mort de Boulanger. Il

---

20. Son importante contribution aux tomes viii à xvii de l'*Encyclopédie*, ses traductions d'œuvres de Lehmann, d'Akenside, d'Orschall, de Henckel, de Stahl, de Swift, des *Mémoires* de l'Académie d'Upsal, ses éditions du *Despotisme oriental* et de la *Dissertation sur Elie et Enoch* pourraient, à elles seules, expliquer la date tardive de la publication de *L'Antiquité dévoilée*.

faut souligner cependant qu'il s'agit d'une simple note[21] et surtout que c'est là un exemple unique. Le caractère singulier d'une allusion à un livre publié après la mort de l'auteur se retourne même contre ceux qui croient à la réécriture du texte initial. Il est difficile d'admettre, en effet, que si d'Holbach s'était donné la peine de refondre *L'Antiquité dévoilée*, il n'aurait puisé qu'une seule fois dans les ouvrages qui ont paru entre la disparition de l'écrivain et l'impression de l'ouvrage. En six ans bien des textes avaient vu le jour qui auraient permis à l'éditeur littéraire d'étayer, de nuancer ou de modifier les affirmations de Boulanger. Il est difficile d'imaginer enfin que d'Holbach ait soigneusement évité d'utiliser des livres dont la date de publication aurait été compromettante. C'eût été prêter à la police de la librairie une flatteuse faculté d'attention et de perspicacité!

Il convient, par ailleurs, de rappeler ici que la tradition d'une œuvre refaite par le baron d'Holbach sur un manuscrit de Boulanger s'était imposée de la même façon à propos du *Despotisme oriental* et que nous avons pu montrer que ce n'était probablement qu'une légende (voir ci-dessus, p.45). Pour *L'Antiquité dévoilée* aucune preuve ne peut être avancée, puisque nous n'en possédons pas de copie manuscrite, mais rien n'interdit de supposer que ce qui était vrai de la première œuvre peut l'être de la seconde.

Il faut conclure par l'incertitude. Et dans l'incertitude nous suivrons l'usage de tous les critiques scientifiques du vingtième siècle. Comme l'ont fait Henri Lion, Franco Venturi, John Hampton, nous rêverons que Boulanger est le seul père de *L'Antiquité dévoilée*, tout en sachant que nous rendons, peut-être, à César un peu plus qu'il ne lui appartient.

vi. *Extrait d'une Lettre écrite à l'Editeur sur la vie & les Ouvrages de Mr. Boulanger*[22]

A une exception près,[23] toutes les éditions de *L'Antiquité dévoilée* sont précédées par un *Extrait d'une Lettre écrite à l'Editeur sur la vie & les Ouvrages de Mr. Boulanger*. L'attribution de ce texte anonyme ne pose aucun problème. La paternité de Diderot est attestée par la *Correspondance littéraire* du 15 janvier 1766: 'On a reçu [...] quelques exemplaires [...] d'un ouvrage intitulé *l'Antiquité dévoilée par ses usages* [...] par feu M. Boulanger. [...] On lit, à la tête de son livre, un précis de sa vie, esquissé fort à la hâte par M. Diderot; ce précis est intéressant' (vi.467-68). Cette paternité est confirmée par Naigeon aussi bien dans ses *Mémoires historiques et philosophiques* (pp.192-93) que dans son édition des œuvres de Diderot, où il écrit: 'Diderot [...] a recueilli sur cette espèce de phénomène

---

21. La suite de cette note fait preuve d'un esprit polémique assez grossier qui ne se retrouve jamais dans *L'Antiquité dévoilée*: 'L'on peut attribuer la même origine à ces colosses ridicules que l'on voit encore à l'entrée de quelques-unes de nos Eglises, à qui l'on a donné le nom de Saints & qui ne sont propres qu'à faire peur aux petits enfans.'

22. L'*Extrait* occupe les pages iii à xiv de l'édition de 1766 en 3 vol., édition à laquelle renverront toutes nos références. Nous disposons aujourd'hui d'une édition critique de cet *Extrait*. Elle figure dans les *Œuvres complètes* de Diderot, édition Hermann, ix.439-55. Le texte est établi par Jean Varloot et présenté et annoté par Paul Sadrin.

23. Il s'agit de l'une des deux éditions publiées par Marc Michel Rey en 1775. Jeroom Vercruysse lui a donné la cote 1775 F2.

littéraire plusieurs faits curieux qui sont consignés dans la lettre [...] écrite à M. le baron d'Holbach, et imprimée à la tête de *L'Antiquité dévoilée par ses usages*. M. d'Holbach [...] avait demandé à Diderot une courte notice sur la vie de ce savant, leur ami commun; et il reçut le lendemain la lettre [...] dans laquelle [...] on trouve des pages de la plus grande éloquence' (A.-T., vi.339).

Il nous est impossible, en revanche, de déterminer avec une parfaite précision le moment où Diderot a composé son éloge nécrologique de Boulanger. L'auteur n'en dit rien dans sa correspondance et nous ne possédons, par ailleurs, aucun témoignage à ce propos. Nous en sommes réduits à une seule certitude: la *Lettre* était écrite à l'automne 1765, puisqu'elle fut publiée en pré-originale le 1er novembre de cette année-là, dans la *Gazette littéraire de l'Europe*.[24] Certes, la hâte avec laquelle Diderot a rédigé son texte – hâte bien attestée, comme nous venons de le voir, à la fois par Grimm et par Naigeon – inclinerait à penser que l'ouvrage lui avait été réclamé *in extremis*. Mais les tâches de Diderot étaient si nombreuses et si lourdes que son extrême célérité peut trouver d'autres explications que les exigences de l'éditeur, et nous sommes, du même coup, contraints de rester dans le doute.

Il ne nous est pas possible de dire non plus quand et comment Diderot et Boulanger se sont rencontrés. On se rappelle que Jean-Rodolphe Perronet, inspecteur général des Ponts et chaussées et collaborateur de l'*Encyclopédie*, avait en 1753 reçu de Boulanger un mémoire consacré aux corvées (voir ci-dessus, p.16). Ce mémoire lui avait beaucoup plu, et l'on peut imaginer avec quelque vraisemblance que c'est Perronet qui a présenté Boulanger à Diderot qui cherchait un rédacteur pour le futur article 'Corvée' de son *Encyclopédie*. On peut rêver aussi que c'est par l'intermédiaire de Legendre, mari d'une des sœurs de Sophie Volland, que Diderot entendit pour la première fois parler de Boulanger. Legendre exerça en effet, de 1744 à 1764, la fonction d'ingénieur des Ponts et chaussées dans la généralité de Châlons sur Marne, où Boulanger passa 'une saison entière' à la suite d''une maladie grave' (*Extrait*, p.iv).

Il semble qu'une certaine amitié soit née entre les deux hommes, puisque Diderot affirme dans sa *Lettre* qu'il a 'été intimement lié avec lui' (*Extrait*, p.vi). Mais il est juste de remarquer que le nom de Boulanger n'apparaît pour la première fois sous la plume de Diderot que dans une lettre adressée à Grimm à la fin du mois de septembre 1759, alors que Boulanger vient de mourir; les termes, s'ils traduisent une certaine émotion et une évidente admiration, ne laissent rien transparaître de l'intimité qui est affirmée dans la *Lettre à l'Editeur*,[25]

---

24. vii.207-16. L'étude des variantes qui séparent le texte de la *Gazette littéraire* de celui qui a été publié par Marc Michel Rey est instructive pour l'histoire de l'autocensure au dix-huitième siècle. Suard, le directeur du périodique, s'est, par prudence, livré à de significatives substitutions. Là où, par exemple, Diderot avait écrit: 'si une mort prématurée l'a ravi aux lettres et à la philosophie [...], elle l'a ravi aussi à la fureur des intolérants qui l'attendait: l'imprudence qu'il avait eue de répandre quelques exemplaires manuscrits de son *Despotisme oriental* aurait infailliblement disposé du repos de ses jours, et nous aurions vu l'ami de l'homme et de la vérité fuyant de contrée en contrée devant les prêtres du mensonge à qui il ne reste qu'à frémir de rage autour de sa tombe', les lecteurs de la *Gazette littéraire* ont pu lire: 'si une mort prématurée l'a ravi aux lettres et à la philosophie [...], elle l'a aussi dérobé aux peines que la témérité de ses opinions et l'indiscrétion qu'il avait eue de les répandre, lui auraient infailliblement attirées' (deuxième variante Q dans l'édition Hermann citée, ix.453).

25. *Correspondance*, 144; ii.258: 'Je ne sçais si vous connoissez un jeune homme appelé Boulanger,

et l'on peut se demander si cette communion hautement proclamée n'est pas, au moins partiellement, le fruit de l'amplification oratoire qui sied au genre nécrologique. En fait, il est très probable que Boulanger a été avant tout pour Diderot une figure exemplaire et mythique. C'est ce qu'affirme Naigeon dans ses *Mémoires historiques et philosophiques* – et il a de bonnes raisons pour le savoir– (pp.191-92):

De tous les moyens qui peuvent exciter fortement l'émulation des jeunes littérateurs qui venaient le consulter, il n'en négligeait aucun. Il leur citait surtout un exemple curieux et même unique dans l'histoire des sciences, celui de Boulanger, obligé par son état de passer sa vie sur les grandes routes, et trouvant au milieu des travaux importants dont il était chargé, le temps d'apprendre le latin, le grec et les langues orientales et modernes; de lire et d'extraire les meilleurs livres écrits dans ces différentes langues, d'y recueillir avec soin tous les faits qui pouvaient servir de base à l'ouvrage immense dont il avait conçu le plan; d'observer le cours et les sinuosités de plusieurs rivières, d'en dresser des cartes exactes, de faire une étude particulière de la géographie physique, de remonter de l'examen des effets des révolutions que le globe a éprouvées dans ses affections antérieures, à la connaissance, ou plutôt à la recherche des causes diverses de ces grandes et anciennes révolutions [...]; en un mot, de devenir physicien, naturaliste, savant, littérateur et philosophe, sans négliger aucune des fonctions de sa place.

Un tel texte, dont le ton et le propos relèvent évidemment de l'hagiographie, nous apprend plus de choses sur l'attitude de Diderot que 'sur la vie & les Ouvrages de Mr. Boulanger'. Il serait presque loisible d'en dire autant de la *Lettre à l'Editeur*, où Diderot fait le portrait du Philosophe selon son cœur, tout en faisant le portrait d'un philosophe nommé Nicolas-Antoine Boulanger. Voici, en effet, un homme dont 'la nature la plus heureuse' (*Extrait*, p.iii) a failli être irrémédiablement gâtée par les pédants de collège et qui ne doit guère qu'à lui seul sa connaissance des mathématiques, cette spéculation abstraite, et celle de l'architecture, cet art, cette science et ce métier; un homme qui a su exercer son office de bâtisseur et que son 'empire absolu sur un nombreux atelier' (*Extrait*, p.iv), bien loin de le rendre insensible à la souffrance humaine, a fait plus pitoyable encore pour tous les malheureux corvéables 'qu'on arrache à leur chaume';[26] un homme qui, serviteur de l'Etat comme des individus, a fait voir 'qu'il étoit possible de concilier les intérêts particuliers avec ceux de la chose publique' (*Extrait*, p.v); un homme timide, secret, renfermé, doux et 'peu contredisant' (*Extrait*, p.vi), et capable d'embrasser l'univers tant sa 'subtilité peu commune lui indiquoit des liaisons fines & des points d'analogie entre les objets les plus éloignés' (*Extrait*, p.vii); un homme qui, telle l'araignée,[27] tendait des fils 'dans l'intervalle du monde ancien au monde nouveau' (*Extrait*, p.vii); un homme qui, humblement, commença par faire des trous dans la terre et crut découvrir dans les entrailles de notre planète le plus vaste des livres d'histoire; un homme qui, par sa seule force et grâce à ses connaissances pieusement

qui avoit commencé par faire des trous dans la terre, en qualité d'ingénieur des ponts et chaussées, et fini par devenir naturaliste grec, hébreu, syriaque, arabe, etc. Il est mort [...]. Il avoit du génie, et sa marche le marque bien.'

26. *Extrait*, p.iv. Nous avons montré que, sur ce point, le portrait de Boulanger est particulièrement flatté. Voir ci-dessus, p.18.

27. On sait que l'image de l'araignée est chère à Diderot. Elle reviendra sous sa plume dans le *Salon de 1767* (A.-T. xi.146) et dans *Le Rêve de d'Alembert* (A.-T. ii.136ss).

accumulées, a pu repenser les sociétés, les gouvernements et les religions; un homme enfin dont les ouvrages sont si riches qu'on croirait, quand on les feuillette, 'qu'il a vécu plus d'un siecle', alors qu'il 'n'a vu, lu, regardé, réfléchi, médité, écrit, vécu qu'un moment' (*Extrait*, p.viii).

Le portrait que Diderot fait ici de Boulanger est à ce point exemplaire que nous aurions tendance à nous en défier. Mais, comme nous l'avons déjà vu, la *Lettre à l'Editeur* reste, et de fort loin, le document majeur pour qui veut connaître la vie de Boulanger. Nous devons déplorer son tour systématiquement élogieux, ses incertitudes et ses erreurs (voir ci-dessus pp.3ss. et 16, n.2), mais nous sommes bien obligés d'accepter et de révérer ce document, puisque sans lui nous serions aussi démunis en face de l'auteur de *L'Antiquité dévoilée* que nous le sommes en face de quelques écrivains de la Grèce ou de la Rome antiques.

vii. *L'Antiquité dévoilée*: deux vocables ambigus et révélateurs

Le titre du grand œuvre de Boulanger commence par deux termes qui nous paraissent limpides et qui pourraient aisément nous induire en erreur.

Pour un occidental du vingtième siècle, l'Antiquité est une réalité historique bien localisée et dans le temps et dans l'espace: quand nous prononçons ce mot, nous ne songeons guère qu'à la Grèce, de la période homérique à l'époque hellénistique, et à Rome, depuis sa fondation jusqu'à la chute de l'Empire d'Occident. Pour nous, l'Antiquité, c'est notre antiquité culturelle. Or, il suffit de feuilleter un peu longuement l'ouvrage de Boulanger pour découvrir que ce même terme recouvre à ses yeux une acception infiniment plus vaste: ce qui est pris en compte, c'est l'histoire de tous les peuples de la terre, depuis le déluge universel jusqu'au dix-huitième siècle. Pour lui, l'Antiquité, c'est le passé tout entier de l'humanité tout entière. Il est vrai que la Grèce et Rome semblent occuper parfois dans ce concours de nations une place dominante; mais cette prépondérance est purement quantitative et n'est, en aucun cas, une préséance. Si les Anciens, au sens où nous l'entendons d'ordinaire, jouissent d'un traitement de faveur, c'est seulement parce que les documents qui les concernent sont nombreux et facilement accessibles. Car il est évident que Boulanger entend, par conviction et par principe, parler de tous les peuples avec un même intérêt et avec une égale sollicitude.

Le participe passé 'dévoilée' pose un problème différent. Le lecteur ne risque pas ici de se méprendre sur le sens. Dévoiler, c'est pour chacun d'entre nous 'découvrir en levant, en ôtant un voile', c'est 'découvrir ce qui était secret'.[28] La seule difficulté réside dans le choix de l'exacte connotation du terme. S'agit-il de soulever un voile que l'ignorance la plus innocente laissait subsister sur une vérité scientifique enfin découverte? S'agit-il de démasquer une imposture, de lever le voile qu'une idéologie perverse et intéressée maintenait à dessein sur une réalité que chacun aurait dû depuis longtemps connaître?

Rien ne prouve que Boulanger soit l'auteur du titre de son ouvrage, ses éditeurs ayant très bien pu, en cela, se substituer à lui.[29] Il est bien clair que le

28. Ce sont là les définitions de Littré dans son *Dictionnaire*.

29. Le titre '*L'Antiquité dévoilée par ses usages*' figure dans l'Avant-propos (voir i.24-25), mais les éditeurs ont très bien pu faire une correction minime.

baron d'Holbach et Marc Michel Rey avaient intérêt – ne fût-ce que pour des raisons commerciales – à faire apparaître l'œuvre comme un livre de combat; et pour tous les esprits cultivés une *Antiquité dévoilée* faisait nécessairement écho, en cette année 1766,[30] au *Christianisme dévoilé*, dont la finalité polémique ne pouvait être mise en doute et dans lequel le mot 'dévoilé' signifie évidemment démythifié. Et c'est d'ailleurs bien dans cette acception que l'entend le comte Fabry d'Autrey qui, en composant pour répondre à Boulanger son *Antiquité justifiée*, impose ce dernier vocable comme l'antonyme de 'dévoilée', en homme qui prétend non pas corriger une erreur, mais dénoncer un blasphème.[31]

Le sous-titre du livre de Boulanger, *Examen critique des principales Opinions, Cérémonies & Institutions religieuses & politiques des différens Peuples de la Terre*, confirme l'apparente ambiguïté du propos. Le substantif 'examen' semble appartenir au registre scientifique, alors que l'adjectif 'critique' évoque une attitude polémique; étudier les 'Opinions, Cérémonies & Institutions religieuses & politiques' relève toujours, en ce dix-huitième siècle, d'un esprit diabolique, mais s'intéresser simultanément aux 'différens Peuples de la Terre' suppose une rassurante intention d'impartialité. Si bien que le lecteur qui, en 1766, achète *L'Antiquité dévoilée*, ne sait pas très bien, en quittant la boutique du libraire, s'il emporte un livre d'histoire ou un pamphlet.

viii. Les sources érudites de *L'Antiquité dévoilée*

La perplexité de l'éventuel lecteur est nécessairement de courte durée. Ce qui caractérise, en effet, *L'Antiquité dévoilée* et attire l'attention de l'homme le moins prévenu, ce n'est d'abord ni la neutralité scientifique ni l'esprit de parti-pris, mais une prodigieuse érudition. Il suffit de parcourir du regard les notes placées au bas des pages pour s'en convaincre. Boulanger a apparemment lu tout ce qu'on pouvait lire à son époque. Henri Lion affirme: 'La liste des ouvrages, tant modernes qu'anciens, auxquels renvoie Boulanger, demanderait deux ou trois pages.'[32] C'est cette liste qu'il faut établir d'abord: elle permettra dans un premier temps de mesurer l'immensité du travail de Boulanger, et dans un deuxième temps d'argumenter sur le choix et sur la signification de ses références, avant que nous ne nous intéressions à la qualité de son érudition et à l'usage qu'il en a fait.

Auteur ou titre (par ordre alphabétique)	*Nombre de références*	*Classement par ordre de fréquence*
Acta Eruditorum Lipsiae[33]	1	91e

30. On sait que la première édition du *Christianisme dévoilé* est datée de 1756. Mais il est très vraisemblable que le livre de d'Holbach n'est sorti des presses que dix ans plus tard. Voir, sur cette question, le développement convaincant de Jeroom Vercruysse dans sa *Bibliographie d'Holbach* [...], à la cote 1756 A1.

31. Dès le début de l'Avertissement qui sert de préface à *L'Antiquité justifiée* le comte d'Autrey écrit: 'Le livre dont je vais parler étoit l'espoir des plus célébres blasphémateurs' (p.v).

32. Lion (1916), p.58, note 1. Nous allons voir que l'appréciation d'Henri Lion pèche par modestie.

33. Il en existe 50 volumes, parus de 1682 à 1731.

Auteur ou titre (par ordre alphabétique)	Nombre de références	Classement par ordre de fréquence
Almanach Royal[34]	1	91e
Ammien Marcellin	2	79e
Anderson (Johann)[35]	1	91e
Apollonius de Rhodes	2	79e
Aristophane	3	68e
Aristote	3	68e
Arnobe	3	68e
Arvieux (Laurent, Chevalier d')[36]	1	91e
Athanase (Saint)[37]	1	91e
Athénée	10	32e
Augustin (Saint)	9	36e
Aulu-Gelle	7	44e
Banier (Antoine)[38]	13	25e
Banasge (Jacques)[39]	33	9e
Beausobre (Isaac de)[40]	1	91e
Bernier (François)[41]	1	91e
Bible (La)	110	1er
Actes des Apôtres	1	
Apocalypse de Saint Jean	2	
Deutéronome	9	
Esdras	5	
Exode	10	
Ezéchiel	8	
Genèse	12	
Isaïe	3	
Jérémie	4	
Job	4	
Joël	2	
Juges	1	
Lévitique	14	
Livre de la Sagesse	1	
Luc (Saint)	1	
Maccabées	3	
Malachie	1	
Marc (Saint)	1	

34. (Paris 1750).
35. Juriste et bourgmestre de Hambourg (1674-1743). Auteur d'une *Histoire naturelle de l'Islande, du Groenland, du détroit de Davis* [...], traduite par Gottfried Sellius (Paris 1750).
36. Voyageur, linguiste et diplomate (1635-1702). A laissé des *Mémoires* (Paris 1735).
37. Patriarche d'Alexandrie et Père de l'Eglise (vers 295-373). Il fut, au concile de Nicée, l'un de ceux qui combattirent avec le plus de passion l'hérésie arienne.
38. Voir ci-dessous, p.168.
39. Voir ci-dessous, pp.168-69.
40. Pasteur calviniste et théologien (1659-1738). Auteur d'une *Histoire critique de Manichée et du manichéisme* (Amsterdam 1734-1739).
41. Médecin, voyageur et philosophe (1632-1688). A laissé des *Voyages, contenant la description des Etats du Grand Mogol* [...] (Amsterdam 1709-1710).

Auteur ou titre (par ordre alphabétique)	Nombre de références	Classement par ordre de fréquence
Matthieu (Saint)	1	
Nombres	5	
Paralipomènes (ou Chroniques)	2	
Paul (Saint)	3	
Pierre (Saint)	1	
Psaumes	8	
Rois	7	
Zacharie	1	
Bochart (Samuel)[42]	1	91e
Bodin (Jean)	2	79e
Buxtorf (Johann)[43]	1	91e
Calmet (Augustin)	2	79e
Cazvini (ou Cazwyny)[44]	1	91e
Censorinus[45]	2	79e
Chardin (Jean)[46]	10	32e
Charlevoix (Pierre-François-Xavier de)[47]	8	39e
Chevreau (Urbain)[48]	1	91e
Cicéron	17	19e
Claustre (André de) (ou Declaustre)[49]	4	59e
Clément Ier[50]	1	91e
Clément d'Alexandrie[51]	2	79e
Conti (Natale) (ou Natalis Comes ou Noël Le Comte)[52]	6	46e
Coreal (Francisco)[53]	6	46e
Cramer (Johann Jakob)[54]	1	91e
Dacier (André)[55]	1	91e

42. Théologien et philologue (1599-1667). Auteur d'une *Géographie sacrée* (Caen 1646).

43. Philologue (1564-1629). A laissé un *Lexicon Hebraicum et Chaldaicum* (Bâle 1607), et un traité *De Abbreviaturis Hebraicis* [...] (Bâle 1613).

44. Naturaliste et géographe arabe (vers 1210-1283). Auteur des *Merveilles des choses créées et singularités des choses existantes*.

45. Grammairien du troisième siècle. Auteur du traité *De Die natali*, consacré à l'astrologie et aux horoscopes.

46. Célèbre voyageur (1643-1713). Auteur des *Voyages en Perse et autres lieux de l'Orient* (Amsterdam 1711).

47. Missionnaire jésuite et historien (1682-1761). Auteur de l'*Histoire et description générale du Japon* (Paris 1754), et de l'*Histoire de l'Isle espagnole ou de S. Domingue* (Paris 1730-1731).

48. Savant et littérateur (1613-1701). Auteur d'une *Histoire du monde* (Paris 1717).

49. Né et mort au dix-huitième siècle. Auteur d'un *Dictionnaire de mythologie* (Paris 1745).

50. Pape de 88 à 97. On lui attribue plusieurs ouvrages apocryphes, dont les *Constitutions Apostoliques*.

51. Docteur de l'Eglise (vers 145-vers 220). Célèbre apologiste, auteur de *Stromates*.

52. Historien et helléniste italien (1520-1582). A laissé une *Mythologie, c'est à dire Explication des fables*, traduite par J. de Montlyard (Lyon 1612).

53. Voyageur espagnol (vers 1648-1708). On lui attribue des *Voyages aux Indes Occidentales* (Paris 1722), qui ne sont peut-être pas de lui.

54. Théologien et hébraïsant (1673-1702). Editeur du *Talmudis Babylonici Codex Succa sive de Tabernaculorum festo* (Utrecht 1726).

55. Philologue et Secrétaire perpétuel de l'Académie française (1651-1722). Traducteur et com-

Auteur ou titre (par ordre alphabétique)	Nombre de références	Classement par ordre de fréquence
Denis d'Halicarnasse	19	15e
Diodore de Sicile	48	4e
Dion Chrysostome[56]	1	91e
Du Breuil (Jacques)[57]	1	91e
Du Cange (Charles Du Fresne, sieur)[58]	5	51e
Du Halde (Jean-Baptiste)[59]	15	22e
Edda ou Monumens de la mythologie et de la poésie des anciens peuples du Nord[60]	9	36e
Epiphane (Saint)[61]	1	91e
Eschyle	3	68e
Etienne de Byzance[62]	1	91e
Eunapius[63]	1	91e
Euripide	2	79e
Eusèbe (Pamphile)[64]	20	13e
Eustathe[65]	2	79e
Fasoldus (Johannes)[66]	8	39e
Festus (Sextus Pompeius)[67]	1	91e
Firmicus Maternus (Julius)[68]	1	91e
Fleury (Claude)[69]	4	59e
Gafarel (ou Gaffarel) (Jacques)[70]	1	91e
Georges le Syncelle[71]	1	91e
Goguet (Antoine-Yves)[72]	3	68e

mentateur d'Horace, Aristote, Platon ...

56. Rhéteur et philosophe grec (vers 30-117). Auteur de très nombreux discours.

57. Historien (1528-1614). On lui doit Le Théâtre des antiquitez de Paris (Paris 1639).

58. Très grand érudit (1610-1688). Auteur du Glossarium ad scriptores mediae et infimae latinitatis qui est encore utilisé de nos jours.

59. Jésuite érudit (1674-1743). Auteur de la Description géographique, historique, chronologique, politique et physique de l'Empire de la Chine (La Haye 1736). C'est lui qui, après la mort du p. Le Gobien, poursuivit la publication des Lettres édifiantes et curieuses.

60. Cet ouvrage (Copenhague 1755-1756) est dû à Paul Henri Mallet, historien (1730-1807).

61. Evêque de Constantia (310-403). Ses œuvres sont consacrées à la défense de l'orthodoxie contre les apollinaristes et les ariens.

62. Géographe et grammairien de la fin du cinquième siècle de notre ère. On a conservé des fragments de ses Ethniques.

63. Historien de la philosophie néo-platonicienne (vers 347-?). Auteur des Vies des philosophes et des sophistes.

64. Evêque de Césarée (vers 265-340). Ecrivain prolifique. On lui doit, en particulier, une Préparation évangélique et une Démonstration évangélique.

65. Prélat et écrivain grec du douzième siècle. On lui doit, entre autres ouvrages, des Commentaires de l'Iliade.

66. Auteur de Graecorum veterum Hierologia (Iena 1676).

67. Grammairien latin du deuxième siècle de notre ère. Auteur d'un traité De significatione verborum.

68. Ecrivain latin du quatrième siècle. Auteur d'un traité De errore profanorum religionum.

69. Prêtre et écrivain (1640-1723). Auteur d'une Histoire ecclésiastique (Paris 1691-1738).

70. Prêtre et savant orientaliste (1601-1681). Auteur des Curiositez inouyes sur la sculpture talismanique des Persans (Rouen 1631).

71. Chroniqueur byzantin du huitième siècle. Auteur d'une Chronographia (de la création du monde à la mort de Dioclétien).

72. Conseiller au Parlement (1716-1758). Auteur du traité De l'origine des loix, des arts et des sciences,

Auteur ou titre (par ordre alphabétique)	Nombre de références	Classement par ordre de fréquence
Grégoire de Tours	1	91e
Guignes (Joseph de)[73]	8	39e
Gumilla (Joseph)[74]	1	91e
Hautesrayes (Michel-Ange-André Le Roux Des)[75]	1	91e
Helyot (Pierre)[76]	1	91e
Herbelot de Molainville (Barthélcmy d')[77]	20	13e
Hérodote	25	12e
Hésiode	4	59e
Histoire de l'Académie royale des Inscriptions et Belles Lettres [...] *avec les Mémoires de littérature* [...][78]	42	7e
Histoire générale des cérémonies, mœurs et coutumes religieuses de tous les peuples du monde[79]	35	8e
Histoire générale des Voyages, ou nouvelle collection de toutes les relations de voyages [...] *qui ont été publiées jusqu'à présent*[80]	45	5e
Homère	5	51e
Horace	13	25e
Huet (Pierre-Daniel)[81]	4	59e
Hyde (Thomas)[82]	18	17e
Isidore de Séville (Saint)[83]	1	91e
Isocrate	1	91e
Jablonski (Pawel Ernest)[84]	1	91e
Jérôme (Saint)	1	91e

et leurs progrès chez les anciens peuples (Paris 1758).

73. Savant sinologue (1721-1800). On lui doit une *Histoire générale des Huns, des Turcs, des Mogols et des autres Tartares occidentaux* (Paris 1756-1758).

74. Missionnaire espagnol (vers 1690-vers 1758). Auteur d'une *Histoire naturelle, civile et géographique de l'Orénoque*, traduite par M. Eidous (Avignon 1758).

75. Savant sinologue (1724-1795). On lui doit, en particulier, une *Lettre à M. Goguet sur le temps auquel certains arts ont été connus à la Chine*, imprimée sous le titre d'*Extraits des Historiens chinois* à la fin de l'*Origine des loix* [...] de A.-Y. Goguet.

76. En religion le père Hippolyte (1660-1716). Auteur de l'*Histoire des ordres monastiques religieux et militaires* [...] (Paris 1714-1719).

77. Orientaliste (1625-1695). Est célèbre par sa *Bibliothèque orientale, ou dictionnaire universel contenant* [...] *tout ce qui regarde la connaissance des peuples de l'Orient* (Paris 1697).

78. Paris 1717-.

79. Ce magnifique ouvrage (Paris 1731) contient '243 figures dessinées de la main de Bernard Picard, avec des explications historiques et curieuses par M. l'Abbé Banier et M. l'Abbé Lemascrier'.

80. Il s'agit du recueil publié par les soins de l'abbé Prévost, puis, après sa mort, par ceux de M. de Querlon (Paris 1746-1789).

81. Voir ci-dessous, pp.167-68.

82. Orientaliste anglais (1636-1703). Auteur de *Veterum Persarum et Parthorum et Medorum religionis historia* (Oxford 1700).

83. Docteur de l'Espagne (vers 560-636). Auteur des *Etymologiarum libri XX*.

84. Théologien et orientaliste allemand (1693-1757). Auteur du *Pantheon Aegyptorum* (Francfort-sur-l'Oder 1750-1752).

Auteur ou titre (par ordre alphabétique)	Nombre de références	Classement par ordre de fréquence
Jonston (Jan)[85]	1	91e
Josèphe (Flavius)[86]	17	19e
Justin[87]	3	68e
Juvénal	5	51e
Kaempfer (Engelbert)[88]	19	15e
La Barbinais Le Gentil[89]	4	59e
Labat (Jean-Baptiste)[90]	1	91e
La Borde[91]	2	79e
Lactance	7	44e
Lafitau (Joseph-François)[92]	3	68e
Lambert (Claude-François)[93]	6	46e
La Potherie (Bacqueville de)[94]	1	91e
Le Clerc (Jean)[95]	1	91e
Le Gendre (Gilbert-Charles)[96]	1	91e
Lehmann (Johann-Gottlob)[97]	1	91e
Léon Ier[98]	1	91e
Léon de Modène[99]	10	32e
Le Page du Pratz[100]	1	91e
Le Pelletier (Louis)[101]	1	91e

85. Naturaliste (1603-1675). Il publia de nombreuses encyclopédies. On lui doit, entre autres ouvrages, un traité intitulé *De Festis Hebraeorum et Graecorum schediasma* (Bratislava 1660).

86. Historien juif (vers 37-vers 100). Auteur du *Contre Apion* et des *Antiquités judaïques*.

87. Historien latin de l'époque des Antonins. Il a, dans ses *Histoires philippiques*, abrégé l'*Histoire universelle* de Trogue-Pompée.

88. Médecin et voyageur (1651-1716). Il est surtout connu par son *Histoire naturelle, civile et ecclésiastique de l'empire du Japon* (La Haye 1729).

89. Voyageur français du début du 18ème siècle. A publié un *Nouveau voyage autour du monde* (Paris 1728-1729).

90. Missionnaire dominicain (1663-1738). Il contribua à la colonisation de la Guadeloupe. On lui doit plusieurs ouvrages sur les pays d'outre-mer et une traduction du père Cavazzi, *Relation de l'Ethiopie occidentale* (Paris 1732).

91. Voyageur français. Il fut envoyé au milieu du dix-septième siècle en mission aux Antilles. Il a laissé une *Relation de l'origine, mœurs, coutumes, religion, guerres et voyages des Caraïbes* publiée dans le *Recueil de divers voyages faits en Afrique et en Amérique* (Paris 1674).

92. Missionnaire et historien jésuite (1670-1740). On lui doit les *Mœurs des sauvages américains comparées aux mœurs des premiers temps* (Paris 1724).

93. Polygraphe jésuite (vers 1705-1765). Auteur, entre autres ouvrages, de l'*Histoire générale civile, naturelle, politique et religieuse de tous les peuples du monde* (Paris 1750).

94. Historien. Fut sous-gouverneur de la Guadeloupe au début du dix-huitième siècle. A laissé une *Histoire de l'Amérique septentrionale* (Paris 1722).

95. Savant critique genevois (1657-1736). Auteur de la *Bibliothèque universelle et historique* (Amsterdam 1686-1702).

96. Conseiller au Parlement (1688-1746). A laissé un *Traité historique et critique de l'opinion* (Paris 1733).

97. Minéralogiste allemand (vers 1700-1767). Auteur des *Traités de physique, d'histoire naturelle, de minéralogie et de métallurgie* traduits par le baron d'Holbach (Paris 1759).

98. Pape de 440 à 461. A laissé des *Lettres* et des *Sermons*.

99. Célèbre rabbin (1571-1654). A laissé, entre autres ouvrages, un livre intitulé *Cérémonies et coutumes qui s'observent aujourd'hui parmi les Juifs*.

100. Voyageur français (?-1775). On lui doit une *Histoire de la Louisiane* (Paris 1758).

101. Philologue bénédictin (1663-1733). Auteur du *Dictionnaire de la langue brétonne* (Paris 1752).

Auteur ou titre (par ordre alphabétique)	Nombre de références	Classement par ordre de fréquence
Lettres édifiantes et curieuses, écrites des missions étrangères par quelques missionnaires de la Compagnie de Jésus[102]	18	17e
Leusden (Jean)[103]	2	79e
Lord (Henry)[104]	4	59e
Lucain	1	91e
Lucas (Paul)[105]	1	91e
Lucien de Samosate	12	27e
Macrobe	28	11e
Maïmonide[106]	5	51e
Marsy (François-Marie de)[107]	1	91e
Martial	1	91e
Mémoires de l'Académie royale des Sciences depuis 1666 jusqu'à 1699[108]	5	51e
Meursius (Jean)[109]	16	21e
Missale Parisiense[110]	1	91e
Montfaucon (Bernard de)[111]	1	91e
Nonnus de Panopolis[112]	1	91e
Norden (Frédéric-Louis)[113]	1	91e
Origène[114]	2	79e
Orphée[115]	1	91e
Otho (Johann Heinrich)[116]	4	59e
Otter (Jean)[117]	1	91e

102. Ce recueil de 32 volumes (Paris 1703-1776) a été édité par le père Le Gobien, puis, après la mort de ce dernier en 1708, par le père Du Halde.

103. Orientaliste hollandais (1624-1699). On lui doit, en particulier, le *Philologus hebraeus* (Utrecht 1656).

104. Voyageur anglais (1563-?). Auteur d'une *Histoire de la religion des Banians* avec un *traité de la religion des anciens Persans ou Parsis* (Londres 1630).

105. Voyageur et archéologue (1664-1737). Auteur d'un *Troisième voyage fait dans la Turquie, l'Asie* [...] (Paris 1719).

106. Savant et philosophe juif (1135-1204). On lui doit, parmi une multitude d'ouvrages, le *Guide des égarés* et un *Traité de la résurrection des morts*.

107. Littérateur (1714-1763). Auteur d'une *Histoire moderne des Chinois, des Japonais, des Indiens, des Persans, des Turcs, des Russiens* (Paris 1755-1778).

108. Paris 1729-1734.

109. Philologue hollandais (1579-1639). De son œuvre considérable, Boulanger n'a utilisé que son traité intitulé *Graecia feriata*.

110. Paris 1738.

111. Savant bénédictin (1655-1741). On lui doit, parmi d'autres ouvrages, *L'Antiquité expliquée et représentée en figures* (Paris 1719).

112. Poète grec du cinquième siècle de notre ère. Auteur des *Dionysiaques*.

113. Voyageur danois (1708-1742). On lui doit un *Voyage d'Egypte et de Nubie* (Copenhague 1755).

114. Docteur et Père de l'Eglise (vers 185-254). Auteur, en particulier, d'un *Traité contre Celse, ou Défense de la religion chrétienne contre les païens*.

115. Boulanger a utilisé un des poèmes attribués à Orphée, poèmes écrits, au plus tôt, au sixième siècle avant notre ère.

116. Savant hébraïsant du dix-septième siècle. On lui doit un *Lexicon rabbinico-philologicum* (Altona et Kiel 1757).

117. Orientaliste suédois (1707-1748). Auteur d'un *Voyage en Turquie et en Perse* (Paris 1748).

Auteur ou titre (par ordre alphabétique)	Nombre de références	Classement par ordre de fréquence
Ovide	45	5e
Pausanias	49	3e
Pétrone	1	91e
Pfeffinger (Johannes Fredericus)[118]	1	91e
Philostrate (Flavius)[119]	1	91e
Pindare	3	68e
Platon	15	22e
Pline l'Ancien	12	27e
Pluche (Antoine)	5	51e
Plutarque	87	2e
Porphyre[120]	4	59e
Potter (John)[121]	1	91e
Prideaux (Humphrey)[122]	3	68e
Proclus[123]	3	68e
Rechenberg (Adam)[124]	1	91e
Recueil de Voyages au Nord[125]	3	68e
Recueil des Voyages qui ont servi à l'établissement et aux progrès de la Compagnie des Indes Orientales[126]	5	51e
Reland (Adriaan)[127]	1	91e
Rousseau (Jean-Jacques)	1	91e
Salluste	1	91e
Schleissing (Georg Adam)[128]	1	91e
Selden (John)[129]	2	79e
Sénèque	8	39e
Servius (Maurus Honoratus)[130]	1	91e
Sibylliakoi Khrèsmoi[131]	1	91e

118. Mathématicien et historien allemand (1667-1730). On lui doit le *Vitriarius illustratus* (Gotha 1691).

119. Orateur et sophiste grec du deuxième siècle de notre ère. Auteur de la *Vie d'Apollonius de Thyane*.

120. Philosophe platonicien (233-304). Auteur, entre autres ouvrages, d'un *Traité touchant l'abstinence de la chair des animaux*.

121. Théologien anglais (1674-1747). Auteur d'une *Archaeologia graeca, or the Antiquities of Greece* (Oxford 1698-1699).

122. Historien anglais (1684-1724). Auteur d'une *Histoire des Juifs et des peuples voisins* (Londres 1715-1718).

123. Philosophe grec (412-485). On lui doit des *Commentaires sur le Timée de Platon*.

124. Théologien allemand (1642-1721). Auteur d'un *Dissertationum historico-politicarum* [...] *volumen* (Leipzig 1698).

125. Amsterdam 1715.

126. Amsterdam 1725.

127. Orientaliste hollandais (1676-1718). Auteur de *La Religion des Mahométans* (La Haye 1721).

128. Auteur de *La Religion ancienne et moderne des Moscovites* (Cologne 1698).

129. Jurisconsulte anglais (1584-1654). Auteur, entre autres ouvrages, d'un traité *De Dis Syris* (Londres 1617).

130. Grammairien latin du cinquième siècle. Ses *Commentaires sur Virgile* sont son œuvre la plus précieuse.

131. Ce recueil d'Oracles sibyllins a été édité par les soins de Servais Gallé (1627-1709) à

Auteur ou titre (par ordre alphabétique)	Nombre de références	Classement par ordre de fréquence
Solinus (Caius Julius)[132]	1	91e
Solis (Antonio de)[133]	6	46e
Strabon	29	10e
Suétone	5	51e
Tacite	10	32e
Tavernier (Jean-Baptiste)[134]	8	39e
Térence	1	91e
Tertullien	6	46e
Théodoret[135]	1	91e
Thucydide	1	91e
Tite Live	12	27e
Valère Maxime	11	31e
Varron	14	24e
Vigenère (Blaise de)[136]	1	91e
Virgile	9	36e
Vitruve	1	91e
Vossius (Gerardus Joannes)[137]	12	27e
Voyageurs modernes (Les), ou abrégé de plusieurs voyages faits en Europe, Asie et Afrique[138]	1	91e
Warburton (William)[139]	1	91e
Wolf (Johann Christop)[140]	1	91e
Zarate (Augustin de)[141]	4	59e
Zorn (Peter)[142]	1	91e
Zosime[143]	1	91e

Cette liste est évidemment fastidieuse, mais elle est riche d'enseignements.

Amsterdam en 1689.

132. Géographe latin du troisième siècle. On lui doit un ouvrage de compilation intitulé *Polyhistor*.

133. Poète dramatique espagnol (1610-1686). Après sa nomination comme historiographe de la Reine, il composa une *Histoire de la conquête du Mexique* (Madrid 1684), qui fut traduite en français par F. Cortez (La Haye 1692).

134. Célèbre voyageur (1605-1689). Est surtout connu pour ses *Six voyages en Turquie, en Perse et aux Indes* (Hollande 1679).

135. Ecrivain ecclésiastique grec (vers 387-vers 458). Auteur d'un ouvrage intitulé *Thérapeutique, ou manière de traiter les maladies spirituelles des Grecs*.

136. Littérateur français (1523-1596). Traducteur de la *Vie d'Apollonius de Thyane* de Philostrate (Paris 1611).

137. Philologue hollandais (1577-1649). On lui doit, entre autres ouvrages, un traité *De Theologia gentili et Physiologia christiana, sive de origine ac progressu idololatriae* (Amsterdam 1641).

138. (Paris 1760). C'est là le seul des ouvrages mentionnés dans *L'Antiquité dévoilée* qui soit postérieur à la mort de Boulanger. Voir ci-dessus, pp.137-38.

139. Savant anglais (1698-1779). Auteur de *Dissertations sur l'union de la religion, de la morale et de la politique*. L'adaptation en langue française de cet ouvrage (Londres 1742) serait, d'après Barbier, due à M. de Silhouette.

140. Théologien et philologue allemand (1683-1739). Auteur d'une *Bibliotheca Hebraea* (Hambourg, Leipzig 1715-1733).

141. Historien espagnol (?-vers 1560). Auteur d'une *Histoire de la découverte et de la conquête du Pérou* (Anvers 1555) traduite en français en 1706 (Paris).

142. Philologue et théologien allemand (1682-1746). Auteur d'*Opuscula sacra* (Altona 1731).

143. Historien grec du cinquième siècle de notre ère. Auteur de l'*Histoire nouvelle*.

Elle montre d'abord l'amplitude des recherches auxquelles s'est livré Boulanger. Certes, il n'a pas lu intégralement les cent soixante et un auteurs ou textes que nous venons d'énumérer. On constate, en effet, en recherchant les passages qu'il a cités ou dont il s'est inspiré, que certains ouvrages – c'est le cas, par exemple, des *Mémoires de l'Académie des Inscriptions* – lui ont fourni plusieurs références qui l'ont dispensé de pénibles efforts, et donnent au lecteur de *L'Antiquité dévoilée* l'impression d'une érudition que Boulanger n'a pas réellement.[144] Mais c'est là l'exception, car, le plus souvent, le philosophe a dû dépouiller des livres énormes pour trouver parfois la phrase unique qui étayait ses hypothèses de travail.

Si l'on considère la fréquence des citations et des références, on constate que les textes qui viennent en tête sont la Bible[145] et les écrits de Plutarque.[146] La prééminence de ce dernier ne donne guère lieu qu'à des commentaires traditionnels. Jusqu'à la fin du dix-huitième siècle Plutarque est tenu pour un écrivain majeur, il est l'un des fondements de la pensée, une autorité obligée. Les raisons de cette admiration – qui nous sont devenues difficilement compréhensibles – ne relèvent pas de notre sujet. Plutarque étant alors un écrivain nécessaire, Boulanger a respecté la tradition. Tout au plus peut-on remarquer que le polygraphe grec ne se livrant qu'à des interprétations de nature éthique, cette attitude moralisatrice n'a pu en aucune façon contrecarrer les intentions de Boulanger, puisqu'elle lui est pour ainsi dire indifférente, et qu'il lui a été facile d'utiliser les documents fournis par Plutarque tout en négligeant les conclusions et les enseignements que celui-ci en tire. Il est, d'autre part, révélateur que Boulanger porte beaucoup plus d'intérêt aux œuvres de Plutarque qui relèvent de la compilation qu'à celles qui supposent des connaissances de première main, qu'il fait, par exemple, trente-quatre fois référence au traité intitulé *Isis et Osiris*, quand *Sur la disparition des oracles* n'est cité que six fois et *Sur les oracles de la Pythie* une seule, comme si l'historien d'une tradition offrait plus de garanties que le prêtre de Delphes qui rapporte des phénomènes dont il a été le témoin direct et parfois l'acteur.

Plus intéressantes et plus significatives sont les références constantes à la Bible. L'un des buts de Boulanger, qui était de ruiner le judéo-christianisme en tant que religion unique et révélée, aurait pu le conduire à négliger complètement ce livre. Mais, outre le fait, comme nous l'avons déjà vu, que les Ecritures sont pour lui un document fondamental sur l'histoire ancienne de l'humanité, il lui convenait de puiser aux sources mêmes de ses adversaires. Il convenait de montrer, en s'appuyant précisément sur les textes qui fondent le judéo-christianisme, que cette religion considérée par ses zélateurs comme d'un autre ordre, métaphysiquement singulier, offre les mêmes récits, présente les mêmes rites et les mêmes fêtes que les autres, et que, si elle est aussi révélatrice des errements

---

144. Quelle érudition faudrait-il pour citer à propos, comme le fait Boulanger (voir iv.4, iii.64, n.49), tel développement tiré du traité *Adversus Haereses* de Saint Epiphane! Or, on découvre que l'indication de ce texte – consacré à la tradition qu'avaient les Egyptiens de teindre en rouge arbres et animaux lors de l'équinoxe de printemps – lui a été fournie par l'*Histoire de l'Académie royale des Inscriptions*, vi.85, dans les *Nouveaux Essais de critique sur la fidélité de l'Histoire* de M. de Pouilly. (Voir notre édition de *L'Antiquité dévoilée*, ii.194.)

145. La Bible est citée ou évoquée 110 fois.

146. Les œuvres de Plutarque sont citées ou évoquées 87 fois.

de l'homme troublé par la peur du déluge, aucune marque surnaturelle ne la distingue entre toutes.

L'importance relative des historiens auxquels se réfère Boulanger a pour nous quelque chose de surprenant: Pausanias et Diodore de Sicile sont utilisés respectivement quarante-neuf et quarante-huit fois, alors que Tacite n'a droit qu'à dix citations et Thucydide à une seule. Sans doute l'autorité de Tacite et celle de Thucydide n'étaient-elles pas reconnues au dix-huitième siècle comme elles le sont aujourd'hui, mais ce n'est pas là l'explication majeure du choix de Boulanger. De même que le meilleur copiste est toujours celui qui ignore la langue qu'il transcrit, parce qu'il se contente, signe à signe, de la dessiner, de même le meilleur historien est toujours le plus naïf. L'innocence – peut-être faudrait-il dire l'inintelligence – est le garant de l'authenticité. L'écrivain qui raisonne et interprète n'est pas l'affaire de Boulanger. Ce qu'il cherche ce sont des faits bruts, le simple récit d'une tradition, des 'médailles' du passé; ce qu'il demande ce sont des matériaux qu'il pourra lui-même classer et ordonner en vue de sa propre démonstration. Voilà pourquoi Pausanias et Diodore de Sicile prennent le pas sur Tacite et sur Thucydide. C'est également la raison pour laquelle d'obscurs compilateurs comme Vossius ou Fasoldus occupent tant de place[147] dans *L'Antiquité dévoilée*. Leur mérite, c'est d'être d'anonymes pourvoyeurs.

Les récits des voyageurs du dix-septième et du dix-huitième siècles occupent eux aussi une place privilégiée dans les références de *L'Antiquité dévoilée*.[148] Ce qui est original en cela, ce n'est évidemment pas l'importance que Boulanger accorde à ces narrations, puisque tous les philosophes de l'époque ont agi de même, mais c'est l'usage qu'il en fait. Les récits des voyageurs sont, en général, exploités à des fins polémiques. Ils servent à justifier le relativisme subversif des philosophes – autres lieux, autres mœurs – et aident à ruiner ce pont aux ânes de la réaction, le fameux *consensus omnium*, qui prouverait que la nature humaine existe, toujours semblable à elle-même et sous tous les climats adoratrice consciente ou inconsciente d'un même dieu, et que les sauvages cesseront d'être mécréants le jour où les saints missionnaires leur auront porté la bonne parole qu'ils attendent de toute éternité et qui fera de ces enfants virtuels de Dieu les vrais nourrissons du Créateur. Boulanger utilise les récits des voyageurs à des fins semblables, puisqu'il s'agit pour lui aussi de détruire la croyance au caractère surnaturel de la religion chrétienne, mais selon une méthode diamétralement opposée. Là où les philosophes du dix-huitième siècle cherchent les différences, Boulanger cherche les ressemblances. Ce qu'il veut arriver à déterminer, c'est le fond commun à toutes les légendes, à toutes les traditions, afin de prouver que l'homme réagit partout de la même façon aux conditions matérielles et psychologiques.[149] Le but de sa démonstration n'est pas, évidemment, de fonder

147. Fasoldus est cité 8 fois et Vossius 12.

148. Plus de 220 citations ou références sont empruntées aux récits des voyageurs modernes.

149. Le comte d'Autrey, perspicace sur ce point, a bien su discerner cette première étape de la démarche de Boulanger. Mais il en conclut évidemment que *L'Antiquité dévoilée* prouve le caractère universel de la religion révélée: 'Si les mêmes idées religieuses se développent nécessairement & de toute éternité, soit qu'on en trouve seulement la source intarissable dans les esprits des hommes, soit que l'on joigne à leur penchant invincible, la nécessité des circonstances dont ils sont environnés; dans l'une ou l'autre supposition, n'est-ce pas toujours dire à peu près que la religion révélée, en

le caractère divin de l'humanité, mais bien de montrer que le christianisme n'est qu'une religion en tous points semblable aux autres, et qu'elle est, comme les autres, le produit des éléments et de l'homme. La démarche initiale de Boulanger ressemble à celle des esprits religieux, et son but est celui des Encyclopédistes. Il commence comme l'abbé Pluche et termine comme Diderot!

Et c'est précisément cette volonté de montrer le caractère commun de toutes les religions qui explique le principe d'accumulation qui préside à la méthode de Boulanger. S'il ne nous fait grâce d'aucun détail d'érudition, s'il redit des habitants du Pérou ce qu'il a dit des Mexicains, des Japonais, des Chinois, des Hottentots ou des Moscovites, c'est que chacun de ces détails a, pour lui, une importance égale et qu'il se trahirait lui-même s'il en omettait un seul. Voltaire croit condamner sa rhétorique maladroite (voir ci-dessus, pp.133-34), il condamne le fondement même de sa méthode. Boulanger ne saurait en effet, comme Voltaire le suggère implicitement, se contenter de l'exemple bien choisi qui éclaire sans peser, puisque seule l'accumulation de vérités récurrentes peut justifier son hypothèse, puisque pour lui rabâcher, c'est prouver. Si Boulanger avait fait son examen de conscience, il se serait accusé au contraire de n'avoir pas fourni plus de documents encore; et si, à ses yeux, *L'Antiquité dévoilée* avait péché par quelque endroit, c'eût été par brièveté! Et c'est probablement une des raisons pour lesquelles il est mort sans avoir publié sa grande œuvre, inachevée par principe et par méthode.

La démarche intellectuelle de Boulanger explique enfin que *L'Antiquité dévoilée* est un énorme puzzle: la majorité des phrases qui la composent sont des phrases copiées ou étroitement adaptées. L'auteur – si l'on ose encore l'appeler ainsi – s'est contenté de rédiger les raccords et de modifier le temps des verbes, afin de rendre la syntaxe cohérente. Les seuls textes qui lui appartiennent en propre sont les textes d'introduction et de conclusion, ceux où il annonce ses principes, ceux où il tire argument des faits. Tout le reste – ou presque – est compilation. Le plus souvent sans mettre de guillemets, selon le déplorable usage de ce temps, Boulanger (ou ses éditeurs!) s'est satisfait de donner en note une référence, en général incomplète, imprécise ou fausse. En fait, il signe un livre qui pour les sept dixièmes appartient à Plutarque, à la Bible, à Pausanias, à l'un des cent soixante et un auteurs ou textes qu'il a utilisés. Une telle attitude pourrait sembler malhonnête. Elle est, au contraire, pour Boulanger, le comble de la rigueur intellectuelle. Elle est la preuve évidente qu'il n'interprète pas, qu'il n'invente pas, que les faits parlent d'eux-mêmes, qu'il suffit de les accumuler et de les présenter pour que la vérité se fasse jour.

ix. Du bon usage de l'érudition

Cette accumulation des documents, leur variété, leur richesse, leur rareté parfois, donne le vertige au lecteur moderne. Qu'entre la fin d'études officielles bien médiocres (voir ci-dessus, p.2) et une mort si précoce, un homme qu'une santé précaire n'empêchait pas d'exercer son métier avec zèle, ait pu acquérir tant de

quelque sorte éternelle & nécessaire, embrasse forcément tout le passé & tout l'univers' (*Antiquité justifiée*, p.39).

connaissances laisse nécessairement admiratif et perplexe. Après une période d'enthousiasme, on en vient même à douter de la solidité d'une telle culture. Quand on découvre que certaines références – et parmi les plus étonnantes – figurent en marge de tel ou tel tome de l'*Histoire de l'Académie royale des Inscriptions*, quand on constate que certains noms d'auteurs peu connus ont été déformés, [150] quand on s'aperçoit que plusieurs citations sont inexactes ou tronquées (voir ci-dessous, pp.156ss.), le doute s'installe chez l'admirateur le plus fervent. On en vient à supposer un savoir de seconde main, on en vient à supputer quelque supercherie, à chercher les répertoires, les manuels, les encyclopédies où l'écrivain aurait puisé sans le dire.

On songe, bien entendu, aux ouvrages que les Encyclopédistes – et Diderot le premier [151] – avaient coutume de pratiquer et de démarquer. Or, tous les sondages auxquels nous avons pu nous livrer prouvent que Boulanger ne s'est servi ni de l'*Encyclopédie* de Chambers, [152] ni de l'*Historia philosophiae* de Stanley, [153] ni de l'*Histoire critique de la philosophie* de Boureau-Deslandes [154] non plus que de l'*Historia critica philosophiae* de Brucker. [155] Est-ce là une ignorance naïve? Est-ce là un dédain volontaire? Il est impossible de répondre à cette question: les autodidactes ont parfois d'étranges lacunes dans leur culture, ou de surprenants mépris.

Si Boulanger n'a eu recours à aucun de ces ouvrages qui étaient classiques parmi les Philosophes du dix-huitième siècle, on peut imaginer, bien sûr, qu'il en a pillé d'autres. Mais lesquels? Où se cacheraient donc ces encyclopédies merveilleuses dans lesquelles auraient été rassemblées les connaissances dont précisément il avait besoin? Comment expliquer, par ailleurs, qu'aucun des adversaires de Boulanger n'aurait révélé la supercherie? Quand Diderot utilise Brucker un peu plus encore qu'il ne l'avoue, Fréron ne manque pas de le dénoncer (voir l'*Année littéraire* (1760), iii.265). En réalité, la confrontation systématique et résolument policière de chacune des innombrables phrases dont Boulanger s'inspire tout au long de *L'Antiquité dévoilée* (voir notre édition ii.51-233) avec les phrases originales prouve que l'auteur a, dans l'immense majorité

---

150. Par exemple la note 5, p.60 du tome i de *L'Antiquité dévoilée*, i.2, renvoie à un certain 'Rechembergerus', qui n'est que la graphie déformée de Harenbergius. De même la note 10, p.96 du t.i (1.3), fait allusion à un dénommé 'Camini', qui n'est autre que Cazvini, savant persan du quatrième siècle de l'Hégire. Ces deux erreurs peuvent évidemment venir de l'éditeur littéraire ou du prote; mais Boulanger ne doit pas nécessairement être mis hors de cause. La méprise est d'autant plus inquiétante que, dans l'un et l'autre cas, le renseignement est de seconde main. Dans le premier exemple, Boulanger a trouvé la référence à Harenbergius dans les *Opuscula sacra* de Peter Zorn, et dans le second sa connaissance de Cazvini est tirée du traité de Thomas Hyde intitulé *Historia religionis veterum Persarum eorumque Magorum*. (Voir, dans ces deux cas, notre édition de *L'Antiquité dévoilée*, ii.53 et 58.)

151. Voir Jacques Proust, *Diderot et l'Encyclopédie*, et particulièrement pp.137, 154, 240, 247, 255-57; et, du même auteur, 'La bibliothèque de Diderot', *Revue des sciences humaines* 90 (1958), pp.257-73, et 94 (1959), pp.179-83.

152. Ephraïm Chambers, *Cyclopaedia or an universal dictionary of arts and sciences* (London 1728).

153. Thomas Stanley, *Historia philosophiae vitas, opiniones, resque gestas, et dicta philosophorum sectae cujus vis complexa auctore Thoma Stanleio* (Lipsiae 1711); ou (Venetiis 1731).

154. André-François Boureau-Deslandes, *Histoire critique de la philosophie, où l'on traite de son origine, de ses progrès et des diverses révolutions qui lui sont arrivées jusqu'à notre temps* (Amsterdam 1737).

155. Jacob Brucker, *Historia critica philosophiae a mundi incunabulis ad nostram usque aetatem deducta* (Lipsiae 1742-1744).

des cas, bel et bien lu les textes auxquels il fait référence.

Il arrive, assurément, que Boulanger utilise des manuels ou des ouvrages qui leur ressemblent fort: il cite, par exemple, le *Dictionnaire de mythologie* d'André de Claustre (voir ci-dessus, p.144, n.49), le *Dictionnaire de la langue bretonne* de Louis Le Pelletier (voir ci-dessus, p.147, n.101), le *Glossarium ad scriptores mediae et infimae latinitatis* de Charles Du Cange (voir ci-dessus, p.145, n.58), l'*Histoire ecclésiastique* de Claude Fleury (voir ci-dessus, p.145, n.69), l'*Histoire des ordres monastiques* de Pierre Helyot (voir ci-dessus p.146, n.76) ... Mais, si l'on considère l'ensemble de *L'Antiquité dévoilée*, c'est là l'exception, et dans chacun de ces cas Boulanger indique scrupuleusement ses sources.[156]

En somme, l'érudition de Boulanger ne mérite ni l'enthousiasme qu'elle suscite d'abord, ni la suspicion qu'elle provoque ensuite. Les connaissances dont l'auteur donne la preuve sont nombreuses, variées, à jour.[157] Elles sont, en général, authentiques; mais ce ne sont que des connaissances. Elles ont été accumulées avec une telle promptitude et une telle avidité, elles ont été sélection-nées avec un tel parti pris qu'elles ne parviennent pas à former une culture. Il y manque ce recul et cette lente innutrition qui permettent les nuances, les repentirs, le doute créateur. Il y manque aussi cette liberté et cette vraie richesse qui incitent à juger plutôt qu'à prouver. Boulanger sait et sait bien, mais il ne sait que ce qui peut soutenir son propos: ce n'est pas chez lui la culture qui a suscité une thèse, c'est sa thèse qui a exigé une érudition.

La nature et la qualité d'une érudition sont une chose, son utilisation en est une autre. Un philosophe peut amonceler le savoir le plus large et le plus précis et en faire un usage négligé, tendancieux ou malhonnête. Or Boulanger, qui a pourtant réuni sa documentation avec tant de scrupule, n'est, quand il s'agit de la mettre en œuvre, un modèle constant ni de rigueur ni de probité intellectuelles: *L'Antiquité dévoilée* offre des exemples – pour aller du plus bénin au plus grave – de fautes matérielles, de lectures hâtives, d'interprétations partiales et même de contresens orientés.

La plupart des fautes matérielles sont situées dans les notes, et dans leur immense majorité elles doivent être imputées à l'imprimeur. Quand telle note[158]

---

156. Le scrupule n'implique pas, hélas, la rigueur. Les références sont souvent bien vagues. La note 6, p.146 du t.i de *L'Antiquité dévoilée*, i.5, offre un bel exemple du mépris souverain de Boulanger – ou de ses éditeurs – pour l'exactitude. La note est ainsi rédigée: 'Diction. Mytholog. de Chytres'. Le lecteur croit tenir et le titre de l'ouvrage cité par Boulanger et le nom de l'auteur. Malheureusement la consultation des catalogues des grandes bibliothèques nationales prouve que Monsieur 'Chytres' n'existe pas. Pour résoudre le mystère, il suffit de relire le texte auquel la note se rapporte, de constater que Boulanger y parle d'une cérémonie en l'honneur de Mercure, cérémonie consistant en la cuisson de 'toutes sortes de légumes' 'dans de grandes marmites', de se souvenir opportunément que le mot 'marmite' se dit en grec 'khytros', de deviner alors qu'il faut lire non pas 'Dictionnaire Mythologique de Chytres', mais 'Dictionnaire Mythologique *de* (préposition latine) *Khytrois* (datif pluriel de khytros) = au sujet des marmites', de consulter l'ensemble des manuels de mythologie en usage au dix-huitième siècle, et de repérer celui qui parle de cette cérémonie étrange dans les termes mêmes employés par Boulanger! Le *Dictionnaire mythologique* d'André de Claustre (i.231 et 232) permet de mettre fin à cette énigme.

157. On constate, en effet, que Boulanger a utilisé un grand nombre d'ouvrages qui sont sortis des presses pendant la rédaction même de *L'Antiquité dévoilée*. Certains ont paru peu de temps avant la mort de l'auteur, comme la traduction en français de l'*Histoire de l'Orénoque* de Gumilla (1758) ou l'*Histoire de la Louisiane* de Le Page Du Pratz (1759).

158. Il s'agit de la note 1, i.368 (ii, 3).

situe dans le livre III des *Histoires* d'Hérodote un texte qui figure dans le livre V, quand telle autre note[159] invite à consulter le verset 12 du chapitre dix du quatrième livre d'*Esdras*, alors qu'il convient de se reporter aux versets 1-2, il est probable que le compositeur et le prote font porter à Boulanger une responsabilité qu'il ne mérite pas.

Il est, en revanche, des erreurs dont la mémoire de l'écrivain doit nécessairement répondre. Lorsque Boulanger fait référence (III, 2, ii.86 n.51) à la *Bibliotheca Rabbinica* de Johannes Buxtorf (voir ci-dessus, p.144, n.43), bien que le texte dont il s'inspire figure dans le traité intitulé *De Paraschis sive Sectionibus Majoribus Legis Mosaicae*, tout simplement parce qu'une édition publiée à Bâle en 1740 réunit les deux ouvrages sous une même reliure (voir notre édition de *L'Antiquité dévoilée*, ii.138), nous avons la preuve d'une lecture trop rapide et d'un manque de familiarité avec les œuvres du savant philologue. Lorsque Boulanger renvoie ses lecteurs aux *Questions romaines* de Plutarque (V, 1, iii.143, n.21), alors que le texte, dont il garde un juste souvenir, est tiré de *Isis et Osiris* (*L'Antiquité dévoilée*, ii.206), nous pouvons être assurés qu'il cite imprudemment de mémoire. On est contraint de lui faire le même reproche quand il attribue à Tite Live une phrase qui a été écrite par Florus[160] et quand il affirme qu'Aristophane parle des Sibylles dans *Les Oiseaux*,[161] alors que c'est dans *La Paix* et dans *Les Cavaliers* que le poète comique fait allusion à ces prophétesses. Il faut bien constater sa légèreté, quand il reproduit à l'étourdie une erreur de numérotation qui met la page 265 de la *Relation historique de l'Ethiopie* du père Jean-Baptiste Labat entre les pages 364 et 366.[162] Il faut bien reconnaître son manque de culture religieuse quand il imagine que le *Dies irae* figure dans le *Nouveau Bréviaire du diocèse de Paris* (III.3, ii.98, n.12), alors que ce chant lugubre trouve deux fois place dans les missels[163] et jamais dans les bréviaires! C'est sa culture classique qui est en cause lorsque Boulanger confond les Géants et les Titans[164] et lorsque, dissertant sur le terrible tremblement de terre qui endeuilla le règne d'Antonin, il croit bon d'alléguer l'autorité de Strabon![165] On peut regretter enfin son absence de scrupule quand il se garde d'avouer que certaines de ses références ne sont pas tirées du texte original, mais de citations que son maître Montesquieu en avait déjà faites.[166]

---

159. Il s'agit de la note 8, iii.12 (IV, 4).

160. III, 3, ii.126 n.32. Voir notre édition de *L'Antiquité dévoilée*, ii.145.

161. III, 3, ii.91 n.3. Voir notre édition de *L'Antiquité dévoilée*, ii.139.

162. III, 4, ii.162 n.8. Voir notre édition de *L'Antiquité dévoilée*, ii.151.

163. A la date du 2 novembre (*in commemoratione omnium fidelium defunctorum*) et dans le *Commune Sanctorum*.

164. I, 6, i.256 n.43. Les Titans et les Géants sont, les uns et les autres, fils de Gaia; mais les seconds sont les frères puinés des premiers et ils ont été engendrés pour venger les Titans que Zeus, après leur avoir ravi le pouvoir suprême, avait enfermés dans le Tartare.

165. Le règne d'Antonin commence en 138 de notre ère, alors que Strabon meurt vers 25 après J. C.

166. Par exemple, Boulanger (II, 3, i.374 n.11) fait référence au *Recueil des voyages de la Compagnie des Indes Orientales*, selon lequel les femmes, dans l'île de Formose, doivent attendre l'âge de trente-cinq ans pour procréer, sous peine de voir leur enfant foulé en leur sein par quelque prêtresse. Or, Boulanger qui a très vraisemblablement trouvé la mention de cet usage et la référence précise dans *L'Esprit des lois* (23, 16) évite d'indiquer sa source. Diderot qui fait allusion à cette même pratique, probablement d'après le même Montesquieu, dans son *Supplément au voyage de Bougainville* (voir édition G. Chinard, Paris 1935, p.108) ne s'est pas montré plus scrupuleux. Il se pourrait encore

Ces bévues ou ces silences sont assurément dommageables, mais un ouvrage de l'importance de *L'Antiquité dévoilée* pouvait difficilement échapper à ces imperfections, et c'est l'absence totale d'erreurs de cette espèce qui aurait été remarquable et quasiment miraculeuse.

Il y a, malheureusement, des errements plus graves.

Plus d'une fois, au cours de son ouvrage, le philosophe, avec désinvolture, renvoie ses lecteurs à des ouvrages qui auraient pu, qui auraient dû traiter de la question dont il débat lui-même et qui, hélas, n'en disent pas un seul mot. Boulanger en vient-il, par exemple, à évoquer la tradition selon laquelle 'Vistnou détruira le monde pour le renouveller ensuite & pour y faire régner la justice & l'âge d'or' (iv.3, ii.363): une autorité ne serait pas mal venue pour confirmer son propos, et les *Lettres édifiantes et curieuses* (voir ci-dessus, p.148, n.102) ont bien dû parler de cette légende si proche de la doctrine chrétienne. Boulanger, sans se livrer à la moindre vérification, renvoie de confiance à ce recueil providentiel (iv, 3, ii.363 n.33) qui, par un hasard vraiment malencontreux, ne parle jamais de Vistnou destructeur et régénérateur de l'univers! Ce même recueil lui joue le même mauvais tour à propos du nouvel an des Japonais (iii.5, iii.201 et 201 n.7); c'est, une autre fois, l'*Histoire générale des Voyages* (v.3, iii.199 et 199 n.6) qui ne répond pas à l'aveugle confiance que Boulanger lui a faite, et ailleurs encore Otho (iv.3, ii.380 et 380 n.43), Plutarque (iv, 4, iii.7 et 7 n.3) et Pausanias (iv, 4, iii.8 et 8 n.4) qui déçoivent plus ou moins complètement ses téméraires espérances.

De telles pratiques ne sont pas tout à fait innocentes, mais un esprit bienveillant pourrait faire valoir la hâte du philosophe, l'énormité de sa tâche, la multitude et la variété des documents utilisés.

Il serait difficile de faire à Boulanger le même crédit lorsque nous le voyons tirer sciemment à lui les textes dont il s'inspire. Seul parfois un détail se trouve être faussé, mais ce détail était précisément le point essentiel. Voici deux exemples de cette contestable attitude:

– Boulanger, selon un principe qui lui est cher, veut montrer que toutes les fêtes commencent dans l'affliction et s'achèvent dans l'allégresse. Dans la page qui nous intéresse ici il a décidé de prouver que 'les feux funebres & de destruction se sont [toujours] changés en feux de joie' (iv, 4, iii.79). A cet effet, il accumule les références: Denys d'Halicarnasse, le livre des *Macchabées*, Grégoire de Tours sont successivement cités; Tite Live enfin est appelé à témoigner, et un lecteur confiant est persuadé que l'historien romain a écrit, au moins en substance, que 'Paul-Emile après la conquête de la Macédoine fit allumer un feu magnifique en présence des Grecs, pour annoncer qu'il mettoit fin à leur esclavage & que le période de leur liberté alloit commencer' (iv, 4, iii.78-79). Si le lecteur de *L'Antiquité dévoilée* est un peu moins confiant et a la curiosité de se reporter au texte latin, il découvre que la page de référence a une signification bien différente de celle qu'il pouvait imaginer. Tite Live a, en effet, écrit:

Ipse [Paulus Aemilius] [...] circumfusa omni multitudine Macedonum in tribunali

---

que Boulanger – et Diderot – aient trouvé cette référence – qu'Helvétius a utilisée lui aussi – dans le traité *De l'homme* de Buffon (voir l'édition de Michèle Duchet, Paris 1971, pp.244-45). Le naturaliste y cite le témoignage de Rechteren publié dans le *Recueil des voyages qui ont servi à l'établissement des Indes de Hollande*.

consedit. Adsuetis regio imperio tamen noui inperii formam terribilem praebuit tribunal, summoto aditus, praeco, accensus, insueta omnia oculis auribusque, quae uel socios, nedum hostis uictos terrere possent. [...] Paulus latine, quae senatui, quae sibi ex consilii sententia uisa essent, pronuntiauit. Ea [...] praetor [...] interpretata sermone Graeco referebat: [...] liberos esse iubere Macedonas, [...] utentes legibus suis, annuos creantis magistratus [...].[167]

Comme on le voit, la transformation que Boulanger a imposée au texte le rend méconnaissable. La transcription du philosophe nous laisse attendre un développement où prédominerait un esprit de joie et de confiance, alors que l'historien a mis, au contraire, l'accent sur la crainte des Macédoniens, malgré la sagesse et la mansuétude de Paul-Emile à leur égard. En réalité, l'interprétation tendancieuse de Boulanger repose tout entière sur la présence du seul mot *accensus* dans le texte de Tite Live et sur le contresens dont ce substantif a été l'objet. La langue latine compte deux *accensus*, parfaitement homonymes et homographes: *accensus, i* (de *accenseo*), qui signifie l'huissier attaché à un magistrat, l'appariteur (voir Cicéron, *Verr.* 3, 157; *Att.* 4, 18, 4; *Fam.* 3, 7, 4 et Tite Live, 3, 33, 8; 8, 31, 4; 38, 35, 5) et *accensus, us* (de *accendo*) qui désigne l'action d'allumer un feu (voir Pline l'Ancien, 34, 88; 37, 103).[168] Comme, dans la page de Tite Live, le mot est au nominatif singulier, rien ne permet morphologiquement de déterminer le sens. Mais le contexte impose à l'évidence la première acception: Tite Live énumère les usages spécifiquement romains qui sont bien propres à effrayer les Macédoniens qui les ignorent, la présence des licteurs écartant brutalement la foule, celle du héraut, celle de l'appariteur. *Accensus* placé sur le même plan que *praeco* ne saurait désigner un embrasement! C'est pourtant le contresens que Boulanger a fait, tant est grande sa passion d'avoir raison, et, en l'occurrence, de découvrir des feux de joie à la fin des cérémonies.

   – Boulanger veut prouver que les pensées apocalyptiques sont universellement répandues parmi les hommes et particulièrement que 'les idées lugubres [...] trouvoient dans les payens mêmes des esprits disposés à les recevoir' (III, 3, ii.111). Selon la méthode dont il ne saurait se passer, il multiplie les références: Lucien de Samosate, Tacite, Valère Maxime, Lucain, Sénèque enfin sont appelés à comparaître. Parlant de ce dernier, qu'il considère visiblement comme le plus représentatif de ces esprits moroses, il affirme: 'on trouve un ton lugubre dans la plûpart de ses ouvrages; on y voit une tête échauffée qui ne se repaît que d'horreur & qui s'en occupe avec une joie & une fermeté vraiment stoïque: ce qu'il y a de plus extravagant dans ses peintures, c'est qu'il dit que ces choses ne tarderont point à arriver' (III, 3, ii.112). Et, pour bien montrer qu'il n'invente pas, Boulanger nous renvoie au livre VI des *Bienfaits* (III.3, ii.112 n.16). Le

167. *Histoire romaine*, XLV, 29, 1-4: 'Pour lui, [...] il s'assit sur son tribunal [...] entouré de toute la foule des Macédoniens. Tout habitués qu'ils fussent à la souveraineté royale, la nouvelle souveraineté présenta un aspect terrifiant: le tribunal, l'accès qu'on y ménagea en écartant la foule, le héraut, l'appariteur, tous usages inhabituels pour leurs yeux comme pour leurs oreilles, et qui pouvaient effrayer même des alliés, à plus forte raison des ennemis vaincus. [...] Paul-Emile proclama en latin les décisions qu'avait prises le sénat et celles qu'il avait prises lui-même sur l'avis de son conseil. Ces décisions, le préteur [...] les répétait traduites en grec: [...] il ordonnait que les Macédoniens fussent libres [...], appliquant leurs propres lois, créant des magistrats annuels' (texte établi et traduit par Paul Jal, Paris 1979, xxxiii.44-45).

168. Toutes ces références sont empruntées au *Dictionnaire latin-français* de F. Gaffiot, p.15.

lecteur, soupçonneux, se reporte au texte latin et, cette fois, n'est pas déçu: Sénèque tient les promesses de Boulanger:

Omnia ista ingentibus interuallis diducta et in custodiam uniuersi disposita stationes suas deserant; subita confusione rerum sidera sideribus incurrant, et rupta rerum concordia in ruinam diuina labantur, contextusque uelocitatis citatissimae in tot saecula promissas uices in medio itinere destituat, et quae nunc alternis eunt redeuntque opportunis libramentis mundum ex aequo temperantia, repentino concrementur incendio et ex tanta uarietate soluantur atque eant in unum omnia; ignis cuncta possideat, quem deinde pigra nox occupet, et profunda uorago tot deos sorbeat [...].[169]

Sénèque tient les promesses de Boulanger, mais il ne les tient qu'en apparence. Ce morceau de bravoure rhétorique où les astres s'entrechoquent, où le feu dévore l'univers avant que la nuit n'envahisse le feu lui-même, est en effet un bel exemple de ce 'ton lugubre' dont parle le philosophe. Malheureusement Boulanger a négligé deux éléments qui modifient du tout au tout le sens du texte: il a ignoré ou feint d'ignorer que les verbes principaux (*deserant, incurrant, labantur* ...) sont des présents du subjonctif et non des futurs de l'indicatif et, d'autre part, que la page de Sénèque s'inscrit dans un contexte. L'écrivain latin ne prévoit pas la fin de l'univers; bien au contraire il met l'homme au défi de concevoir quelque chose d'aussi absurde. Sénèque vient d'affirmer que l'homme de bien ne peut pas ne pas faire le bien, qu'il y a pour lui nécessité de le vouloir. Son interlocuteur et contradicteur imaginaire s'écrie alors: 'Qu'il cesse de le vouloir!' et Sénèque répond: '*Hoc dicis: omnia ista* ...', c'est-à-dire, imaginer une telle hypothèse, cela reviendrait à imaginer le monde à l'envers, les astres qui s'entrechoquent, le feu qui dévore l'univers ... On voit à quel point Boulanger a eu tort de considérer ce développement comme une page d'apocalypse.

Un autre défaut de méthode, que nous pourrions appeler l'amalgame téméraire, est souvent visible dans *L'Antiquité dévoilée*. Tous les Encyclopédistes en ont, peu ou prou, usé de même, mais la compagnie glorieuse de Diderot, de d'Alembert et de quelques autres ne constitue pas, en soi, une excuse. Ce défaut peut, dans l'œuvre de Boulanger, aller de l'innocente supercherie à l'imposture méthodologique. Il arrive assez fréquemment que le philosophe fonde en une seule phrase plusieurs éléments disparates sans indiquer clairement les diverses sources qui lui ont permis de parvenir à cette crase. Boulanger s'est, par exemple, décidé à parler de la célébration du jour de la pleine lune chez les différents peuples de la terre. Après s'être attaché aux Egyptiens, aux Etrusques, aux Grecs, aux Persans et aux Chinois, il en vient aux Japonais. Chez ces gens-là, dit-il, 'ce jour est particuliérement consacré aux Dieux, & la nuit se passe à prendre l'air dans des batteaux' (v, 3, iii.238). Le lecteur de bonne foi s'imagine

169. *Des bienfaits*, VI.22: 'Que tous ces corps, séparés par d'immenses intervalles et placés de distance en distance en sentinelles de l'univers, désertent leurs postes; qu'un soudain bouleversement des choses jette les astres les uns contre les autres et que, l'harmonie des éléments étant rompue, le monde céleste tombe en ruine; et que cet appareil savant d'une vitesse extrême laisse là, à mi-chemin, les révolutions promises pour tant de siècles; et que les astres qui vont et viennent alternativement pour assurer, par d'heureux contrepoids, un juste équilibre dans le monde, soient dévorés par un brusque incendie; et qu'au sortir d'une si riche diversité, l'univers s'en aille par dissolution former une masse unique; que le feu soit maître de toutes choses pour être ensuite envahi lui-même par la nuit inerte; et qu'un abîme sans fond engloutisse tous ces dieux.' Texte établi et traduit par François Préchac (Paris 1927), ii.53.

innocemment que ce sont là deux pratiques rituelles auxquelles les Japonais s'adonnent le même jour. Mais si le lecteur a l'indiscrétion de se reporter aux sources que Boulanger suggère lui-même (v, 3, iii.238, n.23), il découvre que la réalité est un peu plus complexe: il s'aperçoit que le philosophe a amalgamé deux textes tirés de l'*Histoire du Japon* de Kaempfer (voir ci-dessus p.147, n.88). Le premier a bien trait, en effet, au jour de la pleine lune: 'La [...] fête se celebre tous les Mois, le quinzieme jour du mois, qui est le jour de la pleine lune. Les Dieux du Pays ont beaucoup plus de part aux visites que les Japonnois font ce jour là que les Amis et les parens.'[170] Le second texte, en revanche, se rapporte, comme on va le voir, à une autre cérémonie: 'Le 7. de Septembre on celebre la fête de la Lune, comme les Japonnois l'appellent [...]. Le peuple en cette occasion se divertit à roder dans la nuit à la clarté de la Lune, quelques uns prennent le plaisir de se promener dans leurs batteaux où ils tirent à l'aviron.'[171]

Le tort que Boulanger fait ici à ses lecteurs n'est assurément pas bien grand: que l'une des fêtes dont il parle soit mensuelle, alors que l'autre est annuelle, ne modifie en rien la qualité du raisonnement qui n'est en aucune façon fondé sur ces détails non plus que sur la nature exacte des rituels. L'érudition a à souffrir de cette supercherie, la valeur de l'argumentation n'en est pas entachée. Mais il peut, hélas, en aller autrement.

Boulanger est capable, en effet, de rapprocher avec une audace qui ne l'honore pas des textes qui ont été écrits à dix-huit siècles d'intervalle et traitent de sujets différents. Il s'est mis en tête, par exemple, de montrer à ses lecteurs qu''un des effets naturels de l'esprit funebre des religions fut de produire le dégoût du monde' (ii, 2, i.304). Le premier exemple qu'il nous donne est tiré de l'*Histoire générale des voyages* de l'abbé Prévost et porte sur les Fakirs que les explorateurs modernes ont pu observer. Boulanger résume en ces termes les longues pages qui sont consacrées à ces étranges personnages (ii, 2, i.310):

ils n'exercent aucun métier, ils ne possedent rien en propre, ils ne se marient point, ils méprisent les biens & les plaisirs aussi bien que le travail, ils courent sans cesse les chemins, ils ne vivent que d'herbes & de fruits sauvages, ils ne se logent que dans des masures & des grottes. Les plus saints vont tout nuds, ils se font gloire de la saleté la plus dégoûtante; jamais ils ne font leur barbe & ne se lavent le corps; jamais ils ne peignent leurs cheveux & sont comme des sauvages; ils ne vivent que d'aumônes, & sont soumis à un chef qui exerce sur eux l'autorité la plus absolue. En général ils se livrent à des austérités incroyables, & s'infligent des tourmens inouis.

Puis, sans la moindre transition, sans la moindre justification, Boulanger ajoute: 'Cette description tirée des voyageurs modernes s'accorde avec le tableau que Strabon nous a transmis des anciens *Brachmanes*' (ii, 2, i.310). Et aussitôt il nous donne un résumé du texte de Strabon, résumé qu'il a d'ailleurs le front de faire passer pour une exacte traduction en la plaçant entre guillemets (ii, 2, i.310-11):

Ils menent, nous dit-il, une vie très-austere; ils vivent hors des villes dans les bois, ne mangent point de chair, n'approchent point des femmes; ils couchent sur des peaux, ne parlent que de la vie à venir, toute leur vie est une préparation à la mort; ils disent que le monde périra, & attendent un jugement & des peines futures, plusieurs vivent de

---

170. Engelbert Kaempfer, *Histoire naturelle, civile et ecclésiastique de l'empire du Japon*, traduite en françois sur la version angloise de J. G. Scheuchzer (La Haye 1729), i, livre iii, ch.3, p.188.

171. *Histoire naturelle* [...], ii, livre v, ch.3, p.268.

feuilles & de fruits sauvages; ils s'habillent d'écorce: les uns couchés sur le dos demeurent exposés au soleil & à la pluie, & restent immobiles; d'autres tiennent un bras ou un pied en l'air; la plûpart vont tout nuds; & quelques-uns se brûlent pour aller dans une meilleure vie plus pure, & exempte des maux de celle-ci.

Les deux textes que Boulanger a ainsi rapprochés ont évidemment un air de similitude, en partie parce que les faits rapportés ont une réelle ressemblance, en partie parce que le philosophe a su habilement gommer les différences. Mais cette petite tricherie est chose bien secondaire. L'essentiel, c'est que Boulanger ne se livre à aucun travail critique sur la nature et la signification de ses sources. Il constate des ressemblances formelles et, satisfait de l'aubaine, il s'en tient là. Le fait que le texte de l'*Histoire générale des voyages* est fondé sur une observation directe, alors que celui de Strabon n'est qu'un témoignage de seconde main,[172] lui est parfaitement indifférent. Que près de deux millénaires séparent ses deux références ne lui pose aucun problème et ne suscite aucune question. Il n'entrevoit même pas que si, par aventure, les deux pages avaient été parfaitement semblables, elles auraient nécessairement eu des significations différentes, puisque les auteurs, les publics, les époques, les personnes dont il est parlé sont eux-mêmes différents. Tout est mis à plat dans une synchronie parfaite; le temps est aboli, l'histoire est niée. Le lecteur est invité à croire que l'un vaut l'autre: au fond tout ce qui a le bon goût d'aller dans le sens que souhaite Boulanger est tenu pour parole d'évangile.

En revanche, lorsque l'écrivain que cite le philosophe tient des propos qui n'ont pas l'heur d'aller dans la direction espérée, un silence prudent remplace la pensée hérétique. Boulanger, a, par exemple, entrepris de démontrer que le souvenir du déluge a amené un grand nombre de peuples à regarder la mer 'comme le mauvais principe' (i, 4, i.139). Les Egyptiens avaient poussé si loin leur aversion qu'ils tenaient la navigation maritime pour un péché. Afin de justifier son affirmation, Boulanger nous renvoie (i, 4, i.139, n.41) au livre de Goguet (voir ci-dessus p.145, n.72), *De l'origine des loix, des arts et des sciences*, qui, dans un premier temps, lui donne pleinement raison:

On ne doit point mettre les Egyptiens au nombre des peuples qui auront fait de bonne heure quelque découverte dans la navigation. Leur façon de penser, dans les anciens tems, étoit entièrement contraire aux entreprises maritimes. Ils avoient une aversion extrême pour la mer, & regardoient comme des impies ceux qui osoient s'y embarquer. Ces idées leur étoient suggérées par la superstition. Dans leur ancienne Théologie, la mer étoit l'emblême de Typhon, l'ennemi juré d'Osiris. De-là cette horreur que les Prêtres Egyptiens conserverent toujours pour cet élément, & pour tout ce qu'il produit, jusqu'à ne point vouloir user de sel, ni manger de poisson. Ils évitoient aussi d'avoir aucune liaison avec les mariniers, maxime qu'ils suivirent constamment, lors même que le reste de la nation se fut mis à pratiquer la mer.[173]

Cependant un esprit curieux ou prévenu qui pousserait un peu plus avant la lecture découvrirait que Goguet fournit d'autres explications de l'incapacité chronique des anciens Egyptiens dans l'art de la navigation: 'D'autres motifs ont dû encore empêcher les premiers habitans de l'Egypte de s'adonner à la

---

172. Strabon indique lui-même qu'il rapporte les propos de Mégasthène.

173. Antoine-Yves Goguet, *De l'origine des loix, des arts et des sciences, et leurs progrès chez les anciens peuples* (Paris 1758), i.284.

navigation. Cette contrée ne produit point de bois propre à la bâtisse des vaisseaux. Les côtes d'Egypte sont d'ailleurs mal-saines, & il y a peu de bons ports. La politique enfin des anciens Souverains de ce royaume étoit entièrement opposée au commerce maritime. Ils fermoient l'entrée de leurs ports aux étrangers' (*De l'origine des loix*, i.284). Or, Boulanger passe pieusement sous silence ces raisons d'ordre géographique et politique qui sont pourtant bien aussi convaincantes que les premières. On pourrait rétorquer que ce n'était point là son sujet, mais rien ne lui interdisait, à l'aide d'une banale proposition concessive, de tourner la difficulté tout en préservant l'exactitude. Il lui était facile de dire en substance: 'Bien que ce ne soient pas les seules causes qui ont empêché les Egyptiens de devenir marins, le souvenir du déluge a été un élément déterminant, comme Goguet l'explique si clairement.' Il se trouve que Boulanger s'est montré incapable de cette honnêteté intellectuelle. L'exemple que nous venons de prendre serait évidemment sans valeur, s'il était isolé. Mais il s'agit bien d'une constante: le philosophe est atteint d'une merveilleuse cécité à l'égard de tout ce qui n'est pas son propos. *L'Antiquité dévoilée* affirme et ne discute jamais; la controverse explicite en est toujours absente. Boulanger écrit comme s'il n'était pas lui-même dans l'histoire, comme s'il rédigeait un manuel destiné à énoncer des vérités en dehors de toute dispute idéologique.

L'assez longue énumération des entorses que Boulanger a faites à l'exactitude, à la vérité, à la rigueur est à la fois révélatrice et trompeuse. Elle est assurément révélatrice d'une peur constante et quasiment maladive de l'exception: rien ne doit troubler l'harmonie d'une pensée totalitaire et fragile. L'opiniâtreté du philosophe à vouloir trouver de bons exemples – et seulement de bons exemples – même là où ils ne sont pas, a évidemment quelque chose de malhonnête et de ridicule; peut-être a-t-elle aussi quelque chose de pathétique. Un exemple de plus ou de moins n'aurait rien changé à la valeur de l'argumentation non plus qu'à la conviction éventuelle du lecteur. Tout se passe en fait comme si Boulanger vivait sa propre pensée avec inquiétude, comme s'il avait, à chaque instant, plus besoin de se rassurer que de persuader. Un écrivain plus rigoureux aurait supprimé avec soin tous les exemples douteux pour ne conserver que ceux qui n'offraient aucune prise à l'adversaire; il aurait feint d'entrer dans les controverses de son temps pour mieux y échapper. On aurait loué son honnêteté intellectuelle, quand on aurait dû, peut-être, se méfier de son habileté et de sa prudence.

Cette énumération est trompeuse aussi. Les cas que nous avons choisis restent des exceptions – sauf en ce qui concerne le refus obstiné de la controverse. Sur les mille deux cent vingt-neuf textes que Boulanger a cités, résumés ou utilisés, une cinquantaine, tout au plus, sont sujets à caution. Les autres sont réellement probants de ce que le penseur entend démontrer. Il était juste et nécessaire de révéler les insuffisances d'une méthode; il serait criminel que l'arbre en vienne à cacher la forêt.

x. Les sources scientifiques et philosophiques de la théorie de Boulanger

Les écrivains que Boulanger cite en foule ont nourri, confirmé et, si l'on veut, prouvé sa théorie. Mais ce ne sont pas eux seuls qui l'ont fait naître. L'originalité est toujours le fruit d'une tradition, et *L'Antiquité dévoilée* est le résultat – logique ou paradoxal – des recherches et des querelles qui animaient l'esprit du temps, car il va sans dire que si Boulanger refuse d'entrer dans la controverse, il en est cependant tributaire.

Pour la clarté et la commodité de l'analyse nous distinguerons les sources scientifiques et les sources philosophiques, malgré leurs connections parfois très étroites et leur nécessaire complémentarité.

La première et la plus concrète des sources scientifiques qui ont conduit Boulanger à sa grande découverte, c'est l'observation directe des couches géologiques et des fossiles que son métier d'ingénieur des Ponts et chaussées lui permettait de faire chaque jour. Diderot a été le premier, comme nous le savons, à mettre en lumière l'importance de cette leçon des choses et à découvrir le lien qui unit un métier et une philosophie: 'Je ne sçais, écrit-il à Grimm, si vous connoissez un jeune homme appelé Boulanger, qui avoit commencé par faire des trous dans la terre [...] et fini par devenir naturaliste'.[174] Nous trouvons quelques échos de cette passion pour la géologie dans son *Mémoire sur une Nouvelle Mappemonde* (voir ci-dessus, pp.11ss.) et dans l'article qu'il a donné à l'*Almanach historique de Touraine* (voir ci-dessus, pp.13ss.). Ses deux traités, intitulés *Histoire naturelle du cours de la Marne* et *Histoire naturelle du cours de la Loire*, sont aujourd'hui perdus, mais leurs titres indiquent assez l'orientation de ces ouvrages. Enfin l'énorme manuscrit des *Anecdotes de la Nature* (voir ci-dessous, pp.205ss.) confirme pleinement l'enthousiasme de Boulanger pour cette science fondamentale. Ce qu'il a découvert après bien d'autres, ce qu'il a éprouvé plus que d'autres, c'est que l'écorce terrestre n'est pas une donnée immuable, qu'elle a été le théâtre de cataclysmes d'une violence monstrueuse et que ces bouleversements ont eu nécessairement une influence primordiale sur l'histoire de l'humanité.

Ces connaissances concrètes dues à l'observation quotidienne ont été évidemment confirmées et affinées par de nombreuses lectures. Grâce à l'article 'Déluge' (voir ci-dessus, pp.20ss.) qu'il a rédigé pour l'*Encyclopédie* nous pouvons affirmer, à coup sûr, que Boulanger avait étudié les théories de Burnet, de Woodward, de Whiston, de Bourguet et de Tournefort.[175]

Thomas Burnet[176] publia la première partie de sa *Telluris theoria sacra* en 1680 et cette œuvre fit autorité jusqu'à ce qu'elle fût battue en brèche par l'*Examination of Dr. Burnet's Theory of the Earth* de Keill en 1698. L'hypothèse de Burnet tient plus de l'imagination créatrice que de l'observation rigoureuse. Au commencement, selon lui, le globe terrestre était fluide et composé de matières de densités inégales. Peu à peu les corps les plus lourds se sont assemblés au centre de la

---

174. Lettre écrite dans la 3e semaine de novembre 1759. Edition G. Roth, 144, ii.258.

175. *Encyclopédie*, iv. Voir, en particulier, les pages 797a, 798a, 799a et 800b.

176. Thomas Burnet (vers 1635-1715), jurisconsulte et théologien écossais. Son ouvrage majeur est la *Telluris Theoria sacra, orbis nostri originem et mutationes generales, quas aut jam subiit aut olim subiturus est, complectens*, publiée en deux parties (1680-1689). Cet ouvrage traite, comme le titre l'indique, des révolutions qui ont secoué la terre et de celles qui la secoueront, et cela jusqu'au jugement dernier! Cet ouvrage a suscité l'enthousiasme en son temps. Il a trouvé aussi de nombreux détracteurs, Herbert, Warren, Keill, et a été condamné par le clergé, sous le prétexte qu'il poussait les lecteurs au scepticisme. Buffon appréciait le lyrisme de Burnet, mais il méprisait ses argumentations.

terre et ont fini par constituer un noyau solide. Les eaux sont restées à la surface et ont été progressivement recouvertes par une mince pellicule huileuse! Les impuretés qui étaient en suspension dans l'air sont tombées sur cette couche grasse, s'y sont agglomérées et ont constitué le sol terrestre, fertile et agréable aux humains. Mais le soleil a desséché la croûte huileuse, qui s'est fracturée et a plongé dans l'abîme, créant ainsi le déluge dont parle la Bible. La croûte secouée par ce cataclysme s'est entassée alors de façon très irrégulière; de là les parties basses et immergées qu'on appelle océans, de là les parties hautes et sèches qu'on appelle continents.

Une telle théorie, bien qu'elle parût sans doute assez peu ridicule au dix-huitième siècle, ne pouvait combler un esprit positif comme l'était Boulanger. Lorsqu'il rend compte de la *Telluris theoria sacra* dans son article 'Déluge', le ton qu'il emploie n'est pas celui du sarcasme, mais il n'est pas non plus celui de la conviction: 'Burnet [...] prétend que la terre primitive n'étoit qu'une croûte orbiculaire qui recouvroit l'abysme, ou [*sic*] la mer qui s'étant fendue & brisée en morceaux dans le sein des eaux, noya tous ceux qui l'habitoient' ('Déluge', p.799a). La théorie de Burnet, malgré ses insuffisances scientifiques et son air de fantaisie, a eu cependant une grande importance sur les esprits de son époque, et peut-être sur celui de Boulanger, en ce qu'elle tentait de donner des explications physiques et matérielles des textes sacrés.

Woodward,[177] quant à lui, n'a pu être utile à Boulanger qu'en lui servant de repoussoir, qu'en lui rappelant sans cesse que la foi aveugle est un obstacle à la connaissance et à la réflexion. Son explication du déluge, exprimée dans *An essay toward a natural history of the Earth*, est toute mystique: rien ne peut en raison rendre compte de ce cataclysme, sinon la colère de Dieu. Pour Woodward, la punition infligée aux hommes par leur créateur ne réside pas tant dans le déluge lui-même que dans ses conséquences. Jéhovah a inondé la terre pour la rendre aride, afin d'obliger les hommes à travailler. Jusque-là la terre était recouverte de substance végétale qui, d'elle-même, produisait en abondance les fruits dont l'homme a besoin. Le déluge a dissout cette matière nourricière et l'a mêlée aux rochers sous-jacents, bien difficiles à cultiver et bien peu productifs. Le châtiment de Dieu s'est minéralisé, et depuis ce temps-là la créature contemple ses péchés dans le galet de la grève comme sur les sommets de l'Himalaya!

Il est à peine nécessaire de dire combien Boulanger est sévère à l'endroit de ce rêveur conformiste. Après avoir, dans l'article 'Déluge', rendu compte de ses mérites ponctuels, en particulier de sa bonne connaissance des coquillages fossilisés et de la circulation souterraine des eaux, il conclut de façon assez méprisante, tout en faisant un visible effort de modération: 'son système est extrêmement composé; & si en quelques circonstances il paroît s'accorder avec certaines dispositions de la nature, il s'en éloigne en une infinité d'autres:

177. Jean Woodward (1665-1722), médecin et naturaliste anglais. Sa célébrité est due à *An essay toward a natural history of the Earth*, publié à Londres en 1695. Il passa une grande partie de sa vie à parcourir la Grande-Bretagne à la recherche des fossiles. Il était décidé à visiter toute l'Europe dans le même dessein, quand la guerre l'en empêcha. Ses observations souvent rigoureuses l'ont cependant conduit à rédiger un véritable roman géologique. Il fut attaqué de toutes parts: tour à tour, Lister, Robinson, Arbuthnot et Elie Camerarius prétendirent réfuter sa théorie. Buffon a cru devoir, dans sa *Théorie de la terre*, donner un résumé des idées de ce savant, avant de les pourfendre lui aussi.

d'ailleurs, le fond de cette théorie roule sur un principe si peu vraissemblable, sur cette dissolution universelle du globe, dont il est forcé d'excepter les plus fragiles coquillages, qu'il faudroit être bien prévenu pour s'y arrêter' ('Déluge', p.801a).

William Whiston[178] nous ramène à une théorie relativement plus sérieuse, du moins en ce qu'elle tente une explication matérielle de l'événement. A dire le vrai, *A new theory of the earth* est un étrange composé d'imagination délirante et de raison rigoureuse. Tout y est logique, si l'on admet les postulats, et rien n'y est prouvé: nous avons affaire à un raisonnement, au sens propre, paranoïaque. L'idée de départ repose sur une intuition philologique: le mot 'chaos' signifierait 'comète'! La terre elle-même est une comète choisie entre toutes par Dieu pour y déposer sa créature privilégiée, l'homme. Il suffit de supposer que cette terre est composée, en allant du centre vers la périphérie, d'un noyau dur, d'une couche d'eau et d'une matière solide, pour que tout s'ordonne à merveille. Au moment élu pour le déluge, une comète s'approche de la terre et sa queue déverse sur notre globe une énorme quantité d'eau, en même temps qu'elle ébranle par sa gravitation la surface de la terre, la fissure et donne ainsi libre cours à la mer souterraine qui mêle ses eaux à celles qui proviennent de la comète. Et en voilà assez pour recouvrir le mont Ararat.

Boulanger se montrerait volontiers sensible au caractère rationnel et audacieux de l'explication, si Whiston voulait bien se contenter de tenir sa théorie pour une simple hypothèse de travail ('Déluge', p.799a et b):

Le savant Whiston, dans sa *nouvelle théorie de la terre*, donne une hypothèse extrèmement ingénieuse & tout-à-fait nouvelle: il juge [...] qu'une comete [...] passa directement au-dessus de la terre le premier jour du *déluge*. [...] Cette curieuse théorie ne fut d'abord proposée que comme une hypothèse, c'est-à-dire que l'auteur ne supposa cette comete que dans la vûe d'expliquer clairement & philosophiquement les phénomenes du *déluge*, sans vouloir assûrer qu'il ait effectivement paru dans ce tems une comete si près de la terre. Ces seuls motifs firent recevoir favorablement cette hypothèse. Mais l'auteur ayant depuis approfondi la matiere, il prétendit prouver qu'il y avoit eu en effet dans ce tems une comete qui avoit passé très-près de la terre, & que c'étoit cette même comete qui avoit reparu en 1680; ensorte qu'il ne se contenta plus de la regarder comme une hypothèse, il donna un traité particulier intitulé *la cause du déluge démontrée*.

Ce qui convenait le mieux à Boulanger dans la théorie de Whiston, et ce qu'il en a sans doute retenu, c'est que la comète du déluge expliquerait la terreur que les peuples, quels qu'ils soient, ont toujours manifesté devant les grands phénomènes célestes: 'Si on doit faire quelque fond sur cette décision hardie, nous croyons que ce devroit moins être sur l'autorité de Whiston & de ses calculs, que sur l'effroi de tous les tems connus, & sur cette terreur universelle que l'apparition de ces astres extraordinaires a toûjours causée chez toutes les

---

178. William Whiston (1667-1752), mathématicien et théologien anglais. Son premier ouvrage, *A new theory of the earth from its original to the consummation of all things* (Londres 1696) est aussi celui qui l'a rendu célèbre. Il obtint les suffrages de Locke et de Newton. Ce dernier le choisit même pour son adjoint à l'université de Cambridge. Malheureusement pour lui, Whiston crut bon d'embrasser l'arianisme, ce qui lui valut de perdre sa fonction. Personnage passionné jusqu'à la folie, il fit, à quatre-vingts ans, profession de foi chez les anabaptistes, avant de se prendre pour un nouveau prophète! Voltaire lui a, sans le dire, emprunté plusieurs arguments, surtout pour composer l'article 'Arianisme' du *Dictionnaire philosophique*.

nations de la terre, sans que la diversité des climats, des mœurs, des religions, des usages & des coûtumes, y ayent mis quelqu'exception' ('Déluge', p.799b).

Bourguet,[179] en comparaison des autres, fait figure de savant moderne, par l'importance qu'il accorde à l'observation des phénomènes. Sans doute son *Mémoire sur la Théorie de la Terre* (1729) contient-il, lui aussi, de logiques extravagances, mais on y trouve une foule de remarques dont la science actuelle n'a pas démenti le bien-fondé. Les connaissances de Bourguet, nombreuses et précises, sont fondées le plus souvent sur l'expérience personnelle, en particulier celle qu'il a accumulée lors de ses voyages dans le Jura et dans les montagnes du Vicentin et du Véronais. C'est lui qui, entre autres découvertes, a constaté que 'toutes les chaînes des montagnes forment des angles alternatifs & qui se correspondent' ('Déluge', p.802a). Cette vérité, précise et concrète, avait déjà retenu l'attention de Boulanger dans son *Mémoire sur une Nouvelle Mappemonde* (voir ci-dessus, pp.11ss.); c'est elle encore qui suscite son admiration dans l'article 'Déluge' (p.802a et b):

C'est aux observateurs de nos jours à réfléchir sur ce système, qui n'a peut-être contre lui que sa simplicité: s'ils l'adoptent, qu'elle [*sic*] preuve physique n'en résulte-t-il pas en faveur de l'universalité du *déluge*, puisque ces escarpemens alternatifs de nos vallées se voyent dans toutes les contrées & les régions de la terre? & quel poids ne donne-t-il point à ces différentes traditions de quelques peuples d'Europe & d'Asie sur les effets du *déluge* sur leurs contrées? Tout se lie par ce moyen, la physique & l'histoire profane se confirment mutuellement, & celles-ci ensemble se concilient merveilleusement avec l'histoire sacrée.

Les vertus de Tournefort[180] enfin sont proches de celles de Bourguet. L'amour de la botanique, science dans laquelle il s'illustra par des découvertes définitives, lui avait donné l'usage des observations minutieuses et exactes. Boulanger connaissait et appréciait le long ouvrage qu'il rapporta d'un périple en Méditerranée et au Moyen-Orient, *Relation d'un voyage du Levant*. Ce livre regorge de notations précises, en particulier dans le domaine de la géologie. Boulanger y a trouvé une nouvelle confirmation de sa théorie des angles alternatifs, et, dans l'article 'Déluge', il reconnaît sa dette et traduit son admiration (p.797a):

le fameux M. de Tournefort a [...] reconnu tous les lieux & les endroits où l'effort des eaux du Pont-Euxin débordé s'étoit alternativement porté d'une rive à l'autre, dans toute la longueur du détroit de Constantinople. Le détail qu'il en donne & la description qu'il fait des prodigieux escarpemens que cette subite & violente irruption y a produits

179. Louis Bourguet (1678-1742), archéologue et naturaliste français. Il appartenait à une famille protestante que la révocation de l'édit de Nantes contraignit à s'expatrier. La sienne s'installa à Zurich. La vie de Bourguet est dominée par la passion des langues anciennes et des observations géologiques. C'est à lui que l'on doit la découverte de l'alphabet étrusque. Il fut aussi, de 1728 à 1734, le premier rédacteur de la *Bibliothèque italique*.

180. Joseph Pitton de Tournefort (1656-1708), botaniste français. Sa réputation lui valut d'occuper dès 1683 le poste de professeur de botanique au Jardin du roi. Pour enrichir ses connaissances et constituer son herbier, il voyagea dans toute l'Europe. On lui doit un essai de classification des plantes qui servit de base aux travaux de Jussieu et de Linné. Louis XIV le chargea en 1700 de voyager dans le Levant. Son périple dura plus de deux ans et le conduisit à l'île de Candie, à Constantinople, en Arménie, en Géorgie et en Asie Mineure. La relation qu'il en fit, écrite sous forme de lettres adressées au ministre Pontchartrain, ne parut qu'après sa mort, en 1717. On y découvre l'intérêt qu'il portait à toutes les disciplines humaines et particulièrement à l'archéologie et à la géologie.

autrefois, en tranchant la masse & le solide de ce continent, est un des morceaux les plus intéressans de son voyage, & des plus instructifs pour les physiciens & les historiens de la nature.

Il n'est sans doute pas nécessaire d'insister davantage sur les sources scientifiques de Boulanger relatives au déluge. D'autres noms pourraient évidemment être avancés, ceux de Wheler, de Stenon, de Scheuchzer et de Descartes. Mais cela serait d'un mince profit: le déluge n'est presque jamais abordé, dans *L'Antiquité dévoilée*, sous son aspect proprement scientifique, parce que Boulanger, au moment où il rédige cet ouvrage, suppose le problème résolu. Nous avons simplement voulu donner la preuve, en mentionnant l'analyse qu'il fait dans l'article 'Déluge' des théories dont nous venons de parler, qu'il a été guidé par plusieurs devanciers vers sa croyance pour lui fondamentale en la réalité d'une inondation universelle.

Plus riches et plus décisives sont les sources philosophiques qui l'ont aidé à concevoir sa vision très originale de l'histoire des religions et des sociétés.

Là encore nous ne nous fonderons que sur des certitudes, c'est-à-dire que nous n'étudierons – à une exception près [181] – que les ouvrages dont Boulanger a lui-même fait mention.

Le point de départ de sa théorie révolutionnaire, Boulanger a pu le trouver dans la thèse de l'homme le plus orthodoxe, Huet, [182] l'évêque d'Avranches. Nous avons la certitude que Boulanger avait quelque connaissance de son œuvre, puisqu'il fait quatre fois référence à elle dans *L'Antiquité dévoilée* (i.295, 330, 376, ii.68). Dans sa *Demonstratio evangelica*, [183] Huet explique avec un grand luxe de détails que toutes les religions du monde sont des perversions du judaïsme primitif et que leurs dieux ne sont que des Moïses ou des membres de la famille mosaïque en quelque sorte déformés et adaptés aux exigences locales. Il en est ainsi d'Apis, d'Osiris, d'Adonis, de Bacchus, de Mercure, de Vulcain. La religion judaïque a, sous des formes nouvelles et, à ses yeux, blasphématoires, envahi la terre entière: les peuplades du septentrion le plus reculé et celles de l'Amérique n'ont pas échappé à cette influence. L'interprétation de Huet, qui avait évidemment pour but de montrer à la fois l'importance universelle de la religion des Juifs et l'incapacité des hommes à trouver la vérité sans l'apport de l'Evangile, contient, étayée par un très grand nombre d'exemples précis, l'idée bien involontairement dangereuse de la ressemblance entre toutes les religions du globe. Par une étrange et double ironie de l'histoire, ce chrétien de stricte orthodoxie a emprunté aux païens une théorie que les mécréants retourneront contre lui. Huet prend Macrobe à témoin: '*Praeclara vero est imprimis Macrobii dissertatio, omnes Deos ad Solem referri copiose demonstrans, Apollinem videlicet, Janum, Liberum, Martem, Mercurium, Aesculapium, Serapin, Adonin, Attinem, Osirin, Orum,*

181. Il s'agit de la *Science nouvelle* de Vico. Voir ci-dessous, pp.171ss.
182. Pierre-Daniel Huet (1630-1721), prélat et érudit français. Il fonda l'Académie de Caen, fut sous la direction de Bossuet sous-précepteur du Dauphin, abbé d'Aulnay, évêque de Soissons, puis d'Avranches, avant de se retirer à Paris. Son œuvre érudite est en grande partie oubliée au profit de sa *Lettre sur l'origine des romans* (1670). Voir abbé Léon Tolmer, *Pierre-Daniel Huet, humaniste-physicien* (Bayeux 1949).
183. Paris 1679.

Pana seu Inuum, Saturnum, Ammomem, & Jovem'.[184]

Et Boulanger, à son tour, se prévaudra de l'autorité de Monseigneur Huet (voir II.2, i.330 et 330 n.18)! Ce qu'il a retenu, et avec d'autant plus de plaisir que la suggestion vient du parti adverse, c'est cet air de famille qu'ont entre elles les religions; il ne lui reste plus qu'à trouver une autre cause à ces similitudes.

Ce n'est pas l'abbé Banier,[185] que Boulanger cite assez fréquemment,[186] qui pourra lui fournir la solution du problème. Disciple de Huet, il insiste lui aussi sur les ressemblances qui unissent les religions de la terre. Allant jusqu'au détail, il souligne, par exemple, ce qu'un temple et un culte païens doivent à un temple et à un culte juifs:

il est évident que, soit pour la construction de ce Temple [celui d'Hiérapolis], soit pour le service de la Déesse qui y étoit honorée, on avoit emprunté beaucoup de choses, de celui de Salomon. [...] L'un & l'autre de ces deux temples étoit environné de deux Parvis. [...] Il y avoit à la porte de l'un & de l'autre un Autel d'airain. [...] On sacrifioit deux fois le jour à Hierapolis, le soir & le matin; il en étoit de même à Jerusalem. [...] Si dans la ceremonie d'une des fêtes d'Hierapolis on alloit puiser de l'eau dans la mer, pour la repandre dans le Temple en l'honneur de la Déesse; c'étoit une imitation de cette effusion d'eau qui se faisoit à Jerusalem, à la fête des Tabernacles.[187]

Si le christianisme détient seul et dans tous les domaines la vérité, c'est que seul il donne aux hommes les vertus nécessaires pour conserver une juste croyance! Les autres religions sont erronées, parce qu'elles sont le résultat des vices humains. Pour Banier, la créature primitive ne connaissait partout que le monothéisme, mais cette sagesse initiale a été corrompue par l'attachement aux plaisirs sensuels. L'homme commença voluptueusement à adorer les astres à cause de leur beauté et à cause de l'influence bénéfique qu'il en escomptait. Dès lors, c'en fut fait de l'innocence: le criminel polythéisme était né. Boulanger aurait pu se gausser, comme l'eût fait un Voltaire, d'une telle naïveté où la foi aveugle, le moralisme et l'ignorance des faits tiennent lieu de raison; il préfère, selon une attitude qui constamment le caractérise, glaner avec gravité les éléments qui peuvent servir sa cause à venir et utiliser *La Mythologie et les fables expliquées par l'histoire* comme un précieux manuel de références.

Ce n'est pas Basnage[188] non plus, auquel Boulanger renvoie pourtant trente-

---

184. *Demonstratio evangelica*, IV, 10, 1: 'Lumineuse entre toutes est la dissertation de Macrobe qui démontre que tous les Dieux ont un rapport étroit avec le Soleil: Apollon, cela va sans dire, mais aussi Janus, Liber, Mars, Mercure, Esculape, Sérapis, Adonis, Attis, Osiris, Orus, Pan ou Inuus, Saturne, Ammon et Jupiter.'

185. Antoine Banier (1673-1741), érudit français. Passionné de mythologie, il composa une *Explication historique des fables* qui parut en 1711, avant d'en donner une édition très remaniée en 1715 et une édition définitive en 1738 sous le titre nouveau de *La Mythologie et les fables expliquées par l'histoire*. C'est lui qui rédigea, d'après les notes informes laissées par Paul Lucas, le *Voyage dans la Turquie, l'Asie* [...] (1719). On lui doit aussi une partie de l'édition du recueil des *Cérémonies et Coutumes religieuses des différents peuples du monde* (1741).

186. Voir i.47, 79, 119, 140, 142, 145, 151, 214, (1, 1; 1, 3-4-5-6), ii.183, 297, 343, 357 (III, 4; IV, 2-3) et iii.37 (IV, 4).

187. Banier énumère ainsi dix points de ressemblance (*La Mythologie ou les fables expliquées par l'histoire*, livre VII, ch.2, i.566-67 de l'édition de 1738) dont Boulanger fera son profit dans *L'Antiquité dévoilée* (1, 1, i.47).

188. Jacques Basnage, sieur de Beauval (1653-1723), érudit français. Elevé dans le protestantisme, il devint ministre dès 1676. Il passa une grande partie de sa vie en Hollande, à la suite de la

trois fois[189] dans *L'Antiquité dévoilée*, qui le mettra sur la voie de sa grande découverte. Car celui-ci ne fait que reprendre ou réinventer une interprétation proche de celles de Huet et de Banier. C'est pour lui aussi l'adoration des corps célestes qui a fait abandonner à l'homme le monothéisme originel. Mais, là encore, Basnage a l'immense mérite d'offrir à Boulanger bon nombre d'exemples convaincants et circonstanciés de la ressemblance entre les diverses religions.[190] Ce n'est parfois qu'une infime précision, mais Boulanger la recueille pieusement. Basnage, par exemple, dans un assez long développement consacré aux sectaires caraïtes, à leur attente du Messie et aux explications qu'ils ont imaginées pour justifier son retard, en vient à employer cette formule, en elle-même peu significative et sans rapport étroit avec le raisonnement: 'Saturne, qui est l'Etoile du Sabat et du Peuple Juif';[191] Boulanger aurait dû négliger l'ensemble de la dissertation qui ne concerne pas son sujet, mais son regard a été attiré par la formule que nous venons de citer, simplement parce qu'elle unit paganisme et judaïsme; alors il la relève, la note et en fait état dans *L'Antiquité dévoilée*![192]

Avant de poursuivre la recherche et l'analyse des sources de Boulanger, il est intéressant de constater l'importance du parti religieux dans l'élaboration de la thèse du philosophe. Depuis les Pères de l'église, les théologiens ont à ce point voulu montrer la vérité et la primauté du seul judéo-christianisme, qu'ils en ont, avec obstination, cherché et trouvé des images déformées dans toutes les religions de la terre. Huet, Banier et Basnage illustrent parmi cent autres une telle attitude. A force d'insister sur la ressemblance qui unirait le modèle et les imitations, ces zélateurs de la sainte cause ont fini par servir le parti des douteurs: ils ont cru imposer une supériorité, ils ont révélé des similitudes. Le présent qu'ils ont fait aux penseurs libres est considérable, mais il n'est pas exempt de quelque poison. En offrant à leurs adversaires l'idée féconde de la ressemblance, ils ont transmis à certains d'entre eux – et tout particulièrement à Boulanger – l'oubli mutilant des différences. En permettant une pensée nouvelle, ils l'ont par avance limitée. Et cette limitation sera plus systématique encore – et partant plus dommageable – chez les disciples que chez leurs maîtres involontaires: Huet, Banier, Basnage, les esprits religieux, sont, par leurs convictions mêmes, amenés à comparer des erreurs à un paradigme idéal, ce qui maintient en eux une certaine sensibilité aux différences, alors que Boulanger, et quelques autres, ne peuvent, par leurs intentions mêmes, que tenter de réduire les variations à un archétype imaginaire, de ramener méthodiquement le dissemblable au semblable.

Quoi qu'il en soit, et quel que puisse être le danger d'un tel viatique, Boulanger est désormais muni de cette notion de ressemblance; en revanche, les raisons

---

révocation de l'édit de Nantes. Son ouvrage le plus important est l'*Histoire des Juifs, depuis Jésus-Christ jusqu'à présent, pour servir de supplément à l'Histoire de Josèphe* (La Haye 1716). Voir E.-André Mailhet, *J. Basnage, théologien, controversiste, diplomate et historien* (Genève 1880).

189. Voir i.73, 77, 141, 157, 234, 344, 355, 376 (i, 2; i, 4-5-6; ii, 2-3); ii.262, 293, 294, 304, 313, 316, 379, 380, 383, 401 (iv, 1-2-3); et iii.15, 26, 63, 69, 159, 160, 165, 197, 256, 261, 262, 265, 269, 274 (iv, 4; v, 2-3).

190. Boulanger trouve aussi dans l'œuvre de Basnage de nombreux renseignements sur les rites judaïques qu'il se charge lui-même de comparer aux rites des autres religions.

191. *Histoire des Juifs*, ii, 16, 20, iii.403 de l'édition de 1716.

192. I, 4, i.157 et note 17 de la même page.

que ses inspirateurs allèguent pour expliquer la parenté des religions sont, pour lui, parfaitement irrecevables. C'est donc ailleurs qu'il devra chercher le deuxième élément majeur de sa théorie philosophique.

Cet élément, il l'empruntera à un autre esprit orthodoxe, à un homme d'église, l'abbé Pluche.[193] Avec son scrupule ordinaire, et malgré qu'il en ait, Boulanger reconnaît noblement sa dette: 'Quoique souvent je ne croie point devoir adopter les idées de cet écrivain, je me rendrai ici à ses conjectures' (I, 6, i.205-206).

L'intuition de l'abbé Pluche à laquelle Boulanger rend les armes, c'est que les Géants combattus par Osiris, selon la tradition égyptienne, sont des allégories des grands phénomènes naturels qui ont accompagné le déluge (I, 6, i.204-205):

Les Egyptiens [...] avoient, dit l'auteur de l'histoire du ciel, une allégorie ou une peinture des suites du déluge [...]: elle représente le monstre aquatique tué, & *Osiris* ressuscité; il sortoit de la terre des figures hideuses qui entreprenoient de le détrôner, c'étoient des Géans monstrueux dont l'un avoit plusieurs bras, dont l'autre arrachoit les plus grands arbres, un autre tenoit dans ses mains un quartier de montagne, & le lançoit contre le ciel; on distinguoit chacun d'entre eux par des entreprises étonnantes & par des noms effrayans; les plus connus de ces Géans étoient *Briarée*, *Othus*, *Ephialtes*, *Encelade*, *Mimas*, *Porphyrion*, & *Roechus*. Osiris reprenoit enfin le dessus, & après avoir été maltraité il se délivroit heureusement de leurs poursuites. Pour montrer combien ce tableau est historique, notre auteur traduit les noms particuliers que l'on a donnés à chacun de ces Géans. *Briarée*, dit-il, signifie la sérénité renversée; *Othus*, les saisons dérangées; *Ephialtes*, les nuées épaisses; *Encelade*, le passage des torrens; *Porphyrion*, les fractures de la terre; *Mimas*, les pluies; *Roechus*, le vent.

Ainsi Boulanger a trouvé l'idée à laquelle il donnera tout le développement possible. De proche en proche et avec une sorte de frénésie appliquée il montrera qu'une multitude de légendes et qu'une multitude de rites reproduisent le souvenir du déluge, l'épouvantable victoire de l'élément liquide, heureusement suivie par le triomphe de la terre ferme enfin retrouvée. C'est, par exemple, dans notre mythologie classique, la fable célèbre du combat de Jupiter contre les Géants. Mais ce schéma se retrouve chez tous les peuples et Boulanger cite, avec le bonheur du conquérant qui vient de toucher à la terre promise, le cas des Péruviens, des sauvages de l'Amérique septentrionale, des Japonais, des Chinois et il se réfère d'enthousiasme aux récits des voyageurs, Coreal, La Borde, La Potherie, Kempfer (I, 6, i.234 n.23 et 24).

Boulanger est dès maintenant en possession des deux éléments majeurs de sa conception philosophique des religions:

– Toutes les religions se ressemblent.

– Les religions trouvent leurs sources dans les grands cataclysmes naturels, et en particulier dans le déluge.

Et de là à déduire que les religions, y compris le christianisme, se ressemblent parce qu'elles ont toutes pour origine les mêmes cataclysmes, il n'y a qu'un pas. Ce pas, si facile maintenant, et si décisif, c'est Fontenelle[194] qui va aider

193. Noël-Antoine Pluche (1688-1761) enseigna les humanités à Reims, prit les ordres et fut nommé directeur du collège de Laon. Son opposition à la bulle *Unigenitus* le força à se démettre de ses fonctions. Son ouvrage le plus célèbre, à la lecture duquel Jean-Jacques Rousseau se complaisait, est le *Spectacle de la nature* (Paris 1732-1750). Il est également connu pour son *Histoire du ciel* (Paris 1739), qui a inspiré Boulanger, et pour sa *Méchanique des langues* (Paris 1751).

194. Boulanger fait une allusion directe à Fontenelle dans l'Avant-Propos même de *L'Antiquité dévoilée*, pp.3-4.

Boulanger à le franchir. L'aider seulement, car le traité *De l'origine des fables* (1724) est bien moins audacieux que ne sera audacieuse *L'Antiquité dévoilée*. A certains égards même, Fontenelle ne dépasse guère la pensée traditionnelle des libertins de son époque: ce sont, pour lui, les faux raisonnements des hommes qui sont la cause de leurs croyances. Toutefois Boulanger a pu trouver dans son œuvre plusieurs éléments propres à guider sa théorie. D'abord une confirmation éclatante, venue d'un homme qu'il peut admirer sans réserves et sans arrière-pensées, celle de la ressemblance des religions: 'Je montrerais peut-être bien, dit Fontenelle, s'il le fallait, une conformité étonnante entre les fables des Américains et celles des Grecs. Les Américains envoyaient les âmes de ceux qui avaient mal vécu dans de certains lacs bourbeux et désagréables, comme les Grecs les envoyaient sur les bords de leurs rivières de Styx et d'Achéron.'[195] Car, pour Fontenelle, 'la même ignorance a produit à peu près les mêmes effets chez tous les peuples' (p.32). Enfin et surtout cette vérité fondamentale pour le développement de la pensée de Boulanger: ce sont les hommes, et eux seuls, qui sont les auteurs de leurs religions: 'Ne cherchons [...] autre chose dans les fables que l'histoire des erreurs de l'esprit humain. [...] Ce n'est pas une science de s'être rempli la tête de toutes les extravagances des Phéniciens et des Grecs; mais c'en est une de savoir ce qui a conduit les Phéniciens et les Grecs à ces extravagances. Tous les hommes se ressemblent si fort, qu'il n'y a point de peuple dont les sottises ne nous doivent faire trembler' (pp.39-40).

Il reste, bien entendu, un point de désaccord très important entre Fontenelle et Boulanger. Pour le premier, l'homme, confronté aux phénomènes naturels, comme la foudre, les vents, l'agitation des flots de la mer (voir p.17), a inventé des êtres plus puissants que lui 'et capables de produire ces grands effets' (p.17). Cet essai de rationalisation par l'imaginaire a abouti à 'un amas de chimères, de rêveries et d'absurdités' (p.11). Pour le second, c'est le souvenir et la peur des grands cataclysmes naturels qui sont le fondement en quelque sorte involontaire, spontané, réactionnel de la religion. La différence est considérable; mais il reste un point commun, fondamental: la religion de tous les peuples a une cause humaine, et plus n'est besoin de la révélation.

On pourrait, si on le désirait, et par ce qui serait sans doute un excès de zèle, passer en revue toute la philosophie libertine et celle des Lumières, toute l'histoire du déisme et de l'athéisme, pour trouver de nouvelles sources à la pensée de Nicolas-Antoine Boulanger. Mais ce serait un travail disproportionné et vain. Il serait loisible, bien sûr, d'aligner et d'alléguer les noms de Herbert of Cherbury, de Spinoza, de Locke, de Toland, de Tindal, ceux de tous les Encyclopédistes français que Boulanger a eu l'occasion de rencontrer ou de fréquenter. Mais cela reviendrait à formuler une évidence: leur pensée faisait partie de l'air du temps, et Boulanger en était, comme tous les intellectuels de son époque, peu ou prou pénétré.

Nous sommes obligé cependant de faire un sort particulier à Jean-Baptiste Vico, non pas à vrai dire à cause de Boulanger, mais à cause de deux de ses commentateurs, Jules Chaix-Ruy et Franco Venturi. Ces deux critiques, presque au même moment, et sans qu'il y ait eu, semble-t-il, la moindre influence initiale

195. *De l'origine des fables*, édition J.-R. Carré (Paris 1932), pp.30-31.

de l'un sur l'autre, ont été frappés par des ressemblances qui leur ont paru troublantes entre la *Scienza nuova*[196] et *L'Antiquité dévoilée*. L'idée n'est pas absolument neuve, puisque l'abbé Galiani, dans une lettre adressée au marquis Tanucci, avait déjà accusé Boulanger de plagiat: 'Il francese ha rubato da G.B. Vico e non lo ha citato.'[197] Franco Venturi[198] est, pour sa part, infiniment plus prudent: après avoir invité son lecteur à laisser de côté la vaine question du plagiat (*L'Antichità svelata*, p.132), il se livre à une rapide étude comparée de la philosophie des deux penseurs et conclut, avec une sage modération, à des ressemblances ponctuelles tout en soulignant ce qui sépare *L'Antiquité dévoilée* de la *Scienza nuova*.

Jules Chaix-Ruy, tout au contraire, se montre d'une rare témérité: son opinion qu'il a répétée dans plusieurs livres et articles[199] peut être résumée par cette formule: 'la lecture de la *Scienza nuova* a apporté à Boulanger des lumières plus vives.'[200] Malheureusement cette affirmation hardie ne repose sur rien: Jules Chaix-Ruy fait un acte de foi, qu'avec une belle assurance il nous donne comme tel, puisqu'il n'essaie même pas d'apporter l'ombre d'un indice! Il montre au rebours, et longuement, que la ressemblance qui unit les deux philosophes peut être due à des similitudes d'intérêts et à des lectures communes.

Sans doute ne saurait-on nier – et J. Chaix-Ruy est à cet égard parfaitement convaincant – que trois des idées majeures de *L'Antiquité dévoilée* figurent déjà dans la *Scienza nuova*:

– Il y a une constante de l'esprit humain qui explique que tous les peuples ont réagi de la même façon dans les mêmes circonstances, ont eu des mœurs analogues, se sont créé des institutions civiles et religieuses qui se ressemblent, sans qu'un peuple privilégié ou élu ait exercé son influence sur les autres.

– Les fables peuvent apporter un enseignement décisif à qui sait les lire. Nos usages actuels même sont tributaires des mythes les plus anciens, et tout découle de cette époque primitive où les hommes vivaient dans la crainte d'un dieu vengeur qui se manifestait par l'avènement de cataclysmes épouvantables.

– Il convient de tenir un grand compte des étymologies, car les mots sont comme une mémoire de l'humanité.

Mais tout cela ne prouve en rien que Boulanger a lu la *Scienza nuova*. Plusieurs éléments tendent même à nous incliner vers une opinion opposée:

196. *Principj di una scienza nuova d'intorno alla commune natura delle nazioni* (Naples 1725, 1730, 1744).
197. *Lettere di Fernandino Galiani al marchese Bernardo T. Tanucci*, pubblicate per cura di Augusto Bozzoni (Florence 1880), *Archivio storico italiano* 3-4. La lettre est déjà citée par F. Venturi dans *L'Antichità svelata*, p.125.
L'abbé Galiani tenait cependant Boulanger en grande estime, puisqu'il le considère comme une des lumières de son temps: 'Le règne de Louis XV sera le plus mémorable à la postérité, qui ne nommera le siècle de Louis XIV que pour dire que sous Louis XV Voltaire en parlait. Au reste, c'est ce dernier qui a produit Montesquieu, Voltaire, Diderot, d'Alembert, Boulanger [...] et l'expulsion des jésuites' (*Lettre gratuite aux ingrats*, adressée à madame d'Epinay le 28 mai 1774. Voir sa *Correspondance inédite*, Paris 1818, ii.271-72.)
198. F. Venturi a consacré dans son *Antichità svelata* un chapitre à 'Boulanger e Vico' (pp.124-40).
199. Voir, en particulier 'Un disciple hétérodoxe de Jean-Baptiste Vico: Nicolas Boulanger', *Revue de littérature comparée* 21 (1947); *J. B. Vico et l'illuminisme athée*, (Paris 1968), ch.7 (pp.178-203): 'De Nicolas Boulanger à Mario Pagano'; 'La fortune de J. B. Vico', *Archivio di filosofia* 1 (Padova 1969).
200. 'Un disciple hétérodoxe', p.175.

– Il semble bien, jusqu'à preuve du contraire, que Boulanger ignorait l'italien. Diderot ne cite pas cette langue parmi celles que le philosophe avait apprises pour se préparer à ses travaux, et Boulanger lui-même ne fait pas la moindre allusion dans le cours de *L'Antiquité dévoilée* à un écrivain italien. Il faudrait donc supposer que quelqu'un a servi de truchement.

– Vico n'a eu, au dix-huitième siècle, qu'une influence extrêmement faible sur les intellectuels français. C'est Jules Chaix-Ruy lui-même qui nous apprend que le penseur napolitain n'est cité que par Court de Gébelin et le marquis de Chatellux.[201] Il est sans doute bon de rappeler ici que la présence de la *Scienza nuova* dans la bibliothèque de Montesquieu est aujourd'hui considérée comme très peu probable, après avoir été donnée pour quasi certaine,[202] et que la France s'est pendant longtemps si peu intéressée à l'œuvre de Vico, qu'il a fallu attendre Michelet pour qu'une traduction de quelques-unes de ses œuvres soit établie dans notre langue.[203]

– Boulanger, alors que nous avons vu qu'il cite ses sources avec une certaine rigueur, ne parle jamais de Jean-Baptiste Vico, même de façon allusive.

– Boulanger a pu trouver ailleurs – nous l'avons déjà montré – les idées qu'il a en commun avec Vico.

Aucun de ces arguments n'est en lui-même probant, mais leur accumulation crée, sinon une certitude, du moins une grande probabilité. On peut admettre évidemment que la pensée d'un écrivain a toujours sur ses successeurs une influence indirecte, que nul n'échappe aux livres mêmes qu'il n'a pas lus. En ce sens, et en ce sens seulement, il convient d'admettre que Vico a pu par des voies détournées contribuer à enrichir la réflexion philosophique de Boulanger. Mais c'est alors un privilège qu'il partagerait avec des dizaines d'autres!

Si l'on tient compte honnêtement et de sang-froid de l'état actuel des connaissances, on peut affirmer que les ressemblances qui existent objectivement entre la pensée de Vico et celle de Boulanger sont probablement l'effet du hasard, et qu'il y a là rencontre et non plagiat ou influence directe.

xi. Une modestie triomphante

La source principale de la philosophie de Boulanger, c'est tout de même Boulanger! Et cet homme de toutes les prudences, cet homme qui se masque derrière un rempart de livres et de faits, cet entomologiste besogneux et un peu myope des rites et des mythes, peut à juste titre laisser enfin éclater sa fierté dans son Avant-propos (i.1-34) à *L'Antiquité dévoilée*.

Sans doute n'aurait-il pas osé écrire, comme Montesquieu l'a fait en épigraphe à *L'Esprit des lois*: 'prolem sine matre creatam'.[204] Boulanger sait garder mesure et modestie même dans le triomphe. Il n'en dit pas moins son orgueil. L'orgueil

---

201. 'Un disciple hétérodoxe', p.161. Gébelin cite Vico dans *Le Monde primitif* et Chatellux dans son traité *De la félicité ou considérations sur le sort des hommes dans les diverses époques de l'histoire*.

202. Voir, sur cette question, la très claire mise au point de Corrado Rosso dans son *Montesquieu moraliste*, traduit par Marc Régaldo (Bordeaux 1971), et particulièrement les pp.327-29.

203. C'est en 1835 que Michelet publie sa traduction des *Œuvres choisies de Vico, contenant* [...] la *Science nouvelle* [...], Paris, d'après l'édition de 1744.

204. Cette épigraphe est tirée des *Métamorphoses* d'Ovide, II.553.

d'abord du scientifique qui a su observer avec perspicacité et méthode: 'des observations exactement suivies & multipliées nous ont fait connoître & démêler les monumens réels & authentiques des révolutions de la terre, qui jusqu'à nous n'avoient été connus que par des traditions ou obscures, ou corrompues, ou contestées' (Avant-propos, i.5-6). Orgueil du penseur qui a tenté, et lui seul, d'écrire l'histoire de l'humanité en se fondant sur ses usages: 'Nul auteur n'a encore cherché l'histoire du genre humain dans l'esprit des établissemens qu'il a faits dans tous les âges; les uns n'y ont même pas pensé, les autres ont sans doute été effrayés par l'idée seule d'une telle entreprise' (Avant-propos, i.7). Boulanger s'étonne même, avec une ingénuité qui est peut-être plus sincère que feinte, d'avoir été le premier à discerner l'importance du 'monde renouvellé', c'est-à-dire de ces hommes échappés au déluge et dont la mentalité conditionne l'évolution entière de l'histoire universelle: 'N'est-ce pas une chose bien étonnante que l'indifférence extrême qu'ont eu tous les écrivains pour cet homme échappé aux malheurs du monde? Loin de le chercher & de le regarder, à peine s'en sont-ils occupés. Le déluge même, cette catastrophe si remarquable de notre planete, n'est sous leur plume qu'un fait isolé, aussitôt oublié que raconté; une inondation du Tibre affecte plus les Romains dans Tite-Live, que le déluge n'affecte le genre humain dans leurs histoires' (Avant-propos, i.13). Les documents pourtant n'auraient pas manqué à qui aurait eu des yeux pour voir: 'Toutes [les traditions] nous parlent [...] de déluges, d'inondations, d'incendies qui ont changé la face de la terre, & presque détruit le genre humain. Peut-on être surpris que des annales aussi merveilleuses aient été rejettées de presque tous les historiens' (Avant-propos, i.19). Boulanger sait bien – et il le reconnaît – que certains écrivains qu'il cite dans le cours de *L'Antiquité dévoilée* ont longuement disserté sur les traditions de l'humanité et ont sincèrement essayé de réfléchir sur elles. Mais ils n'ont abouti à rien: leur point de vue n'était pas le bon et leur méthode défectueuse (Avant-propos, i.21):

Je n'ignore pas que quelques écrivains ont déjà essayé de mettre en œuvre les mêmes traditions sans pouvoir y réussir. L'inutilité de leurs efforts ne prouve point l'impossibilité du succès; on doit plutôt présumer qu'ils s'y sont mal pris, qu'ils n'ont point trouvé le vrai point de vue où ils devoient se placer: il ne suffit pas de faire d'amples commentaires de chacune de ces traditions, il faut encore étudier quelle est leur liaison, leur ordre & leur ensemble; la difficulté est peut-être plus dans la méthode que dans la chose même.

Boulanger avoue aussi les extrêmes difficultés que lui ont données la multitude, la variété, l'apparente dissemblance et l'obscurité des usages qu'il a dû étudier (Avant-propos, i.27):

Ces usages sont sans nombre, la collection seule de leurs titres & de leurs noms est effrayante, si même elle n'est impossible. Ils sont diversifiés presque à l'infini par des cérémonies subordonnées au génie inconstant des siecles, & au caprice des peuples, & dirigées par des motifs tirés de mille préjugés. Très souvent encore ces usages sont tellement altérés & corrompus qu'ils sont devenus ridicules & énigmatiques. Rien n'est plus embarrassant que de se former un plan complet & régulier dans ce genre de travail, & rien n'est plus difficile que de trouver le vrai point de vue d'où l'on pourroit les considérer tous avec exactitude & avec méthode.

Mais c'est là une façon de chanter ses mérites, et Boulanger peut dire enfin, avec l'assurance de celui qui après tant de peines a fait du chaos un monde intelligible: 'nous comparons les traditions avec les traditions, les fables avec les fables, & par leurs mutuelles dépositions nous leur arrachons leur secret comme malgré elles' (Avant-propos, i.31).

L'orgueil de Boulanger n'exclut pas la lucidité. La conscience qu'il a de ses mérites est une conscience parfaitement claire. Les fables et les traditions sont le bien commun et chacun pouvait les interpréter à sa guise; ce qui importait, c'était de trouver la méthode et le point de vue qui permettraient d'extirper de cette masse apparemment informe le principe organisateur, le grand 'secret', et de concevoir que ce grand 'secret' était celui-là même de l'histoire de l'humanité.

xii. Une méthode au service d'une ambition

Pour réaliser son ambition – ambition démesurée, puisqu'il s'agit d'expliquer l'histoire de tous les peuples depuis l'origine jusqu'à nos jours – Boulanger dispose d'un concept qu'il croit clair et réaliste, le concept de 'fait'. En cela il se croit singulier, en cela il croit se distinguer de tous les songe-creux qui lâchent immanquablement la proie pour l'ombre et subordonnent la vérité à leurs chimériques fantaisies: 'Un fait & non une spéculation de métaphysique m'a toujours semblé devoir être le tribut naturel & nécessaire de l'histoire' (Avant-propos, i.23); 'il convient de commencer par examiner les faits' (Avant-propos, i.3); 'nous ne marcherons donc pour-ainsi-dire qu'en tâtonnant & pied à pied, jusqu'à ce que nous trouvions des faits assez lumineux pour nous diriger & nous conduire' (Avant-propos, i.5).

La difficulté vient de ce que tous les historiens, le crédule Hérodote, le providentialiste Bossuet tout autant que Marx le scientifique, sont persuadés qu'ils se fondent sur des faits, et uniquement sur des faits. Seul Jean-Jacques Rousseau a osé s'écrier un jour: 'Commençons par écarter tous les faits', mais c'était pour permettre l'accès au fait suprême, à l'identité originelle dans sa transparence initiale, auquel les 'faits' faisaient obstacle. Le problème, pour nous, est de savoir ce que Boulanger entend par ce substantif protéiforme, et il faut admettre que ses réponses ne sont pas d'une limpidité parfaite. Chaque écrivain, même lorsqu'il use du lexique le plus convenu et le plus banal, a, comme le dit Montaigne, 'un dictionnaire tout à part soi'. Boulanger ne s'est livré à aucun essai de définition de ce mot si simple et si ambigu, et nous en sommes réduits aux conjectures, aux analyses indirectes ou biaises. On croit pouvoir approcher de la vérité lorsque Boulanger oppose le peuple qui 'croit' au physicien qui 'sait' (Avant-propos, i.4). Cet éloge du physicien[205] dont la fonction première est de constater le réel, nous conduit à penser que pour Boulanger le 'fait' est le fait scientifique, celui que l'on observe et qui, lorsque les conditions sont identiques, se reproduit invariablement selon les lois de la nature. Il s'agirait alors d'une définition positiviste: le fait serait ce qui se trouve être, en dehors de tout jugement et de toute appréciation. Malheureusement Boulanger, sans contester l'intérêt de ce regard impersonnel, énonce immédiate-

205. Le mot 'physicien' a, dans l'esprit de Boulanger, à peu près toutes les acceptions que nous donnons aujourd'hui au mot 'scientifique'; il est, en outre, senti fortement comme l'antonyme de 'métaphysicien'.

ment les limites et l'inefficacité de ce qu'on pourrait appeler le positivisme du constat. Le réel est muet, et la somme de tous les réels ne fait pas une vérité. Le 'fait' est, par lui-même, inutilisable; il convient impérativement de découvrir l''esprit' qui unit les faits aux faits, 'de trouver la chaîne qui les lie' (Avant-propos, i.4): 'La partie la plus utile de l'histoire n'est point la connoissance aride des usages & des faits; c'est celle qui nous montre l'esprit qui a fait établir ces usages & les causes qui ont amené les événemens' (Avant-propos, i.6).

Or, pour Boulanger – et c'est là que la difficulté s'accroît – cette 'chaîne', ce lien de nécessité, est lui-même un 'fait', tout en étant une appréciation. S'il fallait, en dernière analyse, tenter une définition du 'fait' véritablement utilisable et opératoire, on pourrait arriver à cette approximation: réel dûment constaté et justement interprété dans ses connexions avec d'autres réels. En termes résolument différents, le concept de 'fait' recouvre et additionne chez Boulanger les concepts de réalité, de vérité et de loi. En d'autres termes encore, Boulanger nourrit la merveilleuse, idéale et chimérique ambition d'unir dans une même saisie le document et la compréhension de ce document, sans bien s'apercevoir qu'entre une compréhension bien documentée et un document bien compris il y a certaines différences, où l'épistémologie perd peut-être quelques-unes de ses certitudes.

Tout devient heureusement plus clair et plus simple quand il s'agit de déterminer les faits sur lesquels Boulanger entend s'appuyer pour élucider l'histoire de l'humanité. Le philosophe – si l'on simplifie à l'extrême – se fondera sur deux grandes catégories de documents, les observations géologiques et les traditions mythiques et rituelles.

La géologie qui a été pour Boulanger une des sources de la connaissance (voir ci-dessus, pp.163ss.) sera aussi l'un des fondements de sa pensée. Monsieur l'ingénieur des Ponts et chaussées a eu le loisir d'observer les entrailles de la terre; les relevés topographiques qu'il était contraint de faire pour déterminer le tracé des routes, les excavations qu'il devait pratiquer pour asseoir les fondations des ponts lui apportaient chaque jour la preuve des grands cataclysmes qui avaient secoué l'écorce terrestre. Et le sentiment peu à peu est né en lui que ces événements géologiques devaient être de quelque importance pour expliquer l'histoire de l'homme, et que dans ce qu'il appelle les 'médailles du déluge' se dessinait déjà le profil de l'humanité. Dans ses *Anecdotes de la nature*, qui ont été sans doute rédigées bien avant *L'Antiquité dévoilée*, nous trouvons cette réflexion étrangement prémonitoire:

il me paraît constant que si quelqu'un plus éclairé et plus capable que moi fouillait plus avant dans les vestiges des accidents arrivés dans la nature, il y trouverait non seulement les monuments et les faits de l'histoire physique de la terre, mais encore la source de mille préjugés et erreurs populaires et découvrirait dans ce champ vaste et non encore cultivé l'origine naturelle des fables astronomiques, des superstitions astrologiques, et de plusieurs cérémonies religieuses instituées et conservées chez presque toutes les nations.'[206]

Cet autre 'plus éclairé et plus capable', Boulanger ne sait pas encore que ce sera lui-même.

---

206. *Anecdotes de la nature*, p.437 du manuscrit et p.194 de la thèse de J. Hampton.

La vertu que la géologie lui a enseignée, c'est l'humilité! Il a appris – et trop peut-être – la nécessité de collationner modestement les résultats de ses observations et patiemment de les confronter. Au rebours de ces 'gens d'Esprit', dont il se moque dans la *Dissertation sur Elie et Enoch* (Avant-propos, p.x), qui sont plus attentifs à l'éclat de leur intelligence qu'à l'exactitude de leurs recherches, Boulanger mettra son génie à n'en pas avoir.

Là où d'autres se sont faits voyants, il se fera naïf. Et tant pis si la croyance au déluge, fondée sur la connaissance des fossiles et des couches géologiques, se confond avec celle des peuples aveuglés par leurs traditions; tant pis si la science et le dogme enseignent la même vérité: 'Quoi! vous croyez au déluge? s'écrie-t-on aujourd'hui dans un certain monde, & ce monde est très nombreux. Cette espece de dogme historique ne se soutient plus que chez le peuple aveuglément soumis aux traditions de ses peres, & chez quelques physiciens accoutumés à lire dans la nature même l'histoire de la nature. La physique, comme l'a prévu Mr. de Fontenelle, est devenue pour ces derniers une sorte de théologie' (Avant-propos, i.3-4). Contre Voltaire, qui explique la présence de 'coquilles' au Mont-Cenis par le passage des pélerins 'romipètes' ayant fait dévotion à Saint-Jacques-de-Compostelle, contre Voltaire, pour qui l'histoire de ce cataclysme 'est comme celle de la tour de Babel, de l'ânesse de Balaam, de la chute de Jéricho au son des trompettes, des eaux changées en sang, du passage de la mer Rouge, et de tous les prodiges que Dieu daigna faire en faveur des élus de son peuple',[207] Boulanger ose embrasser la foi des ignorants et des dévots. Ce courage – car c'est un courage pour un 'philosophe' que d'aller, ne fût-ce qu'en apparence, à contre-courant de l'esprit des Lumières – est fondé sur une conviction absolue: les 'physiciens' n'ont pas pu se tromper, eux qui observent sans prévention. Dans une page enthousiaste, qui est un hymne autant qu'un manifeste, Boulanger chante la gloire de ces savants et de leurs certitudes:

L'œil du physicien a fait remarquer les monumens authentiques de ces anciennes révolutions; il les a vus gravés partout en caractères ineffaçables; s'il a fouillé la terre, il n'a trouvé que des débris accumulés & déplacés; il a trouvé des amas immenses de coquilles au sommet des montagnes aujourd'hui les plus éloignées de la mer; il a trouvé des restes indubitables de poissons dans les profondeurs de la terre; il y a trouvé pareillement des végétaux dont l'origine n'est pas douteuse; enfin il a trouvé dans les couches de la terre qu'il habite des ossemens & des restes d'êtres animés qui ne vivent aujourd'hui qu'à sa surface ou dans les eaux. Ces faits ignorés du vulgaire, mais connus actuellement de tous ceux qui observent la nature, forcent le physicien de reconnoître que toute la surface de notre globe a changé; qu'elle a eu d'autres mers, d'autres continens, une autre géographie, & que le terrein solide que nous occupons aujourd'hui a été autrefois le séjour de l'océan. Douter de la réalité de ces faits, ce seroit démentir la nature qui a dressé elle-même en tous lieux des monumens qui les attestent. Ainsi la révolution qui a submergé une portion de notre globe pour en mettre une autre à découvert, ou ce qu'on a nommé le déluge universel, est un fait que l'on ne peut récuser, & que l'on seroit forcé de croire quand même les traditions ne nous en auroient point parlé.[208]

207. *Dictionnaire philosophique*, édition Etiemble, R. Naves, J. Benda citée, article 'Inondation', pp.251-52. Voltaire a soutenu des propos semblables dans sa *Dissertation sur les changements arrivés dans notre globe* et dans *Les Singularités de la nature*.

208. Avant-propos, i.9-10. Nous avons tenu à citer le texte entier, pour n'en pas briser l'élan et pour montrer que Boulanger est capable parfois d'un certain lyrisme.

Or, précisément, les traditions en ont parlé; c'est même là le seul langage que leur reconnaisse Boulanger (Avant-propos, i.1-2):

On ne peut lire l'histoire des anciens peuples & de ceux que les découvertes des siecles modernes nous ont fait connoître, sans remarquer que presque toutes les nations ont eu & ont encore des traditions qui leur ont transmis des changemens arrivés autrefois dans la nature. Les unes nous parlent d'inondations & de déluges qui ont submergé le genre humain; d'autres nous parlent d'incendies qui l'ont dévoré; plusieurs nous retracent des révolutions dans le soleil même, dans les planetes, & dans toute l'étendue des cieux; presque toutes ces traditions nous font entrevoir & soupçonner qu'il fut un temps où la face actuelle des choses a été très différente de ce qu'elle est depuis tous les siecles connus, & que ces révolutions physiques ont donné lieu à des renouvellemens dans les sociétés humaines.

En face de ce double constat, de ce double témoignage, la méthode – originale – de Boulanger sera d'éclairer la nature par les traditions et les traditions par la nature. Il faudra 'se servir des monumens naturels pour vérifier & pour corriger les traditions historiques; & quelquefois [employer] ces traditions pour éclaircir les monumens naturels' (Avant-propos, i.4).

Ce qui rend nécessaire, et en même temps facile, aux yeux de Boulanger, cet éclairage réciproque, c'est que les traditions et les témoignages géologiques sont de nature identique: ils sont, au sens étymologique du terme, des monuments. La terre porte dans ses cicatrices la mémoire du déluge, et les traditions sont le souvenir fossilisé de la peur que ce même déluge a causée aux hommes. Il est donc parfaitement légitime de chercher le 'lien secret & commun qui lie la masse générale de tous les usages avec celle de tous les faits' (Avant-propos, i.7), puisque les usages sont le souvenir ritualisé des faits que l'homme a oubliés et qu'il perpétue inconsciemment dans ses traditions. Lier les faits aux usages, c'est, en réalité, lier les faits aux faits.

L'erreur des devanciers de Boulanger a été d'interroger la conscience des hommes à propos de leurs usages, de se fier aux 'motifs' avoués et toujours trompeurs. Ce qu'il faut examiner, ce n'est pas la justification ou l'explication actuelle des rites humains, ce sont les rites eux-mêmes dans leurs formes, dans leurs figures; la signification première a très généralement été oblitérée par l'injure du temps, mais les rites sont un langage, dont le sens s'est perdu, mais dont Boulanger entend retrouver la clef: 'Nous savons [...] le peu de cas que l'on doit faire des motifs que la plûpart des nations allèguent de leurs usages, & nous savons que ce sont les usages qui presque toujours doivent être interrogés' (1,3, i.106).

Sans doute ces rites et ces usages – et en cela Boulanger est en plein accord avec l'esprit dominant des Lumières – sont-ils aujourd'hui des extravagances; mais au-delà, ou plutôt en deçà de cette folie apparente, réside une vérité. Comme Boulanger le disait déjà dans ses *Recherches sur l'origine du despotisme oriental*: 'il n'y a point de fausses opinions, point de préjugés, point de traditions ridicules ou d'usages corrompus, qui n'ayent eu dans leur origine quelque excellente vérité pour base' (pp.25-26). L'erreur même est significative, le mensonge même est révélateur. Et ces traditions apparemment aberrantes, que tous les philosophes, même les plus raisonnables, avaient dédaignées, ce sont elles qui renferment le secret de l'histoire, ce sont elles qu'il faut questionner:

'Je me détermine donc à faire usage de ces traditions dédaignées; bien plus je ne veux me servir que d'elles pour remplir les vuides de l'histoire & pour porter quelques lumieres dans les épaisses ténèbres qui enveloppent encore le berceau des sociétés naissantes' (Avant-propos, i.21).

Ainsi Boulanger croit avoir découvert, et lui seul, la méthode qui permettra de percer à jour le grand secret de l'humanité. C'est une méthode modeste dans ses principes, puisqu'il s'agit de chasser la métaphysique[209] au profit de l'observation des faits, puisqu'il s'agit d'atteindre à l'humilité pour réussir là où le génie superbe et imaginatif des autres avait échoué. C'est, en revanche, une méthode très audacieuse dans son hypothèse de travail, puisqu'elle présuppose que la masse énorme et informe des traditions humaines, jusque-là méprisées par les penseurs, recèle une vérité récurrente et unique.

xiii. Un plan en six parties

Pour faire passer ses lecteurs du magma à l'ordre et des ténèbres à la lumière, pour accomplir sa propre Genèse, Boulanger s'est imposé un plan en six livres, comme il l'annonce lui-même dans son Avant-propos (i.25-26):

Dans le premier, dit-il, j'examine les institutions faites [...] pour se retracer la mémoire du déluge: ce qui constitue dans l'antiquité ce qu'on peut appeller son *esprit commémoratif*.

Le second livre prouvera que toutes les fêtes & les institutions anciennes ont eu un caractere lugubre [...] qui perce au travers de leurs solemnités les plus gaies [...], c'est ce que j'appelle *l'esprit funebre*.

Dans le troisieme livre je tâche de développer les mysteres des peuples anciens, & de découvrir les vrais motifs de ces énigmes voilées aux peuples: c'est ce que j'appelle *l'esprit mystérieux* [...].

Dans le quatrieme livre je considere les motifs qui sont cause que les peuples ont toujours attaché des idées particulieres à tous les changemens des siecles & des périodes: c'est ce que j'appelle *l'esprit cyclique*.

Dans le cinquieme livre j'examine la nature des fêtes, des cérémonies & des usages institués à l'occasion des années, des mois & des jours: c'est ce que j'appelle *l'esprit liturgique*.

Enfin dans le sixieme livre on trouve le tableau des effets physiques & moraux du déluge. J'y examine les impressions que cette terrible catastrophe a faite [*sic*] sur les hommes, qui ont été pour eux une source d'égaremens & de maux, & qui ont influé sur toutes leurs institutions religieuses, politiques & morales.

Ce plan, qui a le mérite de la parfaite clarté, appelle quelques remarques simples.

La formulation même de Boulanger indique nettement que les six livres[210] de

209. Boulanger se montre très sévère à l'égard des historiens adeptes de métaphysique: 'des métaphysiciens [...] ont cru qu'au défaut de l'histoire on devoit consulter les lumieres de la raison, & qu'après avoir bien étudié sur le caractere & sur la nature de l'homme, on pouvoit parvenir à deviner ses premieres démarches. Si ceux-ci n'ont pas fait une histoire vraie, si même quelques-uns en ont fait d'absurdes & d'évidemment fausses, plusieurs en ont fait de vraisemblables & de possibles; c'est tout ce qu'on peut dire en leur faveur [...]. Pour moi, j'ai toujours soupçonné qu'une connoissance de ce caractère général de l'humanité étoit susceptible d'erreur [...], & ne pouvoit conduire qu'à de fausses spéculations sur l'origine des sociétés' (Avant-propos, i.21-22).

210. La division de *L'Antiquité dévoilée* en six livres correspond sans doute à un besoin; mais il est possible que ce sous-multiple de douze relève également d'une tradition rhétorique.

L'Antiquité dévoilée se répartissent en deux unités très inégales: les cinq premiers constituent l'exposition et l'illustration de la thèse, alors que le sixième et dernier est consacré aux conclusions.

Les cinq premiers livres remplissent une double fonction:

– Ils sont, pour Boulanger, le moyen commode de grouper un grand nombre d'usages disparates et d'organiser l'ensemble de l'ouvrage en cinq unités organiques apparentes.

– Ils permettent aussi à l'intérieur du livre d'assurer une sorte de progression à la fois historique et logique. Le développement de *L'Antiquité dévoilée* pourrait être résumé en une seule phrase: la mémoire du déluge se retrouve successivement et par filiation dans les institutions primitives du monde 'renouvellé', dans les fêtes rituelles qui ont toujours conservé un aspect lugubre, dans les mystères dont le secret était si tragique qu'il fallait se garder de le divulguer, dans la conception des périodes astronomiques, dont l'accomplissement pouvait marquer le retour du déluge initial.

Enfin le plan de *L'Antiquité dévoilée* a un caractère volontairement cyclique. Tout commence avec le déluge, et tout se termine par lui. Ce bel ordonnancement circulaire répond sans doute à une volonté d'élégance rhétorique, mais il est révélateur aussi de la personnalité d'un philosophe qui entretient avec les flots diluviens des rapports raisonnables et passionnels.

xiv. Un chapitre très ordinaire

L'Antiquité dévoilée est un ouvrage si long et si méthodiquement répétitif qu'il serait fastidieux et vain d'en vouloir étudier tous les chapitres. Si l'on met à part les réflexions générales, sur lesquelles nous reviendrons évidemment, analyser un chapitre, c'est les analyser tous.

Nous avons choisi de nous arrêter aux phrases les plus révélatrices du chapitre un du livre un, d'abord parce que ce chapitre étant le premier, on peut tenir pour assuré que Boulanger lui a accordé un soin particulier, ensuite parce qu'il traite d'une cérémonie – en l'occurrence les hydrophories – qui a un rapport étroit avec le déluge, qui est le sujet central du livre, enfin parce que son développement ne brille par aucune singularité, et que cette normalité en fait un chapitre parfaitement représentatif.

Boulanger commence sur le ton le plus neutre, qui est exactement celui du lexicographe: 'Le nom d'HYDROPHORIE désigne l'usage où étoient les Athéniens le jour de cette fête de porter en pompe de l'eau dans des vases & des aiguieres' (I, I; i.35). L'auteur est aussi peu écrivain qu'il est possible de l'être: les mots sont choisis en fonction de leur seule clarté et de leur seule exactitude; à une exception près,[211] aucun d'entre eux ne pourrait être supprimé; le vocable savant, 'hydrophorie', est par souci pédagogique expliqué étymologiquement. L'auteur parle au nom d'un savoir, d'un air de modestie et de supériorité.

---

211. Seul le mot 'aiguieres' qui fait presque double emploi avec 'vases' pourrait être supprimé. Il apporte une note de pédantisme qui confirme le ton volontairement professoral de la phrase, et fait apparaître le mot 'eau' sous sa forme latine, après que le mot 'hydrophorie' l'a fait apparaître sous sa forme grecque.

Cette première phrase, si plate et si banale, est cependant chargée d'intention. Boulanger entend s'affirmer, en dehors de tout parti pris, comme celui qui sait et qui prétend révéler la vérité par le seul énoncé des faits. Mais un auteur, malgré qu'il en ait, est toujours un écrivain. La neutralité même du ton excite la curiosité du lecteur, car la nullité littéraire de la phrase a quelque chose de provocant et d'énigmatique.

Boulanger ayant ainsi, dès l'abord, affirmé son principe d'écriture, continue avec la même neutralité apparente: 'en mémoire du déluge ils alloient chaque année verser cette eau dans une ouverture ou gouffre qui se trouvoit auprès du Temple de Jupiter Olympien, & dans cette occasion ils se rappelloient le triste souvenir que leurs ancêtres avoient été submergés' (I, I, i.35-36). Le langage est presque entièrement réduit à sa fonction référentielle. L'auteur n'apparaît que deux fois: lorsque le mot 'ouverture' est doublé par le mot 'gouffre', et lorsque le 'souvenir que leurs ancêtres avoient été submergés' est qualifié de 'triste'. Mais c'est assurément bien peu de chose: il est possible, dans le premier cas, de considérer le mot 'gouffre' comme une précision pédagogique ou comme une variante érudite qui prendrait en compte tel texte grec dont Boulanger nous épargnerait la référence; et, dans le deuxième cas, le jugement porté par l'auteur est si banal et si évident pour tous qu'il est à peine un jugement.

La phrase suivante: 'Cette cérémonie est simple & très analogue au sujet' (I, I, i.36) ne prend son sens plein que lorsqu'on connaît la pensée de Boulanger. Ce qu'il veut dire, c'est que l'hydrophorie des Athéniens est un cas exemplaire: la cérémonie a dans sa modalité principale un rapport direct avec son origine et les fidèles connaissent ce rapport. Ce que la phrase ne dit pas – par élégance ou par pudeur – c'est qu'il s'agit là d'un cas exceptionnel et qu'en général il faut toute la science et toute la pénétration de Boulanger pour démêler sous les apparences confuses du rituel et au-delà des 'motifs' officiellement évoqués le sens véritable de la cérémonie. Et c'est précisément ce que confirme implicitement la suite du texte: 'La superstition y mettoit quelques autres usages; la fable ajoutoit encore quelques anecdotes de détail au motif général de la solemnité' (I, I, i.36). Le mot 'superstition' est d'une extrême importance à qui veut comprendre la philosophie de Boulanger. Relève de ce concept tout ce qui, à ses yeux, ne peut pas être expliqué par le lien logique qui unit directement le cataclysme initial et la cérémonie qui en est à la fois le 'monument' et le rite propitiatoire. Relève de ce concept tout ce que la fantaisie, l'extravagance ou la supercherie des hommes a ajouté à la célébration originelle. Relève de ce concept enfin tout ce qui jusqu'ici, et en raison même de son caractère aberrant, a fait obstacle à la connaissance, a égaré les philosophes qui n'ont pas su discerner le fondamental du superficiel et le réel de l'apparence. Ces 'quelques autres usages' et ces 'quelques anecdotes de détail' doivent être réduits ou éliminés pour que soit rendue visible enfin la signification de la 'solemnité'. La 'superstition' permet ainsi à Boulanger de s'agréger à l'esprit des Lumières et de s'en séparer résolument: bien des éléments ne s'expliquent, pour lui comme pour un Fontenelle, que par les 'fausses imaginations' (*De l'origine des fables*, p.22) de la créature humaine; mais lui seul est persuadé que sous ces éléments trompeurs subsiste l'élément majeur qui seul importe, qui n'a rien à voir avec la folie des hommes et qui est précisément le lien logique qui unit la cérémonie à sa cause première.

La 'fête' des hydrophories, dont l'origine, l'esprit et le rituel sont exceptionnellement limpides, est entachée de quelques 'usages' annexes. Mais un peu de perspicacité permet de réduire ces pratiques subsidiaires à des variantes de la cérémonie principale et finalement de conforter sa signification première. Boulanger a lu dans l'œuvre de Pausanias[212] qu'au jour des hydrophories 'on jettoit dans le même gouffre un gâteau de farine & de miel' (I, 1; i.36); cette oblation convenue n'a pas de signification en soi; il ne faut pas s'interroger sur la composition pourtant obligée de l'offrande, mais sur l'offrande elle-même, qui manifeste, comme l'effusion des eaux qu'elle double et qu'elle confirme, la mémoire et la peur de ce déluge dont les Athéniens craignent le retour: 'c'étoit une offrande pour appaiser les Dieux infernaux; c'est-à-dire les puissances souterraines à qui les payens attribuoient les mouvemens de la terre & les desordres de la nature. On les invitoit sans doute par cet hommage à laisser le genre humain habiter tranquilement la terre, & à ne point y ramener un nouveau déluge. On ne leur eût rien offert si on ne les eût pas redoutés' (I, 1; i.36).

Bien plus, pour un esprit éclairé, il n'est pas jusqu'à la superstition – elle qui pourtant a égaré les peuples et trompé tant d'historiens – qui ne puisse devenir un atout. Car cette perversion de l'intelligence a un immense mérite: elle 'observe tout', même si c'est 'non pour se corriger, mais pour se confirmer de plus en plus dans ses erreurs' (I, 1; i.37). Les Athéniens ont remarqué, par exemple, que Sylla avait pris leur ville d'assaut le jour même des hydrophories. Boulanger, le rationaliste, pourrait se moquer de ce rapprochement et rire de Plutarque qui l'a naïvement colporté.[213] Tout au rebours, l'historien des religions puise avec sérieux dans l'arsenal de la superstition et lit, comme à livre ouvert, dans le répertoire de l'erreur. Plutarque est appelé à témoigner (voir I, 1; i.37, n.2) non du caractère ridicule de cette tradition, mais bien de son exactitude, dont Boulanger tire aussitôt argument: si les Athéniens ont été sensibles à ce rapprochement pseudo-mystique, c'est qu'ils 'faisoient du jour des Hydrophories un jour triste & lugubre' (I, 1; i.36), ce qui vient confirmer la possible origine diluvienne de la solennité.

Boulanger accorde une telle confiance aux traditions mythologiques – qui peuvent et doivent, à ses yeux, remplacer les témoignages authentiques – que lorsqu'il constate que 'les Grecs, ainsi que bien d'autres peuples, [sont] privés des premiers monumens de leur histoire' (I, 1; i.37), il n'en conçoit aucune désespérance et ne songe en aucune façon à renoncer à ses recherches. Que la Fable y aille, si l'Histoire n'y peut aller! La légende de Deucalion et de Pyrrha sauvés de l'Inondation n'est bien sûr qu'une légende, mais elle dit une vérité; les Grecs sont stupides assurément quand ils prétendent placer le déluge à une date qui correspond au seizième siècle avant notre ère, mais ils ne le sont aucunement lorsqu'ils nous parlent, par cette légende, d''un fait universel ou

212. *Voyage historique de la Grèce*, traduction de l'abbé Gédoyn (Paris 1731), i.18 (i.57): 'tous les ans [les Athéniens] jettent dans ce gouffre une espèce de pâte faite avec de la farine de froment et du miel.'

213. *Vie de Sylla*, 14, 10 (*Vies*, édition R. Flacelière, Paris 1971, vi.251-52): '[Sylla] dit [...] qu'il prit Athènes aux calendes de mars, jour qui correspond précisément au premier du mois Anthestérion. Or justement, ce jour-là, les Athéniens célèbrent des cérémonies en souvenir de la destruction et de la dévastation causées par le déluge'.

universellement connu' (i, i; i.39). Ce n'est pas bien sûr, comme le voudrait la tradition, Deucalion qui a élevé auprès du gouffre d'où seraient sorties les eaux diluviennes un temple en l'honneur de 'Jupiter *Sauveur*' (i, i; i.37), mais cette tradition contient une indication précieuse et c'est tout simplement cette épithète de '*Sauveur*', dont est, en la circonstance, qualifié le dieu suprême. Le mot dit assez la reconnaissance de ceux qui se sont sentis épargnés et leur peur d'être engloutis un jour dans un nouveau cataclysme.

Tout doit être respecté, scruté, interrogé, car il n'est point de faux témoignage. Boulanger qui entend faire de *L'Antiquité dévoilée* un ouvrage d'interprétation et de révélation ne prétend pas cependant le transformer en un exercice de décryptage systématique. Quand l'histoire offre des documents sérieux auxquels un philosophe d'une certaine exigence peut raisonnablement se fier, ceux-ci doivent évidemment concourir à l'établissement de la vérité. Les témoignages que nous possédons à propos du temple de Jupiter Sauveur peuvent, bien autant que sa légende, conduire le chercheur sur la voie de la découverte. L'histoire, au sens le plus traditionnel du terme, nous prouve et l'ancienneté de ce monument et la longue ferveur dont il a été l'objet: il est sage d'en tenir compte et c'est ce que fait Boulanger (i, i; i.37-38):

nous ne pouvons nier la haute antiquité de ce Temple; on le voit, au moins dans tous les siecles connus, respecté & célébré par les nations payennes, après n'avoir été pendant longtemps qu'un monument simple & pauvre des premiers âges de la Grece: Pisistrate le fit reconstruire sur un plan magnifique vers l'an 540. avant notre Ere; toutes les villes & tous les Princes de la Grece contribuerent encore après lui à l'orner, à le perfectionner & à l'enrichir. Les Romains eurent le même zele; enfin après plus de six siecles de travail presque continu, il fut totalement achevé par l'Empereur Adrien l'an 126. de notre Ere, & ce Temple le disputa alors en dignité & en richesses aux plus fameux Temples de l'Orient.

Boulanger tire de cet assez long exposé une conclusion d'une importance modeste: 'L'antiquité de ce monument, le respect que toutes les nations lui ont porté [...] doivent faire accorder à la fête des Hydrophories une très grande ancienneté' (i, i; i.38).

Mais l'essentiel n'est pas tant dans la conclusion que dans l'affirmation d'une rigoureuse méthode de travail. A cet égard, *L'Antiquité dévoilée* est un manifeste autant qu'une démonstration: en élaborant sa propre réflexion, Boulanger travaille pour les siècles à venir; tout au long de son cheminement, il enseigne ce qui se doit et ce qui ne se doit pas; il encourage et il met en garde. Cette cérémonie des hydrophories a été 'pratiquée chez tant de peuples qui n'ont jamais connu les noms ni de Deucalion, ni d'Athenes' (i, i; i.39) qu'il est loisible de se demander s'il s'agit là d'une fête originale, ou si, comme une savante rumeur le murmure, les Grecs l'ont reçue en héritage. La question est pertinente, mais les documents font défaut; en ce cas la seule sagesse est le silence: 'il seroit [...] convenable de chercher à connoître le canal par lequel cette fête singuliere a été communiquée aux Grecs, si le préjugé commun est vrai que tout leur a été communiqué; mais c'est un problême trop difficile à résoudre pour hazarder, en nous y arrêtant, de nous égarer dès les premiers pas' (i, i; i.39). Il est évident que Boulanger aurait parfaitement pu éviter cette épineuse question, puisque rien dans le développement du chapitre ne l'obligeait en bonne logique à l'aborder. Mais le philosophe a tenu, dès les premières pages de son livre, à se démarquer de tous ces rêveurs – et il en est dans le parti des Lumières comme dans le clan obscurantiste – qui prennent leurs désirs pour des réalités et leurs intuitions pour un savoir. Afin de bien marquer sa singularité, il affecte, après avoir négligé un problème majeur et sans réponse, de s'intéresser à une question mineure et soluble: 'remarquons plutôt un des caracteres de l'antiquité de cette fête, dans la simplicité de l'offrande qu'on y faisoit aux Dieux infernaux. C'étoit un des principes des anciens peuples de n'offrir dans leurs sacrifices que des productions de la terre & non des victimes sanglantes, lorsque leurs fêtes étoient relatives à la situation des premiers hommes & aux premiers âges des sociétés' (I, 1; i.38-40).

L'Antiquité dévoilée est une démonstration et un manifeste; elle est aussi, pour reprendre l'image que Diderot lui-même a utilisée (*Extrait*, p.vii), une vaste toile d'araignée. Chaque chapitre a sans doute son autonomie, mais il tisse aussi une multitude de fils qui permettront à Boulanger, au cours des chapitres suivants, d''occuper tout l'espace environnant de sa toile' (*Extrait*, p.vii). Le paragraphe et la note qu'il consacre à la date des hydrophories athéniennes ne trouvent leur pleine signification que dans le livre quatre (ii.227-404; iii.1-96) qui est consacré à ce qu'il appelle 'l'esprit cyclique'. Pris en lui-même, le développement a quelque chose de décevant: comme on peut en juger, il affirme et ne conclut pas (I, 1; i.40-41):

Au reste cette fête se célébroit à Athenes le premier du mois *Antisterion* qui du temps de Sylla correspondoit au premier jour de Mars de l'année Romaine. Le desordre qui a presque toujours régné dans les calendriers Grecs & Romains, & les réformes même qui y ont été faites à diverses reprises, ne nous permettent pas d'assurer que le premier de Mars ait été la position constante & originelle de cette fête; on peut seulement conjecturer qu'elle a du être primitivement déterminée par une fin ou par un renouvellement d'année soit vernale, soit automnale, ou autre.

Ce qui est important ici, c'est la conjecture finale qui suscite la curiosité du lecteur et tisse le premier fil d'une des réflexions majeures de Boulanger. L'intérêt de ce qui n'est, pour l'heure, qu'une hypothèse de travail est souligné par la présence d'une note d'une longueur tout à fait exceptionnelle dans *L'Antiquité dévoilée*:

J'appellerai dans cet ouvrage fêtes cycliques toutes celles qui étoient attachées à une fin ou à un renouvellement de mois, de saison, d'année, de siecle ou de tout autre période. Le mot *cyclique* sera une épithete générale pour toutes les fêtes périodiques, surtout lorsqu'il ne sera pas bien décidé si leur objet a un rapport à une fin ou à un renouvellement de période. [...] Une fête de fin de période est triste & funebre, celle d'un renouvellement est consacrée au plaisir & à l'allégresse; [...] Lorsque par la connoissance de l'esprit des usages nous pourrons parvenir au véritable esprit de ces fêtes, alors nous nommerons *Eno-cycliques* celles qui auront rapport aux périodes finissans, & *Néo-cycliques* celles qui auront rapport aux périodes commençans. La fête de l'effusion de l'eau à Athenes a du être une fête *Eno-cyclique* qui préparoit à une fête *Néo-cyclique*. [...] Je donne ici les élémens d'une science nouvelle, il doit m'être permis de créer quelques mots nouveaux.[214]

Dans une démarche authentiquement pédagogique, Boulanger vient de poser

---

214. I, 1; i.41-42, n.4. Nous ne donnons qu'une petite moitié de cette note relativement démesurée.

le premier jalon d'un immense parcours qui aboutira à cette révélation pour lui fondamentale: toutes les fêtes cycliques comportent, même si les prêtres et les fidèles en ont perdu claire conscience, une phase de crainte et une phase d'allégresse, car toutes sont inspirées par 'un esprit de terreur' (IV, 1; ii.227), à l'idée que la fin d'une période astronomique pourrait marquer le retour du grand cataclysme géologique, et par un esprit de reconnaissance, dès que l'instant fatal est passé et que les divinités ont accordé aux mortels un nouveau sursis. Boulanger attache tant de prix à cette lente et méthodique préparation et a tant de foi en son efficacité, qu'il se permet d'affirmer au début du livre quatrième, qui est, à ce propos, le livre des révélations: 'on ose se flatter d'avoir déja prouvé cette vérité, par les témoignages ci-devant épars, mais que nous avons accumulés dans les livres qui précèdent' (IV, 1; ii.228).

C'est au nom de ce même souci pédagogique que Boulanger termine la première partie de son chapitre sur une digression consacrée aux hydrophories des Eginètes. Le but n'est pas d'étayer le développement majeur par ce développement annexe, non plus que d'étudier une variante de la cérémonie de l'effusion des eaux, mais bien, là encore, de poser une question qui ne trouvera sa solution complète que beaucoup plus tard et de suggérer les premiers éléments de la réponse (I, 1; i.42):

Au commencement du printemps les Eginetes célébroient aussi & pour le même motif, des Hydrophories comme les Athéniens; mais elles étoient suivies chez eux d'exercices & de combats gymnastiques en l'honneur d'Apollon. Pourquoi ces combats dans une telle fête, & pourquoi Apollon en étoit-il l'objet? Est-ce parce que, selon la fable, c'est ce Dieu qui avoit desséché la terre, & qui avoit combattu & tué l'affreux serpent engendré du limon & des boues du déluge? C'est ce qui nous sera facile d'approfondir par la suite. Souvenons-nous donc que le culte d'Apollon se trouve uni à une des fêtes destinées à renouveler le souvenir du déluge.

Si la réponse est différée, il est facile cependant de deviner en quel sens Boulanger veut orienter ses lecteurs: il est clair que la 'fable' doit être à la fois méprisée et respectée; il faut oublier 'l'affreux serpent' et sa limoneuse génération, mais il convient d'examiner et de retenir l'esprit qui anime la légende, afin de déchiffrer dans les linéaments de cette belle histoire son fondement historique.

Les deuxième, troisième, quatrième et cinquième parties du chapitre sont consacrées au temple d'Hiérapolis en Syrie et à quelques-unes des fêtes qui étaient célébrées en cette contrée. Boulanger passe des hydrophories grecques aux cérémonies syriennes sans marquer la moindre transition, en homme qui veut non pas achever une multitude de petites monographies artificiellement reliées par une gracieuse rhétorique, mais plutôt jeter les fondements d'une vaste enquête qui ne recevra qu'à l'extrême fin épilogue et conclusions. Ce qui, pour l'instant, lui importe, c'est de présenter un certain nombre de faits apparemment singuliers, apparemment autonomes, pour révéler à force de laborieuse magie leur réelle similitude.

Dans les cérémonies syriennes, son attention est précisément attirée par un usage qui n'a, dans sa forme, aucune ressemblance avec les rites pratiqués à Athènes ou à Egine: 'Dans chaque célébration un homme montoit au haut d'une colonne placée dans le parvis du Temple, il y restoit sept jours' (I, 1; i.44). Et pourtant cet usage a même origine et même signification que les hydrophories, puisque l'étrange stylite avait initialement mission de 'représenter l'ancien état des débris du genre humain sauvés sur les montagnes au temps du déluge, & n'habitant que des hauteurs encore longtemps après' (I, 1; i.44-45).

S'il est des usages religieux parfaitement singuliers, dont les causes sont pourtant parfaitement identiques, les mythologies, par une surprenante inversion des choses, nous offrent d'étranges ressemblances, alors que ni le lieu, ni le temps, ni les motifs ne peuvent expliquer ces similitudes. Quel lien pourrait unir la Cybèle de Phrygie et Rhée, déesse de Syrie qui cependant 'étoit comme elle couronnée de tours, & assise sur un char traîné par des Lions' (I, 1; i.45)? Par quel miracle expliquer que les 'fêtes diluviennes' célébrées à Hiérapolis aient pu être 'confondues avec le culte de Rhée, de Cybele, d'Atys, de Bacchus, d'Apollon, &c. tous personnages dont l'existence ou la fable ne peut être que moderne, en comparaison d'un motif qui doit dater immédiatement des premiers temps' (I, 1; i.46)? Comment justifier la ressemblance qui existe entre le temple d'Hiérapolis et celui de Jérusalem, ressemblance incroyable, puisqu''on a remarqué dans tous les deux un même plan & une même distribution des bâtimens, une hiérarchie toute pareille dans l'ordre des pontifes & des prêtres [...], un même cérémonial dans le service, & ce qui est le plus étonnant, [...] les mêmes rites & les mêmes fêtes'?[215] Comment est-il possible qu''une autre fête de Syrie sembloit imiter la fête Juive des Expiations' (I, 1; i.48), et qu''une troisième fête Syrienne ressembloit de même [...] à celle des Tabernacles' (I, 1; i.51)? Par quel hasard les Syriens ont-ils tant d'usages communs avec les Hébreux qu''ils haïssoient & méprisoient souverainement' (I, 1; i.50)? Par quel truchement blasphématoire enfin la fête des torches à Hiérapolis peut-elle ressembler 'par son bucher à la Pâque du Christianisme dans laquelle on nous montre un feu nouveau' (I, 1; i.54)?

Au fond, tout le chapitre est voué à ces 'conformités [...] singulieres & énigmatiques' (I, 1; i.50). Enigmatiques et limpides, car Boulanger suggère les solutions qui viendront mettre un terme à ce vaste roman policier. Le lecteur est sommé d'attendre les révélations dernières, mais il est progressivement muni de toutes les clefs, si bien qu'il a l'impression constante de participer à la découverte et d'être l'auteur de sa propre conviction. Qu'on ait pu confondre les fêtes diluviennes d'Hiérapolis avec le culte de Rhée, de Cybèle, d'Atys, de Bacchus et d'Apollon 'est singulier sans doute' (I, 1; i.46), mais Boulanger prend bien soin de nous souffler immédiatement le fin mot de l'histoire, sans nous le dire vraiment (I, 1; i.46-47):

Notre surprise diminueroit vraisemblablement si nous pouvions dès ce moment nous rendre au sentiment de quelques mythologues anciens & modernes, qui n'ont vu [...] que la terre & la nature personifiées dans Rhée & dans Cybèle; qui n'ont vu que le genre humain heureux & malheureux dans Bacchus & dans Atys, & que le soleil dans Apollon. Le soleil, la terre & l'homme ont du jouer d'assez grands rôles dans la scene des révolutions du monde, pour qu'on puisse les retrouver peints sous diverses images dans des fêtes commémoratives; mais nous ne sommes point encore assez avancés dans la connoissance des usages pour chercher dès à présent des allégories dans les fables.

De la même manière, la fête syrienne des macérations où les fidèles 'se déchiroient

---

215. I, 1; i.47. C'est à Antoine Banier que Boulanger doit cette comparaison. Voir *La Mythologie et les fables expliquées par l'histoire* (Paris 1738-1740), i.566-67.

[...] avec des couteaux' et où 'plusieurs se défiguroient d'une façon hideuse' (I, I; i.49) est une cérémonie dont on ignore absolument le motif. Boulanger aurait pu nous laisser dans l'expectative; mais la ressemblance qu'il remarque entre cette horrible tradition et la fête hébraïque des expiations, dont on sait qu'elle était 'une préparation religieuse à la commémoration du déluge' (I, I; i.53), lui suggère une idée qu'il s'empresse de communiquer à son lecteur: 'Quelle impression auroit donc fait ce déluge sur les premiers hommes si après plusieurs milliers d'années la pieuse cruauté des Syriens envers eux-mêmes en étoit encore une suite' (I, I; i.53).

Ainsi à la fin de ce chapitre initial le lecteur a découvert la méthode et les questions qui seront celles de tout le livre. Il a deviné aussi quelques-unes de ses réponses majeures. Boulanger le convie dès lors non pas à des surprises, mais à un perpétuel émerveillement. Tout est dit, et tout est à dire, car l'essentiel n'est pas tant la vérité, qui est en définitive assez simple, que l'incroyable récurrence de cette vérité à travers tous les temps et parmi tous les peuples.

Et lorsque Boulanger termine son premier chapitre par cette citation traditionnelle de Virgile: '*Si nunc se nobis ille aureus arbore ramus / Ostendat nemore in tanto!*'[216] le lecteur de bonne foi peut se demander si le véritable rameau d'or n'est pas la forêt immense.

xv. Le grand secret

Prenant le contre-pied de la philosophie novatrice de son époque, Boulanger va, pas à pas, chapitre après chapitre, tenter de nous persuader que les divers usages de l'homme, apparemment si variables dans le temps et dans l'espace,[217] bien loin de prouver la diversité des êtres humains et la vérité du relativisme universel, cachent une unité profonde, qui est en même temps celle de l'homme. La multitude des fables et des dieux laisse transparaître une fable et un dieu uniques aux cent formes diverses. Boulanger le dit et le répète tout au long de *L'Antiquité dévoilée* (I, 3, i.108; I, 6, i.251; I, 6, i.259; III, 2, ii.62; III, 2, ii.67; V, I, iii.134):

Dans ce chaos de traditions on ne reconnoît pas moins qu'il n'y a par toute la terre qu'une mythologie [...].

Il faut reconnoître que d'un bout du monde à l'autre & dans tous les siecles il n'y a eu qu'une seule mythologie; c'est une vérité que les traditions [...] décelent de toute part; ainsi pour expliquer cette mythologie universelle on ne pourra mieux faire que d'en confronter les parties éparses chez tous les peuples [...]

[...] il n'est presque aucun peuple qui de l'histoire générale de l'univers n'en ait fait

216. *Enéide*, vi.187-88: 'Oh si maintenant l'arbre au rameau d'or se montrait à nous dans ces grands bois [...]' (traduction d'A. Bellessort, Paris 1948, i.170).

217. L'étude des peuplades sauvages complète pour Boulanger l'étude des peuples de l'antiquité: 'Il est encore une autre sorte d'antiquité que nous avons consultée, ce sont les usages des peuples que les voyages des derniers siecles nous ont fait connoître en Afrique, en Amérique & dans les extrémités de l'Asie. La distance des climats doit nous tenir lieu à leur égard de la distance des temps, & l'attachement religieux qu'on a remarqué chez la plûpart d'entre eux pour les usages de leurs Ancêtres, permet d'ailleurs de les regarder comme une antiquité vivante & toujours subsistante' (Avant-propos, i.32).

son histoire propre & particuliere; c'est delà que vient cette monotonie qu'on a remarquée dans l'histoire mythologique de tous les peuples.

[...] c'est une vérité [...] que tous les Dieux rentrent les uns dans les autres & qu'ils se confondent perpétuellement.

[...] nous verrons dans la Divinité un acteur, qu'on me permette ce terme, chargé tour-à-tour de tant de noms & de tant de rôles différens, qu'à la fin on a méconnu son véritable nom, & que l'on n'a pu se rappeller & se figurer l'unité & la simplicité de sa nature & de son caractere.

[Il y a] une mythologie universelle qui ne varie que dans ses expressions & qui part d'une source commune [...]

Boulanger va jusqu'à affirmer dans sa *Dissertation sur Saint Pierre* que ce sont les différences linguistiques qui sont la seule cause de la dissemblance apparente des mythologies: 'S'il n'y avoit eu qu'une seule langue sur la terre, il n'y auroit point eu de Mythologie ou il n'y en auroit eu qu'une' (éd.1770, p.208; voir ci-dessous, p.203).

Les fables que débitent les Chinois, les Hottentots ou les Péruviens ressemblent étrangement à celles des Chrétiens de France, en ce qu'elles racontent toutes la même aventure et témoignent de la même crainte et de la même espérance. Elles disent toutes les grandes révolutions de la nature, la peur de voir ce cataclysme universel se renouveler et l'espoir que la divinité vengeresse voudra bien surseoir à son châtiment. L'unité des fables est une unité de structure, et cette structure se retrouve dans les cérémonies religieuses de tous les pays et de tous les temps. Les rites ont en effet un rapport étroit avec les cycles astronomiques, que ce soit le jour, la semaine, le mois lunaire, le mois solaire, les saisons, l'année ou la 'grande année'.[218] Chaque fin de ces périodes, qui est comme la préfiguration de la mort du monde, pourrait bien induire Dieu en tentation, et être le moment où il déciderait d'arrêter le cours des planètes, où la lumière tant attendue du soleil ferait place aux cataractes tant redoutées. Les hommes qui avaient échappé au déluge ont profondément ressenti la précarité de leur survie (IV, 1; ii.233-34):

délivrés aujourd'hui, ils s'attendoient à périr le lendemain; ce lendemain écoulé, ils ne se crurent point en sureté le jour suivant; les jours qui vinrent ensuite purent augmenter la sécurité, mais ils ne firent point disparoître la crainte qu'une foule d'événemens fâcheux servit sans doute à entretenir. Echappé de la premiere huitaine, on craignit encore pour l'autre; échappé de cette lune on ne fut pas sûr de la suivante [...]. Enfin une saison s'écoule, on craint un nouvel incendie pour l'été, une nouvelle inondation pour l'hiver [...]; on voit l'année entiere s'écouler, & l'on craint pour la suivante.

Et comme toutes les fêtes sont 'destinées à rappeller la catastrophe lamentable du déluge' (I, 2; i.77), comme elles 'indiquent encore des motifs pris dans l'histoire de la nature, & un certain sentiment des anciens malheurs du monde' (I, 2; i.72), comme les humains se sont toujours comportés dans ces cérémonies 'comme si l'on ne comptoit plus sur l'avenir' (I, 5; i.163), 'leurs traditions ont

218. Boulanger en donne cette définition: 'divers philosophes [...] donnoient à la grande année les uns 16 ans, d'autres 19, plusieurs 59. Diogène croyoit qu'elle étoit composée d'autant d'années qu'il y a de jours dans l'an, c'est-à-dire de 365. [...] [On inventa] en Egypte une autre grande année de 36525 ans [...] Au moins ce période n'est-il pas sujet à être souvent démenti par l'événement' (IV, 2; ii.271 et 273).

perpétué des idées dont les motifs réels étoient depuis longtemps disparus' (IV, 1; ii.229) et la vérité des premiers jours a été la vérité de l'histoire entière de l'humanité.

L'origine cyclique de toutes les cérémonies religieuses explique le fait qu'elles présentent systématiquement deux phases: une phase de crainte, où l'homme exprime tristesse et anxiété, où sa prière n'est qu'une supplication, et une phase d'allégresse, dans laquelle il rend grâces à Dieu du 'monde renouvellé'. Ce que Boulanger dit des cérémonies 'des anciens' peut selon lui s'appliquer à tous les temps: 'Elles commençoient communément par la tristesse la plus profonde, par le deuil le plus funebre, par les larmes les plus ameres, par les lamentations les plus tristes & par les hurlemens les plus effrayans; tout y peignoit la mort, les tombeaux, les desastres; on y pratiquoit des jeûnes, des austérités, des macérations, des mutilations; mais à la fin tout revenoit à la joie, tout peignoit une nouvelle vie, une renaissance, une sorte de résurrection & de renouvellement' (II, 1; i.276).

Malgré des protestations de principe et de prudence, selon lesquelles le Christianisme est une religion à part, qui ne saurait être comparée à aucune autre, Boulanger fait à son égard la même analyse et prend des exemples qui sentent le fagot. Le saint sacrement du baptême, ramené à sa vérité originelle, est une cérémonie diluvienne: 'Le Baptême qui dans le Christianisme a une fin si haute & si sublime, qu'il n'est qu'un sacrement d'allégresse & de joie, n'est qu'une action lugubre & mortuaire faite pour retracer le souvenir du déluge' (I, 4; i.134). Et ce sont les Apôtres eux-mêmes qui innocemment témoignent de son origine toute naturelle (I, 4; i.134-35): 'ils ont prêché le Baptême comme une cérémonie de mort & comme une image du déluge. *Nous sommes ensévelis par le Baptême dans la mort*, dit St. Paul, *pour rentrer & marcher dans une nouvelle vie.*[219] Le même Apôtre dit ailleurs: *Vous êtes ensévelis dans les eaux du Baptême pour en sortir ressuscités par la foi.*[220] Enfin St Pierre dit: *de-même que les eaux du déluge en submergeant les nations ont conservé Noé qui les a renouvellées, de même vous êtes sauvés par les eaux du Baptême.*'[221] Sans doute Boulanger s'excuse-t-il de sa témérité en soulignant que 'si le Baptême se trouve ici placé à la suite des usages profanes des nations, ce n'est qu'à cause de l'action prise en elle-même, dont un grand nombre de Chrétiens ignorent la nature' (I, 4; i.136), mais cela ne l'empêche pas de conclure que 'ce Sacrement est [...] pour ainsi dire un homicide mystérieux & emblématique' (I, 4; i.135).

De la même façon, le temps pascal et la fête de Pâques doivent être rapprochées d'autres cérémonies cycliques aux deux phases obligées, celle de la peur et celle de l'allégresse (I, 4; i.126-27):

Nous avons déja vu que les fêtes d'Hiérapolis avoient une secrette analogie non seulement avec la fête des Tabernacles [...], mais encore avec la fête de Pâques [...]; nous avons même entrevu un rapport avec la Pâque du Christianisme [...]. On voit dans nos Eglises la veille de cette grande fête une espece d'Hydrophorie: on bénit de l'eau dans de grandes cuves, & tout le peuple en vient prendre [...]; le jour de Pâques on fait une procession solemnelle aux fonds baptismaux; il n'est point ici question de l'esprit religieux qui préside

219. Epître aux Romains, vi.4.
220. Epître aux Colossiens, ii.12.
221. Première épître, iii.19-21.

actuellement à cet usage; mais l'usage lui-même correspond de loin aux Hydrophories de la fête Syrienne des torches [...]. Toutes ces ressemblances sont nécessaires entre des fêtes cycliques [...]: or tout le temps paschal est cyclique; delà les rameaux, la consécration de l'eau, le feu éteint & rallumé [...]; les chants lugubres de la semaine sainte suivis de chants d'allégresse; des vêtemens noirs & ensuite des vêtemens blancs [...].

Boulanger se permet encore des remarques analogues à propos de l'office de l'Avent[222] et – ce qui est plus audacieux – à propos de la fête de Noël: 'On sçait qu'elle a été substituée à une fête payenne sous le nom de la *naissance de Mithras*: elle présentoit aux payens l'allégorie du retour & de la renaissance du soleil [...]. Tous les usages de la fête de Noël ne sont point nouveaux; nous les retrouvons dans la plus haute antiquité, le Christianisme n'a fait que les sanctifier en les dirigeant vers un point de vue plus noble & plus sublime' (I, 4; i.124).

C'est là la manière qu'a Boulanger d'''écraser l'Infâme': il ne le fait pas sous couvert de science, mais très sincèrement au nom de la science.

Une fois établie l'identité foncière de toutes les fables, de tous les rites, de tous les usages – y compris ceux du Christianisme révélé – la grande question se pose inévitablement à Boulanger: d'où vient cette similitude de structure? comment l'expliquer? jusqu'où remonter pour retrouver l'archétype? Le philosophe avait, dans son avant-propos à *L'Antiquité dévoilée*, posé clairement le problème (Avant-propos, i.7-8):

D'ailleurs par où commencer? Les usages sont innombrables, ils sont diversifiés à l'infini, quel sera le premier? Peut-on le prendre indifféremment dans la foule, ou bien en est-il un qui conduise naturellement à d'autres, & qui soit comme le tronc d'où se sont distribuées sur la surface de la terre les branches des usages domestiques, les branches & les rameaux des usages civils & politiques, enfin celles des usages religieux? S'il en est un de cette espece, quel est-il? & où le trouver? quel est l'événement qui a fait naître cet usage?

Cet événement capital, ce grand secret qui explique tous les usages de l'homme et l'homme lui-même, nous le connaissons depuis longtemps déjà: c'est le déluge universel.[223] Voici comment Boulanger annonce, sans aucune emphase, la découverte de sa vie (VI, 1; iii.277-78):

Après avoir parcouru tous les livres qui précedent, les usages de presque tous les peuples de la terre; après avoir fait voir que leurs cérémonies, leurs fêtes, leurs mysteres, ainsi que la plûpart de leurs opinions avoient pour base des idées funebres & lugubres, il faut maintenant examiner le grand événement qui a fait naître toutes ces idées: nous devons le regarder comme la source féconde de toutes les institutions humaines [...]. Ce terrible événement n'est autre que le déluge [...].

Avec une sagesse qui est rare à son époque, Boulanger laisse délibérément de côté les causes du déluge. Il a conscience que le savoir des 'physiciens' est encore

222. I, 4; i.125-26: 'Quand on lit aujourd'hui l'office de l'Avent qui termine chez nous la liturgie de l'année solaire, & quand on y remarque, non seulement des instructions sur un renouvellement, sur une prochaine renaissance & sur l'arrivée du fils de Dieu, mais encore des peintures funebres de ce qui doit arriver à la consommation des siecles, on apperçoit la confirmation de ce que nous avons entrevu dans les fêtes cycliques & commémoratives de l'antiquité'.

223. Boulanger emploie le mot 'déluge', tantôt au sens précis du terme, pour désigner la grande inondation dont parle la Bible, tantôt, dans une acception élargie, pour représenter l'ensemble des cataclysmes (tornades, éclairs, embrasements) qui ont accompagné ou peut-être causé l'envahissement des terres par les eaux. D'une façon générale, l'imagination de Boulanger est beaucoup plus sensible aux éléments d'en bas, la terre et l'eau, qu'à ceux d'en haut, l'air et le feu.

insuffisant et qu'il est impossible de trancher entre les diverses théories qui s'affrontent alors. Les pluies suffisent-elles à expliquer le phénomène? Faut-il y voir l'effet des taches solaires ou celui de 'la queue ténébreuse de quelque comete' (VI, 1; iii.281)? Pour lui, 'tous ces sentimens ont quelque chose de plausible, mais il y auroit de l'imprudence à rien assurer positivement' (VI, 1, iii.281).

Il lui suffit de savoir que le déluge a bien eu lieu, que les végétaux et les animaux fossiles en sont la preuve indubitable, et qu'il a lui-même, en exerçant son métier d'ingénieur des ponts et chaussées, pu voir 'des forêts renversées' et 'les restes de créatures animées qui furent alors ensevelies sous des couches immenses de boue, de fange, de sable, où ils nous attestent la catastrophe terrible qui a porté dans la terre ce qui étoit jadis à sa surface' (VI, 1; iii.289-90).

Ce qui, dès lors, lui importe, ce sont 'les effets physiques & moraux du Déluge' (VI, 1; iii.277). Et ces effets sont immenses. La première conséquence de ce cataclysme est que tout ce qui le précède est pour nous à jamais perdu. Les civilisations antérieures ont été englouties sous les eaux et Boulanger, en homme raisonnable, s'interdit de rêver à cette Atlantide des temps révolus. Le déluge, qui fut une tragédie pour la race humaine, a eu au moins le mérite d'être un instant privilégié pour l'historien moderne. Comme le philosophe l'a déjà dit dans ses *Recherches sur l'origine du despotisme oriental* (voir ci-dessus, pp.59ss.), ceux qui ont vocation d'examiner le passé savent jusqu'où ils doivent remonter dans le temps, et au-delà de quoi il serait vain d'essayer de porter ses investigations. Le déluge a déterminé l'an zéro de l'histoire. Avant nous le déluge, et avant le déluge rien (Avant-propos, i.11-12):

L'instant de ces anciennes révolutions est en effet l'instant précis où l'on doit remonter pour parvenir à la naissance de nos sociétés actuelles; ce n'est pas qu'au-delà il n'y en ait eu encore d'autres, mais elles ont été détruites & dissoutes par ces subversions. [...] Les révolutions physiques de la terre ont mis entre l'ancien & le nouveau genre humain un mur impénétrable; l'homme qui a précédé ces révolutions [...] n'est plus pour nous un être historique [...]; c'est un être abstrait & aussi métaphysique que s'il n'eût jamais existé.

Si le déluge nous a définitivement dérobé la connaissance du passé antérieur, s'il a réduit l'homme qui l'a précédé à n'être plus qu'une chimère, il permet en revanche d'expliquer intégralement l'histoire de l'humanité, depuis ses origines diluviennes jusqu'à nos jours. L'homme du dix-huitième siècle est tributaire encore des émois de son ancêtre échappé à grand-peine de la monstrueuse inondation (Avant-propos, i.14):

Pour moi, j'ai vu écrit dans la nature que l'homme a été vivement affecté & profondément pénétré de ses malheurs; [...] j'ai lu encore dans ce livre que toutes les premieres démarches de l'homme ont été réglées par ces différentes affections de son ame, que tout ce qui est arrivé par la suite des siecles dans le monde moral, religieux & politique, n'a été que la suite de ces démarches primitives; enfin j'ai reconnu que cette premiere position de l'homme qui a renouvellé les sociétés, est la vraie porte de notre histoire, & la clef de toutes les énigmes que les usages & les traditions nous proposent.

Ainsi le déluge est le point de départ de toutes choses, 'les coutumes, les loix, toutes les institutions des nations & les nations elles-mêmes datent de ce renouvellement' (Avant-propos, i.27). Il est authentiquement notre Genèse. Mais par une étonnante brachylogie de l'histoire il est aussi notre péché originel, et par là-même la source de tous nos malheurs: 'le déluge est le principe de tout ce qui a fait en divers siecles la honte et le malheur des nations: *hinc prima mali labes.* La crainte, qui s'empara pour lors du cœur de l'homme, l'empêcha de découvrir & de suivre les vrais moyens de rétablir la société détruite. Son premier pas fut un faux pas; sa premiere maxime fut une erreur; & ne cessant d'agir ensuite conséquemment à son début, il n'a point cessé de s'égarer.'[224] L'homme 'renouvellé' a été enfanté par la douleur. Le déluge est son traumatisme premier et sa marque ineffaçable, puisqu'il n'y a ni baptême ni rédempteur pour effacer la souillure originelle.[225] Cette vision du monde explique la plupart des attitudes philosophiques de Boulanger, et d'abord la haine qu'il a conçue pour le mythe de l'âge d'or et pour celui qu'il considère, sans pénétrer vraiment la richesse de sa pensée, comme son grand thuriféraire, Jean-Jacques Rousseau:

c'est une erreur [...] qui a fait prendre les idées que l'on a communément sur la population des premiers âges du monde renouvellé [...]. Ce raisonnement si faux a produit [une erreur capitale qui] a été de regarder comme un *état de nature*, ou comme un âge d'or un temps où l'homme avoit au contraire tant de raisons légitimes pour haïr une nature qui lui refusoit tout, qui détruisoit sa demeure, qui l'effrayoit sans cesse, & qui ne satisfaisoit presqu'aucun de ses besoins. [...] Ni les sophismes d'un philosophe atrabilaire, ni toute l'éloquence d'un déclamateur irrité contre son espece ne prouveront jamais que la vie des bêtes soit celle de l'homme. Revenez, ô Rousseau, de vos tristes préjugés! employez vos talens plus heureusement que pour replonger vos semblables dans leur antique barbarie.[226]

Boulanger est bien loin de prendre garde que Rousseau n'entend pas parler de l'homme échappé au déluge, mais seulement de l'homme dans l'état de nature, avant que la propriété n'ait engendré l'inégalité, et il est bien incapable de comprendre la vision idyllique que le citoyen de Genève se fait de cet 'âge d'or'. Pour lui, l'homme primitif vit dans l'affliction la plus absolue, et cette infinie détresse nous vaut les pages les plus lyriques, les plus enthousiastes et les plus baroques que Boulanger ait jamais écrites et qui justifient l'admiration que Sainte-Beuve leur portait (voir ci-dessous, p.229). L'immense amplification oratoire qui est ici le fondement de l'éloquence nous contraint à une longue citation (VI, 1; iii.284-88):

L'homme ne vit alors que la mort de toutes parts; la terre se déroboit sous ses pieds: il

---

224. Avant-propos, i.15. La citation est tirée de l'*Enéide*, II, 97.

225. Boulanger se montre moins sévère que le Créateur et demande pour les hommes le pardon d'une faute unique et dont la nature était responsable: 'Ne croyons cependant pas être en droit d'accuser l'homme & de le reprendre avec aigreur. Il n'a fait qu'une seule faute, toutes ses erreurs remontent à une erreur primitive qui étoit bien pardonnable. En effet qui n'eût été saisi de crainte dans la position de l'homme accablé pour-ainsi-dire sous les ruines de l'univers' (Avant-propos, i.15-16).

226. II, 3; i.387-89. Boulanger songe sans doute ici aux endroits les plus idylliques du *Discours sur l'origine et les fondemens de l'inégalité parmi les hommes.* Le portrait que Rousseau a fait de l'homme primitif ('Je le vois se rassasiant sous un chesne, se désalterant au premier Ruisseau, trouvant son lit au pied du même arbre qui lui a fourni son repas, et voilà ses besoins satisfaits') est évidemment aux antipodes des conceptions de Boulanger. Il est très probable aussi que ce dernier avait lu la fameuse lettre de Voltaire adressée à Rousseau le 30 août 1755, puisqu'elle avait paru dans le *Mercure* d'octobre de la même année. Rousseau ne garda pas rancune à Boulanger: c'est avec une certaine amabilité qu'il l'évoque dans ses *Confessions*; énumérant les 'amis d'élite' qu'il rencontrait chez son compatriote le joaillier Mussard, il cite Boulanger, 'le célèbre Auteur posthume du *Despotisme Oriental*' (p.374).

invoquoit le ciel qu'il ne voyoit plus; il erroit dans l'obscurité sur les débris de sa demeure; & tous les élémens conjurés ne lui présentoient que le trépas. Le feu vint encore joindre ses fureurs à ces étranges convulsions, il sort du sein de la terre, un bruit affreux annonce ses efforts, il éclate au travers des montagnes & des plaines. Des volcans allumés en mille endroits vomissent à la fois de l'eau, du feu, des rivieres embrasées, & des torrens de lave qui consument ce que les eaux ont respecté. Les exhalaisons & les fumées sorties de ces fournaises infectent l'air & détruisent les nations que les secousses & les ravages de la nature avoient épargnées jusques-là; l'air s'épaissit & ne devient plus qu'un brouillard sulphureux; une noire fumée remplit toute l'athmosphere; le soleil n'existe plus sur la terre, tout contribue à lui dérober sa lumiere secourable; une nuit vaste regne sur le monde ruiné, il n'est éclairé par intervalles que par les embrasemens affreux qui montrent à l'homme égaré toutes les horreurs qui l'entourent. [...] l'homme connoît l'étendue des maux que sa demeure a soufferts [...]; qui pourroit entreprendre de peindre ses premieres sensations à la vue du desordre qu'il voit régner partout? où prendre les couleurs propres à représenter les idées de ceux qui eurent le triste bonheur de survivre au monde détruit? [...] notre imagination ne peut nous retracer les pensées qui durent s'élever dans des ames accablées par l'inquiétude, la crainte & la douleur; elle ne peut nous montrer que faiblement les traits de ces infortunés engourdis par la misere, exténués par le besoin & égarés par la terreur. Rendus stupides par l'infortune, ils n'attendoient que leur anéantissement; à peine leur restoit-il des forces pour sentir leurs maux.

Cette origine apocalyptique de l'homme explique que l'histoire entière de l'humanité, qui découle de ce traumatisme premier, soit une suite ininterrompue de malheurs, aussi bien dans le domaine religieux que dans le domaine politique. La peur a vraiment été la plus mauvaise conseillère de l'homme, et les dogmes qu'il s'est inventés sont tous des dogmes apocalyptiques, en particulier celui du grand Juge qui n'apportera le châtiment ou le pardon qu'avec la mort de l'espèce. La religion a été la conséquence et l'école de la peur, et Boulanger peut dire, sans forcer sa pensée: 'S'il y a eu des religions fausses & nuisibles, c'est au déluge que je remonterai pour en trouver la source' (Avant-propos, i.15). Passant au domaine politique, il peut ajouter: 's'il y a eu des doctrines ennemies de la société, j'en verrai les principes dans les suites du déluge; s'il y a eu des législations vicieuses & une infinité de mauvais gouvernemens, ce ne sera que le déluge que j'en accuserai' (Avant-propos, i.15). Boulanger développe très peu ce dernier aspect des choses dans *L'Antiquité dévoilée*, puisqu'il a réservé l'essentiel de ses réflexions politiques pour ses *Recherches sur l'origine du despotisme oriental*. Mais on sait que son analyse politique recoupe étroitement son analyse religieuse: l'homme apeuré, au lieu de regarder sagement sur la terre pour 'y vivre en homme' (II, 3; i.395), a toujours cru bon de lever les yeux vers le ciel, et s'est créé des gouvernements inadaptés à ce qu'il est, la théocratie ou la république, ou bien il les a abaissés vers les enfers, et il s'est inventé le despotisme, également inapte à satisfaire ses besoins.

La dernière – ou la première – conséquence de cet enfantement douloureux de la créature, c'est que sa nature en porte à jamais la marque. Nous avons vu que Boulanger croit au concept spiritualiste de la nature humaine, mais pour lui l'homme n'est pas le fils de Dieu, il est le fils de Noé. Même son contemporain le très civil sujet du roi Louis XV, est encore malade du déluge, car au niveau le plus inconscient le souvenir du grand cataclysme ne s'est jamais effacé (III, 3; ii.148; VI, 2; iii.364):

les malheurs du monde ont été assez grands & assez généraux pour laisser une impression profonde & pour devenir la matiere d'une tradition continue qui n'a jamais du se perdre entiérement.

Nous tremblons encore aujourd'hui des suites du déluge, & nos institutions à notre insçu nous transmettent encore les craintes & les idées apocalyptiques de nos premiers peres: la terreur se substitue de race en race, & l'expérience des siecles ne peut que l'affoiblir sans la faire totalement disparoître; l'enfant craindra à perpétuité ce qui a fait peur à ses ayeux.

Tout se passe pour Boulanger comme si les hommes avaient vécu et vivaient encore suivant les exigences obscures d'une nature pervertie, sans que l'on sache par rapport à quoi son essence a été modifiée, puisque précisément le déluge a fait l'ombre à jamais sur le monde qui l'a précédé. En vérité, ce que Boulanger tente, sans en avoir aucunement conscience, c'est une analyse des premiers ressorts de l'espèce humaine, et ce qu'il découvre, c'est la peur fondamentale, la peur biologique de la mort.

Et très étrangement Boulanger, qui s'était voulu le premier historien véridique de l'humanité, conclut à l'absence de l'histoire. Du déluge à nous le temps est aboli. Les sociétés, nées du bouleversement général de la terre, 'n'ont plus cessé de s'engendrer les unes des autres, & de se succéder jusqu'à nous' (Avant-propos, i.3). L'histoire connue, l'histoire récente, celle qui nous offre des documents bien lisibles, n'est elle-même qu'un éternel recommencement: 'on pourroit en quelque façon avancer que depuis tant de siecles il n'est rien arrivé de nouveau dans le monde. En effet les détails dont l'histoire s'est remplie ne sont que des répétitions ou des transports de scene: quelques nations ont changé, à la vérité, mais l'état du genre humain est toujours à peu près le même' (Avant-propos, i.18-19). Et comme cette histoire visible est la filiation inévitable et fatale de l'histoire ténébreuse dans laquelle Boulanger a voulu porter la lumière, on peut transporter à tout le cours de l'humanité les mêmes conclusions pessimistes.

Nicolas-Antoine Boulanger, le scientifique scrupuleux, l'observateur zélé qui voulait tout savoir avant de rien écrire, le piéton de la pensée qui se faisait un péché d'avoir du génie et un devoir d'être modeste, est parvenu à des vérités auxquelles probablement il ne s'attendait guère.

Il avait eu l'intuition que l'histoire des hommes s'expliquait de la façon la plus matérielle, que le Dieu créateur était la géologie, et voilà que son matéria-lisme initial se mue en un finalisme sans finalité, où le déluge joue le rôle du destin, et en un fixisme, où la nature humaine offre une image immuable des origines aux temps modernes.

6. *Dissertation sur Saint Pierre*

i. L'attribution

L'ATTRIBUTION à Boulanger de la *Dissertation sur Saint Pierre* ne repose que sur trois témoignages. Le premier est fourni par la page de titre des différentes éditions; mais quand on sait le nombre d'ouvrages que les morts ont eu la courtoisie d'écrire au dix-huitième siècle, le critique le moins soupçonneux se sent tenu à quelque méfiance.

Le second nous est procuré par Bachaumont dans ses *Mémoires secrets*, à la date du 19 janvier 1765: 'Nous avons lu une Dissertation manuscrite de M. Boulanger, l'auteur du *Despotisme Oriental*. Elle roule sur *St. Pierre*. Il cherche à démontrer très sçavamment que ce personnage n'a jamais existé individuellement: que c'est le résultat de plusieurs autres, & que l'on attribue à ce seul individu ce qui concerne des personnages très connus chez différentes nations, & même des Divinités payennes' (ii.164).

Le même Bachaumont se montre, en revanche, moins affirmatif dans sa notice du 2 septembre 1770: 'Il nous est arrivé de Hollande depuis peu, *Examen critique de la vie & des ouvrages de St. Paul*, ainsi qu'une *Dissertation sur St. Pierre*.[1] Ces deux écrits, qu'on attribue dans le titre à feu M. Boulanger, n'ont pas les graces & l'enjouement des productions de M. de Voltaire en ce genre-là, mais sont nourris d'une érudition profonde & soutenue, d'une logique contre laquelle il est difficile de résister, sans la grace spéciale d'une foi vive & aveugle' (*Mémoires secrets*, v.192).

Nous possédons enfin le témoignage de Barbier dans son *Dictionnaire des ouvrages anonymes et pseudonymes*: 'Examen critique de la Vie et des Ouvrages de St Paul (par le Baron d'HOLBACH), avec une Dissertation sur St Pierre, par BOULANGER. Londres (Amsterdam, M. M. Rey), 1770, *in-12*.'[2] Mais nous savons que si les affirmations de ce bibliographe méritent toujours attention, nous ne pouvons pas fonder sur elles une conviction absolue.

L'analyse de la *Dissertation* accroît dans un premier temps notre perplexité. Le sujet et certaines conclusions sont, nous allons le voir, analogues à ceux auxquels l'œuvre de Boulanger nous a habitués. Le ton, en revanche, est résolument différent: la gravité et la pesanteur coutumières font place à une volonté d'élégance, à l'ironie et au persiflage. Une telle mutation a de quoi surprendre; mais cela ne constitue pas un argument décisif: Voltaire était capable, nous le savons, de traiter le même sujet, et en prenant parfois les mêmes

---

1. Bachaumont parle évidemment de l'édition de 1770 qui réunit dans un même volume l'*Examen* et la *Dissertation*. Jeroom Vercruysse dans sa *Bibliographie d'Holbach* [...], affirme que l'édition de 1767 (cote: 1767 F2) 'est peut-être celle qu'annoncent les *Mémoires secrets* le 2 septembre 1770', et ajoute que 'nous ne connaissons pas d'autres rééditions avant 1792'. Or, Jeroom Vercruysse décrit lui-même l'édition de 1770 (cote: 1770 D2).

2. Edition de 1806-1809, i.265 (article 2174). La même attribution est répétée dans l'édition de 1822, i.463 et iii.128 ainsi que dans l'édition de 1872, iv.30. Barbier donne la même indication dans son *Catalogue des livres de la bibliothèque du Conseil d'Etat*, i.21.

exemples, sur le ton le plus sérieux ou sur le mode le plus cavalier.

C'est en allant jusqu'à l'observation du détail que l'on pourra, peut-être, faire pencher la balance du côté de l'authenticité.

Plusieurs des rapprochements onomastiques et étymologiques que nous propose la *Dissertation* figurent aussi dans *L'Antiquité dévoilée*. Voici deux exemples de ces parallélismes:

Notre *Janus* moderne[3] étoit, dit-on, le fils de *Johanan*, en Grec *Joannes*, & *Jean* dans notre langue. [...] On peut le regarder comme la racine primitive du *Janus* Latin que les Prêtres Saliens nommoient *Jane, Janes*, & d'autres *Jon*.[4]
Le concours des fêtes de St. Jean avec les solstices semble renfermer quelque chose de mystérieux. [...] Seroit-ce par la conformité de ce nom avec celui de *Janus* qui chez les Romains présidoit au temps: dont les Saliens prononçoient le nom *Janes*, les Grecs *Johannes*, les Hébreux *Jokhanan*, d'autres ont dit *Johnan*, d'où est venu *Jean*.[5]
Les différentes fictions des Hébreux n'empêchent point [...] que ce *Khanoc* ou cet *Henoch* ne ressemble infiniment à notre *Annac*. Il a été ainsi que lui religieux & chéri des Dieux; le déluge lui a été révélé de même; [...] Si vous joignez à ces traits les événemens arrivés [...] du tems de cet autre Patriarche qu'ils appellent *Noach* Noë (ou *ha-noach* avec l'article), vous aurez alors un *Henoch* historique [...], c'est-à-dire un véritable *Annac*. [...] *Khanac*, racine de *Khanoch* Hébreu, signifie [. .] *conduire*, & de plus *donner des loix, dédier, fonder, consacrer* [...].[6]
Les Phrygiens [...] plaçoient un déluge sous le Roi *Annac*. Ce déluge ne pourroit-il pas être le même que celui d'*Inachus; Annac* & *Innach* n'étant que les dialectes d'un seul & même nom. Un autre dialecte se présente encore sous le nom de *Noë* qui se prononce *Noach* en Hébreu, & avec l'article *Hanoach* ou *Anuach*. [...] Les Phrygiens prononçoient indifféremment *Annac* & *Cannac* ce qui nous décide à regarder *Chanac* comme la racine de ce nom. Il signifie *commencer, dédier, fonder, établir*. [...] La légende de ce Roi Phrygien a de plus beaucoup de rapport avec ce que les Hébreux rapportent d'*Enoch* ou *Henoch* dont ils écrivent le nom *Khanoc*. En effet il a la même racine & la même signification qu'*Annac*.[7]

Il n'est pas impossible d'imaginer, bien sûr, que deux écrivains ont pu utiliser la même source pour en faire un usage très voisin, ou qu'un auteur peu scrupuleux a pillé, sans le dire, le texte de *L'Antiquité dévoilée*. Mais le plus probable est tout de même que Boulanger est bien le père de l'un et l'autre textes.

ii. Les différentes éditions[8]

La *Dissertation sur Saint Pierre* a été publiée pour la première fois en 1767. A la suite de la *Dissertation* figurent, pour grossir le volume, *Réflexions de l'empereur*

3. C'est-à-dire Saint Pierre.

4. *Dissertation sur Saint Pierre*, pp.193-94 de l'édition de 1770, à laquelle renverront toutes nos références.

5. *L'Antiquité dévoilée*, IV, 4; iii.42.

6. *Dissertation sur Saint Pierre*, pp.184-85.

7. *L'Antiquité dévoilée*, I, 3; i.91 et note 8, pp.91-92. On peut tenir un raisonnement analogue à propos de cette formule irrévérencieuse employée par l'auteur de la *Dissertation sur Saint Pierre*: '*Elie* (autre singe d'*Henoch*)' (p.204 de l'édition citée) et qui ressemble étrangement à celle qui figure dans la *Dissertation sur Elie et Enoch*: '*Elie*, ce singe de notre Enoch' (p.65 de l'édition citée).

8. Voir J. Vercruysse, *Bibliographie d'Holbach*, aux cotes 1767 F2, 1770 D2, 1778 F1, 1791 D1, 1792 F3 et 1794 F3.

Julien, La Moïsade, Question de théologie, L'Anti-théologien, La Bathsebath et *Epître à Athenaïs* (*Bibliographie d'Holbach*, cote 1767 F2). Tous ces textes sont évidemment étrangers à l'œuvre de Boulanger.[9]

Cette première publication porte un lieu d'édition: 'A Londres', mais Jeroom Vercruysse fait remarquer que 'les caractères et les éléments typographiques du titre sont identiques à ceux que l'on trouve sur le titre du *Christianisme dévoilé*' (*Bibliographie d'Holbach*, cote 1767 F2) de la quatrième édition de 1767. Or, le même critique note que ce dernier volume – officiellement imprimé à Londres lui aussi – présente 'des ornements typographiques' qui 'semblent indiquer une impression étrangère' (*Bibliographie d'Holbach*, 1767 A4). Peut-être l'ouvrage a-t-il été imprimé en France et son lieu d'édition déguisé pour prévenir les tracasseries de la police.

La *Dissertation* semble avoir eu un certain succès, puisqu'elle a été rééditée dès 1770, pour servir de suite à l'*Examen critique de la vie et des ouvrages de Saint Paul* du baron d'Holbach. Malgré la page de titre qui affirme que le volume a été imprimé à Londres, il est vraisemblable que Marc Michel Rey est son éditeur. Le papier est du périgord Jardel 1742 aux armes d'Amsterdam, les éléments typographiques de Rosart sont fondus par Enschedé, et l'on sait que ce sont là les fournitures les plus usuelles de l'imprimeur hollandais.[10]

Dès lors la *Dissertation* ne fut plus éditée, si ce n'est à l'occasion des différentes publications des *Œuvres* de Boulanger. C'est l'édition de 1770, partiellement invendue, qui a été utilisée en 1778 pour remplir la deuxième partie du tome 8 des *Œuvres de M. Boulanger* en 8 volumes, sans lieu.

La *Dissertation* constitue de même:

a – la deuxième partie du tome 8 de l'édition en 10 volumes de 1791, 'En Suisse'.

b – la deuxième partie du tome 6 de l'édition en 8 volumes de 1792, Paris.

c – la quatrième partie du tome 4 de l'édition en 6 volumes de 1794, Amsterdam.

iii. La date de composition

Chercher à connaître la date de composition d'un ouvrage est sans doute une curiosité naturelle, mais cette curiosité se trouve ici aiguisée par le ton très particulier de la *Dissertation sur Saint Pierre*: on aimerait savoir si Boulanger a été tenté au début de sa carrière par cette écriture brillante et ironique qui caractérise l'opuscule, avant de trouver sa voie dans un style délibérément neutre, ou si c'est là au contraire un essai tardif de lui-même, comme un repentir après une vie consacrée à la gravité.

Nous ne possédons malheureusement aucun document extérieur qui permette de trancher la question. Le texte seul de la *Dissertation* nous autorise à pencher vers la première hypothèse. A l'extrême fin de l'ouvrage, alors qu'il vient

9. Ces opuscules souvent violents et grossièrement blasphématoires sont à l'opposé de cet esprit de mesure dont Boulanger a toujours su faire preuve.

10. *Bibliographie d'Holbach*, à la cote 1770 D2. C'est là l'édition la plus usuelle, et c'est la raison pour laquelle nous l'avons choisie comme édition de référence. La *Dissertation* occupe les pages 177-208.

d'achever le développement qu'il entendait consacrer à Saint Pierre, Boulanger s'adresse au lecteur en ces termes (pp.207-208):

Lorsque l'on aura présenté & analysé de la sorte une vingtaine de légendes tant anciennes que modernes, peut-être arrivera-t-on à la connoissance du vrai systême de la Mythologie sacrée & profane [...]: au moins en les comparant ensemble on pourra apercevoir quel en aura été le premier fond, & de quelle part seront venus leurs ornemens & leurs variétés. Nous n'anticiperons point sur ce qui ne peut être que le résultat & l'effet du concours de plusieurs légendes [...].

Il serait bien surprenant que Boulanger ait tenu de tels propos après avoir écrit *L'Antiquité dévoilée*, où ce n'est pas 'une vingtaine de légendes' qu'il a étudiées, mais une bonne centaine. Il nous donne clairement sa *Dissertation* comme un premier essai d'une hypothèse philosophique, et rien ne permet de mettre sa parole en doute.

Un autre endroit du texte donne l'occasion de confirmer ce premier témoignage. Boulanger en est venu à parler des *Epîtres* de Saint Pierre, de leur tour apocalyptique et particulièrement de l'annonce qu'elles contiennent d'un bouleversement général qui donnera aux hommes le redoutable privilège de voir 'comme au tems de Noé, de nouveaux Cieux & une nouvelle Terre' (p.179). Cette préoccupation n'a rien de surprenant pour un lecteur de *L'Antiquité dévoilée*; en revanche, le commentaire qu'inspire à Boulanger cette prophétie va exactement à l'encontre des réactions auxquelles nous sommes habitués: '[Ce sont là des] phénomenes peu dignes de curiosité; heureusement qu'ils sont encore à paroître. *Ubi est promissio & adventus ejus?*' (pp.179-80). Même si l'on fait la part de l'ironie, qui est soulignée ici par la citation latine,[11] il est difficile d'imaginer qu'un philosophe qui aurait déjà écrit *L'Antiquité dévoilée* ait pu parler du jugement dernier et de 'la fin de toutes choses' (p.179) comme de 'phénomenes peu dignes de curiosité', alors que cette croyance quasi universelle a été l'un des objets majeurs de la réflexion qui occupe le grand œuvre de Boulanger.

La *Dissertation sur Saint Pierre* est donc vraisemblablement une œuvre du début. Si d'Holbach l'a publiée après toutes les autres, c'est que sa brièveté, son peu d'érudition, le caractère encore mal assuré parfois de sa doctrine imposait que le renom de Boulanger fût établi avant qu'on ne pût la livrer au public.

iv. Une écriture singulière, un projet inachevé

L'irrévérence est ce qui surprend le plus dans cette *Dissertation*. Boulanger s'y est exercé à l'ironie avec l'allégresse et aussi la fatuité du néophyte qui entend n'épargner ni les autorités ni leurs articles de foi. Dès la deuxième page, il s'en prend à un malheureux jésuite dont la montagne d'érudition aurait, selon lui, accouché d'une souris: 'Aldouin Jésuite, qui a écrit sur les Papes [...], a commencé [...] par la vie de Pierre; il en a même donné le véritable portrait [...]; ce qui suppose de sa part de grandes recherches. En effet il convient que pour composer cette vie intéressante, il a lu & consulté plus de cinq cens Auteurs. Avec tant de secours nous devons être étonnés d'être aussi peu instruits que nous le sommes sur le fondateur du premier siége de l'Eglise' (p.178). Un peu

---

11. IIe Epître de Saint Pierre iii.4.

plus loin, ce sont les atermoiements de l'Eglise, hésitant à considérer la seconde épître de Pierre comme authentique, qui suscitent ses sarcasmes: 'Quant à la seconde [épitre], elle a d'abord été reçue, puis longtems soupçonnée & rejettée même de quelques-uns, attendu que son style ne ressembloit point à celui de la première; enfin elle a été réhabilitée unanimement sur ce qu'un Sage (St. Jérôme) a dit que l'Apôtre avoit alors changé de Secrétaire.'[12] Sa volonté de séduire le conduit parfois à plus de suffisance que de drôlerie: 'je n'ai même pas lu les Bollandistes; mais peut-être mon travail n'en sera-t-il que meilleur' (p.180). En revanche, il a quelques trouvailles heureuses; c'est tantôt un trait rapide et inattendu: 'ces idoles béatifiées' (p.207), tantôt une alliance de mots: 'Aeneach, héros aussi *pleureur* que religieux' (p.181), tantôt enfin une impertinence qui fait de lui, pour un instant, l'héritier de Saint-Evremond ou l'émule de Voltaire (pp.187, 207): 'Il y avoit dans ces rapports [ceux des Pères grecs], [...] un excellent sujet d'instruction & de controverse; mais je craignis de leur faire des questions indiscrettes, & je n'osai montrer des doutes à ces prédicateurs de la foi; peut-être m'eussent-ils dit: *croyez ainsi que nous, & ne dissertez point.*'

'La déroute d'une armée est ordinairement la suite de la prise du Général. En voici un [Saint Pierre] que je viens de prendre; je vous le livre, Messieurs les Théologiens: *frappez le Pasteur, & les Brébis seront dispersées*; car vous n'ignorez pas qu'il faut que les prédictions s'accomplissent.'[13]

Tout dans la *Dissertation* annonce la volonté de plaire et de briller. Au lieu de passer platement – comme il le fera plus tard – d'un peuple à un autre peuple, d'un personnage mythologique à un autre personnage mythologique, Boulanger imagine toute une mise en scène: Enée au siècle des Lumières, il est lui-même descendu aux Enfers, où, se promenant parmi les ombres pâles de l'Erèbe, il pose à chacun la même question, pour tenter de résoudre l'énigme qu'est à ses yeux le personnage de Saint Pierre. Et la question est une devinette: Quelle est 'cette tête chauve & vénérable' et que représente 'l'image de ce Vieillard qui pleure amérement & qui prie les mains jointes' (p.180)? Tour à tour, les Phrygiens, les Hébreux, les 'Antiquaires du siècle d'Auguste' (p.187), Ovide, Macrobe répondent, sans la moindre hésitation, qu'ils reconnaissent Annac, Hénoch ou Janus.

Le lecteur prend un certain plaisir à ces irrévérences, à ces facéties linguistiques, au petit jeu de la promenade parmi les ombres. Mais il est assez vite déçu: Boulanger, malgré la brièveté de sa *Dissertation*,[14] est incapable de soutenir le ton qu'il a choisi. Très vite l'élégance cède la place à la lourdeur et la recherche à la platitude. Au lieu de laisser à son lecteur le soin de tirer les évidentes conclusions de son enquête, Boulanger intervient avec un pédantisme quelque peu redondant: 'ce qu'il y a de plus certain, & ce que l'expérience appuye, c'est

12. p.179. La référence que Boulanger indique lui-même dans sa note 2 permet de surprendre le procédé ironique qu'il utilise ici. L'abbé Fleury avait écrit (*Histoire ecclésiastique*, édition citée, i.210): 'Ce fut vers la fin de cette année [66 après J.C.] [...] que les apôtres S. Pierre & S. Paul écrivirent leurs dernieres épîtres. La seconde de S. Pierre est d'un stile un peu different de la premiere: parce que, selon les occasions, il se servoit de divers interpretes', et Boulanger n'a eu qu'à substituer au mot familier 'interprète' le mot familier de 'secrétaire' pour ridiculiser l'Eglise et Saint Jérôme.

13. La citation, qui sert d'ailleurs d'épigraphe à la *Dissertation*, est tirée de l'Evangile selon saint Matthieu, 26, 31, où Jésus cite cette formule empruntée à Zacharie xiii.17.

14. Elle ne compte que 32 pages dans l'édition de référence.

qu'il n'y a pas d'absurdité à laquelle on ne doive s'attendre de la part du fanatisme joint à une fausse science, & de la crédulité jointe à l'ignorance' (pp.191-92). Au lieu de poursuivre sur le mode ironique, il veut faire le savant et s'embrouille dans ses cuistreries étymologiques, sémantiques et phonétiques (pp.194-95):

Le premier nom de notre Apôtre étoit *Simon* [...]. Il signifie *posé, établi, constitué.* Son autre nom *Cephas,* c'est-à-dire, *Pierre,* semble ainsi n'être qu'une suite du premier; aussi son maître lui dit-il en le lui donnant: tu es *Pierre* & sur cette *Pierre* je bâtirai mon Eglise. [...] A cette promesse son maître ajouta: les *portes* de l'enfer ne prévaudront jamais contre elle; je te donnerai de plus les *clefs* du royaume des cieux, & tout ce que tu délieras sur la terre sera délié dans le ciel. Il semble ici que le texte auroit dû dire en bonne logique, & tout ce que tu *ouvriras* sur la terre sera *ouvert* dans le ciel; car on ne délie point avec une clef, mais on ouvre. Cette irrégularité dans l'expression vient du son du mot *Cephas* avec lequel on a voulu faire allusion dans le reste du discours. On ne pouvoit prendre cette allusion dans aucun des mots qui signifioient *clefs, portes* & *ouvrir,* mais la consonnance se retrouvoit dans *Khephas, délivrer, mettre en liberté,* & dans *Cephath,* lier & *enchaîner:* c'étoit sans doute une licence permise à la faveur de laquelle ce que la promesse ne pouvoit réguliérement dériver du mot de *Cephas,* elle le tiroit de tous les sons voisins.

La *Dissertation sur Saint Pierre* a été, pour Boulanger, l'ouvrage de la double tentation, celle de l'écrivain et celle du savant. Elle nous permet de découvrir un homme inattendu, saisi sans doute par le démon de la gloire et rêvant de se faire un nom dans la littérature; elle nous permet aussi de mesurer à quel point son rêve d'élégante souveraineté était chimérique, et peut-être de comprendre pour quelle raison Boulanger a choisi la voie qui dès lors devait être la sienne et dans laquelle il s'est illustré à partir du moment où il a su transformer son pédantisme en rectitude et sa pesanteur en gravité.

v. De grandes espérances

La *Dissertation sur Saint Pierre* est probablement le livre des illusions perdues; il est aussi celui des grandes espérances. C'est en effet dans cet opuscule que Boulanger a su, pour la première fois, donner forme à quelques-unes des grandes idées qui ont été les siennes, tout en pressentant que cet essai ouvrait la porte à des découvertes considérables.

Pour la première fois apparaît cette conviction – déterminante pour la suite de son œuvre – qu'il n'y a pas de personnage à ce point sacré qu'on ne puisse porter sur lui les lumières de la raison et que les révérences les mieux partagées et les plus officielles ne doivent pas être un obstacle à l'esprit d'examen. Le début de la *Dissertation* est, à cet égard, parfaitement révélateur: Boulanger commence par dire la gloire de Saint Pierre et sa place éminente dans la hiérarchie chrétienne: 'Pierre, Disciple & Apôtre de Jésus, est universellement connu, depuis qu'il y a une Eglise Chrétienne, pour le Prince de l'Eglise, & pour le premier des douze Apôtres. Après son Maître, c'est celui sans doute à qui les Chrétiens ont le plus d'obligations, & celui qui mérite de leur part le plus de respect & le plus de considération. Etre le second après Pierre, c'est être le premier parmi les hommes' (p.177). Et c'est sur un personnage de cette impor-tance qu'il osera disserter, c'est sur ce pasteur qu'il osera frapper, afin que les brebis soient dispersées. Il convient sans doute, dans cette œuvre de jeunesse que Boulanger avait rêvée éclatante, de faire une certaine part à la tentation iconoclaste, mais ce n'est là que l'aspect superficiel et éphémère de son attitude. L'essentiel est que se trouve fixée, dès l'abord, la volonté de n'épargner aucune croyance et de reculer aussi loin que possible les frontières de l'interdit.[15]

C'est aussi dans la *Dissertation sur Saint Pierre* qu'est mise en œuvre, pour la première fois, l'idée que les personnages mythologiques ont entre eux d'étranges ressemblances. Nous avons vu que les Phrygiens, les Hébreux, les Romains, devant qui Boulanger avait – sans le nommer – évoqué la figure du saint Apôtre, ont spontanément reconnu Annac, Hénoch ou Janus. Avec un certain luxe de détails, le philosophe s'est attaché à noter les points de convergence: Annac partage avec Pierre le don des larmes,[16] lui qui, comme Janus, a un coq pour attribut,[17] Annac, Hénoch et Pierre ont averti les hommes de la fin prochaine du monde,[18] Pierre et Janus sont les possesseurs des clefs avec lesquelles ils peuvent à volonté ouvrir et fermer, lier et délier.[19] Boulanger s'enchante visiblement de ces similitudes, et ayant terminé son enquête en interrogeant les 'Antiquaires du siècle d'Auguste', il peut conclure avec une feinte candeur: 'En vain m'étois-je attendu à une nouvelle histoire; je reconnus facilement celles des Phrygiens, des Grecs & des Hébreux dans celle de ces Romains; je les reconnus dans les détails & dans l'esprit de ces détails' (p.189), et, du même coup, justifier pleinement cette belle formule: Pierre est 'un Saint de tous les âges' (p.190).

Et ce qui est vrai des personnages légendaires est vrai de l'ensemble des croyances religieuses. L'apparente originalité des peuples en ce domaine n'est qu'une illusion; elle relève de l'anecdote et ne semble 'provenir que de la différence même des langues' (p.190), car 'les hommes sont bien moins inventeurs qu'on ne pense en fait de Religion' (p.192). Le Christianisme n'est pas épargné par cette terrible découverte; les premiers zélateurs du vrai Dieu doivent plus qu'ils ne le croient au Panthéon des Grecs et des Latins: 'lorsque les hommes ont quitté le Paganisme pour la Religion Chrétienne, les Dieux n'ont pas été les derniers à se convertir aussi, & [...] plusieurs d'entre eux ont quitté le Ciel poëtique pour entrer dans le Paradis' (p.206).

La dernière découverte fondamentale faite par Boulanger dans la *Dissertation sur Saint Pierre* est que la philologie est un moyen privilégié pour éclairer et comprendre l'histoire de l'humanité. Pas plus que dans ses œuvres postérieures il ne faut, à cet égard, juger le philosophe au résultat: ce qui nous apparaît souvent comme des cuistreries est l'exact reflet des connaissances de son époque.

15. Seul Jésus est presque à l'abri de cet esprit d'examen.

16. Pierre est 'ce Vieillard qui pleure amérement' (p.180) et Annac 'crut fléchir la colere du ciel en pleurant toute sa vie' (p.180).

17. Macrobe, interrogé par Boulanger, dit en parlant de Janus: 'on met ce *Coq* à ses pieds, aussi bien qu'à ceux de *Mercure*' (p.189).

18. Un oracle lui ayant révélé 'qu'après sa mort le monde périroit, Annac en avertit les hommes pour les engager au repentir' (p.180); Hénoch 'a été ainsi que lui religieux & chéri des Dieux; le déluge lui a été révélé de même; comme lui il en a inutilement averti les hommes' (p.184); quant à Pierre, il 'avertissoit les fidèles & ses amis, que la fin de toutes choses étoit prochaine, qu'ils eussent à se tenir prêts' (p.179).

19. Janus 'est le possesseur des *clefs* parce qu'il *ouvre* & qu'il *ferme* à son gré le ciel & la terre, qu'il est le maître des tems' (p.188); et Jésus dit à Pierre: 'je te donnerai [...] les *clefs* du royaume des cieux' (p.195).

Quand Boulanger nous propose une analyse de ce genre: 'Entre les dérivés de *pâar* & de *pier*, & dans les modes des conjugaisons de ce verbe où il prend des lettres préfixes, je trouve *apaer, j'ouvrirai*, & *epaer, je serai ouvert*. Or ces sons nous avertissent que le Latin *aperire* aussi bien que le François *ouvrir* qui tient lieu d'*averire* & d'*auvrire*, sont dérivés du *pâar* & du *pier* oriental',[20] il convient, avant d'en rire, de se souvenir que ses adversaires les plus acharnés n'ont jamais cru devoir – et pour cause – se moquer de ces téméraires rapprochements phonétiques.

Même si l'efficacité d'une telle méthode est alors incertaine, même si les conclusions sont par nécessité plus souvent erronées que justes, il faut porter au crédit de Boulanger d'avoir si tôt dans sa carrière eu la prescience que la philologie était pour un historien de l'antiquité un indispensable moyen d'investigation.

vi. Des lacunes aussi

Au terme de sa *Dissertation*, Boulanger peut donc affirmer à juste titre que la légende de Saint Pierre analysée par ses soins 'nous a découvert des choses que nous ne sçavions pas' (p.206). Mais bien des vérités sont encore à révéler, et Boulanger y emploiera le reste de sa vie.

Cet opuscule de jeunesse a pour le critique un singulier mérite: il nous permet de distinguer ce qui dans les *Recherches* et dans *L'Antiquité dévoilée* relève de l'application et de l'amplification d'une pensée antérieure et ce qui est du domaine de l'invention, ou – pour prendre la même réalité à rebours – de mesurer *a posteriori* ce que le philosophe devait encore découvrir pour atteindre à la plénitude de sa pensée.

Si la ressemblance entre Pierre, Annac, Hénoch et Janus est remarquablement établie, l'explication de cette similitude est étrangement faible. Boulanger est le premier à avoir conscience de son infirmité et il multiplie les aveux d'impuissance et les hypothèses vagues: 'Il seroit inutile de chercher les canaux qui ont transmis d'âge en âge ces singulieres légendes, & de vouloir connoître tous les moyens qui ont servi à en transmuer ainsi les objets en certains tems. Ce seroit tenter un travail impossible; & l'on aura toujours sur ce sujet plus de soupçons que d'idées nettes & précises' (p.191). 'L'histoire de ces légendes doit appartenir à l'origine même des Religions, qui toutes ont eu une naissance obscure & lente' (p.192).

Quand il s'essaie, malgré tout, à un début de justification, Boulanger s'en tient aux notions assez floues de paresse intellectuelle et de supercherie. Si les différents peuples de la terre honorent des personnages mythologiques qui se ressemblent, si leurs légendes ont un air de famille, c'est tout simplement que les humains sont incapables d'imagination créatrice: 'les peuples ignorans & grossiers ont moins inventé de nouvelles légendes que corrompu les anciennes pour les approprier à leur nouvelle façon de croire & de voir les choses' (p.192),

---

20. Page 198. Les analyses philologiques de Boulanger ne sont pas toujours aussi fragiles. Il utilise, par exemple, avec justesse la notion de métonymie: 'les premieres *carrieres* auront été appellées simplement *Poeroth*, des *ouvertures*, & ce même nom aura été donné par la suite à ce qu'on en tiroit: c'est ainsi que nous appellons *mine* le métal que nous tirons des mines' (p.200).

c'est parfois aussi parce que certains hommes avisés, retors et intéressés, ont voulu, pour avoir plus d'emprise sur les peuples, conserver habilement les anciennes croyances auxquelles ces derniers adhéraient par habitude, tout en imposant l'illusion d'une religion nouvelle dont ces imposteurs pouvaient passer pour les fondateurs et les chefs:[21]

il y a eu quelquefois aussi un travail d'esprit de la part de quelques gens, & il est à croire qu'une longue habitude ayant rendu certains êtres & certaines idées nécessaires aux peuples, ceux qui les ont conduits les premiers par un autre chemin ont mieux aimé leur montrer sous un autre aspect les objets primitifs de leur vénération, que de les supprimer tout-à-fait; [...] ils s'embarassoient peu que la nouvelle Religion fût la dupe de l'ancienne pourvû qu'ils en fussent regardés par le peuple comme le fondateur.

Boulanger définit beaucoup plus les éventuelles modalités psychologiques de ces ressemblances qui l'ont troublé que leur véritable étiologie. Il a bien conscience qu'il n'y a à l'origine qu'une seule légende, mais il ne sait pas encore pourquoi. Sa pensée la plus profonde, c'est que les peuples, spontanément ou non, ont révéré sous d'autres noms les mêmes héros légendaires, et que les seules différences toutes superficielles que l'on observe sous tel ou tel climat ne sont que des différences onomastiques: 'S'il n'y avoit eu qu'une seule langue sur la terre, il n'y auroit point eu de Mythologie ou il n'y en auroit eu qu'une.'[22]

La *Dissertation sur Saint Pierre* contient pourtant, de façon embryonnaire, plusieurs des éléments qui permettront à Boulanger de donner un jour une explication cohérente et rationnelle de ces similitudes. Boulanger a bien vu que ces héros légendaires étaient étroitement liés aux périodes cycliques; il a remarqué que les Hébreux ont fait d'Hénoch 'le premier Astronome': 'c'est lui qui a divisé les tems par semaines, par mois, par saisons & par années, & [...] il est l'inventeur des douze signes du Zodiaque' (pp.182-83), et qu'ils ont prêté 'à ce Patriarche astronome une vie toute astronomique de 365 *ans*, parce que le Soleil circule en 365 *jours*' (p.183); il a noté que Janus était 'le Soleil lui-même & le maître des douze signes du Zodiaque' (p.189): 'Lorsqu'il représente le cours solaire annuel, les doigts de sa main droite expriment 300, & ceux de sa main gauche expriment 65 lorsqu'il représente son cours journalier' (p.189).

Boulanger a pris conscience, mais sans faire de rapprochement avec leur caractère astronomique, que ces héros sont, comme nous l'avons vu, d'éternels pleureurs et qu'ils sont par conséquent associés à des sentiments de tristesse et de crainte. Il a constaté enfin que les grandes catastrophes naturelles étaient liées à leurs légendes: Annac 'vivoit au tems de Deucalion' (p.180) et à sa mort 'la Phrygie fut submergée' (p.181); c'est à Hénoch que le déluge 'a été révélé' (p.184); Pierre enfin a annoncé aux hommes 'que bientôt ils verroient, comme au tems de Noé, de nouveaux Cieux & une nouvelle Terre' (p.179).

Boulanger est même bien près de trouver la solution de son énigme lorsqu'à la fin d'un paragraphe – et sans que l'économie d'ensemble de la *Dissertation* l'impose – il nous dit: 'presque toutes les nations ont [...] confondu le souvenir

---

21. p.192. On trouve encore quelque trace de cette pensée dans les *Recherches sur l'origine du despotisme oriental*.

22. p.208. C'est là la dernière phrase de la *Dissertation* et par conséquent son ultime conclusion.

des révolutions naturelles avec celui des révolutions politiques & civiles.'[23]
Malheureusement cette réflexion n'a pas de suite, puisqu'il revient immédiatement aux personnages d'Annac et d'Hénoch et aux légendes qui les concernent.

On pourrait être surpris que le philosophe qui avait, à l'évidence, découvert
les éléments principaux de sa pensée future n'ait pas réussi à les unir et à les
ordonner pour en faire jaillir sa vérité. Mais Boulanger en était, sans doute, à
ce moment douloureux par où passe nécessairement tout penseur ambitieux et
que Montesquieu décrit si bien et en si profonde connaissance de cause dans sa
Préface à *L'Esprit des lois*, ce moment où l'on ne connaît 'ni les règles ni les
exceptions' et où l'on ne trouve 'la vérité que pour la perdre' (i.13).

vii. Conclusion

Henri Lion[24] affirme qu'il y a entre la *Dissertation sur Saint Pierre* et la *Dissertation
sur Elie et Enoch* 'une si étroite parenté, et pour le fond, et pour la méthode, et
pour la forme même, qu'elles sont sœurs de toute évidence' (Lion (1914), pp.641-
42). Il existe sans aucun doute quelques traits communs entre ces deux œuvres
mineures: l'une et l'autre sont destinées à porter une lumière nouvelle sur
l'origine et la signification réelle de telles ou telles figures fondamentales du
judéo-christianisme, elles sont l'une et l'autre fondées sur le concept de ressemblance, et toutes les deux conduisent à cette vérité qu'Elie, Hénoch ou Pierre
n'ont de singulier que leurs noms. Mais là s'arrête assurément une juste
comparaison.

Ce qui sépare les deux dissertations, c'est très exactement l'espace d'une vie
studieuse. L'ouvrage que Boulanger a consacré aux prophètes de l'Ancien
Testament suppose la maturité et la plénitude d'une pensée maîtresse d'elle-
même. L'opuscule qui prétend démythifier le saint apôtre, compagnon de Jésus,
a au contraire la séduction et les insuffisances qui caractérisent ordinairement
les œuvres de jeunesse. L'écrivain y croit en son étoile: l'envie d'étonner et
parfois d'éblouir explique à la fois les audaces de langage et les pédantes
cuistreries. Les formules brillantes et les remarques séduisantes y abondent,
mais il y manque encore cette hauteur de vue, cette sérénité, ce renoncement
au faux éclat et surtout cette cohérence de la pensée qui font la distinction de
la *Dissertation sur Elie et Enoch*.

Les deux œuvres sont 'sœurs de toute évidence', mais quelque quinze ans les
séparent sans doute, et la sœur véritablement aînée n'est pas celle que désigne
le calendrier, car pour les créations philosophiques, comme pour 'cet homme
universel' dont parle Pascal, 'qui ne voit que la vieillesse [...] ne doit pas être
cherchée dans les temps proches de [la naissance du penseur], mais dans ceux
qui en sont les plus éloignés?'[25]

23. p.184. On trouve des formulations analogues dans les *Recherches* et dans *L'Antiquité dévoilée*,
mais Boulanger en tire alors une argumentation lumineuse.

24. Henri Lion est, pour ainsi dire, le seul critique qui se soit intéressé à la *Dissertation sur Saint
Pierre*. Voir Lion (1914), pp.641-45.

25. *Pensées et opuscules*, éd. L. Brunschvicg (Paris 1907), p.81.

7. Les *Anecdotes de la nature*

i. Une affaire de plagiat[1]

En juillet 1779, alors que Buffon avait, quelques mois auparavant, publié ses *Époques de la nature*, l'abbé Grosier,[2] dans son *Journal de littérature, des sciences et des arts*, présentait en ces termes une lettre qu'il venait de recevoir de Nicolas Gobet:[3]

La sincère estime que j'ai toujours manifestée pour M. le Comte de Buffon doit me mettre à l'abri de tout soupçon de malveuillance envers cet Écrivain célèbre. La publicité que je donne à cette Lettre, est une nouvelle preuve de l'intérêt que je prends à sa gloire. Depuis que les *Époques* ont paru, j'entends de toutes parts qu'on se chuchote à l'oreille l'imputation que cette Lettre renferme: j'ai donc cru devoir la publier, afin de mettre M. de Buffon à portée de faire cesser ces bruits, soit en expliquant la nature des secours qu'il peut avoir tirés du *Manuscrit* de feu Boulanger, soit en niant qu'il en ait fait aucun des emprunts qu'on lui reproche.[4]

La lettre de Nicolas Gobet ne présente pas la moindre ambiguïté; l'accusation portée contre Buffon est à la fois précise et circonstanciée (*Journal de littérature*, pp.53-56):

M. le Comte de Buffon a singulièrement profité, pour son Livre des *Époques de la Nature*, d'un Ouvrage Manuscrit de Boulanger, intitulé: *Anecdotes de la Nature* / Le Commentaire des premiers versets de la Genèse est entièrement de Boulanger, dont les idées systématiques sont totalement refondues dans l'Ouvrage de M. de Buffon, qui y a réuni son systême particulier. Ce Manuscrit qui est resté long-temps entre mes mains, & qui a passé dans celles de M. de Buffon, étoit de format in-4° avec dix-sept cartes. Il appartenoit à M. Burdin, qui demeuroit à Tours. M. Dutens me le fit remettre: je voulus le faire imprimer au profit des héritiers de l'Auteur; je m'adressai à Marc-Michel Rey, qui m'a répondu deux lettres à ce sujet. Par la lecture de ce Manuscrit, je vis que les opinions religieuses, n'y étoient point conformes à la vérité évangélique, & qu'il augmenteroit la collection, inutile à l'humanité, des opinions philosophiques. Je le prêtai à M. Lattré, Géographe-Graveur, qui en fit voir ou copier les cartes à M. Bonn. J'ai fait voir le Manuscrit à MM. Mauduit, Professeur au Collège Royal, le Begue de Prêle, l'Abbé le Blond, &c. &c. M. Desmarets, de l'Académie des Sciences, l'a gardé plus d'un an entier. Boulanger expose dans cet Ouvrage sa théorie de la terre, dans laquelle il attribue la formation des montagnes à l'éruption des grands bassins: celui de la Marne est pris pour exemple. / La Carte gravée dans l'Ouvrage de M. de Buffon, est une de celles qui accompagnoient le Manuscrit [...]. C'est M. Dutens qui m'a demandé ce Manuscrit,

1. Ce chapitre doit beaucoup aux travaux de John Hampton, pp.25-32, et à ceux de Jacques Roger, 'Un manuscrit inédit perdu et retrouvé: les *Anecdotes de la nature* de Nicolas-Antoine Boulanger', *Revue des sciences humaines* 71 (1953), pp.231-54 [ci-après 'Un manuscrit inédit'].

2. Jean-Baptiste-Gabriel-Alexandre Grosier (1743-1823), auteur du *Journal de littérature, des sciences et des arts*. Il collabora à l'*Année littéraire* de Fréron, publia, d'après les manuscrits du père Mailla, une *Histoire générale de la Chine*, et, à titre personnel, un *Journal de physique* que Buffon cite volontiers dans son *Histoire naturelle*.

3. Nicolas Gobet (1735-1781) fut garde des archives de Monsieur et secrétaire du comte d'Artois. Il écrivit quelques ouvrages de chimie et de science naturelle.

4. *Journal de littérature, des sciences et des arts* (1779), iv.53, n.1.

pour le remettre à M. le Comte de Buffon; j'ai été surpris de le retrouver sous son nom. Voici la note que Boulanger avoit écrite sur une feuille volante, & qu'il avoit mise en tête de son Manuscrit; j'ai conservé cette feuille:

'La première partie de cet Ouvrage est assez complette; c'est un Ouvrage de jeunesse, qu'il falloit retoucher, mes idées ayant changées. (Ce sont les époques de la Nature.) La seconde partie contient les premières lueurs de mon système général sur l'histoire des hommes, sur-tout sur la partie Religieuse. La partie Politique est ailleurs sous le titre d'origine du despotisme, & je travaillois à réunir le tout sous le titre d'*Anecdotes sur l'histoire de l'homme*, & j'aurois fait un Ouvrage particulier de ce qu'il y a de physique dans ce présent Recueil'. Si l'on nioit le fait que j'allègue, on n'a qu'à produire le Manuscrit original entier, le déposer chez un Officier public ou aux Mss. de la Bibliothèque du Roi, où je comptois le placer un jour, & obtenir un désaveu des personnes que je nomme & qui sont existantes. Je vous envoie, Monsieur, la feuille autographe de la note que je viens de copier; elle servira de pièce de comparaison avec le corps de l'écriture du Manuscrit; & je vous autorise à le déposer dans le lieu qu'aura choisi M. de Buffon pour produire le Manuscrit. Comme je ne suis d'aucune Secte, & que j'y renonce pour jamais, j'écris la vérité, & je désire que vous ayez le courage de la faire imprimer.

Buffon, dans un premier temps, songea à réagir publiquement et prépara une réponse. Nous en avons la preuve par une lettre qu'il adressa le 30 juillet 1779 à Guéneau de Montbeillard: 'Je vous supplie [...] de lire l'article de ce journal qui me concerne, et la réponse que j'ai projeté d'y faire. Vous me rendrez service de m'en dire votre avis, et je ne doute pas qu'il ne soit excellent. [...] C'est à M. Guillebert, gouverneur de mon fils, qui m'a donné le premier la nouvelle de cette incartade, que j'adresse la réponse dont j'ai l'honneur de vous envoyer copie.'[5] Cependant Buffon changea rapidement d'avis, comme le montre la lettre qu'il envoya le 6 août au même correspondant (*Correspondance inédite*, ii.65-66, lettre CCXXXII):

Grand merci [...] de cette gazette qui m'a fait quelque plaisir à lire, et dont j'ai gardé copie en cas de besoin, quoique je sois encore plus déterminé que jamais à garder un silence absolu. Car je suis informé par les lettres d'aujourd'hui que c'est un piège que le journaliste, d'accord avec Gobet et quelques autres, voulait me tendre, et que ledit journaliste n'avait pas d'autres vues que de donner de la vogue à son journal. En m'engageant à y mettre une réponse, il comptait en augmenter le débit, et il a grand besoin de cette ressource, puisqu'il n'en vend pas trois cents.

Ce brusque revirement est confirmé par une lettre adressée le 8 août à l'abbé Bexon (ii.67, lettre CCXXXIII):

Je suis maintenant très-décidé à ne faire aucune réponse au sujet du manuscrit Boulanger. Je n'ai jamais lu moi-même ce manuscrit: c'est Trécourt qui m'en a lu quelques endroits et qui m'a fait l'extrait de ce qui regardait le cours de la Marne, dont je vous ai remis à vous-même la petite carte. Voilà tout ce que j'ai tiré de ce manuscrit, que je connaissais d'avance par la lettre que Boulanger m'avait écrite en 1750; en sorte qu'ayant alors jeté cette lettre, j'ai de même jeté le manuscrit comme papier très inutile. [...] il vaut mieux laisser ces mauvaises gens dans l'incertitude, et, comme je garderai un silence absolu, nous aurons le plaisir de voir leurs manœuvres à découvert.

La querelle n'eut guère de suite. Le baron d'Holbach ne se mêla pas de l'affaire,

---

5. Buffon, *Correspondance inédite à laquelle ont été réunies les lettres publiées jusqu'à ce jour*, par H. Nadault de Buffon (Paris 1860), ii.64, lettre CCXXX.

et seul l'abbé Barruel[6] y fit allusion, quelques années plus tard, dans ses
Helviennes: '[Maillet][7] avoit eu, même avant Boulanger, cette belle idée que M.
de Buffon a mise depuis en si beau françois, à la tête de ses Epoques. [...]
J'avouerai cependant que ses manuscrits n'auront pas été aussi utiles à M. de
Buffon, que ceux de Boulanger.'[8]

Henri Lion, qui fut le premier critique moderne à parler de cette banale
affaire de plagiat,[9] écrivait: 'Le problème ne pourra être élucidé que par quelque
heureuse trouvaille. La pièce essentielle semble irrémédiablement perdue' (Lion
(1916), p.398).

ii. Une heureuse trouvaille

Or, presque en même temps, deux chercheurs, John Hampton et Jacques Roger,
ont eu assez de bonheur et de perspicacité pour faire la découverte que l'on
n'espérait plus.[10] Grâce à eux, nous savons aujourd'hui qu'une copie manuscrite
des *Anecdotes de la nature* est conservée à la Bibliothèque du Muséum national
d'Histoire naturelle, à Paris.[11]

La copie se présente sous la forme d'un volume relié en peau verte. Son format
est de 270mm × 190mm. Les trente-deux premières pages sont vierges et sans
pagination, comme si l'auteur avait demandé au copiste de laisser la place d'un
futur avant-propos. Le texte occupe six cent quatorze pages. L'écriture est en
général facile à déchiffrer. Au verso du feuillet qui précède immédiatement la
page de titre figure une note, rédigée en ces termes:

Tout cet ouvrage est compris dans un autre cy joint sous le titre anecdotes physiques de
l'histoire de la terre Ce dernier ouvrage n'est pas relié ainsi que celui cy mais en feuilles

---

6. L'abbé Augustin Barruel (1741-1820) fut l'un des adversaires les plus acharnés de la philosophie
des Lumières. Il collabora à l'*Année littéraire* et composa une *Histoire du jacobinisme* et *Les Helviennes*
dans lesquelles il essaie de réfuter les divers systèmes des penseurs antichrétiens.

7. Il s'agit évidemment de l'auteur de *Telliamed*.

8. Augustin Barruel, *Les Helviennes ou lettres provinciales philosophiques* (Amsterdam 1785), i.192.

9. John Hampton (Hampton, pp.86-90) et Jacques Roger ('Un manuscrit inédit', pp.253-54),
qui ont étudié l'affaire au fond, ont conclu à la culpabilité de Buffon. La preuve la plus accablante
de la malhonnêteté du naturaliste est fournie par John Hampton (p.88), lorsqu'il rapproche les
deux textes que voici:

plusieurs de fort remarquables, autour des sources de la Meuse, vers Clermont, vers Montigny-le-Roi, qui est située en partie sur un monticule escarpé, encore adhérent au continent par une langue de terre de quelques toises; on en voit une à Andilly' (Boulanger, *Anecdotes de la nature*, p.190).	et d'autres tout aussi remarquables, autour des sources de la Meuse, vers Clermont et Montigny-le-Roi, qui est située sur un monticule, adhérent au continent par une langue de terre très étroite. On voit encore une des collines isolées à Andilly' (Buffon, *Epoques de la nature* (1778), p.158).

On comprend pourquoi Buffon s'est finalement gardé de répondre aux accusations lancées contre
lui. Au demeurant ce plagiat n'enlève que peu de chose à l'originalité scientifique des *Epoques* et
rien à leur grandeur littéraire.

Il convient d'ajouter que l'attitude de Buffon est, à son époque, d'une parfaite banalité. Lorsque
les censeurs s'indignent d'une telle pratique, on peut tenir pour assuré que leurs dénonciations
relèvent de l'esprit partisan et de la mauvaise foi; leur haine du plagiaire l'emporte de beaucoup
sur leur respect du plagié!

10. John Hampton a été le premier à identifier le manuscrit des *Anecdotes* (voir Hampton, p.7,
n.1), mais Jacques Roger a été le premier à publier l'heureuse découverte.

11. Cette copie a reçu la cote: Mss.869.

detachées renfermées dans un portefeuille blanc bordé de bleu avec des cordonnets blants [*sic*]. Ces feuilles detachées forment 546 Pages. Mais ce qui est compris dans ce livre Relié en peau verte ne passe pas au dela de la page 296 des feuilles detachées. / Le Sujet des 296 feuilles detachées est traité plus au long dans le present livre et il y a quelque changement dans l'ordre. cependant pour en faire usage il faut confronter le tout. / Les 250 autres feuilles detachées sont plus historiques que physiques et il n'en est point question dans ce present livre. on ne peut encore les y joindre parceque j'ai jugé plus apropos de les fondre et confondre dans l'ouvrage de *l'Esprit de l'antiquité.*[12]

En d'autres termes, le manuscrit que nous possédons est le développement des 296 premières feuilles détachées.

Si nous confrontons cet avis avec la note reproduite par Gobet et avec les indications que fournit la correspondance de Buffon, nous pouvons conclure que les 546 pages de feuilles détachées – qui n'ont jamais été retrouvées – sont celles que le naturaliste a eues entre les mains, et que celui-ci a donc pu consulter un manuscrit plus riche d'analyses que celui que nous possédons, mais nettement moins détaillé dans sa première partie.

La copie est anonyme. Au-dessus de la note que nous venons de reproduire, un bibliothécaire a écrit au crayon: 'par C. L. F. Andry Docteur Regent de l'ancienne faculté de Médecine [...] ne serait-ce pas plutôt le père André (Chrysologue)'. Ces deux attributions sont évidemment fausses. Si nous ignorons à qui cette copie a été communiquée, nous savons en revanche qu'elle l'a été le 7 septembre 1753,[13] et à cette date Andry, né en 1741, n'avait que douze ans![14] Quant à Noël André – en religion le père Chrysologue   s'il s'est intéressé à la géologie et s'il a écrit une *Théorie de la surface actuelle de la terre* (Paris 1806), les idées qui étaient les siennes n'ont rien de commun avec celles qui sont défendues dans les *Anecdotes de la nature.* Jacques Roger fait remarquer en outre que ce dernier ouvrage lance 'certains traits contre les moines'[15] qui seraient bien peu probables sous la plume d'un capucin de sage orthodoxie.

'Au reste, aucun doute n'est possible' ('Un manuscrit inédit', p.235), comme le dit le même critique. Les indices qui inclinent à attribuer l'ouvrage à Nicolas-Antoine Boulanger sont si nombreux que l'on peut, à bon droit, parler de certitude:

– Les très nombreuses corrections et additions que porte la copie sont d'une écriture qui ressemble étrangement à celle de Boulanger.[16] S'il est téméraire d'affirmer, avec Jacques Roger, que c'est 'manifestement la même' ('Un manuscrit inédit', p.235, n.2), il est loisible de noter l'apparente similitude.

– Les lieux qui, dans la copie manuscrite, sont évoqués ou décrits à partir d'une expérience personnelle de l'auteur sont les lieux où Boulanger a réellement séjourné. Ainsi se trouvent successivement nommées, les villes de Tours (*Anecdo-*

12. Voir Annexe VI, la photographie de ce feuillet.

13. Comme l'indique une note portée à l'encre sur la page de garde.

14. C'est ce que fait remarquer une autre note portée à l'encre au-dessus de celle qui attribue l'ouvrage à Andry ou à André.

15. 'Un manuscrit inédit', p.235. L'auteur des *Anecdotes de la nature* déplore l'existence de 'ces enceintes de Monastères qui se trouvent dans l'enceinte de toutes nos villes considérables, dont le terrein est consacré à rétrécir encore le reste de la terre et à diminuer le nombre de ces concytoyens' (pp.169-70).

16. Voir la photographie de la lettre autographe de Boulanger et la photographie d'une page corrigée, Annexes nos II et VII.

tes de la nature, pp.213-14), de Vaucouleurs (p.215), de Langres,[17] la province de Touraine,[18] les régions voisines de la Loire[19] et de la Marne.[20]

– L'auteur des *Anecdotes* fait – discrètement[21] – allusion à une expérience qui pourrait bien être celle d'un ingénieur des Ponts et chaussées: 'dans la pluspart des roûtes que j'ay quelque fois vû trancher au milieu de nos Provinces, je n'ay remarqué [...] presque par tout que les suittes d'affoüillements internes et d'affaissements prodigieux' (*Anecdotes de la nature*, p.563).

– L'auteur, venant à faire une digression sur l'onomastique, énumère des noms propres qui sont à l'origine des noms communs et termine, comme par hasard, sur celui de Boulanger: 'Combien en avons nous [de personnes] qui s'appellent Leblanc, Lenoir, le Sage, le Reverend, le Chardon, l'Epine, le Tissier, Le Boulanger etc' (p.427).

– Gobet et Buffon parlent d'un développement des *Anecdotes de la nature* consacré au cours de la Marne, et la copie manuscrite présente en effet une assez longue dissertation sur la vallée de cette rivière.[22]

– L'auteur fait des allusions élogieuses et réitérées à la *Nouvelle mappemonde dédiée au progrès de nos connoissances* dont Boulanger est assurément le père (*Anecdotes de la nature*, pp.133; 134; 516; 517; 595):

C'est la le véritable ensemble sous lequel on doit considerer les grandes irrégularites de nos continents. l'auteurs [*sic*] de la nouvelle mappemonde dédié [*sic*] aux progrés de nos connoissances semble avoir affecté, autant que la grandeur de la carte l'a permis, de présenter sous ce point de vüe les bassins et les sommets qui varient et divisent nos continents.

Il suffit de jetter les yeux sur cette nouvelle mappemonde pour reconnoître que la longue chaîne du mont Atlas en Affrique, le Liban et les monts Taurus et Caucase en Asie, unis avec les sommets de l'Europe [...] n'ont formé autrefois qu'un seul et immense bassin [...].

Le mémoire sur la nouvelle mappemonde dédiée au progrès de nos connoissances, donne une raison physique fort vraysemblable de cet étrange corollaire.[23]

Quelles révolutions toutes ces choses ne nous apprennent-elles pas être arrivées avant les temps que la Genese nous fait connoître; par elles la nature nous dit que non seulement il y a eû des continents supérieurs aux Montagnes les plus hautes dans le sens de l'auteur de la Nouvelle Mappemonde, [...] mais qu'il y en a eû aussy par une position absolüe et réelle [...].

L'auteur de la nouvelle mappemonde dont j'emprunte souvent en ce chapître les Idées et les expressions [...].

17. p.459: 'c'est ainsy que l'on voit à Langres des pierres dans les Remparts de cette ville, qui répresentent [...] des corniches et frises d'entablements antiques'.

18. p.236: 'c'est une remarque que j'ay fait moy mesme particulierement sur les eaux des contrées de la Touraine où se trouvent les faluns'. On se souvient, en outre, que Boulanger s'intéressait aux faluns. (Voir sa *Lettre* au *Mercure de France*, p.89.)

19. *Passim*, et particulièrement pp.526-27.

20. *Passim*, et particulièrement pp.54-63.

21. Nous allons voir que l'auteur des *Anecdotes* redoutait police et censure et multipliait les précautions.

22. *Anecdotes de la nature*, pp.54-63. C'est très probablement à cette dissertation, sans doute copiée à part, que Diderot fait allusion dans son *Extrait*, p.xiv.

23. Boulanger vient d'affirmer que les vases que l'on trouve dans les hautes montagnes 'n'ont pû y être aportées que [...] par une chûte et un courant d'eau descendu d'un lieu supérieur vers un lieu plus bas'.

Bien sûr, l'auteur des *Anecdotes* n'avoue jamais qu'il est aussi celui de la *Nouvelle mappemonde*, mais c'est très probablement dans la crainte d'être identifié par la police de la librairie.

– Enfin, et c'est là sans doute un argument décisif, une grande partie de la *Lettre* que Boulanger a publiée sous son nom dans le *Mercure de France* (voir ci-dessus, pp.7ss.) est tirée des *Anecdotes de la nature*. Comme l'a déjà fait remarquer John Hampton (voir Hampton, p.31), le passage du manuscrit qui a été édité dans le célèbre périodique est étrangement raturé et surchargé et toutes les modifications apportées à la copie vont dans le même sens: elles ont pour but de rendre le texte conforme exactement à celui de la *Lettre*. A partir de là on imagine très bien ce qui s'est passé. Après avoir rendu publiques – avec de menues corrections – quelques pages de ses *Anecdotes* dans le *Mercure*, Boulanger a pris conscience qu'il venait de se reconnaître comme l'auteur du manuscrit compromettant. Et son premier soin a été de transformer son analyse personnelle en une citation. C'est la raison pour laquelle il a cru bon de rendre les deux textes absolument semblables,[24] d'ajouter à chaque ligne du développement des guillemets protecteurs et d'attribuer explicitement à un certain Boulanger ce qui avait paru sous ce nom![25] Mais comme il était plus timoré qu'habile falsificateur, il n'a pas vu qu'en mettant des guillemets à gauche d'une correction portée dans la marge,[26] il confessait sa supercherie!

Si l'on ajoute à tous ces indices le fait que les *Anecdotes de la nature* sont, par la pensée qui y est développée, souvent très proches de l'article 'Déluge' de l'*Encyclopédie* et de certaines analyses de *L'Antiquité dévoilée*, on peut tenir pour assuré que nous possédons bien là une œuvre de Boulanger.

iii. La date de composition

Comme l'a très bien montré Jacques Roger ('Un manuscrit inédit', p.235), la date de composition des *Anecdotes de la nature* est assez facile à déterminer. Elle est nécessairement postérieure à la publication (1749) des trois premiers volumes de l'*Histoire naturelle* de Buffon, auxquels Boulanger fait allusion. Elle doit être antérieure au mois de novembre 1752, puisque l'auteur, né le 11 novembre 1722, écrit à l'extrême fin de son ouvrage: 'Prêt d'arriver au terme de mon sixième lustre, je sens vivement qu'à peine ai-je vécu' (*Anecdotes de la nature*, p.604). Si l'on en croit la lettre de Buffon adressée le 8 août 1779 à l'abbé Bexon, l'ouvrage aurait été achevé en 1750, mais Buffon a très bien pu se tromper à propos d'un événement pour lui mineur et qui s'était produit près de trente ans auparavant.[27]

On peut, sans courir le risque de se tromper beaucoup, affirmer que Boulanger a commencé à accumuler notes et documents dès son entrée dans le corps des

24. Les modifications portent sur les pages 231 à 236 du manuscrit. Voir (Annexe VII) la photographie de la page 231, raturée et surchargée.

25. Voir (Annexe VII) la photographie de la page où Boulanger a rajouté son propre nom entre deux lignes.

26. Voir (Annexe VIII) la photographie de la page où apparaît la maladroite falsification.

27. Dans la même lettre citée (voir ci-dessus, p.206), Buffon se trompe à propos d'un événement pour lui bien plus récent, puisqu'il y affirme 'avoir lu publiquement à l'Académie de Dijon, en 1772, le premier discours des Epoques', alors que c'est le 5 août 1773 que cette lecture a eu lieu.

Ponts et chaussées en 1745 (voir ci-dessus, p.3) – étant donné qu'un grand nombre de ses argumentations repose sur les observations qu'il a pu faire en Champagne et en Bourgogne (voir ci-dessus, p.3) – et que la rédaction des *Anecdotes de la nature* se situe entre les années 1749 et 1752.

La copie manuscrite était, nous l'avons vu, achevée au plus tard en septembre 1753; quant aux corrections et aux ajouts que Boulanger y a apportés de sa main, ils sont, sans doute, légèrement postérieurs à la publication de sa *Lettre au Mercure de France* (voir ci-dessus, pp.7ss.), puisque seule cette publication peut expliquer la hâtive supercherie à laquelle il s'est livré, et à la sortie de sa *Nouvelle Mappemonde* (voir ci-dessus, pp.10-11) et de son *Mémoire sur une Nouvelle Mappemonde* (voir ci-dessus, pp.11-12), puisque Boulanger a, en modifiant le manuscrit, multiplié les références à ces deux ouvrages avec la fierté d'un jeune écrivain fraîchement édité.

Une lecture attentive du manuscrit montre d'ailleurs que Boulanger n'avait pas l'intention de s'arrêter en si bon chemin et qu'il s'apprêtait bel et bien à publier les *Anecdotes de la nature*. En témoignent un certain nombre de détails matériels: par exemple les blancs que le copiste a laissés systématiquement après le mot 'page', chaque fois que Boulanger renvoie son lecteur à tel endroit de son propre texte[28] ou les corrections minutieuses que l'auteur a lui-même apportées à la copie pour effacer les erreurs ou les balourdises de son employé.[29] En témoignent aussi la supercherie que nous avons décrite[30] et les précautions multipliées pour gommer la hardiesse de ses propos.[31] En témoignent enfin les références aux écrivains bien-pensants que Boulanger a ajoutées *in extremis*,[32] pour le cas où police et censure auraient, malgré sa prudence, identifié monsieur le sous-ingénieur des Ponts et chaussées comme l'auteur des *Anecdotes*.

Toujours est-il que la publication ne se fit pas et nous ignorons pourquoi. Peut-être la crainte l'a-t-elle emporté sur le désir de la gloire, peut-être le perfectionniste qu'était Boulanger a-t-il jugé son œuvre encore imparfaite, peut-être tout simplement n'a-t-il pas trouvé d'éditeur.

28. Voir, par exemple, p.223: 'J'ay dit Page   que les dégradations'.

29. Ainsi, Boulanger a dû (p.115) remplacer 'de nouveau' par 'de niveau' et (p.139) 'ce n'est qu'accident tellement' par 'ce n'est qu'accidentellement'!

30. L'esprit de cette supercherie se retrouve parfois dans d'infimes détails. Boulanger avait, par exemple, primitivement écrit: 'l'auteur de la nouvelle mappemonde [...] a affecté', mais un savoir si intime lui a semblé, après coup, être un aveu, et il a corrigé par: 'l'auteur [...] *semble avoir* affecté'! (p.133).

31. Alors que Boulanger avait d'abord écrit: 'cette ancienne coûtume de commencer en toutes choses par rendre hommage à la Divinité', il a cru devoir ajouter: 'cette ancienne *et respectable* coûtume' (p.259 en note). De même Boulanger a modifié cette phrase qui sentait un peu trop le fagot: 'nous pouvons seulement être certain que l'espece humaine s'est conservée au travers de toutes les révolutions arrivées' en lui ajoutant deux détails orthodoxes: 'nous pouvons *et nous devons* seulement être certain que *la divinité a été dans le temps la source unique de toutes choses et qu'ensuite* l'espece humaine' (p.283).

32. Boulanger a, par exemple, ajouté une petite feuille volante entre les pages 4 et 5 de son manuscrit pour s'y recommander de deux penseurs estimables: 'on ne peut nier, dit Mr l'abbé de Sauvage [...] que la situation des terrains les uns à l'égard des autres n'ait beaucoup changé depuis la création [...] j'ai trouvé le meme sentiment dans m. Pluche écrivain si orthodoxe que je suis fort quand je rencontre ainsi mes idées dans des ouvrages de Phisiciens aussi sages et aussi reservés.' On peut juger qu'il y a quelque ironie dans la formulation, mais les autorités officielles ne sont pas tenues d'être sensibles à ces raffinements.

iv. Et avant le déluge?

Les œuvres que nous avons jusqu'ici étudiées renseignent longuement et minu-
tieusement le lecteur sur la façon dont Boulanger conçoit l'histoire depuis les
prodigieux cataclysmes qui ont bouleversé la surface de la terre et à la suite
desquels l'humanité s'est 'renouvellée'. Nous avons vu à plusieurs reprises qu'il
est en revanche absurde, aux yeux du philosophe, de s'interroger sur l'homme
antédiluvien: avant nous le déluge, et avant le déluge rien. En vertu de cette
conviction, que les *Anecdotes de la nature* ne démentent pas, Boulanger a gardé le
silence sur tout ce qui a pu arriver à nos ancêtres d'avant ces grands désastres.

Mais ce qui est vrai de l'histoire de l'homme ne l'est pas de l'histoire de la
terre. Si le déluge a effacé pour jamais toute trace de ceux qui ont vécu avant
cet événement et a interdit par là-même toute recherche, il n'est pas impossible
au 'physicien' de questionner avec succès la surface et les entrailles de notre
globe pour y découvrir l'aventure de ce dernier en des temps plus anciens. Seul
le *Mémoire sur une Nouvelle Mappemonde* avait permis à cet égard de discerner
quelque chose de la doctrine de Boulanger (voir ci-dessus, pp.11-12), mais le
développement est à la fois trop court et trop étroitement spécialisé pour qu'on
puisse se faire une idée claire des conceptions géologiques qui sont celles du
philosophe.

Or, les *Anecdotes de la nature* – et c'est là leur premier mérite – permettent de
combler grandement cette lacune. Selon une méthode qui lui est chère et qui
l'honore, Boulanger part d'un constat: pour tous ceux qui savent regarder sans
prévention, la terre offre le spectacle d'un lieu qui a été anciennement immergé
et fracturé (*Anecdotes de la nature*, pp.1, 4):

Il ne faut que baisser les yeux vers la terre et la regarder avec une attention un peu
réflechie, pour reconnoître qu'elle a été construite sous les eaux et par les eaux [...].

[...] on peut asseurer à présent avec une entiére certitude [...] que les marques des
eaux se trouvent partout, non seulement où il y a des Coquilles, mais aussy où il y a des
bans réguliers et étendus. Il ne s'agit que d'observer avec soin [...]. / Avec toutes ces
marques sensibles et convainquantes du séjour de la mer sur nos continents, nous
découvrons encore de tous les costés des débris et des décombres, nous voyons une
infinité de lieux culbutés et tranchés. Les voûtes de nos carriéres les coupes de nos
montagnes ne nous présentent que des eboulements, et des affaissements énormes.

Et c'est de cette immersion et de cette fracture que le géologue devra rendre
compte, sans se laisser séduire par les charmes de l'imagination, comme l'ont
fait tant de ses devanciers:

Les uns ont brisé la terre comme on brise un vase d'argile et en ont fait nager les tessons;
d'autres l'ont mise en dissolution par l'eau, quelques uns par le feu. On a rassemblé des
Eaux imaginaires et atténuées dans tout le tourbillon terrestre et même au delà. On a
inventé des courants, des Pôles à l'Equateur et de l'Equateur vers les Pôles, de l'Europe
aux Indes et des Indes en Europe, pour expliquer toutes les irrégularités de nos vallées
et de nos montagnes [...].[33]

Ce que Boulanger demande, c'est que les 'physiciens' renoncent à échafauder

33. *Anecdotes de la nature* pp.8-9. Les 'savants' auxquels Boulanger fait allusion sont Burnet,
Woodward, Leibnitz, Whiston et Buffon lui-même. (Voir Jacques Roger, 'Un manuscrit inédit',
p.239, et ci-dessus p.22, n.28.)

leurs hypothèses d'abord pour observer ensuite, qu'ils examinent longuement 'les irrégularités de nos vallées et de nos montagnes' avant que d'inventer 'des Eaux imaginaires et atténüées'.

Boulanger, avec les seuls moyens que lui donne son métier d'ingénieur des Ponts et chaussées, constate et note. N'ayant ni l'argent ni le loisir de courir le monde pour y contempler le Gange et l'Euphrate, il se contentera d'étudier les cours de la Marne et de la Loire. Et ses observations lui imposent une série de conclusions que la science moderne ratifiera.

Il est frappé d'abord par l'incroyable profusion des fossiles dans la plupart des couches géologiques: 'presque toutes les pierres doivent leurs substances et leurs matiéres aux coquilles qui se sont produites et détruites sous les eaux des mers' (*Anecdotes de la nature*, p.231). 'Il y a des Carriéres qui ont parües être des Charniers d'animaux [...] et d'autres où l'on a trouvé des forets ensevelies' (p.3), et il en déduit que le déluge, qui a été un accident d'une grande brièveté, ne peut être la cause de cet amoncellement. Contre la majorité des esprits religieux de son époque qui, ne pouvant nier la présence de ces fossiles innombrables, avaient été trop heureux de justifier leur existence par le déluge et de prouver du même coup la réalité de l'inondation mosaïque, il soutient que seule une immersion d'une durée prodigieuse – et sans rapport aucun avec les eaux diluviennes – peut expliquer l'étrange composition de notre sol (pp.462-63):

Avant qu'on eût multiplié les recherches et les observations, on ne croyoit pas avoir de témoins plus authentiques du déluge que les coquilles fossiles et les poissons pétrifiés qui se trouvent dans nos continents en si grande abondance; Mais enfin cette preuve est devenüe la plus mauvaise de toutes les preuves: Toutes ces productions de la mer pour avoir trop prouvées [*sic*] dans un tems ne prouvent plus rien aujourd'huy en faveur du déluge et s'obstiner avec entêtement et sans jugement[34] à en faire l'unique preuve du récit des saintes Ecritures, c'est leur faire le plus grand tort possible et même les anéantir. Ces dépoüilles de la mer ne nous parlent que du long séjour qu'elles ont fait sous les eaux des mers qui y séjournoient comme les mers présentes séjournent aujourd'huy dans l'océan.

Et seul cette fois, seul contre tous les penseurs de son temps, croyants et mécréants confondus, il comprend que les durées géologiques dépassent l'entendement humain.[35] La chronologie biblique traditionnelle qui accorde soixante-quatre siècles à l'histoire de la terre a été à l'origine une erreur; y ajouter foi aujourd'hui relève de l'aberration ou de l'imposture (*Anecdotes de la nature*, pp.606; 610-11):

Soixante et quatre siècles [...] ce n'est que quatre vingt fois la vie d'un homme, que

---

34. A propos de cette absence de jugement, Boulanger nous conte l'histoire vraie ou la fable édifiante de ce curé dont l'obscurantisme s'oppose aux lumières d'un sage paysan: '[...] j'hazarday de demander à un Curé d'où tous ces coquillages pouvoient provenir; il me répondit sans hésiter qu'ils avoient été aportés par les eaux du déluge; me trouvant si éloigné de la réponse qu'un homme d'étude et de bon sens devoit me donner, je fis peu après la même question à un Paysan qui secoüant la tête comme un homme qui réflechit, me dit en son Patois *'qu'il falloit bien que son pays eût été autrefois un trou de Mar'*; voulant dire un lieu où la mer devoit avoir séjourné. J'admiray combien le sens droit de ce Paysan avoit d'advantages sur celuy de son curé qui néantmoins avoit l'esprit assés cultivé d'ailleurs, mais sur cette matiere l'esprit de l'un avoit son ressort naturel, celuy de l'autre étoit engourdy par des préjugés' (*Anecdotes de la nature*, pp.237-38).

35. Buffon, qui s'est montré à cet égard le plus audacieux, n'a pas osé imaginer une durée supérieure à cinq cent mille ans.

vingt fois la vie d'un oranger, d'un olivier et d'un chesne ordinaire.

Tels forts que soient les préjugés qui s'y opposent il faudra qu'ils cedent un jour et que ce temps qu'ils craignent d'envisager, les écrase tôt ou tard. Les opinions de six mille ans passeront comme l'égarement d'un jour et l'on jugera que s'il peut y avoir quelque raport entre la durée [d'un] fresle coquillage[36] et celle de la Terre, on pouroit se tromper en n'estimant ce raport, qu'en raison de leur masse et de leur volume.[37]

Il ne convient pas de mesurer 'la profondeur de l'abyme des temps' (p.448) – Boulanger a la sagesse bien mal partagée de reconnaître que la science ne lui offre encore, en ce domaine, aucune possibilité d'évaluation chiffrée – mais seulement de concevoir qu'il faut non plus compter par centaines d'années, mais rêver par 'milliers de siécles' (p.487).

Il faut admettre, et malgré qu'on en ait,[38] que ce déluge qui a façonné les mentalités humaines, qui explique la forme de toutes les religions et de tous les gouvernements, ne représente presque rien dans la nuit des temps. La vérité est que depuis les origines, qui nous sont incompréhensibles, la voûte terrestre, souple et élastique,[39] est soumise à un jeu de reptation, et que les eaux, toujours les mêmes, qui se trouvent à sa surface vont et viennent au gré de ces ondulations. Pendant des 'milliers de siécles' notre terre actuelle a été immergée alors que le fond de nos actuels océans était émergé, et tout laisse penser que cette 'métaphore' des éléments s'est produite à maintes reprises et qu'elle se produira encore, en engloutissant 'des nations entieres au moment où elles s'y attendront le moins' (*Anecdotes de la nature*, p.586).

Si l'immersion prolongée de la terre que nous foulons aujourd'hui explique grandement la composition du sol, elle n'éclaire pas en revanche les 'irrégularités' de celui-ci, c'est-à-dire son relief. Et c'est ici que Boulanger retrouve avec volupté son cher déluge que les faits et la raison l'avaient contraint de délaisser.

36. Boulanger parle évidemment d'un coquillage fossile et prend en compte non la durée de sa vie propre, mais celle de sa présence dans la terre!

37. Boulanger en arrive à penser que le respect que l'on accorde aux textes sacrés n'est pas la seule cause de la persistance de ces préjugés, et que si l'homme refuse d'envisager une durée prodigieuse, c'est pour ne pas diminuer, par comparaison, la durée déjà bien brève de sa propre vie: 'Par le terme de six mille ans, vous vous formés l'image d'un temps fort long et d'une durée inconcevable; or c'est par là qu'éclate visiblement la force ou plutôt le foible de nos préjugés; vous concevés aisément six mille hommes, six mille livres, pour un très-petit objet et une fort petite somme, et ce n'est que quand ces mêmes termes sont appliqués aux années qu'ils vous étourdissent tellement qu'il semble qu'en ce genre ce nombre soit infiniment trop vaste pour la capacité de votre esprit et pour la sphère de vos sens. Cette irrégularité dans le jugement de tous les hommes est si singulière que je ne sais si c'est uniquement l'habitude qui intercepte dès l'enfance et brise la force naturelle de nos idées, et si l'amour propre et une vanité secrette n'y entrent point pour quelque chose sans que nous nous en apercevions; ne pouvant nous cacher combien la vie humaine est courte, nous la croirions anéantie dans le temps, si on ne limitoit l'espace qui en contient plusieurs, et si on ne le rendoit par là aisément commensurable avec cette vie humaine; illusion consolante, à la vérité, quand on parvient à s'en faire accroire, et que l'imagination frappée a conçue cette idée comme une chose réelle' (pp.603-604).

38. Boulanger reconnaît qu'il a été lui-même tenté de résister à cette troublante découverte et de s'en tenir au déluge pour expliquer l'état actuel de notre globe: 'C'est là le cas où j'ay été moy-même tout le premier, je l'avoüe, pour me tirer du Labyrinthe de réflexions où une analyse si suivie me menoit et me laissoit dépourvû de tous les secours ordinaires; il n'y a pas d'objections que je ne me sois faites ou que je ne me sois rapellé [*sic*], point de route que je n'ayes tenté pour en sortir et trouver une autre solution, voulant surtout presqu'aussy opiniâtrément que bien d'autres ne trouver dans l'histoire du monde que la révolution unique du déluge' (p.449).

39. Voir *Anecdotes de la nature*, p.572 et *Mémoire sur une Nouvelle Mappemonde*, p.12.

v. Influence géologique du déluge

C'est à cette extraordinaire inondation, en effet, que Boulanger attribue l'existence de nos vallées et de leurs 'escarpements', des entonnoirs et des bassins, de tout ce que nous expliquons de nos jours par l'érosion fluviale ou glaciaire (*Anecdotes de la nature*, p.75):

Les grands escarpements et les breshes de nos Montagnes étant [...] les effets des dernieres grandes eaux qui ont passé sur tous nos continents, c'est donc présentement à ce Déluge qu'il faut avoir recours. Il a dû être un agent si capable d'operer des effets aussy généraux et aussy considérables, que je trouveray sans doute une trés grande facilité à faire regarder ces escarpements et ces coupes de nos terrains comme les preuves les plus infaillibles de ce mémorable événement, et en effet je crois que l'on n'en peut avoir de plus constantes et de plus légitimes.

Pour une raison que le géologue ne cherche ni à expliquer ni même à imaginer, les montagnes – qui préexistent au déluge et qui sont le produit monstrueux des grandes ondulations dont nous avons parlé – se sont mises un jour à dégorger une quantité d'eau prodigieuse, qui formant brusquement d'immenses torrents, a, comme un titanesque sculpteur,[40] tout buriné sur son passage, avant d'aller s'accumuler dans les parties basses de la terre, là où la plupart des humains avaient établi leurs demeures qui devinrent leurs tombeaux.

C'est du moins ainsi que l'on peut tenter de résumer une pensée particulièrement confuse et embarrassée. Car, si Boulanger est tout à fait clair lorsqu'il dénonce l'inanité des théories qui ont été jusque-là avancées,[41] il se montre étrangement maladroit quand il doit justifier la sienne. Peut-être a-t-il conscience, ne serait-ce qu'obscurément, de la fragilité de son hypothèse.

Son manque de perspicacité à cet égard vient d'une erreur de jugement qui était banale à son époque: Boulanger est persuadé que les pluies sont insuffisantes pour alimenter les sources et que la terre contient une réserve d'eau en quelque sorte indépendante (mais comment se renouvelle-t-elle?) bien supérieure à celle que les plus violentes averses peuvent accumuler.[42] Cette malheureuse conviction l'incite à imaginer, comme il le fait, un déluge par rupture ou débordement de ce réservoir souterrain, et l'empêche, en lui fournissant une raison simple et apparemment rationnelle de l'inondation et de ses conséquences, de songer au travail patient de l'érosion qui a façonné le visage de notre globe. Il est vrai que Boulanger ne peut soupçonner la durée qui sépare réellement l'homme du dix-huitième siècle des cataclysmes qu'il évoque, même si le laps de temps qu'il imagine fait de lui, en ce domaine, le plus hardi des 'physiciens' de son époque.

Depuis ce moment tragique, plus rien d'important ne s'est produit à la surface

---

40. C'est Boulanger lui-même qui a utilisé cette image du sculpteur: 'pour avoir une idée juste des montagnes, il faut les regarder comme des partyes de la Masse laissées en relief, et les vallées comme des sillons pris et creusés dans la Masse; [...] c'est ainsy que le sculpteur pour faire enfler une Draperie, ne fait que foüiller dans son marbre les plis qui doivent le faire valoir' (*Anecdotes de la nature*, pp.224-25).

41. Boulanger rejette évidemment les explications surnaturelles de la terrible inondation, mais il refuse aussi la théorie des pluies torrentielles et celle de l'envahissement des terres par les océans.

42. Cette idée étrange pourrait bien venir de la Bible elle-même! La Genèse (vii.11) fait mention, en effet, de deux sources d'eau pour expliquer le déluge: '*rupti sunt omnes fontes abyssi magnae, et cataractae caeli apertae sunt*'.

de la terre. Les pluies, le soleil et les vents font leur œuvre, mais celle-ci est, aux yeux de Boulanger, si médiocre qu'elle est incapable de modifier notablement les paysages qui nous entourent. En revanche, tout est prêt pour un nouveau déluge et tout nous en avertit. Le mouvement des marées 'semble n'exister que pour nous annoncer à chaque instant que nôtre séjour n'est point fait pour une situation constante et fixe [...] et nous préparer aux accidents futurs' (*Anecdotes de la nature*, p.543). Les cavernes qui se forment sous le sol sont 'des Tombeaux qui se creusent' (p.586). Allant jusqu'à se contredire de la façon la plus formelle, Boulanger, tantôt, en un élan d'optimisme, annonce que le prochain déluge sera moins terrible par ses conséquences que celui qui a façonné notre terre (pp.159-60):

nous pouvons présumer de ce qui se passeroit aujourd'huy sur la terre [...]. Il est des plus sensibles que les issues étant ouvertes, les passages et les canaux étant prolongés jusqu'aux mers communes et générales, il ne pourroit plus se former de ces réservoirs formidables, qu'il n'y auroit plus ny gonflement, ny reflux, ny engorgement, ny par conséquent de ces décharges subites, et qu'enfin comme l'écoulement seroit réglé et successif, les [...] eruptions des sources ne produiroient plus de ces désordres généraux qui en détruisant les nations ont abolis [*sic*] la Mémoire de toutes choses [...]

et tantôt, prophète d'apocalypse, prédit l'anéantissement de toute civilisation: 'à l'égard des nations savantes et policées qui habitent dans les villes, qui se sont fixées auprès des grands fleuves, dans les grandes vallées et aux bords de nos mers, leurs villes, leurs monuments, leurs Bibliotheques, et leurs connoissances, tout seroit anéanti pour jamais' (pp.312-13).

Cette surprenante contradiction est en réalité très caractéristique d'une attitude latente de Boulanger qui, de 'sens froid', fait effort pour rassurer les hommes, et qui, lorsqu'il se laisse aller à son tempérament atrabilaire, frémit voluptueusement à l'évocation des désastres passés et envisage avec de douloureuses délices les désastres futurs.

Il est très révélateur aussi que cet enthousiasme mélancolique est toujours suscité par l'élément liquide[43] qui, contre toute attente, joue dans la nature le rôle du mâle tout-puissant auquel la terre femelle s'abandonne passivement, comme en témoigne cette page qui ferait le ravissement des psychanalystes:

de quelque façon que la chose soit arrivée, l'ordre et la disposition de nos Terreins est entierement l'ouvrage de l'eau, la terre lui doit tout, et pour la disposition, de ce que nous connoissons de sa masse, et pour celle de sa superficie sans parler de ces grands effets qu'elle a opéré [*sic*] dans les crises de la nature, tous les jours l'eau la dérange en détail, l'entraine peu à peu et la dépose en tous lieux, elle la reprend et l'abandonne, elle la compose et la décompose; elle est un élément toûjours agissant sur la terre qui lui est soûmise [...].[44]

Il est bien clair que ce texte a été conçu et écrit comme un simple bilan

43. Le feu est évidemment présent dans l'œuvre du géologue: Boulanger ne pouvait pas passer complètement sous silence les divers phénomènes volcaniques; mais il est frappant que cet élément d'en-haut occupe toujours une place mineure et qu'il ne provoque jamais ni délires ni envolées lyriques.

44. *Anecdotes de la nature*, pp.508-509. C'est encore en évoquant l'élément liquide que Boulanger a – bien involontairement – trouvé les seuls accents érotiques de toute son œuvre: 'Les lits en émotion ont communiqués [*sic*] en pleine mer aux vaisseaux même qui fuyoient leurs secousses et leurs agitations' (p.588).

scientifique, comme le résumé et la juste conclusion de longs développements et pourtant un homme s'y lit et s'y trahit.

vi. Promesses

Nous avons vu que le manuscrit qui nous est resté ne constitue que la première partie des *Anecdotes de la nature*. 'Les 250 [...] feuilles detachées [...] plus historiques que physiques' qui n'ont jamais été retrouvées étaient consacrées à 'l'Esprit de l'antiquité'.[45] Il est donc très vraisemblable que nous avons perdu là la toute première version de *L'Antiquité dévoilée par ses usages*. Si quelque chercheur aussi habile que le furent John Hampton et Jacques Roger pouvait nous rendre ces feuillets, cela nous permettrait d'apprécier ce qui sépare les deux états extrêmes de l'œuvre majeure du philosophe. Toutefois, si nous en jugeons par les seules digressions 'historiques' de la première partie des *Anecdotes*, nous pouvons affirmer que les idées de Boulanger étaient déjà bien proches de leur forme définitive, qu'elles étaient dès lors un peu plus que des promesses.

Il serait vain de rapprocher systématiquement les textes des *Anecdotes de la nature* et ceux de *L'Antiquité dévoilée* qui se font écho, de signaler, comme cela serait souhaitable dans une édition critique, que telles remarques sur les 'quipos' des Péruviens,[46] le mont Chang-pe-chan des Chinois[47] ou la haine que les Egyptiens avaient conçue pour la mer[48] figurent dans l'un et l'autre ouvrages. Cela ne servirait guère qu'à prouver l'authenticité des *Anecdotes*, si c'était encore nécessaire.

Il est important, en revanche, de montrer que dès sa trentième année Boulanger avait mis au point le système qu'il ne cessera de développer jusqu'à sa mort. Et à cet égard les preuves abondent. Nous nous contenterons d'une brève anthologie, puisqu'il s'agit de mettre en évidence des idées qui nous sont familières.

Dès le moment où il compose les *Anecdotes*, Boulanger a parfaitement vu que si les textes sacrés nous mentent quand ils donnent pour des effets du pouvoir divin les événements qu'ils racontent, ils disent en même temps une vérité qui mérite attention et respect. Sodome n'a pas été détruite par la colère du Dieu vengeur, mais cette cité se dressait dans une région bitumineuse et cela suffit à expliquer l'anéantissement dont parle la *Genèse* (pp.412-13):

L'Ecriture sainte nous donne un [...] fait particulier de désordres provoqués par les feux soûterains, dans l'embrasement de Sodome et des Villes de son voisinage. Il est vray qu'elle nous dit qu'une pluye de feu et de souffre descendit du Ciel, style qui lui est familier pour faire connoître que ce châtiment venoit de Dieu, mais il est facile de reconnoître qu'il fut executé par des agents naturels et Physiques, puis qu'avant qu'il soit question dans la Genese de la punition de ces villes criminelles, il y est marqué qu'il y avoit dans ce pays un tres grand nombre de puits de bithume.

Tout de même, le récit de la création est un tissu d'absurdités et d'anachronismes;

---

45. *Anecdotes de la nature*, feuillet précédant la page de titre, pour les deux citations. Voir ci-dessus p.208 et Annexe VI.
46. Voir *Anecdotes de la nature*, p.489, et *L'Antiquité dévoilée*, III, 3, ii.137, n.38.
47. Voir *Anecdotes de la nature*, p.163, et *L'Antiquité dévoilée*, II, 2, i.359.
48. Voir *Anecdotes de la nature*, p.109, et *L'Antiquité dévoilée*, I, 4, i.139.

Moïse en confondant, comme il le fait, la naissance du monde avec sa renaissance après le déluge est aussi ridicule 'qu'un homme qui après s'être vanté de faire une histoire complette de toute la Monarchie françoise, nous montreroit tout d'abord Pharamond faisant chanter des Te Deum en actions de graces de ses victimes à Nôtre Dame et donnant des carrousels et des fêtes publiques au Louvre ou à Versailles' (*Anecdotes de la nature*, p.257). Mais si nous prenons conscience que l'auteur de la Genèse a précisément confondu 'les effets d'une Révolution de la nature avec l'acte de Création' (p.149), nous aurons un témoignage éclatant de la réalité de cette renaissance dont nous sommes encore les bénéficiaires: 'on aura mille sujets de se convaincre que ce qu'on a regardé comme le détail de la création [...] est [...] l'histoire d'un renouvellement du monde apres une révolution générale qui venoit de le changer' (*Anecdotes de la nature*, pp.260-61).

Il convient donc, à chaque page, de confronter la lettre du texte avec la réalité qu'elle évoque, ou, en d'autres termes, d'éclairer la sainte Bible par la nature qui 'est icy la seule et digne intrepréte de l'Ecriture' (p.222).

Ce qui est vrai de la tradition judéo-chrétienne peut s'appliquer à toutes les mythologies. Les peuples et les poètes, trompés par leur goût du merveilleux ou par leur imagination créatrice, ont transformé des faits que, bien souvent, ils ne savaient pas même être réels, mais ces faits subsistent dans leurs légendes et dans leurs œuvres. Quand Ovide compose ses *Métamorphoses*, il se sait poète et se veut créateur; il ignore sans doute qu'il est aussi témoin: 'Il suffiroit pour s'en convaincre de voir toutes les differentes traditions qu'Ovide avoit ramassé du déluge de Deucalion pour faire dans le premier livre de ses métamorphoses, fable sept, l'admirable description qu'il en donne. Jamais fable n'a été moins fable que la sienne à cet égard' (pp.79-80). Et Boulanger résume lui-même sa pensée avec une parfaite clarté quand il nous dit qu''on peut conclure en général sur toutes ces traditions et sur ces fables, que ce sont des détails tirés de faits réels et vrays arrivés dans des temps extrêmement reculés qui s'étant long temps transmis sans datte de bouche en bouche auront été ramassés et recueillis par les poetes' (p.426).

Les *Anecdotes de la nature* prouvent aussi et à l'évidence que Boulanger avait, dès ce moment, remarqué que les 'faits réels et vrays' dont les fables et les traditions se nourrissent sont étrangement concordants et que tous, sous des déguisements variés, nous rappellent 'ces Déluges, ces inondations, ces submersions, ces souvenirs nébuleux des peuples, d'un changement dans la nature, d'un affoiblissement du soleil, de Tenebres, de cahos, d'une catastrophe universelle' (pp.6-7), en un mot, qu'ils nous peignent les 'traits des anciens malheurs du monde' (p.7) qui ont imprimé 'à juste titre dans la mémoire des hommes une terreur inéfaçable' (p.40). Les *Anecdotes* montrent que cette angoisse est déjà aux yeux de Boulanger le principe de tous les cultes et que les cérémonies religieuses ne sont que des commémorations des grands cataclysmes diluviens: 'Il faut penser que les premiers hommes ont cherché à conserver le souvenir de tous ces grands événements surtout par ces céremonies instituées pour en perpétüer la mémoire; que la pluspart de ces céremonies ont survecües [*sic*] au souvenir de leur principe [...]. Les céremonies lustrales universelles [...] ne sont

[...] vraisemblablement que les commémorations des déluges et des inondations' (p.436).

Les *Anecdotes de la nature* permettent de constater enfin que Boulanger n'a pas attendu de rédiger *L'Antiquité dévoilée* pour concevoir que les 'monumens' de la nature et les traditions humaines peuvent également servir de documents à un esprit éclairé et que tous ces témoignages convergent pour dire et répéter une même vérité, celle d'une terrible révolution dont l'homme du dix-huitième siècle craint encore inconsciemment le retour: 'la nature, l'histoire, les fables même, les craintes, les préjugés des hommes et leurs pressentiments[49] vont se réunissant pour confirmer et rendre ces soupçons légitimes' (*Anecdotes de la nature*, pp.400-401).

Comme on le voit, Boulanger avait déjà découvert et quelques-unes de ses idées majeures et le fondement de la méthode qu'il utilisera jusqu'à sa mort.[50] Si nous avions conservé la seconde partie de son manuscrit – partie consacrée à des études 'plus historiques que physiques' – il est infiniment vraisemblable qu'apparaîtrait plus nettement la ressemblance qui unit les *Anecdotes de la nature* et *L'Antiquité dévoilée* et que nous serait plus évidente encore l'étonnante unité de l'œuvre du philosophe.

vii. Confidences?

Avant que *Les Confessions* ne fussent publiées,[51] la mode littéraire n'était guère à la confidence. Montesquieu n'eût point songé à parler de lui-même dans *L'Esprit des lois*, et seule la préface de ce livre apparemment impersonnel laisse transparaître quelque chose des états d'âme de l'auteur.[52] Voltaire a écrit l'article 'Convulsions' de son *Dictionnaire philosophique* sans faire la moindre allusion au drame personnel que la malheureuse affaire des frénétiques de Saint-Médard représentait pour lui.[53] Au dix-huitième siècle le moi est encore haïssable.

Ce n'est pas Boulanger qui risquait de rompre cette tradition de pudeur. Les sujets qu'il avait choisis, sa timidité et son orgueil même ne l'inclinaient pas aux épanchements. Et sans le manuscrit des *Anecdotes de la nature* nous ne saurions

49. Dans les *Anecdotes de la nature*, Boulanger mentionne déjà 'ces alarmes des peuples dans le temps des eclipses et des comettes, et ces pressentiments de toutes les nations sur la ruine future de l'univers' (p.7). Le philosophe prouve également, à ce propos, qu'il est enclin, comme il le sera dans le *Despotisme oriental* et dans *L'Antiquité dévoilée*, à pardonner aux hommes leurs errements les plus ridicules: 'Bayle a justement condamné toutes les superstitions dont les cometes et les Eclipses ont été et sont encore les causes, je les condamne de même sans en excepter aucunes, mais avec cette différence [...] que je pense que ces superstitions toutes ridicules qu'elles soyent ont eû primitivement un principe fondé' (p.435, en note).
50. Dans les *Anecdotes de la nature*, Boulanger affirme même le caractère infaillible de sa méthode: 'tels que soyent les spectacles que l'œil du Physicien poura dorénavant rencontrer dans ses recherches, je ne pense pas qu'il y en ait aucun dont cette méthode [...] ne donne l'intelligence' (p.569).
51. Les six premiers livres des *Confessions* ne sont sortis qu'en 1782.
52. On songe, en particulier, à cette digne et douloureuse confidence: 'J'ai bien des fois commencé et bien des fois abandonné cet ouvrage; j'ai mille fois envoyé aux vents les feuilles que j'avais écrites', et à l'orgueil mesuré de la dernière phrase: '"Et moi aussi je suis peintre", ai-je dit avec le Corrège.'
53. On sait que le propre frère de Voltaire faisait partie des convulsionnaires.

rien – ou presque – de cette âme sensible.[54] Son œuvre de jeunesse nous offre, en revanche, quelques traits que nous pourrions interpréter comme de très discrètes confidences.

Par trois fois – cela est bien peu sans doute en six cent quatorze pages – nous croyons apercevoir une image de l'écrivain.

L'un des trois textes nous permet de deviner Boulanger en chasseur de fossiles: 'ceux qui sont accoutumés à voir les Pierres en Philosophes et qui les ont maniées le marteau à la main'.[55] Le marteau de Nicolas-Antoine ne vaut peut-être pas la boîte d'herboriste de Jean-Jacques, mais l'évocation de cet outil et de la main qui l'a tenu nous est précieuse!

Les deux autres textes suggèrent un Boulanger rêveur et contemplatif (*Anecdotes de la nature*, pp.117; 457-58):

Assis au bord des grandes Riviéres rien ne ravit davantage que la tranquilité de leurs cours, dirigés par une Pente insensible du haut des Continents jusqu'aux Mers, nous admirons avec raison le tableau présent de la Nature, mais nous ne pensons pas que ces spectacles paisibles et enchanteurs n'ont été produits que par les ravages les plus terribles [...].

Si j'étois sur les ruines de Persépolis et qu'après avoir admiré ces respectables vestiges de l'antiquité, je voulois détailler le plan chronologique des différentes idées que leur situation fait naître, je pourrois dire, Il y a eu un temps où ces Palais n'étoient point encore construits et où tous les matériaux qui y sont employés étoient encore dans les Carrières, Il y a ensuitte un temps où on les a tirés pour construire ces beaux édifices. Voyant des marbres usés par le frottement et d'autres vestiges d'un ancien service, je dirois de plus, il y a eu aussy un temps pendant lequel ils ont été fréquentés et habités, et leur situation présente qui n'offre que des débris, me feroit dire encore qu'il faut qu'il y ait eu ensuitte un autre temps de guerre et de trouble qui ont été les causes de leur ruine, enfin apercevant sur ces tristes restes de grands monceaux de terre et de vieux troncs qui s'y sont enracinés, je dirois, Il y a certainement bien longtemps que tous ces malheurs sont arrivés.[56]

Il est évidemment nécessaire de souligner que les trois textes que nous venons de citer n'ont pas d'autre but que celui de la démonstration philosophique: il s'agit pour Boulanger de marquer la supériorité de l'homme de terrain, qui fouille et qui observe; de dire que les spectacles bucoliques que nous contemplons aujourd'hui sont des images trompeuses qui nous font oublier la réalité géologique alors qu'elles devraient nous en instruire; d'enseigner par la noble métaphore des ruines de Persépolis les 'époques' qui se sont succédé dans la nature. Mais les moyens que Boulanger a choisis pour exprimer des vérités à ses yeux fondamentales ne sont pas indifférents et, au-delà de l'enseignement que ces textes contiennent objectivement, restent pour nous la silhouette du philosophe un 'marteau à la main', l'âme sensible touchée par la majesté des fleuves et le visionnaire qui lit dans les ruines de la cité antique l'histoire de notre planète.

Il arrive même que Boulanger aille jusqu'à parler de lui à la première personne; c'est une fois pour se vanter modestement des heureuses dispositions

---

54. Diderot ne cesse de vanter la sensibilité du philosophe dans son *Extrait d'une Lettre écrite à l'Editeur*.

55. *Anecdotes de la nature*, feuillet autographe intercalé entre les pages 374 et 375.

56. Boulanger évoque dans les mêmes *Anecdotes de la nature* (p.53) 'ces grands fleuves qui roulent, suivant les expressions de la Poësie, avec tant de majesté dans nos Provinces et dans nos campagnes'.

dont la nature l'a doté, de cette faculté de patiente observation qui lui a permis de mener à bien ses recherches: 'La Physique aujourd'huy sage et retenüe n'est plus capable de concevoir d'autres projets, j'ay été assés heureux pour être d'un caractere à me conformer et à me renfermer dans les limites qu'elle prescrit à ceux qui la cultivent';[57] c'est, une autre fois, pour avouer son âge: 'Prêt d'arriver au terme de mon sixième lustre, je sens vivement qu'à peine ai-je vécu; le terme marqué au plus grand nombre des hommes m'avertit desja que c'est presque la moitié de ma course' (*Anecdotes de la nature*, pp.604-605).

On pourrait objecter que c'est là une façon bien convenue et bien pédante de dire que l'on a trente ans! Cette vaine solennité a cependant quelque chose d'émouvant par la pudeur qu'elle suppose. C'est une manière de parler de soi sans oser le faire, c'est interposer entre le lecteur et sa propre personne le paravent d'un mot savant; c'est une cuistrerie par délicatesse.

Cette phrase de Boulanger se charge d'une émotion bien plus authentique quand on songe que le philosophe s'est tragiquement trompé sur ses espérances de vie et qu'au moment où il écrit six années seulement le séparent de la mort. Peut-être s'est-il volontairement leurré, peut-être a-t-il songé à lui en évoquant, comme il l'a fait, 'la personne des grands hommes dont l'ame est pour ainsy dire meurtriere du corps, parce que la grande activité de la nature la mène plus promptement à sa fin' (*Anecdotes de la nature*, p.443). Si tel était le cas, nous tiendrions dans cette pensée la plus belle de ses confidences.

Les *Anecdotes de la nature* sont décidément un livre d'une telle richesse que la plus juste des conclusions est celle que Jacques Roger formulait dans son article: il serait indispensable 'de pouvoir un jour l'éditer' ('Un manuscrit inédit', p.237).

---

57. *Anecdotes de la nature*, p.535. Les 'projets' dont parle Boulanger consistent à 'ramasser ça et la quelques anecdotes de la nature', comme il dit l'avoir fait lui-même (p.535).

8. Boulanger et la critique partisane ou littéraire

Nicolas-Antoine Boulanger occupe dans les histoires et les manuels de littérature une place extrêmement modeste. Joseph Bédier et Paul Hazard,[1] René Jasinski[2] ne lui consacrent qu'un bref développement. Gustave Lanson, qui connaissait pourtant ses œuvres,[3] ne daigne pas accorder au philosophe la moindre notice dans son *Histoire de la littérature française*. Lagarde et Michard, Chassang et Senninger sont parfaitement muets à son égard. Les encyclopédies et les biographies générales sont, en revanche, plus généreuses. On peut même affirmer que depuis la fin du dix-huitième siècle aucun des ouvrages de ce type n'a oublié Boulanger.[4] Mais leurs articles sont d'une grande pauvreté, ils se répètent les uns les autres et leur seule originalité tient à l'idéologie du rédacteur qui se félicite ou s'indigne du matérialisme qui est indistinctement prêté au philosophe.

Cet ostracisme, ce mépris, cette ignorance ou cette méconnaissance commencent au moment même de la publication des œuvres de l'écrivain. En dehors de l'*Extrait d'une Lettre écrite à l'Editeur*, deux ouvrages, et deux ouvrages seulement, lui sont consacrés à cette époque: *L'Antiquité justifiée* du comte d'Autrey et l'*Analyse et Examen de l'Antiquité dévoilée, du Despotisme oriental* [...] de l'abbé Legros. Et ce sont là deux livres de violente polémique, comme si la noblesse et le clergé bien-pensants s'étaient ligués pour stigmatiser le Tiers Etat mécréant.

i. *L'Antiquité justifiée*[5]

Avec une rapidité exemplaire – ou inquiétante –[6] le comte Fabry d'Autrey[7] réplique à *L'Antiquité dévoilée* par une *Antiquité justifiée*. Le livre est un étrange

1. *Littérature française*, nouvelle édition refondue et augmentée sous la direction de Pierre Martino (Paris 1949). Voir ii.80.

2. *Histoire de la littérature française* (Paris 1947). Voir ii.234-35.

3. Dans son *Manuel bibliographique de la littérature française moderne (1500-1900)* (Paris 1911), Lanson est le premier qui ait décrit certaines éditions des œuvres de Boulanger. Voir pp.820-21, articles 11342-45.

4. On trouve, par exemple, des articles consacrés à Nicolas-Antoine Boulanger dans le tome i (pp.533-73) de la *Philosophie ancienne et moderne* de Jacques-André Naigeon (Paris 1791) (tome cxlvi de l'*Encyclopédie méthodique*); dans le *Grand dictionnaire universel* de Pierre Larousse (Paris 1865-1876) (ii.1089); dans la *Biographie universelle* de François-Xavier de Feller, nouvelle édition par M. Pérennès (Paris 1833) (ii.472-73); dans la *Nouvelle biographie générale depuis les temps les plus reculés jusqu'à nos jours* sous la direction de Ferdinand Hoefer (Paris 1852-1866) (vi, colonne 939); dans la *Biographie universelle ancienne et moderne*, nouvelle édition publiée sous la direction de Louis-Gabriel Michaud (Paris 1854-1865) (v.225-26).

5. *L'Antiquité justifiée, ou Réfutation d'un livre qui a pour titre: 'l'Antiquité dévoilée par ses usages'* (Amsterdam, Paris 1766).

6. Alors que *L'Antiquité dévoilée* était sortie des presses à la fin de 1765 (voir ci-dessus, p.131), *L'Antiquité justifiée* a vu le jour au plus tard au mois de décembre 1766, puisque le *Mercure de France* en rend compte dans son numéro de janvier 1767 (p.76). Ce périodique ne précède que de deux mois *Le Journal des sçavants* (mars 1767, pp.164-66), et les *Mémoires pour l'histoire des sciences et des beaux-arts* (ou *Journal de Trévoux*) (mars 1767, cclxii.569-70).

7. Henry-Jean-Baptiste Fabry de Moncault, comte d'Autrey (1723-1777). Petit-fils du garde des sceaux Fleuriau d'Armenonville. Il embrassa la carrière des armes. Il publia anonymement trois ouvrages pour défendre la foi la plus orthodoxe et pour attaquer les Philosophes. Ce sont, outre

composé de lucidité et d'aveuglement, de bonne foi et de rouerie venimeuse. Le propos principal est fondé sur ce paradoxe éculé: l'adversaire de la religion en voulant ruiner la saine doctrine n'a cessé de prouver son bien-fondé (Avertissement, pp.v, ix, xii):

Les incrédules [...] ont tant disserté, ils ont tant fait de recherches, ils ont tant écrit; leur imagination s'est tellement échauffée, qu'ils viennent de prouver évidemment la Religion qu'ils vouloient anéantir.

[...] l'Auteur de l'*Antiquité dévoilée* attaque à dessein la Religion, et la prouve sans y penser [...]

[...] M. Boullanger démontre en rigueur les dogmes qu'il veut attaquer.

Ces trois formules sont tirées du seul *Avertissement* (pp.v-xii); le corps de l'ouvrage répète plus de vingt fois cette vérité consolante. Le comte d'Autrey, convaincu par son propre raisonnement, en arrive à se demander si *L'Antiquité dévoilée* n'est pas 'une fraude pieuse' (p.35) et à rendre grâces à Diderot,[8] ce lévite involontaire du Seigneur: 'Ah! Monsieur, que ce livre que vous venez de faire imprimer fera de bien au monde!' (p.149).

Pour parvenir à cette belle conclusion, le comte d'Autrey est amené dans un premier temps à faire l'éloge des vertus scientifiques de Boulanger. De façon appuyée – et sans doute avec une bonne part de sincérité – il célèbre la gravité et la rigueur de *L'Antiquité dévoilée*: 'Ce n'est point ici un tissu de mensonges grossiers, de sophismes rebattus & bouffons, appliqués d'un air méprisant aux objets les plus intéressans pour l'humanité: c'est une entreprise sérieuse & réfléchie' (Avertissement, pp.vi-vii); 'quelle obligation n'a-t-on pas à M. Boullanger d'avoir recueilli si soigneusement ces magnifiques débris de la premiere croyance & de la premiere Histoire du monde?' (p.33). Le texte de *L'Antiquité justifiée* est ainsi, tout au long, ponctué de compliments pour 'les savantes recherches de M. Boullanger' (p.29).

Mais pour être partiellement sincères, ces éloges ne sont pas innocents. Le comte d'Autrey a l'intention, comme il l'avoue lui-même, de 'montrer clairement que tous les faits qui confirment l'intégrité des Livres Sacrés, sont évidemment certains, & que toutes les conséquences que Boulanger en tire sont évidemment absurdes' (Avertissement, pp.ix-x). En d'autres termes, l'auteur de *L'Antiquité dévoilée* est un bon observateur et un piètre logicien: il a su, comme personne ne l'avait fait encore, accumuler les preuves de l'universalité du déluge et du caractère unique de toutes les religions, mais les conclusions qu'il tire de ce juste et savant constat relèvent de l'erreur la plus diabolique. Boulanger, à force de travail, a pertinemment montré que tous les peuples avaient gardé le souvenir d'une effroyable inondation; cependant, il n'en fallait pas déduire que la *Genèse* a, parmi d'autres textes, raison sur ce point de doctrine, mais que les autres textes confirment l'évidente sagesse de la *Genèse*: 'On retrouve au milieu de toutes les Fables les plus antiques, ce que la Genèse nous enseigne de plus

---

L'Antiquité justifiée, Le Pyrrhonien raisonnable, ou Méthode nouvelle proposée aux incrédules (La Haye 1765), et *Les Quakers à leur frère V***, lettres plus philosophiques ... que *** sur sa religion et ses livres* (Londres 1768). Franco Venturi a, dans son *Antichità svelata*, consacré quelques pages à ce pamphlétaire (voir pp.78-85, 87, 93, 99).

8. Le comte d'Autrey est persuadé que l'auteur de l'*Extrait d'une Lettre écrite à l'Editeur* est le responsable de la publication de *L'Antiquité dévoilée*.

sublime & de plus important' (p.93). Car l'erreur globale et fondamentale de Boulanger – ou son crime contre l'esprit – est de n'avoir pas conçu que si 'tout atteste l'uniformité du premier culte, de la premiere tradition, des premiers usages, des premieres cérémonies' (p.17), c'est que 'tout cela prouve [...] l'unité, la grandeur, la sainteté [...] de la premiere Religion, (telle que Moyse nous la dépeint)' (p.21). La Révélation, directement ou indirectement, a été universelle; même les peuples les plus barbares en ont conservé quelque vérité, mais leur stupidité les a conduits à défigurer et à pervertir les enseignements de la parole divine:

Les incarnations du Dieu Visnou [...] ressemblent-elles donc si parfaitement à celle du Créateur de l'Univers, qui fut avant les temps, qui s'unit avec le monde alors qu'il le créa, qui s'y unit en choisissant la forme du seul être capable de l'adorer [...]? [...] Si les petites métempsycoses Indiennes ressemblent au tableau que je viens de tracer, je les respecte, & je dis sans hésiter que Dieu a autrefois révélé ces grandes vérités à ces pauvres Peuples qui en ont mal profité. Si leurs mysteres sont au contraire un mêlange absurde de petitesse, de grandeur & de folie, & qu'ils ressemblent pourtant, quoique de très-loin, à la vérité, j'en conclus que les Juifs dispersés depuis longtemps sur la terre, y ont apparemment porté les Oracles sacrés; [...] les Peuples les plus stupides les ont à quelques égards entendus comme les Chrétiens, tout en les défigurant. Enfin si chez plusieurs Nations, & même chez des Peuples Sauvages, les dogmes & les cérémonies religieuses ont tant de rapport avec le Christianisme, pourquoi en conclure que les Chrétiens ont dévalisé les Sauvages & les Chinois?[9]

Croyant ainsi avoir ruiné la thèse de Boulanger, le comte d'Autrey lève le masque de la pondération et de la courtoisie. Aux éloges et à l'analyse succèdent les injures. Si l'auteur de *L'Antiquité dévoilée* a tant insisté sur toutes les ressemblances des différentes religions de la terre, c'est tout simplement qu'il est athée: 'Je ne confonds pas les différentes Sectes; je pense [...] qu'il faut être Fanatique de l'Athéisme ou de la superstition, pour les mettre toutes au même rang' (pp.105-106); 'depuis qu'on écrit contre la Religion de son pays, personne encore n'a paru plus frappé de ses inconvéniens, que l'Auteur de l'*Antiquité dévoilée*. Il [...] nous diroit volontiers que l'Athéisme est la seule secte honnête & utile' (p.169). Et si Boulanger et ses semblables, 'ces enthousiastes du néant' (p.170), prêchent la tolérance, c'est pour déguiser leur essentielle cruauté (pp.181-83):

C'est une chose remarquable que l'infatigable cruauté de ceux qui prêchent la tolérance. En est-il beaucoup qui ne voulussent faire bruler en personne ceux qui ont fait bruler leurs écrits. [...] S'il n'y a point d'orgueil plus vil que celui du bel esprit, parce qu'il compte le reste pour rien, il n'en est point de plus cruel. [...] Si quelques-uns de ces barbares fatalistes cessoient de se faire une Religion cruelle & absurde, ils ne se contenteroient pas du Déisme, ils deviendroient Athées, & persécuteroient encore au nom du Dieu qu'ils auroient abandonné.

L'Antiquité justifiée serait une œuvre de petit mérite, si elle ne nous rappelait opportunément que les livres de Boulanger ont été, à l'époque de leur publication, ressentis non comme des ouvrages scientifiques, mais comme des traités blasphématoires, et que l'esprit de libre examen a dû gagner de haute lutte, et dans un climat de haine, des succès qui nous paraissent aujourd'hui évidents.

9. pp.70-72. Comme le dit si bien le comte d'Autrey, 'Toutes ces belles explications prouvent que l'on croit ce que l'on veut croire'! (p.61).

ii. *Analyse et Examen de l'Antiquité dévoilée, du Despotisme oriental*[10]

Si le comte d'Autrey a fait preuve d'une hâte passionnée pour répondre aux arguments que développe *L'Antiquité dévoilée*, l'abbé Legros[11] a pris, au contraire, tout son temps pour répliquer aux hardiesses de Boulanger. C'est en 1788 seulement que sort des presses son *Analyse et Examen de l'Antiquité dévoilée, du Despotisme oriental et du Christianisme dévoilé.*[12]

Après un bref *Avertissement* (pp.3-6), où il tente de justifier le besoin qu'il a éprouvé de réfuter 'un systême nouveau, singulier, présenté avec un appareil d'érudition, capable d'imposer à bien des lecteurs' (p.4), l'abbé Legros résume l'*Extrait de la Lettre écrite à l'Editeur* en y ajoutant le récit de la mort édifiante du jeune philosophe (pp.7-20). Puis, avec une clarté et une justesse souvent admirables, il analyse sans prévention marquée les trois ouvrages qu'il attribue indistinctement à Boulanger (pp.21-110). Tout au plus peut-on remarquer que le seul *Christianisme dévoilé* le fait sortir de la réserve qu'il a décidé de s'imposer: 'l'auteur, dit-il, n'y raisonne pas. Il déclâme, il s'emporte, il invective, rien davantage' (p.93). Mais c'est là l'exception et l'ensemble de l'analyse est d'une neutralité remarquable.

Il n'en est évidemment pas de même lorsque l'abbé Legros passe à l'examen du systême de Boulanger. Comme l'avait fait le comte d'Autrey, il commence par faire l'éloge du philosophe: il reconnaît en particulier que sa méthode a quelque fond de solidité qu'on ne trouve pas chez ses confrères: 'Je conviens d'abord, car il faut être juste, que le systême de Boulanger porte sur une base plus solide que celle qu'ont adoptée Jean-Jacques & les Economistes'.[13] 'Boulanger part [...] d'un fait simple, indubitable, également attesté par les traditions primitives de toutes les nations, & par les monumens physiques généralement répandus dans toutes les parties du globe; il s'appuie uniquement sur le déluge' (pp.113-14). Mais le ton change bien vite: dès que Boulanger a l'audace de donner au déluge une cause toute naturelle, l'abbé Legros s'emporte et invective: 'Comment, de quel droit, sur quel motif, [...] un jeune Ingénieur

---

10. *Analyse et Examen de l'Antiquité dévoilée, du Despotisme oriental et du Christianisme dévoilé, ouvrages posthumes de Boullanger*, par un solitaire (Genève, Paris 1788) 400 pp. On trouve des comptes rendus de cet ouvrage – tous très élogieux – dans le *Journal encyclopédique ou universel* du 15 décembre 1788 (viii, 3e partie 379-90), dans le *Journal général de France* du jeudi 27 novembre 1788 (no 143, pp.569-70), dans le *Journal ecclésiastique* de janvier 1789 (pp.58-82) et dans *L'Année littéraire* du 11 février 1789 (i, lettre 12, 241-70).

11. Charles-François Legros (vers 1712-1790). Il fut abbé de Saint-Acheul et prévôt de Saint-Louis du Louvre. Ses contemporains le présentent comme un homme savant et affable. En plus de son *Analyse et Examen de l'Antiquité dévoilée*, il a écrit un *Examen des systèmes de J. J. Rousseau et de M. Court de Gebelin* (Genève 1786), une *Analyse et examen du système des philosophes économistes* (Genève 1787) et un *Examen du système politique de M. Necker* (s. l. 1789). Franco Venturi a, dans son *Antichità svelata*, consacré un chapitre (pp.87-92) à cet ecclésiastique.

12. L'erreur d'attribution de l'abbé Legros – erreur banale au dix-huitième siècle – est due au fait que *Le Christianisme dévoilé* est paru sous le nom de 'Feu M. Boulanger'. Cette méprise est heureusement sans conséquence pour qui veut juger de l'*Analyse et Examen*, car l'abbé Legros a pris soin de porter dans les marges de son livre les références précises à *L'Antiquité dévoilée*, au *Despotisme oriental* et au *Christianisme dévoilé*, au fur et à mesure qu'il analyse telle ou telle partie de chacun de ces ouvrages.

13. p.113. Lorsque l'abbé Legros parle des 'Economistes', il songe surtout, comme le montre la suite de son ouvrage, à Court de Gébelin.

des ponts & chaussées, *devenu Philosophe en un clin-d'œil, sur les grands chemins*, ose-t-il décider du ton le plus dogmatique, que le déluge n'a pas été une punition d'en haut, qu'il n'a été qu'une crise, une effervescence, une fermentation, une fièvre de la nature?' (pp.115-16). A partir de là l'ouvrage de l'abbé Legros est une interminable logorrhée où se mêlent le paternalisme à l'égard du 'jeune étourdi' (p.121), la satire des Philosophes et la révérence pour les 'autorités'.

Le grand âge du saint ecclésiastique, son sens tout chrétien du pardon et l'ultime repentir qu'il prête à Boulanger l'incitent à la plus généreuse des mansuétudes. Son adversaire n'est qu'un 'jeune insensé' (p.119), 'un jeune fou qui avoit le cœur bon, mais l'esprit gâté' (p.128), un malheureux égaré qui aurait mieux fait de se consacrer à son métier qu'à la philosophie: 'En vérité, mon pauvre Boulanger, la tête vous tourne; faites des ponts & chaussées, mais ne faites point de systêmes' (p.228). Les autres philosophes des Lumières, qui ne peuvent se recommander ni d'une mort prématurée ni d'une fin édifiante, n'ont pas droit aux mêmes égards: ce sont des séditieux qui finiront par ruiner l'ordre établi (pp.269-70):

nos Philosophes [...] ne sont-ils pas évidemment des perturbateurs du repos public, des séditieux, des ennemis & des fléaux du genre humain? Car enfin, ils ne peuvent ignorer que leurs maximes répandues par la voie de l'impression dans toute l'Europe, jettent l'alarme, agitent les esprits, inspirent aux peuples des idées de mécontentement, occasionnent des murmures, affoiblissent insensiblement tous les ressorts des gouvernemens, & sont capables de porter les hommes toujours avides de nouveautés, toujours jaloux de l'indépendance, aux excès les plus criminels. Vouloir intervertir l'ordre établi, n'est-ce pas lever l'étendart de la révolte? n'est-ce pas semer le trouble, la discorde & la zizanie entre les Souverains & les sujets?

En l'an de grâce 1788, l'abbé Legros ne croyait pas si bien dire!

Si le 'jeune insensé', si les 'fléaux du genre humain' sont ainsi dans l'erreur, c'est qu'ils ont, par orgueil, refusé de se soumettre aux 'autorités' de la culture et de la foi. Que n'ont-ils reconnu et médité les enseignements de Lucien, d'Ovide et de Moïse. De Moïse surtout, 'ce grand & sublime Historien' (p.139) qui sur toutes choses révèle des vérités si indiscutables qu'elles rendent par avance vaines et caduques les recherches de tous ces philosophes mécréants. Pour qui veut se fonder sur quelque certitude, la lecture de la *Genèse* vaut mieux que celle du 'grand livre de la nature' (p.136): 'qu'on s'en tienne à la narration de Moyse, la plus certaine sans-doute à tous égards, & la plus conforme aux traditions anciennes' (p.136).

L'abbé Legros qui a consacré la fin de sa vie à analyser et à examiner les doctrines des Philosophes n'a guère été éclairé par leurs lumières. Au lieu d'argumenter, il se contente de répéter les 'vérités' chrétiennes les plus conservatrices:

– Les usages des peuples qui n'ont pas embrassé la religion révélée ne méritent ni respect ni attention: 'M'amuserai-je à raisonner sur les usages & les mœurs de pareils gens? Boulanger lui-même osera-t-il me condamner à pénétrer *l'esprit* de ces usages? Le plus sage & le plus court n'est-il pas de les ignorer? va-t-on aux petites-maisons pour raisonner sur les usages des foux, pour connoître l'esprit de ces usages? On les plaint, on en gémit, mais on n'est pas tenté de les suivre' (p.169).

– En revanche, le témoignage de ces aliénés infidèles mérite la plus grande considération quand ils ont la sagesse de croire en un seul Dieu, créateur d'un homme doté dès l'abord de toutes les facultés: 'Que les premiers hommes soient sortis des mains du Créateur avec [leurs] facultés & l'exercice de [leurs] facultés, sans parler des dons surnaturels qu'il aura bien voulu leur accorder; c'est un fait incontestable, appuyé sur les traditions de tous les peuples' (pp.234-35).

– Le catéchisme le plus simple suffit pour guider les hommes sur la voie de la parfaite sagesse: '[...] allez, reprenez vos catéchismes soi-disans philosophiques; celui de notre Curé nous suffit: il nous apprend [...] que pour être heureux dans cette vie & dans l'autre, nous devons connoître, aimer & servir le Dieu qui nous a créé [*sic*], observer ses commandemens: aimer notre prochain: il ne nous en faut pas davantage' (pp.260-61).

– La science est une entreprise aussi vaine que perverse: 'Hélas! pauvres imbécilles que nous sommes, ce jargon scientifique est-il fait pour nous? Faut-il recommander à nos pareils d'avoir du respect pour leur raison? Les hommes ne sont-ils pas déjà assez vains, assez sots, assez suffisans, assez remplis d'eux-mêmes?' (pp.259-60).

Une telle volonté d'obscurantisme interdit évidemment toute réflexion véritable de l'abbé Legros sur la philosophie de Boulanger. *L'Analyse et Examen* n'est plus qu'un prétexte à ressasser les niaiseries les plus conformistes et l'on se demande pourquoi l'auteur s'est donné tant de mal pour lire, comprendre et résumer impartialement les œuvres de son adversaire si ses conclusions devaient être aussi stupides. Il semble bien vrai, comme le dit le saint homme en parlant des Philosophes, que 'la grande difficulté [...] n'a pas été de les analyser, mais bien de les réfuter' (p.150)!

iii. Notes et notules

Si l'on met à part les ouvrages de Diderot, du comte d'Autrey et de l'abbé Legros, la personne et l'œuvre de Boulanger n'ont, au dix-huitième siècle, suscité que de très brèves réflexions qui, en général, ne dépassent pas le cadre de la note ou même de la notule. Et le dix-neuvième siècle sera plus avare encore.

Pour parler des seuls écrivains que nous n'avons pas eu l'occasion d'évoquer au cours de cette étude, nous relevons, par ordre chronologique:

– Nicolas Bonneville[14] qui fut, avec une certaine perspicacité, le premier à insister sur le goût qu'avait Boulanger pour les tableaux d'apocalypse:

Boulanger [...] pour peindre son *déluge d'eau*, emprunte les plus sauvages couleurs de la poésie antique. C'est la nature qui est malade et qui éprouve un désordre effrayant pour elle; tantôt la terre se dérobe sous les pieds de l'homme épouvanté, tantôt la croûte du globe, semblable à une voûte ébranlée, s'écroule sur elle-même. [...] mais ce déluge, ce *tohu-va-bohu*, dont le tableau est si épouvantable [...] qu'il accuse la divinité d'impuissance et de malice, ne ressembleroit-il pas un peu à la dent d'or? Après d'interminables disputes

14. Nicolas Bonneville, publiciste et littérateur (1760-1828). Il publia des journaux d'une grande violence, *Le Tribun du peuple*, et, en collaboration avec l'abbé Fauchet, *La Bouche de fer*. Esprit exalté, il composa une foule d'ouvrages étranges et passionnés, dont le moins oublié est aujourd'hui son traité *De l'esprit des religions*.

on s'avisa de vérifier la dent, et la dent n'étoit pas d'or.[15]

– Louis-Claude de Saint-Martin qui affirme avoir composé l'un de ses principaux ouvrages dans un mouvement de colère suscité par la philosophie de Boulanger: 'C'est à Lyon que j'ai écrit le livre des erreurs et de la vérité. Je l'ai écrit par désœuvrement et par colère contre les Philosophes. Je fus indigné de lire dans Boulanger, que les religions n'avoient pris naissance que dans la frayeur occasionnée par les catastrophes de la nature.'[16] L'abbé Henri Grégoire[17] s'est fait l'écho de cette indignation de Saint-Martin dans son *Histoire des sectes religieuses*,[18] où il reproduit exactement les phrases que nous venons de citer.

– Eugène Lerminier[19] qui, dans son traité *De l'influence de la Philosophie du XVIIIe siècle sur la législation et la sociabilité au XIXe siècle*, prête à Boulanger un romantisme décadent qui n'est guère de saison à l'époque des Lumières:

Quel est ce jeune homme triste et maladif, pâle, dont la mélancolie cherche quelque consolation dans les récits de l'histoire et du passé, sceptique dévoré du besoin d'affirmer et de croire, que blessent les joies hardies et bruyantes qui éclatent autour de lui? A le voir, je me suis involontairement rappelé ce que l'ami de Byron, le malheureux Shelley écrivait sur lui-même: 'Parmi les autres amis moins connus vivait un être frêle, une ombre parmi les ombres, solitaire comme le dernier nuage d'une tempête expirante dont l'explosion de la foudre a annoncé la fin [...]'.[20]

– Pierre Flourens[21] qui, chargé de rendre compte des *Leçons de géologie pratique*[22] de Léonce Elie de Beaumont dans le *Journal des Savants* de 1845, en profite pour rendre un hommage mesuré aux vertus scientifiques de Boulanger: 'Boulanger, l'auteur de l'*Antiquité dévoilée par ses usages*, avait étudié l'histoire naturelle de la terre autant qu'on peut le faire sans être naturaliste' (septembre 1845, p.554). Après avoir évoqué le plagiat dont Buffon s'était rendu coupable en démarquant le manuscrit des *Anecdotes de la nature* (voir ci-dessus, pp.205ss.), Flourens conclut cependant à la grandeur de celui qu'il admirait entre tous, de celui qui 'découvrait [...] sur les observations des autres'![23]

15. *De l'esprit des religions* (Paris 1792), Appendices, pp.27-28.

16. *Œuvres posthumes* (Tours 1807), i.23.

17. L'abbé Henri-Baptiste Grégoire (1750-1831) fut successivement curé d'Embermesnil, député aux Etats généraux, évêque constitutionnel de Loir-et-Cher, membre de la Convention et du Conseil des Cinq-cents. Ce fut un écrivain très prolixe. L'une de ses grandes préoccupations fut la lutte contre l'esclavagisme et le racisme.

18. (Paris 1810), i.417. Le compte rendu de l'ouvrage de l'abbé Grégoire qui a paru dans *The Quarterly review* 28 (October 1822 – January 1823), met également l'accent sur le ressentiment de Saint-Martin à l'encontre de Boulanger: '*But he* [Saint-Martin] *was not an irreligious man; the very work wherein this passage was contained was written under an impulse of indignation against Boulanger, who, reviving with a worse spirit the errors of the ancient atheists, affirmed that all religions had no other origin than in the terror occasioned by great natural convulsions*' (p.37).

19. Eugène Lerminier, publiciste et jurisconsulte (1803-1857). Il fut rédacteur du *Globe*. Il consacra une grande partie de sa vie à vulgariser en France la science et le droit allemands. Ses travaux lui valurent une chaire de législation comparée au Collège de France.

20. *De l'influence de la philosophie du XVIIIe siècle* (Paris 1833), p.116.

21. Pierre-Marie-Jean Flourens fut membre de l'Institut et professeur au Collège de France. Il est encore connu pour ses travaux sur Cuvier et sur Darwin; mais l'essentiel de sa notoriété est dû aux études qu'il a consacrées à Buffon et à l'édition des *Œuvres* du naturaliste (Paris 1853-1855).

22. *Leçons de géologie pratique, professées au Collège de France, pendant l'année scolaire 1843-1844* (Paris 1845).

23. *Journal des savants* (septembre 1845), p.554.

– Sainte-Beuve enfin qui, à plusieurs reprises, a évoqué le nom de Boulanger, sans se livrer jamais à une analyse de l'œuvre du philosophe. Son sentiment est proche de celui de Lerminier qu'il célèbre d'ailleurs avec enthousiame: 'Oh que j'aime [...] cet intérêt nuancé de charme, cette sobriété ingénieuse et fine, cette parcimonie mordante, avec laquelle M. Lerminier effleure tour à tour en passant le mélancolique Boulanger, le jeune Vauvenargues, le vieux Fontenelle et d'Alembert le circonspect provocateur!'[24] Boulanger, pour lui comme pour Lerminier, est un romantique désolé, un rêveur effrayé: 'L'athéisme [...] de ce Spinosa moins géométrique que l'autre,[25] et poétiquement rêveur, nous rappelle toutefois le raisonneur enthousiaste dans sa sobriété chauve et nue, de même que cela nous rappelle, par l'effet des peintures, par l'inexprimable mélancolie qui les couvre et l'effroi désolé qui y circule, Lucrèce, Boulanger, Pascal et l'*Alastor* du moderne Shelley.'[26]

'Lucrèce, esprit rêveur et mélancolique, jeté dans le monde à une période d'anarchie et de discordes civiles, troublé de doutes et de terreurs philosophiques à la manière de Pascal et de Boulanger'.[27] Sainte-Beuve qui n'est pas avare de rapprochements généreux fait encore à Boulanger l'honneur de le comparer à André Chénier,[28] à Condorcet,[29] à Diderot et à d'Holbach,[30] mais la réciproque, hélas, n'est jamais vraie!

Comme on le voit la moisson est particulièrement maigre, et si Boulanger, à la fin du dix-neuvième siècle, n'est pas tombé dans l'oubli, il n'est plus guère considéré que comme une sorte de phénomène, dont on parle encore par scrupule ou par honnêteté intellectuelle, mais qui a toujours besoin de la présence des autres pour exister vraiment. Seule la critique scientifique du vingtième siècle, à partir des travaux d'Henri Lion, lui donnera la place qu'il mérite sans doute.

24. *Premiers lundis* (Paris 1874), ii.245-46.
25. Sainte-Beuve parle ici de Senancour.
26. *Portraits contemporains* (Paris 1869), i.169.
27. *Nouveaux lundis* (Paris 1870), xii, *Appendice*, p.446.
28. Voir *Portraits littéraires* (Paris 1862), i.180-81.
29. Voir *Portraits contemporains* i.146.
30. Voir *Nouveaux lundis*, xii, Appendice, p.445.

9. Conclusion

NICOLAS-Antoine Boulanger n'est ni un écrivain de génie, ni un philosophe de tout premier plan. Il est pourtant, et de bien des façons, une figure marquante de ce dix-huitième siècle qui n'a pas été avare de personnages singuliers. Et certains aspects de sa pensée n'ont pas d'équivalent à l'époque des Lumières.

L'écriture de Boulanger est, le plus souvent, réduite à sa fonction référentielle, elle n'est qu'un outil au service d'une démonstration. Sa plus grande vertu est la clarté. Le style est fondé sur une rhétorique convenue et parfaitement maîtrisée où prédominent les effets de redondance binaire. Si le philosophe en vient à parler des déluges, il écrira 'des déluges et des inondations', s'il évoque les traditions, celles-ci deviendront 'les traditions et les usages' et s'il revendique dans sa quête intellectuelle le droit de marcher en tâtonnant, il se flattera d'avancer 'en tâtonnant et pied à pied', aussi longtemps qu'il n'aura pas trouvé des faits 'assez clairs et assez lumineux' pour 'le guider et le conduire'! Il est facile de se moquer de cette manie, de dénoncer le caractère mécanique d'une écriture que son auteur croit abondante et nombrée, de s'associer à Voltaire dont l'estomac délicat avait quelque peine à digérer cette pâte 'un peu aigre'. Mais ce serait sans aucun doute passer à côté de l'essentiel, s'attacher à un aspect superficiel, à un simple tic, à une timidité déguisée en assurance, ce serait ignorer que l'écriture de Boulanger est, dans son ensemble, le résultat d'une mutilation et d'un renoncement douloureux.

Nous savons que le philosophe a, au début de sa carrière, connu la tentation du succès et de l'éclat. Plusieurs pages des *Anecdotes de la nature* ou de la *Dissertation sur Saint Pierre* en sont le garant certain. Mais nous savons aussi que la crainte de la censure et de la police – crainte légitimement accrue par une origine modeste et un métier d'officier public qui lui interdisent toute échappatoire – l'a rapidement conduit à renoncer à l'ambition littéraire. Boulanger est un écrivain volontairement posthume qui ne compose, au sens propre, que pour la postérité. Et ce choix délibéré explique en grande partie le caractère impersonnel, ou mieux intemporel, de son écriture: sa rhétorique, étant celle de tous, ne sera celle de personne. Il s'est persuadé que le succès mondain est périssable et que la science ne l'est pas: son œuvre ne vivra point par son élégance, mais par la vérité; et son style devra être le reflet de ce renoncement, de ce rigorisme, de cette pénible et orgueilleuse humilité. Le penseur sera d'autant plus grand que l'écrivain sera plus effacé. Ainsi se justifie l'aspect terne et monotone de sa prose: si Boulanger se répète, c'est que la vérité elle-même est répétitive; et qu'importe la beauté formelle si l'exactitude exige que l'on redise à propos des Hébreux, et dans les mêmes termes, ce qu'on a déjà dit des Grecs, des Latins ou des Chinois. Le lecteur, hélas, n'y trouve pas son compte et Boulanger s'est voué à une certaine désaffection en ne comprenant pas que c'est la science qui toujours est mortelle, alors que le style – médiocre ou sublime – est impérissable.

La conviction qui est la sienne est d'autant plus regrettable que Boulanger a, en quelques occasions, donné la preuve d'un véritable talent d'écrivain. Mais il faut pour cela que deux conditions se trouvent réunies: il est nécessaire que les documents fassent complètement défaut et que le sujet concerne les grandes catastrophes géologiques. Le philosophe, libéré par nécessité des entraves de la science et poussé par une passion incoercible, s'abandonne alors à son imagination. Cela nous vaut une dizaine de pages qui figureraient avec bonheur dans une anthologie de la poésie baroque. La sécheresse du ton fait place à l'enthousiasme et la répétition à une authentique amplification oratoire. Quand le lecteur a la conviction que tout est dit et qu'il est impossible d'aller plus loin dans l'évocation de l'horreur, Boulanger repart de plus belle en se grisant avec délices du spectacle imaginaire d'un monde en perdition. Sainte-Beuve a osé comparer cet écrivain de l'apocalypse à Lucrèce et à Pascal: le rapprochement flatte à l'évidence l'auteur de *L'Antiquité dévoilée*, mais il n'est pas dénué de toute vérité.

Si l'écrivain ne mérite, du moins en général, que le respect qui va légitimement aux styles fermes et clairs, le philosophe, en revanche, suscite une réelle admiration. Cela ne veut pas dire que sa doctrine soit sans faille et sa méthode toujours probante. On peut lui reprocher son esprit systématique, sa peur maladive des exceptions qui le conduit parfois à tricher avec les textes, son refus obstiné de la diversité et de la nuance. On doit regretter son absence totale de discernement critique à l'égard des documents qu'il utilise: Boulanger est capable de mettre sur le même plan deux pages que vingt siècles séparent, et d'accueillir avec innocence les témoignages des jésuites missionnaires pour peu qu'ils établissent une ressemblance entre les religions chrétienne et païennes sans entrevoir que ce rapprochement est intéressé et que le zèle des saints explorateurs y a plus de part que la réalité des faits. Il faut déplorer enfin son essentialisme latent et à peu près inconscient qui, ayant pour inévitable corollaire une vision fixiste du monde, l'amène à considérer les faits dans une synchronie, à oublier l'histoire, à envisager la psychologie humaine comme une donnée invariable, indépendante des circonstances et de la pratique, à juger des réactions de l'homme échappé au déluge d'après celles d'un intellectuel éclairé du dix-huitième siècle: tout se passe dans son œuvre comme si la durée était un immense cauchemar où les êtres s'agitent sans avancer jamais. Boulanger s'était rêvé matérialiste et positiviste, il avait voulu rompre avec toute métaphysique, lâcher enfin l'ombre pour la proie, remplacer partout l'imaginaire par le document, et, plus chimérique et plus métaphysicien que bien d'autres dans son ambition démesurée, il en est venu bien souvent à adopter en toute ignorance les attitudes les plus conservatrices.

Boulanger était parti pour découvrir des terres inconnues, et il a fini par découvrir le vieux monde. Mais il a fait tant d'heureuses trouvailles au cours de son périple décevant, qu'il a pour nous le visage d'un conquérant de la science et de la philosophie. Il est celui qui a osé concevoir que les durées géologiques devaient s'envisager par milliers de siècles, quand tant de bons esprits, au dix-huitième siècle, comptaient encore par centaines de décennies et échafaudaient gravement de minutieuses et mesquines chronologies. Il est celui qui a eu le pressentiment que les institutions civiles et religieuses avaient pour fondement une peur viscérale et l'angoisse de la mort. Son erreur a été d'en faire une cause unique et parfaitement mécanique et de ne pas songer que la mort qui attend chacun des hommes et que chacun des hommes sait inévitable a infiniment plus d'importance que le souvenir des lointains déluges, mais l'idée était féconde et d'autres, bien après lui, montreront avec plus de rigueur et moins de systématisme la part que l'angoisse occupe dans nos choix politiques et religieux. Il est celui enfin – et c'est là son plus beau titre de gloire – qui a compris et clairement montré que les fables ne sont pas des contes à plaisir, des inventions sorties de cerveaux fantasques, déréglés ou vainement poétiques, mais qu'elles nous parlent de l'homme, de ses inquiétudes et de ses espérances, de son histoire, des événements réels, qu'elles sont des 'monumens' et ont une nécessité que leur caractère récurrent à travers le temps et l'espace prouve de manière indubitable. Son mérite sur ce point est immense, car il était véritablement seul contre tous, contre les esprits religieux et contre ses amis des Lumières: les uns ne voulaient voir dans les fables païennes que sottise, folie, poésie gratuite ou dégradation des textes sacrés, et les autres cherchaient les moindres dissemblances pour ridiculiser la preuve de l'existence de Dieu par le *consensus omnium* et montrer la vanité d'une doctrine et d'une morale uniques. La découverte de Boulanger, qui va bien au-delà de ce qu'avaient conçu Bayle et Fontenelle, devrait à elle seule lui valoir la considération et la célébrité.

L'homme enfin – car, malgré qu'on en puisse avoir, on parle toujours d'un homme en parlant d'une œuvre – a une personnalité aussi attachante que singulière. On pourrait dire de Boulanger ce que Diderot a dit du neveu de Rameau: 'Rien ne dissemble plus de lui que lui-même'. Ce fils de petits boutiquiers de la rue Saint-Denis, que ses maîtres jugeaient inapte et inepte, devint un jour philosophe et encyclopédiste. Cet homme de santé fragile et qui n'a 'vécu qu'un moment' a cependant soutenu le siège de Fribourg en Brisgau, bâti le pont de Vaucouleurs et celui de Foulain, fouillé, médité et laissé à sa mort une œuvre considérable. Cet ami des Philosophes, qui a fréquenté Diderot, Helvétius et Rousseau, est aussi un homme seul qui, en ce siècle épistolaire, n'écrit à personne et à qui jamais personne n'écrit. Cette âme sensible que tout passionne et qui a le don d'universelle sympathie s'est, avec une infinie pudeur, si bien gardé de toute confidence que son lecteur en est réduit aux supputations et aux investigations indiscrètes s'il veut deviner quelque chose de ses goûts et de ses dégoûts. Ce penseur qui fut mêlé à toutes les querelles de son temps, qui a touché à tous les sujets qui suscitaient les controverses les plus violentes, n'est pourtant jamais entré dans aucune dispute, restant résolument à l'écart des coteries; et ce destin érémitique, cette indifférence passionnée lui ont permis d'échapper à tout parti-pris et de s'engager, quand il le jugeait bon, dans des voies opposées à celles de l'esprit dominant des Lumières. Cet observateur un peu myope des entrailles de la terre, ce collecteur besogneux des rites et des mythes, ce lecteur boulimique qui sut mieux accumuler que choisir, a été capable aussi d'embrasser d'un seul regard les destinées humaines, de lier le 'monde ancien au monde nouveau', et de déchiffrer l'histoire de notre planète en contemplant, dans une rêverie solitaire et par la vertu de sa seule imagination, les ruines lointaines de Persépolis.

Annexes

Annexe 1: Documents relatifs à deux procès auxquels Nicolas Boulanger, père de Nicolas-Antoine, a été mêlé (voir ci-dessus, p.1).

a. 'Arrest du conseil d'Estat du Roy', en date du 6 septembre 1723

Bibliothèque nationale, Manuscrits français, 22082. Collection Anisson-Duperron sur la Librairie et l'Imprimerie, XXII. Librairie: Règlements concernant le papier (1540-1772).

Pièce 38, folio 126 recto:

Arrest du conseil d'Estat du Roy,

Contre les Sieurs la Forest, Pioche & Boulanger Marchands à Paris, portant confiscation de Papier à eux appartenant, avec condamnation d'amende contre chacun d'eux: Confisque [...] vingt Rames de Papier à Patron saisies sur le Sr. Boulanger [...] faute par ledit Boulanger d'avoir déclaré lesdites vingt Rames au Bureau d'entrée: Et condamne [...] ledit Boulanger solidairement avec le nommé Fournaise voiturier par Eau, en Deux cens livres d'amende.

Folio 126 verso:

Vû le procès-verbal du 28. dudit mois d'Aoust, portant saisie de vingt Rames de Papier à Patron, venües [...] de Roüen dans le bateau de Guillaume Fournaise, lesquelles sont et appartiennent, suivant sa déclaration, à Nicolas Boulanger Marchand à Paris, rüe Saint-Denys, & desquelles vingt Rames ledit Fournaise ni ledit Boulanger n'ont fait aucune déclaration au Bureau d'entrée dudit Port Saint-Nicolas, ensorte que la fraude est manifeste de la part, tant dudit Fournaise voiturier, que dudit Boulanger Marchand.

Folio 127 recto:

[...] LE ROY EN SON CONSEIL, a ordonné et ordonne [...] que [...] les vingt Rames saisies sur lesdits Fournaise & Boulanger [...] demeureront [...] confisquées [...]. Condamne Sa Majesté [...] lesdits Fournaise & Boulanger solidairement à [...] en payer la valeur sur le pied que lesdits Papiers se vendent actuellement; les condamne en outre [...] en Deux cens livres [...].

b. Titres des pièces

Bibliothèque nationale, Manuscrits français, 22068. Collection Anisson-Duperron sur la Librairie et l'Imprimerie, VIII. Librairie: Libraires et imprimeurs (années 1746-1768).

53. 'Mémoire pour le sieur Charpentier, libraire à Paris': requête à M. de Sartine, pour le faire intervenir auprès de ses créanciers, qui le menacent de vendre ses marchandises en la chambre syndicale.

54. Autre, du même lieutenant général de police.

55. 'Mémoire pour Germain Charpentier, marchand libraire, [...] contre le sieur Boulanger, marchand papetier.': paiement du papier et de l'impression des *Anecdotes des reines et régentes de France* [...].

56. 'Mémoire sur délibéré pour le sieur Boullanger, marchand papetier', [...] contre le sieur Robustel [...] et le sieur Charpentier, libraires [...] en présence du sieur Regnard et sa femme, imprimeurs.

57. 'Mémoire sur délibéré pour mademoiselle Geneviève-Augustine Robert, femme séparée quant aux biens de Charles Robustel, libraire' [...] contre [...] Boullanger, marchand papetier [...] et contre les sieur et dame Regnard, imprimeur-libraire.

58. 'Réfutation du mémoire de la dame Robustel, ou second mémoire [...]' pour Boullanger.

59. 'Mémoire sur délibéré pour le sieur Regnard, libraire-imprimeur de l'Académie française', [...] contre Robustel, Charpentier et Boullanger.

De Paris ce 20 8bre 1757

Chemin de l'oignere au Leroy &c. de
Rambouillet
Cete erreur sur la largeur de l'ancienne
chaufée de pavé &c. est reformée dans
ce detail.

Monsieur

Je reçois avec quelque surprise la Remarque que vous avez faite
sur la largeur de la chaufée actuelle du chemin de Rambouillet
mais je ne puis eclaircir vos soupçons dans le moment. J'en
ai cependant un toisé fort exact qui marque douze pieds de
pavé: mais comme les bordures de blocage sont dans une colonne
apart, il pourroit se faire qu'au lieu de les oter de la largeur
du pavé, j'aurois dû les y ajouter, ce qui donneroit en effet seize pieds
de largeur. Je vais prendre la dessus les Eclaircissemens neces=
saires avec mon Controlleur, et avec le local. Je crains que la
faute ne soit de mon coté: mais je vais travailler à la Reparer
où à constater la chose avec toute la diligence possible.
J'ai l'honneur d'être avec respect

Monsieur

Votre tres humble et tres
obeissant serviteur

Boullanger

Annexe ii: lettre autographe de Boulanger. Bibliothèque municipale de Lille,
Manuscrits, 854, folio 370.

Annexe III: portrait de Boulanger. Bibliothèque municipale de Lille,
Manuscrits, 854, folio 370.

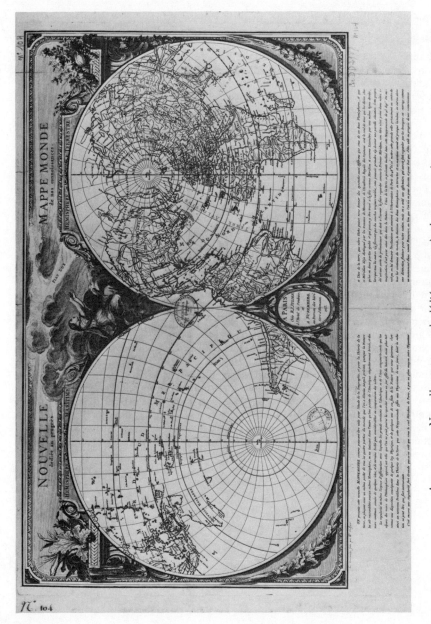

Annexe IV: *Nouvelle mappemonde dédiée au progrès de nos connoissances.*
Bibliothèque nationale, Ge DD 2987 no 104.

Annexe v: Lettre du 20 novembre 1755

Copie de la Bibliothèque de l'Institut de France. Manuscrits, 3927.

De Paris, le 20. 9bre 1755.

Enfin mon cher amy, je peux vous faire pars des feuilles de mes disputes; je vous les envoye, lisés les avec quelque indulgence je vous en prie, comme un amusement de mes vacances, et non comme un ouvrage dont le fond et la forme soient limés par vingt années; vous verrés par l'immensité du sujet et par sa grandeur, que je ne vous fais pas une priere déplacée, sur tout si vous vous rappellés que je n'avois pas ecrit une lettre de ces feuilles, il y a deux mois, et qu elles étoient encore dans le cahos, vous savés d'ailleurs que j'emousse tres souvent ma plume sur certains rochers qui me commandent aussi despotiquement que ces fiers Souverains de l'Asie qui veulent qu'on ne vive que pour eux: c est une raison de plus pour que vous me pardonniés mes ratures; si vous vous amusés de cette lecture je pourrois en partie avoir cette obligation aux malheurs imprevus du Portugal dont toute l'Europe est affectée; les révolutions de la nature faisant la baze de mes principes, c'est la que j'ay toujours eté chercher l'homme; et vous verrés icy que pour raisonner sur les premieres societés je n'ay point eté consulter l'homme sauvage, ni l'homme dans l'Etat de nature, animal ou corrompu, ni enfin l'homme métaphisique, mais l'homme échapé aux malheurs du monde; j'ai eté chercher un Etre reel, que j'ai etudié dans un Etat reel, et vous me dirés, cher amy, si j'ay trouvé la realité; au reste bonnes ou mauvaises, mes feuilles se recommandent a votre Sagesse, et moy je me recommande a votre amitié; j'aurois bien voulu ecrire pour mes concitoyens et pour le genre humain, mais sur cette matiere je n'ai pu ecrire que pour moy, c'est une loy que je me suis faitte pour ne point gener ma façon de penser, pour etre clair avec mes amis dans tous les paradoxes qui me sont particuliers et sur tout pour ne point produire de tres grands maux en voulant produire de tres grands biens. C'est une tres belle chose, il est vrai, d être le Legislateur du monde, mais lisés cher amy dans l'histoire, et vous verrés que tous ces fameux Legislateurs, Moyse, Zamoleis, Zoroastre, Licurgue, Romulus et Jesus ont tous disparus et qu'on n'a jamais sçu le lieu de leur sepulture; or je n'aime point a disparoitre. Comme je n'ai point ainsy que ces grands hommes eté exposé sur l'Eau ou dans le feu a ma naissance, je ne peux nullement pretendre a leur sublime assomption, il vaut mieux que je vive connu de quelques amis qu'illustré par les Mythologies des nations. Votre amitié et votre bon coeur sont sans doute de ces avis, c'est pourquoy je vous prie de me les conserver et vous embrasse en reconnoissance. J'ai ces jours cy ecrit a Lyon.

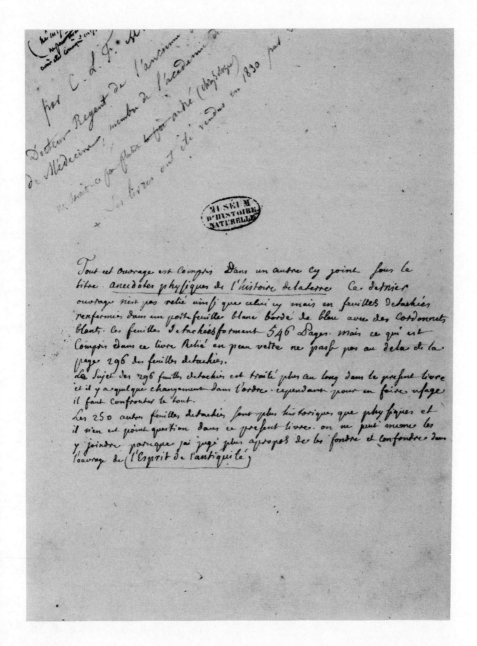

Annexe VI: feuillet précédant la page de titre du manuscrit des *Epoques de la nature*. Bibliothèque du Muséum national d'histoire naturelle, Manuscrits, 869.

fixe et constant Sur nos terres, comme il l'est présent-
-ement dans les Bassins qu'elles occupent, ce que l'on pré-
-ant ce séjour que les Bancs de la terre et tout ce
qu'ils renferment ont été construits Successivement
les uns après les autres et posés régulièrement comme
ils Sont les uns sur les Autres : Rien ne représente
dans la masse de la terre et dans la disposition de ce
bans la confusion et le désordre d'un accident passager
et momentané; tout y est uniforme, tout y est aussy
régulier que les assises d'un Rempart. Les espèces
marines Sont cantonnées les unes dans un lieu,
les autres dans un autre; icy est un Banc de Bacins,
ailleurs ce ne Sont que des huitres : Dans une autre
ce Sont des oursins qui y dominent; et dans une
autre ce Sont des forêts de Coraux, de Madrepores
et autres ouvrages Semblables des *plus petits* insectes de la Mer.

Deux observations nouvelles *Viennent de* constatent *les* encore cette
vérité et *j'ajouter* un grand poids aux Sentiments
de quelques Physiciens qui *avoient* déja crû pouvoir
avancer que presque toutes les pierres doivent leurs
substances et leurs matières aux coquilles qui se Sont
produites et détruites Sous les Eaux des mers. ces observations Sont
(de Mr Boulanger Sous-inspecteur des ponts et chaussées et ont été insérées dans le mercure de Juin 1753
« La nature de tous les terreins que la *Vallée* ou je les ai puisé
« de la marne traverse depuis Joinville jusqu'.
« à St Dizier
« *Planchot* est d'une pierre esquilleuse dont les
plus

Annexe VII: p.231 du manuscrit des *Anecdotes de la nature*,
où Boulanger a rajouté son propre nom.

232.

« plus belles Carrières Sous à Chevillon et à Savonières.
« en examinant les Pierres de ces Carrières, on a
« trouvé que le Bousin ou la partie la plus tendre
« de leurs bancs n'était qu'une fine Semence de coquilles
« qui affectait différentes formes, mais qui généralement
« était un peu ovale et creuse et qui laissait une multitude
« de petits vuides qui rendaient cette pierre extrêmement
« Susceptible de la gelée. Un Seul pouce cube de ce

[dit l'auteur de cette lettre]

« Bousin peut contenir 125 mille Semences, le pied cube
« par conséquent 216 millions et la toise cube 46
« milliards 256 millions: le tout est entremêlé de
« coquilles déjà formées et plus ou moins avancées
« les unes que les autres Quelle prodigieuse fécondité
« en si peu d'espace! Mais que Sera ce Si on
« regarde non plus un pouce cube, mais toute la
« masse du pays? et ne Sera ce pas un argument
« invincible pour prouver combien la multiplication
« des coquilles a contribué à construire les lits et
« les bancs du fond des mers. Que de calcul exigerait un
« pouce cube de cette Semence pétrifiée être formé
« en volume, en Supposant qu'elle eut eu le temps
« de parvenir à une moyenne grandeur,—
« ainsi que toutes les autres? Si chacune de ces
« graines eut acquise, par exemple, par la
« ordinaire, le Volume d'un 1/54 de pouce cube,
« Toutes celles contenues dans ce pouce cube

cussent

Annexe VIII: p.232 du manuscrit des *Anecdotes de la nature*,
où apparaît la maladroite supercherie de Boulanger.

Bibliographie

Manuscrits

Arlon

Archives de l'Etat, Cour souveraine de Bouillon, 1768 B

Bibliothèque de l'Institut de France

3927. *Recherches sur l'origine du despotisme oriental.* 288 pp.

Bibliothèque du Museum d'Histoire naturelle

869. *Anecdotes de la nature sur l'origine des vallées, des montagnes et des autres irrégularités extérieures et intérieures du globe de la terre, avec des observations historiques et physiques sur toutes les vicissitudes qui paroissent lui être arrivées.* 614 pp.

Bibliothèque Mazarine

1198 (2226). Recueil. 2. *Recherches sur l'origine du despotisme oriental.* 206 pp.

Bibliothèque municipale de Lille

854. Folio 370. Lettre autographe de Nicolas-Antoine Boulanger

Bibliothèque nationale

Manuscrits français:

19230. Mélanges historiques et littéraires [...], folios 18-103: *Essai sur le despotisme oriental* suivi de la copie d'une lettre de l'auteur des *Recherches sur l'origine du despotisme oriental*
22068. Collection Anisson-Duperron sur la Librairie et l'Imprimerie. Librairie: Libraires et imprimeurs. 1746-1768. Pièces 53-57. Folios 153-201
22082. Collection Anisson-Duperron sur la Librairie et l'Imprimerie. Librairie: Réglements concernant le papier (1540-1772). Pièce 38. Folios 126-27

22164. Collection Anisson-Duperron sur la Librairie et l'Imprimerie. Journal de l'inspecteur d'Hémery. 1766-1767. Folio 13, verso
22191. Collection Anisson-Duperron sur la Librairie et l'Imprimerie. Correspondance de Malesherbes concernant les ouvrages parus durant son administration. 1759-1763. Folio 291

Manuscrits français. Nouvelles acquisitions:

1214. Copies de lettres relatives à la police de la librairie à Paris, de juin 1750 à novembre 1770, provenant de M. d'Hémery, inspecteur de la librairie
– Folios 370-71: Lettre d'Hémery à Malesherbes, Directeur de la librairie, en date du 29 avril 1762
– Folio 378: Lettre du même au même, du 5 juin 1762
– Folios 413-15: Lettre du même au même, du 9 août 1762
– Folios 433-34: Lettre d'Hémery à Sartine, Directeur de la librairie, en date du 3 mai 1764
– Folio 523: Lettre du même au même, du 11 juin 1767
Lettre d'Hémery au Lieutenant général de police, en date du 15 janvier 1768
22105. Papiers de Lefebvre d'Amécourt; mémoires et documents sur l'histoire et l'administration de la France. Tome III: Corvées. Folios 164-96: Mémoire de M. Boullanger, sous-ingénieur des Ponts et chaussées dans la généralité de Tours, sur les corvées
3344-3348. Papiers relatifs à l'administration de la librairie, provenant du cabinet de Lamoignon de Malesherbes. Tome V (3348). Folio 176: Etat des livres suspendus dans la visite du 30 juillet 1762: *Emile*, de Rousseau, etc ...

Bibliothèque Saltykov-Chtchédrine
de Léningrad

Fonds Bastille, département français, FII, 74: *Recherches sur l'origine du despotisme oriental*

Bibliothèque Victor Cousin
de la Sorbonne

183. *Recherches sur l'origine du despotisme oriental.* 201 pp.

Sources imprimées

Périodiques et recueils

Almanach historique de Touraine. Tours 1754-1816

Année littéraire, ou suite des lettres sur quelques écrits de ce temps par Elie Fréron. [Amsterdam], Utrecht, Paris 1754-1776

Catalogue général des manuscrits des bibliothèques publiques de France. Paris. Bibliothèque de l'Institut de France (Supplément). Paris 1962.

– *Paris. Bibliothèque Mazarine.* Paris 1885-1892.

– *Paris,* t.ii. *Muséum d'Histoire naturelle* [...]. Paris 1914.

– *Université de Paris et universités des départements.* Paris 1918.

– *Supplément,* t.ii. *Caen-Luxeuil.* Paris 1903

Catalogue général des manuscrits français. Bibliothèque nationale, Nouvelles acquisitions françaises. Paris 1899-1900

Catalogue général des manuscrits français. Bibliothèque nationale, Fonds français. Paris 1895-1902.

Censeur hebdomadaire [par de Chaumeix et d'Aquin]. Utrecht, Paris 1760-1762

Correspondance littéraire, philosophique et critique par Grimm, Diderot, Raynal, Meister, etc., éd. Maurice Tourneux. Paris 1877-1882

Cérémonies et coutumes des différents peuples du monde voir *Histoire générale des Cérémonies*

Dictionnaire de l'Académie françoise, 4e édition. Paris 1762

Dix-huitième siècle 8 (1976) (numéro spécial consacré aux jésuites)

Encylopédie, ou dictionnaire raisonné des sciences, des arts et des métiers, par une société de gens de lettres. Paris 1751-1765

Gazette littéraire de l'Europe [par Arnaud et Suard]. Paris 1764-1766

Gazette nationale ou Le Moniteur universel. Paris 1789-1810

Histoire de l'Académie royale des inscriptions et belles-lettres [...] *avec les mémoires de littéra-*

ture tiréz des registres de cette Académie. Paris 1663-1793

Histoire de l'Académie royale des sciences avec les mémoires de mathématique et de physique tirés des registres de cette Académie. Paris 1666-1790

Histoire générale des cérémonies, mœurs et coutumes religieuses de tous les peuples du Monde, représentées en 243 figures dessinées de la main de Bernard Picard, avec des explications historiques et curieuses par l'abbé Banier et par l'abbé Le Mascrier. Paris 1741

Histoire générale des voyages, voir Prévost

Index librorum prohibitorum Sanctissimi Domini nostri Pii sexti Pontificis maximi jussu editus. Romae 1860

Journal de littérature, des sciences et des arts par Jean-Baptiste-Gabriel-Alexandre Grosier. Paris 1779-1783

Journal des sçavants. Paris 1665-1792

Journal ecclésiastique, ou bibliothèque raisonnée des sciences ecclésiastiques. Paris 1760-1792

Journal encyclopédique. Liège 1756-1759; Bouillon 1760-1793

Journal général de France. Paris 1785-1792

Lettres édifiantes et curieuses, écrites des missions étrangères, par quelques missionnaires de la Compagnie de Jésus. Paris 1717-1776

Mémoires pour servir à l'histoire des sciences et des beaux-arts. Trévoux, puis Lyon et Paris, puis Paris 1701-1767 (ou *Mémoires de Trévoux,* ou *Journal de Trévoux*)

Mémoires secrets, voir Bachaumont

Mercure de France. Paris 1724-1791

Missale parisiense, Caroli Gaspar Guillemi de Vintimille auctoritate. Paris 1738

Moniteur universel, voir *Gazette nationale*

Quarterly review. London 1809

Recueil de voyages au nord, 3e édition. Amsterdam 1731-1738

Recueil des voïages qui ont servi à l'établissement et aux progrès de la Compagnie des Indes orien-

tales, formée dans les Provinces-Unies des Pays-Bas. Amsterdam 1725

Autres études

Amann, E., *voir* Vacant, A.

Ambroise, saint, *Opera omnia.* Paris 1845

André, Noël (le père Chrysologue de Gy), *Théorie de la surface actuelle de la terre.* Paris 1806

Anson, George, *A voyage round the world in the years 1740, 1, 2, 3, 4* [...], published by Richard Walter. London 1748

Aristophane, [*Théâtre*], texte établi par Victor Coulon et traduit par Hilaire Van Daele. Paris 1923-1930

Aucoc, Léon, *Conférences sur l'administration et le droit administratif, faites à l'Ecole impériale des Ponts et chaussées.* Paris 1869-1876

Autrey, Henry-Jean-Baptiste Fabry de Moncault, comte d', *L'Antiquité justifiée, ou réfutation d'un livre qui a pour titre: 'l'Antiquité dévoilée par ses usages'.* Amsterdam, Paris 1766

– *Le Pyrrhonien raisonnable, ou méthode nouvelle proposée aux incrédules.* La Haye 1765

– *Les Quakers à leur frère V***, lettres plus philosophiques ... que *** sur sa religion et ses livres.* Londres, Paris 1768

Bachaumont, Louis Petit de, *Mémoires secrets pour servir à l'histoire de la république des lettres en France depuis 1762 jusqu'à nos jours.* Londres 1777-1789

Banier, Antoine, *Explication historique des fables, où l'on découvre leur origine et leur conformité avec l'histoire ancienne.* Paris 1711

– *Explication historique des fables* [...], seconde édition augmentée d'un troisième volume. Paris 1715

– *La Mythologie et les fables expliquées par l'histoire.* Paris 1738-1740

– *Troisième voyage du sieur Paul Lucas, fait en 1714, par ordre de Louis XIV dans la Turquie, l'Asie, la Sourie, la Palestine, la Haute et la Basse-Egypte.* Rouen 1719

Barbier, Antoine-Alexandre, *Dictionnaire des ouvrages anonymes et pseudonymes composés, traduits ou publiés en français, avec les noms des auteurs, traducteurs et éditeurs.* Paris 1806-1809

– 2ème édition. Paris 1822-1827

– 3ème édition. Paris 1872-1879

– *Catalogue des livres de la bibliothèque du Conseil d'Etat.* Paris an XI

Barruel, Augustin, *Les Helviennes, ou lettres provinciales philosophiques.* Amsterdam, Paris 1784-1785

– *Mémoires pour servir à l'histoire du jacobinisme,* Hambourg 1798-1799

Basnage, Jacques, sieur de Beauval, *Histoire des Juifs, depuis Jésus-Christ jusqu'à présent, pour servir de supplément à l'Histoire de Josèphe.* La Haye 1716

Bédier, Joseph et Paul Hazard, *Littérature française,* nouvelle édition, éd. Pierre Martino. Paris 1948-1949

Bible, La Sainte, contenant l'Ancien et le Nouveau Testament, traduction d'Isaac-Louis Le Maistre de Sacy. Nouvelle édition, augmentée des Préfaces de S. Jérôme. Paris 1742

Bible, La Sainte, traduite sur la Vulgate [par Isaac-Louis Le Maistre de Sacy] avec de courtes notes pour l'intelligence de la lettre. Brusselles 1701

Bochart, Samuel, *Geographiae sacrae pars altera, Chanaan, seu de Coloniis et sermone Phoenicum.* Cadomi, typis P. Cardonelli, 1646

Bonneville, Nicolas de, et C. Fauchet, *La Bouche de fer.* Paris 1790-1791

– *De l'Esprit des religions.* Nouvelle édition. Paris 1792

– *Le Tribun du peuple.* Paris 1789

Boulanger, Nicolas-Antoine, *L'Antiquité dévoilée par ses usages* [...], éd. Paul Sadrin, t.ii (introduction, notes, bibliographies, index nominum, variantes). Paris 1978

Boulanger, Nicolas-Antoine, *L'Antiquité dévoilée par ses usages, ou examen critique des principales opinions, cérémonies & institutions religieuses & politiques des différens peuples de la Terre.* Amsterdam 1766. in-12.

– *Antiquités et curiosités naturelles,* dans l'*Almanach historique de Touraine.* Tours 1755

– *Dissertation sur Elie et Enoch,* s.l.n.d.

– *Dissertation sur saint Pierre.* Londres 1767

– Articles 'Corvée (Ponts & chaussées)', 'Déluge (Hist. sacrée, profane, & natur.)', 'Guèbres (Hist. anc. & mod.)', 'Hébraïque (Langue)', 'Oeconomie poli-

tique (Hist. Pol. Rel. anc. & mod.)' de l'*Encyclopédie* (iv.283a-88b, 795b-803a, vii.979a-81a, viii.76a-92b, xi.367b-83b de l'édition originale)
– Lettre dans le *Mercure de France* (juin 1753), pp.89-97
– *Mémoire sur une nouvelle mappemonde.* [Paris] 1753
– *Nouvelle mappemonde, dédiée au progrès de nos connoissances.* Paris, Nuremberg 1753
– *Recherches sur l'origine du despotisme oriental.* s.l. 1761

Boureau-Deslandes, André-François, *Histoire critique de la philosophie, où l'on traite de son origine, de ses progrès et des diverses révolutions qui lui sont arrivées jusqu'à notre tems.* Amsterdam 1737

Bourguet, Louis, *Lettres philosophiques sur la formation des sels et des crystaux et sur la génération et le méchanisme organique des plantes et des animaux, à l'occasion de la pierre bélemnite et de la pierre lenticulaire, avec un mémoire sur la théorie de la terre.* Amsterdam 1729

Broglie, Charles-Jacques-Victor-Albert, duc de, *Marie-Thérèse impératrice, 1744-1746.* Paris 1888

Brosses, Charles de, *Traité de la formation méchanique des langues et des principes physiques de l'étymologie.* Paris 1765

Brucker, Jacob, *Historia critica philosophiae a mundi incunabulis ad nostram usque aetatem deducta.* Lipsiae 1742-1744

Buffier, Claude, *Traité de la société civile et du moyen de se rendre heureux, en contribuant au bonheur des personnes avec qui l'on vit, avec des observations sur divers ouvrages renomez de morale.* Paris 1726

Buffon, Georges-Louis Leclerc, comte de, *Œuvres complètes, avec la nomenclature linnéenne et la classification de Cuvier,* revues et annotées par M. Flourens. Paris 1853-1855
– *Correspondance inédite à laquelle ont été réunies les lettres publiées jusqu'à ce jour,* par Henri Nadault de Buffon. Paris 1860
– *De l'homme,* éd. Michèle Duchet. Paris 1971

Burnet, Thomas, *Telluris theoria sacra, orbis nostri originem et mutationes generales, quas aut jam subiit aut olim subiturus est, complectens. Libri duo priores de diluvio et paradisio.* Londini 1681

Buxtorf, Johann l'ancien, *Thesaurus grammaticus linguae sanctae hebraeae.* Basileae 1609
– *De Abbreviaturis hebraicis liber* [...] *item bibliotheca rabbinica nova* [...] Basileae 1640

Cantemir, Demetriu, *Histoire de l'empire Othoman, où se voyent les causes de son agrandissement et de sa décadence,* traduite en françois par M. de Joncquières. Paris 1743

Carcassonne, Elie, 'La Chine dans *L'Esprit des lois', Revue d'histoire littéraire de la France* 31 (1924), pp.193-205

Caussy, Fernand, 'Inventaire des manuscrits de la bibliothèque de Voltaire conservée à la Bibliothèque impériale publique de Saint-Pétersbourg', *Nouvelles archives des missions scientifiques et littéraires,* nouvelle série, 7 (1913)

Cavazzi, *voir* Labat

Chaix-Ruy, Jules, 'Un disciple hétérodoxe de Jean-Baptiste Vico: Nicolas Boulanger', *Revue de littérature comparée* 21 (1947), pp.161-89
– 'La fortune de J. B. Vico', *Archivio di filosofia* 1 (1969), pp.123-52
– *J.-B. Vico et l'illuminisme athée.* Paris 1968

Chamberland, Antoine, *Discours sur l'efficacité des bonnes mœurs.* Oxford 1782
– *Discours sur l'utilité des passions modérées.* Oxford 1781
– *Le Philosophe malgré lui.* Amsterdam 1760
– (traducteur) Mably, Gabriel Bonerot de, *Observations on the manners, government and policy of the Greeks.* Oxford 1784

Chambers, Ephraïm, *Cyclopaedia, or an universal dictionary of arts and sciences* [...], fifth edition. Dublin 1742

Chapotin, Marie-Dominique, *Une page de l'histoire du vieux Paris. Le collège de Dormans-Beauvais et la chapelle de saint Jean-l'Evangéliste.* Paris 1870

Chassang, A. et Ch. Senninger, *Recueil de textes littéraires français. XVIIIe siècle.* Paris 1966

Chastellux, François-Jean de, *De la félicité publique, ou considérations sur le sort des hommes dans les différentes époques de l'histoire.* Amsterdam 1772

Cicéron, *Les Devoirs,* texte établi et traduit par Maurice Testard. Paris 1965-1970

Claustre, André de, *Dictionnaire de mythologie, pour l'intelligence des poëtes, de l'histoire fabuleuse, des bas-reliefs, des tableaux, etc.* Paris 1745

Court de Gébelin, Antoine, *Monde primitif*

analysé et comparé avec le monde moderne. Paris 1773-1782

Crevier, Jean-Baptiste-Louis, *Observations sur le livre de 'l'Esprit des loix'*. Paris 1764
- *Rhétorique françoise*. Paris 1765
- (éd.) Tite-Live. Parisiis 1735-1742

Cumberland, Richard, *De legibus disquisitio philosophica*. London 1672
- *Sanchoniatho's Phoenician history, translated from the first book of Eusebius de praeparatione evangelica* [...] *illustrated with many historical and chronological remarks*. London 1720

Darwin, Charles Robert, *L'Origine des espèces au moyen de la sélection naturelle, ou la Lutte pour l'existence dans la nature*, traduit sur la 6e édition anglaise par Ed. Barbier. Paris [1876]

Delisle de Sales, Jean-Baptiste-Claude Izouard, dit, *De la Philosophie de la nature, ou traité de morale pour l'espèce humaine tiré de la philosophie et fondé sur la nature*, 3e édition. Londres 1777

Denis d'Halicarnasse, *Les Antiquités romaines*, traduites en françois [par F. Bellanger]. Paris 1723

Desessarts, Alexis, *De l'avènement d'Elie*. En France 1734-1735

Diderot, Denis, *Œuvres complètes*, éd. J. Assézat et M. Tourneux. Paris 1875-1877
- *Œuvres complètes*, éd. Herbert Dieckmann, Robert Mauzi, Jacques Proust, Jean Varloot. Paris 1975-
- *Correspondance*, éd. Georges Roth et Jean Varloot. Paris 1955-1970
- *Supplément au Voyage de Bougainville*, éd. Gilbert Chinard. Paris 1935

Du Cange, Charles Dufresne, sieur, *Glossarium ad scriptores mediae et infimae latinitatis* [...]. Editio nova locupletior et auctior [...]. Paris 1733-1736

Du Châtelet, Gabrielle Emilie de Breteuil, marquise, *Lettres*, éd. Théodore Besterman. Genève 1958

Du Halde, Jean-Baptiste, *Description géographique, historique, chronologique, politique et physique de l'Empire de la Chine et de la Tartarie chinoise*. Paris 1735

Ducros, Louis, *Les Encyclopédistes*. Paris 1900

Elie de Beaumont, Léonce, *Leçons de géologie pratique, professées au Collège de France, pendant l'année scolaire 1843-1844*. Paris 1845

Epiphane, saint, *Opera omnia*. Paris 1858

Esope, *Fables*, texte établi et traduit par Emile Chambry. 2e édition. Paris 1960

Eusèbe Pamphile, *Préparation évangélique*, dans les *Démonstrations évangéliques*, t.ii, traduites par l'abbé Migne. Paris 1842

Fasoldus, Johannes, *Graecorum veterum ίεϱολογία*. Ienae 1676

Feller, François-Xavier de, *Biographie universelle, ou Dictionnaire historique des hommes qui se sont fait un nom par leur génie*, nouvelle édition par M. Perennès. Besançon 1833-1838

Fleury, Claude, *Histoire ecclésiastique*. Paris 1691-1738

Florus, Lucius Annaeus, *Œuvres*, texte établi et traduit par Paul Jal. Paris 1967

Flourens, Pierre-Jean-Marie, Compte rendu des *Leçons de géologie pratique* d'Elie de Beaumont, *Journal des savants* (août 1845), pp.456-66 et (septembre 1845), pp.547-57

Fontenelle, Bernard Le Bouvier de, *De l'origine des fables*, éd. J.-R. Carré. Paris 1932
- *Histoire des oracles*, éd. Louis Maigron. Paris 1908

Fréron, voir *Année littéraire*

Gaffiot, Félix, *Dictionnaire illustré latin-français*. Paris 1955

Galiani, Ferdinando, *Correspondance inédite* [...] *pendant les années 1765 à 1783, avec Mme d'Epinay, le baron d'Holbach, le baron de Grimm, Diderot et autres* [...]. Paris 1818
- *Lettere al marchese Bernardo T. Tanucci*, éd. Augusto Bazzoni. Firenze 1880

Gérard, Philippe-Louis, *Le Comte de Valmont, ou les égaremens de la raison* [...]. Paris 1774

Goguet, Antoine-Yves, *De l'Origine des loix, des arts et des sciences, et de leurs progrès chez les anciens peuples*. Paris 1758

Gordon, L. S., 'Nicolas-Antoine Boulanger et le cercle des Encyclopédistes' (en russe), *Novaia i noviéichaia istoria* 1 (1962), pp.125-34

Grégoire, Henri-Baptiste, *Histoire des sectes religieuses qui, depuis le commencement du siècle dernier jusqu'à l'époque actuelle, sont nées, se sont modifiées, se sont éteintes dans les quatre parties du monde*. Paris 1810

Grimm, voir *Correspondance littéraire*

Grosier, Jean-Baptiste-Gabriel-Alexandre, voir *Journal de littérature, des sciences et des arts*
- (éd.) Moyriac de Mailla, *Histoire générale*

de la Chine, ou Annales de cet empire [...].
Paris 1777-1785

Guettard, Jean-Etienne, Mémoire sur le rapport qu'il y a entre les coraux et les tuyaux marins, appelés communément vermiculaires; et entre ceux-ci et les coquilles, Histoire de l'Académie royale des Sciences. Paris 1760, pp.114-46

Guichard, Etienne, L'Harmonie étymologique des langues hébraïque, chaldaïque, syriaque, grecque, latine, françoise, italienne, espagnole, etc., en laquelle se demonstre euvidemment que toutes les langues sont descendues de l'Hebraïque. Paris 1606

Gumilla, Joseph, Histoire naturelle, civile et géographique de l'Orénoque [...], traduite de l'espagnol sur la seconde édition par M. Eidous. Avignon 1758

Hampton, John, Nicolas-Antoine Boulanger et la science de son temps. Genève, Lille 1955

Hazard, Paul, voir Bédier, Joseph

Hébrail, Jacques, voir La Porte, Joseph

Hélyot, Pierre, Histoire des ordres monastiques religieux et militaires et des congrégations séculières de l'un et l'autre sexe qui ont esté etablies jusqu'à présent. Paris 1714-1719

Herman, Pierre, 'Sur le texte de Didcrot et sur les sources de quelques passages de ses œuvres', Revue d'histoire littéraire de la France 22 (1915), pp.361-70.

Hérodote, Histoires, texte établi et traduit par Ph.-E. Legrand. Paris 1932-1954

Hoefer, Ferdinand, Nouvelle biographie générale, depuis les temps les plus reculés jusqu'à nos jours. Paris 1852-1866

Holbach, Paul-Henri Dietrich, baron d', Le Christianisme dévoilé, ou examen des principes et des effets de la religion chrétienne. Londres 1756 [1766]

Huet, Pierre-Daniel, évêque d'Avranches. Demonstratio evangelica. Paris 1679
– Traitté de l'origine des romans. Paris 1670.

Hugo, Victor, William Shakespeare, Œuvres complètes, t.xii, éd. Jean Massin. Paris 1967-1970

Hyde, Thomas, Historia religionis veterum Persarum eorumque Magorum [...]. Oxonii 1700

Jasinski, René, Histoire de la littérature française. Paris 1947

Jérôme, saint, Opera omnia. Paris 1845-1846

Joanne, Paul, Dictionnaire géographique et administratif de la France. Paris 1890-1905

Josèphe, Flavius, Contre Apion, texte établi par Théodore Reinach et traduit par Léon Blum. Paris 1930

Kaempfer, Engelbert, Histoire naturelle, civile et ecclésiastique de l'empire du Japon [...] traduite en françois sur la version angloise de Jean Gaspar Scheuchzer [par F. Naudé]. La Haye 1729

Keill, John, An examination of Dr Burnet's Theory of the Earth. Together with some remarks on Mr Whiston's new Theory of the Earth. Oxford 1698

Kors, Alan Charles, D'Holbach's coterie: an Enlightenment in Paris. Princeton, New Jersey 1976

Labat, Jean-Baptiste, Relation historique de l'Ethiopie, contenant la description des royaumes de Congo, Angolle et Matamba [...]. Paris 1732. [Traduit d'un ouvrage de Cavazzi da Montecuccolo]

La Boëtie, Etienne de, Œuvres politiques, éd. François Hincker. Paris 1963

Lagarde, André et Laurent Michard, XVIIIe siècle: les grands auteurs français du programme. Paris 1960

La Harpe, Jean-François de, Lycée, ou cours de littérature ancienne et moderne. Paris an VII - an XIII

Lange, Laurent, Journal du voyage [...] à la Chine, Recueil de voyages au nord, 3e édition. Amsterdam, t.v (1734), pp.371-410

La Porte, Joseph de, et Jacques Hébrail, La France littéraire. Paris 1769-1784

Lanson, Gustave, Histoire de la littérature française, Paris [1951].
– Manuel bibliographique de la littérature française moderne (1500-1900). Paris 1910-1912

Larousse, Pierre, Grand dictionnaire universel. Paris 1865-1890

Le Comte, Louis, Nouveaux mémoires sur l'état présent de la Chine. Paris 1697-1698

Legros, Jean-Charles-François, Analyse et examen de l'Antiquité dévoilée, du Despotisme oriental et du Christianisme dévoilé, ouvrages posthumes de Boullanger, par un solitaire. Genève, Paris 1788
– Analyse et examen du système des philosophes économistes, par un solitaire. Genève 1787
– Examen des systèmes de J. J. Rousseau et de M. Court de Gébelin, pour servir de suite à l'Analyse de leurs ouvrages, par un solitaire. Genève 1786
– Examen du système politique de M. Necker, mémoire joint à la lettre écrite au roi par M. de Calonne, le 9 février 1789. s. l. 1789

Le Page Du Pratz, *Histoire de la Louisiane, contenant la découverte de ce vaste pays* [...], *un voyage dans les Terres* [...], *deux voyages dans le nord du Nouveau Mexique, dont un jusqu'à la mer du Sud.* Paris 1758

Le Pelletier, Louis, *Dictionnaire de la langue brétonne où l'on voit son antiquité, son affinité avec les anciennes langues, l'explication de plusieurs passages de l'Ecriture Sainte et des auteurs profanes, avec l'étymologie de plusieurs mots des autres langues.* Paris 1752

Lerminier, Eugène, *De l'influence de la philosophie du XVIIIe siècle sur la législation et la sociabilité du XIXe siècle.* Paris 1833

Lion, Henri, 'N.-A. Boulanger (1722-1759). Contribution à l'histoire du mouvement philosophique au XVIIIe siècle', *Annales révolutionnaires* (1914), pp.469-84; 617-45; et (1916) pp.47-78; 212-29; 377-404

Littré, Emile, *Dictionnaire de la langue française.* Paris 1863-1869

Lough, John, *The Encyclopédie in eighteenth-century England, and other studies.* Newcastle upon Tyne 1970.

– *Essays on the Encyclopédie of Diderot and d'Alembert.* London 1968

Lucas, Paul, *voir* Banier, Antoine

Luynes, Charles-Philippe d'Albert, duc de, *Mémoires sur la cour de Louis XV (1735-1738).* Paris 1860-1865

Mailhet, E.-André, *J. Basnage, théologien, controversiste, diplomate et historien: sa vie et ses écrits.* Genève 1880

Malandain, Pierre, *Delisle de Sales, philosophe de la nature (1741-1816)*, Studies on Voltaire 203-204. Oxford 1982

Mangenot E., *voir* Vacant, A.

Maréchal, Pierre-Sylvain, *Dictionnaire des athées anciens et modernes.* Paris an VIII

– – 2e édition, augmentée des suppléments de J. Lalande. Bruxelles 1833

– *Dictionnaire des honnêtes gens, pour servir de correctif aux Dictionnaires des grands hommes, précédé d'une nouvelle édition de l'Almanach des honnêtes gens.* Paris 1791

Michard, Laurent, *voir* Lagarde, André

Michaud, Louis-Gabriel, *Biographie universelle ancienne et moderne, ou Histoire par ordre alphabétique de la vie publique et privée de tous les hommes qui se sont fait remarquer par leurs écrits, leurs actions, leurs talents, leurs vertus ou leurs crimes* [...]. Paris 1811-1862

– *Biographie universelle ancienne et moderne,* nouvelle édition, éd. Louis-Gabriel Michaud. Paris 1854-1865

Minerbi Belgrado, Anna, 'Sulla *Filosofia della storia* di Nicolas-Antoine Boulanger, *Studi settecenteschi* 1 (1981), pp.61-101

Montesquieu, Charles-Louis de Secondat, baron de La Brède et de, *Œuvres complètes,* éd. André Masson. Paris 1950-1955

– *De l'esprit des loix,* publié par Jean Brethe de La Gressaye. Paris 1950-1961

– *Lettres persanes,* éd. Antoine Adam. Genève, Lille 1954

Morellet, André, *Mémoires inédits sur le dix-huitième siècle et sur la Révolution* [...]. Paris 1821

Mornet, Daniel, 'Bibliographie d'un certain nombre d'ouvrages philosophiques du 18e siècle et particulièrement de d'Holbach (jusqu'en 1789)', *Revue d'histoire littéraire de la France* 40 (1933), pp.259-81

Naigeon, Jacques-André, *Mémoires historiques et philosophiques sur la vie et les ouvrages de D. Diderot.* Paris 1821

– *Philosophie ancienne et moderne.* Paris 1791 - an II (tomes cxlvi-cxlviii de l'*Encyclopédie méthodique*)

Norden, Friderik Ludvig, *Voyage d'Egypte et de Nubie.* Copenhague 1755

Ovide, *Les Métamorphoses,* texte établi et traduit par Georges Lafaye, 3e édition. Paris 1961-1962

Pascal, Blaise, *Pensées et opuscules,* éd. Léon Brunschvicg. Paris 1907.

Pausanias, *Voyage historique de la Grèce,* trad. Gédoyn. Paris 1731

Peignot, Etienne-Gabriel, *Dictionnaire critique, littéraire et bibliographique des principaux livres condamnés au feu, supprimés ou censurés.* Paris 1806

Plekhanov, N. Beltov, *Essai sur le développement de la conception moniste de l'histoire.* Moscou 1956

Pluche, Antoine, *Histoire du Ciel, où l'on recherche l'origine de l'idolâtrie et les méprises de la philosophie sur la formation et sur les influences des corps célestes,* 2e édition. Paris 1740

– *La Mécanique des langues et l'art de les enseigner.* Paris 1751

– *Le Spectacle de la nature, ou Entretiens sur les particularités de l'histoire naturelle qui ont paru les plus propres à rendre les jeunes gens curieux et à leur former l'esprit.* Paris 1732-1750

Plutarque, *Isis et Osiris*, trad. Mario Meunier. Paris 1924
– *Œuvres morales*, éd. Jean Defradas. Paris 1974
– *Œuvres morales et œuvres diverses*, trad. Victor Bétolaud. Paris 1870
– *Les Vies parallèles*, éd. Robert Flacelière et Emile Chambry. Paris 1957-1982
Pouilly, M. de, *Nouveaux essais de critique sur la fidélité de l'histoire*, Histoire de l'Académie royale des inscriptions [...]. *Mémoires de littérature*. Paris 1729. vi.71-114
Prévost, Antoine-François, *Histoire générale des voyages, ou nouvelle collection de toutes les relations de voyages par mer et par terre qui ont été publiées jusqu'à présent* [...]. Paris 1746-1789
Proust, Jacques, 'La Bibliothèque de Diderot', *Revue des sciences humaines* 90 (1958), pp.257-73, et 94 (1959), pp.179-83
– *Diderot et l'Encyclopédie*. Paris 1962
– *L'Encyclopédie*. Paris 1965
Raynal, Guillaume-Thomas-François, *Histoire philosophique et politique des établissemens et du commerce des Européens dans les deux Indes*. Genève 1781.
Renou, Jean-Baptiste, *Nouvelle méthode pour apprendre facilement les langues hébraïque et chaldaïque, avec le dictionnaire des racines hébraïques et chaldaïques, et de leurs dérivez*. Paris 1708
Roger, Jacques, 'Un manuscrit inédit perdu et retrouvé: les *Anecdotes de la nature* de Nicolas-Antoine Boulanger', *Revue des sciences humaines* 71 (1953), pp.231-54
Rosso, Corrado, *Montesquieu moraliste: des Lois au bonheur*, préface de Jean Ehrard, trad. Marc Régaldo. Bordeaux 1971
Roth, Georges, 'A propos d'une certaine *Lettre à Sophie*', *Revue d'histoire littéraire de la France* 58 (1958), pp.52-55
Rousseau, Jean-Jacques, *Œuvres complètes*, éd. Bernard Gagnebin et Marcel Raymond. Paris 1959-1969
Sabatier, Antoine, *dit* Sabatier de Castres, *Les Trois siècles de la littérature françoise, ou tableau de l'esprit de nos écrivains, depuis François 1er jusqu'en 1773*. Amsterdam, Paris 1774
Sainte-Beuve, Charles-Augustin, *Nouveaux lundis*. Paris 1863-1870
– *Premiers lundis*. Paris 1874-1875
– *Portraits contemporains*, nouvelle édition. Paris 1869-1871

– *Portraits littéraires*, nouvelle édition. Paris 1862-1864
Saint-Martin, Louis-Claude de, *Œuvres posthumes*. Tours 1807
Seguin, Jean-Pierre. *Diderot, le discours et les choses: essai de description du style d'un philosophe en 1750*. Lille 1981
Selden, John, *De Diis Syris syntagmata II*. London 1617
Senninger, Ch., *voir* Chassang, A.
Sénèque, *Des bienfaits*, texte établi et traduit par François Préchac. Paris 1926-1927
Seznec, Jean, *Essais sur Diderot et l'Antiquité*. Oxford 1957
Stanley, Thomas, *Historia philosophiae vitas, opiniones, resque gestas et dicta philosophorum sectae cujusvis complexa* [...]. Lipsiae 1711, Venetiis 1731
Strabon, *Geographie*, trad. Amédée Tardieu. Paris 1867-1890
– *Géographie*, text établi et traduit par F. Lasserre. Paris 1966
Tite-Live, *Histoire romaine*, trad. Eugène Lasserre. Paris 1934-1943
– – texte établi par Jean Bayet, Gaston Baillet. Paris 1940-
Tolmer, Léon-Joseph-Auguste-Louis, *Pierre-Daniel Huet (1630-1721), humaniste-physicien*. Bayeux 1949
Tournefort, Joseph Pitton de, *Relation d'un voyage du Levant fait par ordre du roy, contenant l'histoire ancienne et moderne de plusieurs isles de l'Archipel, de Constantinople, des côtes de la Mer noire, de l'Arménie, de la Géorgie, des frontières de Perse et de l'Asie mineure, avec les plans des villes* [...], *enrichie de descriptions* [...] *de plantes rares* [...] *et de plusieurs observations touchant l'histoire naturelle*. Paris 1717
Trousson, Raymond, *Socrate devant Voltaire, Diderot et Rousseau*. Paris 1967
Vacant, A., E. Mangenot et E. Amann, *Dictionnaire de théologie catholique, contenant l'exposé des doctrines de théologie catholique, leurs preuves et leur histoire*. Paris 1899-1901
Valère Maxime, *in* Cornélius Népos, Quinte-Curce, Justin, Valère Maxime, Julius Obsequens, *Œuvres complètes*, éd. M. Nisard. Paris 1941
Valfons, Charles de Mathei, marquis de, *Dix-huitième siècle: souvenirs* [...] *1710-1786*. Paris 1860
Venturi, Franco, *L'Antichità svelata e l'idea*

del progresso in N. A. Boulanger, 1722-1759.
Bari 1947
– *Europe des Lumières: recherches sur le 18e siècle.* Paris, La Haye 1971
– 'Postille inedite ad alcune opere di Nicolas-Antoine Boulanger e del barone d'Holbach', *Studi francesi* 2 (1958)
Vercruysse, Jeroom, *Bibliographie descriptive des écrits du baron d'Holbach.* Paris 1971.
Vico, Giambattista, *Principj di scienza nuova d'intorno alla comune natura delle nazioni.* Napoli 1744
– *Œuvres choisies [...] contenant ses Mémoires écrits par lui-même, la Science nouvelle, les opuscules, lettres, etc., précédées d'une introduction sur sa vie et ses ouvrages par M. Michelet.* Paris 1835
Vignon, Eugène-Jean-Marie, *Etudes historiques sur l'administration des voies publiques en France aux XVIIe et XVIIIe siècles.* Paris 1862
Vigouroux, Fulcran-Grégoire, *Dictionnaire de la Bible.* Paris 1926-1928
Virgile, *Enéide*, éd. Henri Goelzer (livres I à VI) et René Durand (livres VII à XII) et trad. André Bellessort. Paris 1948-1957
Voltaire, François-Marie Arouet de, *Œuvres complètes*, éd. L. Moland. Paris 1877-1885
– *Abrégé de l'Histoire universelle depuis Charlemagne jusques à Charlequint.* La Haye 1753
– *Correspondence and related documents*, éd. Theodore Besterman, *Œuvres complètes* 85-135. Genève, Banbury, Oxford 1968-1976
– *Dictionnaire philosophique*, éd. Raymond Naves et Julien Benda. Paris 1967
– *Essai sur les mœurs et l'esprit des nations et sur les principaux faits de l'histoire depuis Charlemagne jusqu'à Louis XIII*, éd. René Pomeau. Paris 1963

Vossius, Gerardus Joannes, *De Theologia gentili et physiologia christiana, sive de origine et progressu idololatriae [...].* Amsterdam 1668
Wade, Ira O., *The Structure and form of the French enlightenment. ii: Esprit révolutionnaire.* Princeton, New Jersey 1977
Wheler, George, *A journey into Greece [...].* London 1682
– *Voyage de Dalmatie, de Grèce et du Levant [...] enrichi de médailles et de figures des principales antiquitez qui se trouvent dans ces lieux, avec la description des coutumes, des villes, rivières, ports de mer [...]. Traduit de l'anglois.* Amsterdam 1689
Whiston, William, *A new theory of the earth from its original to the consummation of all things, wherein the creation of the world in six days, the universal deluge and the general conflagration, as laid down in the Holy Scriptures, are shewn to be perfectly agreeable to reason and philosophy, with a large introductory discourse concerning the genuine nature, stile and extent of the Mosaick history of the creation.* London 1696
Wolpe, Hans, *Raynal et sa machine de guerre: l'Histoire des deux Indes et ses perfectionnements.* Paris 1957
Woodward, John, *An essay toward a natural history of the earth and terrestrial bodies, especially minerals; as also of the sea, rivers and springs, with an account of the universal deluge and of the effects that it had upon the earth.* London 1695
– *Géographie physique, ou essay sur l'histoire naturelle*, trad. M. Noguez. Paris 1735
Zorn, Peter, *Opuscula sacra.* Altonaviae 1731

Index des noms

Index des titres